2021年国家统一法律职业资格考试

2021年

刑法
主观题

徐光华 ——

编著

专题讲座

基础版

②

人民日报出版社

图书在版编目（CIP）数据

主观题刑法专题讲座：基础版／徐光华编著．—
北京：人民日报出版社，2021.5
ISBN 978-7-5115-7009-3

Ⅰ．①主… Ⅱ．①徐… Ⅲ．①刑法－中国－资格考试
－自学参考资料 Ⅳ．①D924

中国版本图书馆 CIP 数据核字（2021）第 065948 号

书　　　名：	主观题刑法专题讲座：基础版	
作　　　者：	徐光华	

出 版 人：刘华新
责任编辑：周海燕
封面设计：赵怡迪

出版发行：人民日报出版社
社　　址：北京金台西路 2 号
邮政编码：100733
发行热线：（010）65369509　65369527　65369846　65363528
邮购热线：（010）65369530　65363527
编辑热线：（010）65369518
网　　址：www.peopledailypress.com
经　　销：新华书店
印　　刷：大厂回族自治县彩虹印刷有限公司

开　　本：787mm×1092mm　　1/16
字　　数：468 千字
印　　张：21.5
版次印次：2021 年 5 月第 1 版　2021 年 5 月第 1 次印刷

书　　号：ISBN 978-7-5115-7009-3
定　　价：98.00 元

序 言
Preface

主观题命题规律及备考启示

2018 年首次法考，对之前的司法考试进行了一定程度的改革。从形式上看，这次改革将原来的一次考试改为两阶段考试，即 9 月的客观题和 10 月的主观案例题考试。可以认为，是将原来的司法考试从一次"分解"为两次。但是，这不仅仅是形式的变化，将主观案例题进行单独考查，也说明法考更加注重案例分析，考查考生的实践应用能力。2018 年的首次法考主观题中，刑法案例亦说明现在的案例考查更强调分析导向，考查考生的分析问题、解决问题的能力，而不仅仅是简单地死记硬背。已经进行的 2018 年、2019 年、2020 年的法考主观题考试也贯彻了这一特点。如何备战未来的主观题考试，是每个考生必须特别重视的问题，尤其是通过了第一轮客观题考试的考生，如果不能在两个年度内通过主观题考试，已经通过的客观题考试成绩也会无效。从这一意义上看，如何赢得主观题考试，对考生的重要性不言而喻。就如何备战主观题刑法部分，如下意见供大家参考。

一、关于法考主观题的改革趋势

关于法考主观题，与以往司法考试年代的案例分析题相比，是否有实质性的变化？这是很多考生关注的问题。我认为，形式上而言，将法考主观题进行独立考查，是将原来的司法考试拆成客观题、主观案例题两次考试。但如下两点主要变化，还望引起考生重视，并积极调整备考方案。

第一，主观题更加注重实务导向。从律师资格考试到司法考试，再到法考，一个基本的趋势是，实务导向越来越明显。近年来的法考真题也表明，诸多刑法案例都是来源于审判实务中有影响性的案例，尤其是最高司法机关的相关指导案例。特别值得一提的是，2018 年、2019 年、2020 年的司法部教材中，刑法主观题的每一个案例，几乎都来源于最高人民法院的《刑事审判参考》。从这一意义上看，最高司法机关所强调的发挥指导案例对司法实践的指导作用，在法考中得到了明显的体现。最高司法机关实行案例指导制度，就是要把那些具有独特价值的案例发现出来、公布出来、树立起来、推广开来，充分发挥这些案例独特的启示、指引、示范和规范功能，让广大法官能够及时注意到这些案例，及时学习借鉴这些案例所体现的裁判方法和法律思维，并参照指导性案例的做法，公正高效地处理案件。最高司法机关的这一精神在审判实务中已经得到了较为全面的体现，近年来的刑法理论研究也更注重实务导向、案例导向，法考领域也是如此。

第二，注重理论分析，原理导向。法考主观题较之以往司法考试、律师职业资格考试中的案例分析题，有重要区别。首先，法考主观案例分析题的理论深度进一步加强。2018年法考主观题，刑法案例分析题占 1/6 分值（近 30 分），该案例仅有 3 个问题。显然，不仅仅是要求考生回答的结论正确，而且更注重考生的说理论证。其次，对具体知识点而言，理论深度有逐步加强的趋势。例如，对于诈骗罪的理解，以往的真题中，我们经常接触到的知识点是行为构成诈骗罪，要求被害人"自愿处分"财产。"自愿处分"要求被害人主观上对财产有具体的认识，即主观上要知道自己处分的财产，主观上要有处分意识。但如何理解处分意识，理论上存在不同的观点，具体的处分意识说（处分意识必要说中的严格论）认为（主流观点），只有行为人清楚地认识到自己交付的财产的全部内容（种类、数量、质量、价格、外形等），才能认为其有处分意识。这是对诈骗罪的争议问题的进一步理解，以往无论是客观题，还是主观案例分析题，均没有进行这么细致的考查，但刑法理论与审判实务确实在关注这一问题，2018年法考主观案例真题中出现了该知识点。再次，注重考生自我分析的能力。这两年的主观题真题，部分问题已经不强调答案的一元化。2019年刑法主观题中明确指出，考生可以有不同的看法，不必强求参考答案的唯一性。这主要是基于案件本身就是有争议的，也注重考生的推理分析能力。2020年的法考主观题，也非常注意考生的分析能力，其中，对于行贿、受贿与其他犯罪（敲诈勒索罪）进行了关联考查，难度较大。

二、关于法考刑法主观题的备考方法

诸多考生对于备考主观题感到有压力，抓不住方向。尤其是上一年度已经顺利通过客观题，但未能通过主观题的考生，更是有压力。我认为，主观题的备考方法，应注重如下几点：

第一，对刑法主观案例分析题的学习，不是孤立地学习主观题本身，而是对原客观题学习中刑法部分各知识点的系统学习。

刑法主观案例题不是空中楼阁，而是通过案例分析的形式，将刑法学的各个知识点串联起来。从这一意义上看，对刑法主观案例题的学习，其实就是对刑法学各知识点的学习。换言之，只要考生朋友认真学习了客观题刑法部分的各个知识点，全部掌握到位，哪怕从来没有做过刑法主观案例题，仍然可以顺利应对刑法主观题。

但是，纵观历年司法考试刑法案例分析题及 2018 年、2019 年、2020 年法考刑法案例分析题，可以发现，刑法案例题所考查的知识点，仅仅是刑法中的部分知识点，而不是全部。换言之，刑法学知识中，能通过案例分析题展示出来的知识点，仅仅是部分，有相当一部分知识点，从未出现在案例分析题中，这些知识点也难以通过主观案例题的形式展示出来。历年真题中，刑法主观案例题考查的知识点，更多地集中于刑法分则中的部分犯罪，包括侵犯财产犯罪、侵犯人身犯罪、贪污贿赂犯罪等。相当一部分的知识点，尤其是刑法总则中的部分知识点，没有出现在历年真题中。如何挑选出刑法知识点中可能成为主观题考查的部分，不仅仅是考生的任务，对作为授课教师的我，仍然是一个重要的考验。有鉴于此，我梳理了历年法考真题中的主观案例所考查的知识点及其发展趋势，将这些内容整合至本书中。当然，考虑到刑法学知识学习的整体性，部分重要知识点，即使没有出现在历年案例题中，但对刑法学知识的提升有重要作用，因此也一并纳入。同时，考虑到真题所考查的知识点可能出现的扩张性趋势，对相关知识点采纳了更加包容的心态，只要有可能成为考题的知识点，都尽量纳入，这不仅仅是应对考试中知识点所可能出现的扩张，也是希望考生在应试的同时，能对刑法学知识有一个尽可能全面的掌握。我个人还是建议，同学们在复习的时候，尽量全面复习，尤其应该注意的是，近年来主观题刑法真题，涉及的知识点就非常多，全面复习方可应对。退一步讲，即便主观题的刑法案例仅考部分知识点，但是，对知识点的全面复习也有助于整个刑法体系与精髓的学习。

需要注意的是，部分考生将主观题等同于写作题，这是错误的。主观题实际上应该是用文字写出（不是勾选出选项）的客观题。历年真题中的刑法案例题，涉及对相关主体的行为的定性，原则上都只有一种观点，比如行为人的行为究竟成立何罪？答对了才有分，答错了，哪怕理由说得再多，也是零分。从这一意义上看，主观案例题的答案是客观的。当然，在对行为定性之后，简要阐述理由时，具有一定的主观成分，大家说的理由可能不完全一致，但也应该答到要点，理由基本上也是客观的，参考答案也仅是要求用简要的一两句话阐述理由；

第二，如何选择有价值的案例备考主观题考试。历年真题中的主观案例题，诸多都是来源于审判实务中的真实案例，尤其是审判实践中有影响性的案例。中国法院每年一审刑事案件达上百万件，哪些案件是有价值的，能够反映当下的实务问题，并且具有一定的理论意义，是需要仔细、用心遴选的。这也反映出了主观题授课、出书教师的专业水平。从近年来考试命题及司法部法考指定用书的内容来看，最高司法机关的相关指导性案例是诸多真题的来源，尤其是最高人民法院主办的《刑事审判参考》，是去年司法部指定教材中主观题刑法案例的唯一来源。

三、如何使用本书备考主观题

本书的基本内容包括考点精讲和主观案例两部分。考点精讲部分选择了刑法学知识中可能出现在案例分析题中的知识点，主观案例是对知识点的具体解读，案例也多来源于最高人民法院的指导性案例。具体而言，本书的学习应该注意：

第一，考点精讲部分是核心部分。学习主观题的考生，原则上是客观题已经顺利通过的考生，有一定的基础了。所以，本书中的考点精讲的内容，就具体知识点而言，同一知识点阐述的内容比上一轮客观题中所阐述的内容要少，但更为精炼，也更好地阐释了与主观题出题的关联。考虑到主观题考查的知识点范围的不确定，我尽量选择了有可能成为主观题考题的知识点，但仍然担心部分考生由于基础不牢固，对这些具体的知识点的掌握不够到位。这就好比体育运动一样，即使是网球专业运动员，也需要进行长跑、短跑、力量等各项基础性锻炼，提升身体的综合素质，而不是孤立地打网球本身。也正是基于此，我认为，如果考生觉得自己的刑法学基础还不够扎实，可以在阅读本书的基础上，再将客观题的辅导用书《刑法专题讲座·精讲卷》《刑法专题讲座·真金题卷》等前一阶段的用书，再系统学习一遍，尤其是关联知识点进行系统学习；

第二，主观案例是对考点精讲部分中的知识点通过案例的形式进行具体阐述。本书中的主观案例，尽量选择与知识点贴近，更多是近年来最新的案例。这些案例，均是实务中较为典型的案例，刑法理论与审判实践中都较为关注。本书所列举的案件，多为有影响的案件，也标明了来源，考生如果对这些案例有疑问或想进一步了解，可以直接进行查找；

第三，前期复习使用本书的考生，不要着急做题。做题的目的是为了巩固所学的知识点，发现自己所学知识存在哪些遗漏，但这都是建立在对知识点全面复习基础之上的。因此，有必要先对本书的知识点进行全面复习，然后再结合历年真题、模拟题进行系统学习。当然，本书也配备了部分模拟题。从全面复习的角度看，备考主观题的考生，仍有必要复习历年真题中的客观题，因为主观题与客观题的知识点本身不是排斥的，而是有大部分重合。或者说，客观题的知识点已经全面覆盖了主观题的知识点。

总之，刑法主观题的学习，不是一个新知识的学习，而是对既有的刑法客观题知识点的重新学习。本书已经将 2010 年–2020 年共 11 年的主观题真题"拆分"至具体知识点，有助于考生更清晰地结合知识点学习。请考生朋友不必紧张，按照本书的内容认真学习，积极备战主观题考试。

2021 年 4 月

目 录
Contents

第四部分　案例专题

第一部分

方法论

专题一
主观题答题方法

一、对主观案例题认识的几个误区及改进方法

误区一：脱离客观题的知识点学习，孤立地做主观案例题。

正确认识：

第一，客观题与主观题，都是对具体知识点的考查，客观题是列出选项供选择，主观题是我们用文字写出答案。都是对知识点的展示，几个客观题及其选项，完全可以组合成一个主观题；

第二，主观题的知识点，没有脱离客观题的知识点，掌握客观题的知识点即可；

第三，即便不专门复习主观题，只要刑法学的基本知识掌握到位，也能顺利应对主观题。当然，主观题的文字表述方法，还需要进一步学习；

第四，主观题的知识点学习，只是在回忆客观题阶段的刑法知识点，而不是再次学习新的知识点。

误区二：主观题的回答是"主观的"。

正确认识：

第一，主观案例题中对具体知识点，给出的答案，依然是客观的，例如，行为的定性，究竟是盗窃还是诈骗。回答错误，理由再充分，与参考答案不符，不给分；

第二，两种观点以上的考题，似乎答案有一定的"主观性"，但两种观点以上的考题，其观点的内容也是客观的，某一问题，究竟存在哪几种观点，不是我们想象的，而是客观存在的；

第三，主观题的回答，不是作文题。摆脱高中阶段写作文的模式，不需要抒情，不需要感情色彩。只需要就事论事：观点是什么，基于哪几点理由。

误区三：过度迷信两种观点。

正确认识：

第一，原则上，法考属于法学知识的通识教育，考一种观点（主流、通说观点）。任何刑法知识点，都可能存在两种或者更多的观点，但法考属于法学入门级的考试，原则上考通说的观点。而通说的观点，不可能是某一个人的观点，更不可能是司法实践完全不予采纳的观点，而是学界达成了较为共识的观点。

第二，清醒地认识到，近 10 年来，主观题中考两种观点的试题，占比不到 10%。不要过度掌握两种观点而背离考试方向。部分考生，什么都搞两种观点，而且只记住了观点，没有记住理由，对考试是不利的。

第三，两种观点试题考查的要义是什么？司法部司法考试司的用书中明确指出：两种观点的考查，是为了考查考生的推理能力。客观题考两种观点的试题，基本上都给出了判断基础，根据不同的判断基础进行推理，就可以得出不同的观点（结论），相当于送分题。主观题考两种观点的试题，在我们的模拟题以及授课中，会专门涉及，原则上不超过 10 个，不要过度迷信。

第四，历年主观题真题中，司法部对部分真题给出了两种观点，回答任意一种都可以给分，那不是两种观点的试题，而是告诉考生，无论你按哪种观点回答，只要言之有理，都可以给分，意即，考生只需要回答一种观点即可。除非问题中直接问"有几种观点"，则需要将不同的学说观点写出。

而主观题中，考两种观点的试题，有的是考不同的学说，例如，近年来关于因果关系错误类型之一的"事前的故意"，就多次在主观题中出现，考查不同的学说观点。这就需要考生将不同的学说全部写出。

也有的是因为案件事实本身存在模糊，学生们可以谈谈自己的看法，例如，2017 年主观题案件中"小孩哭闹不止要离开，丙恐被人发觉，用手捂住小孩口、鼻，然后用胶带捆绑其双手并将嘴缠住，致其机械性窒息死亡。"对于丙的行为究竟是认定为故意杀人罪，还是过失致人死亡罪，已经不是理论学说的问题了，而是事实存在模糊，每个人对事实的理解不一样，无论回答故意杀人罪，还是过失致人死亡罪，亦或都回答，均给分。之所以出现这样的试题，主要原因在于，我们以往学习刑法知识，接触的一些"虚拟"的案件，在很大程度上都是对现实生活案例的提炼，省去了很多细节，所以，可以较为清晰地得出结论。但是，现实生活中的案件，情况复杂，在实务判断中，肯定会有诸多细节，因此可能会存在不同的认识。值得注意的是，近 3 年的主观题真题，已经非常注重这种类型的答案，意即答案多元化，考生只需要回答一种观点即可。

误区四：过度扩张或限缩主观题复习中知识点的范围。

正确认识：

第一，应适度限缩主观题学习的知识点范围。第一轮（客观题）中，对知识点的复习是全面的。而第二轮（主观题）中，主观题可考的并能够以案例呈现出的知识点，其范围已经明显缩小，在时间有限的情况下，应着重看主观题的专门教材，适度限缩主观题的知识点范围。

第二，不应将司法部的主观题教材作为主观题学习的唯一依据。司法部主观案例题教材，仅是提供了一些主观案例题的思考路径，答题方法，对知识点的覆盖是有限的，并不全面。作为一种学习思维，可以参考该教材，但对具体知识点的掌握，显然是不全面的。

第三，也不应过度缩小知识点的学习范围。虽然主观题可考查的知识点难以实现刑法知识点的全面覆盖，尤其是刑法的总则部分，有相当一部分内容不大可能出现在主观案例题中。但是，刑法的分则部分，很多地方可以成为案例分析题，如果考试试题范围一旦扩大，就会使部分考生的前期复习落空。尤其值得注意的是，2019 年的刑法主观题真题，涉及的刑法知识点就太多，包括：共同犯罪、追诉时效、共犯脱离、共犯过限、因果关系的错误、结果加重犯、抢劫罪、故意杀人罪、故意伤害罪、合同诈骗罪、行贿罪、盗窃罪等，更应该注重全面复习。所以，即便备考主观题的考生手中有一本主观题的教材，也应准备一本客观题的教材，以免部分知识点的遗漏。并且，对知识点的学习，本身就应该是全面、系统的，这才有助于对刑法精神、实质的掌握，不能因为只考财产犯罪，我们就学财产犯罪，即不能"头痛医头、脚痛医脚"。

第四，应以历年考试的真题为主线，对历年真题进行系统梳理，了解历年真题的考查范围及方向。近 20 年的主观题考查的知识点相对比较固定。在结合历年真题及其考查知识点的基础之上，再对照相应的知识点进行系统复习。

第五，具体的知识点。刑法总则部分：自首与立功、共同犯罪、犯罪的停止形态、罪数论等；分则部分：财产犯罪、人身犯罪、贪污贿赂犯罪等。

二、刑法学科具体的答题方法

第一步，先写结论，开门见山，不超过两句话。例如，毛某的行为应如何认定？直接写出答案：盗窃或诈骗。

第二步，再写理由，原则上不超过 3 句话，理由多时，分层次阐述，第一，第二……特别注意：市场上的辅导用书，很多是对案例的深度解析，特别详细，那是解题思路，不是给分要点，考场答题时不需要这么详细。

第三步，在理由阐述时，如果没有法条，不附法条。有法条时，附上法条序号，不需要详细完整地写出法条全文。例如，根据《刑法》第 269 条的规定，盗窃后使用暴力抗拒抓捕的，转化成抢劫罪。

切记：不要将问题过度复杂化，不要过度担心，参考答案其实都非常简洁。考生有一个误区，认为在回答的时候，答得越多越好。这种理解是错误的，理由：第一，从分值以及参考答案的给分要点来看，答案都非常简明；第二，一道主观题的分值在 30 分左右，涉及的问题太多，例如，2019 年的刑法主观题，由于涉及的问题太多，因此就没有办法对每一问都进行非常详细的阐述。

三、简单模板

（一）一问一答式主观题

以最高人民法院第 27 号指导案例臧进泉案为例（关于该案的详细情况，可百度"臧进泉案"）：

2010 年 6 月 1 日，被告人郑必玲骗取被害人金某 195 元后，获悉金某的建设银行网银账户内有 305000 余元存款且无每日支付限额，遂电话告知被告人臧进泉，预谋合伙作案。臧进泉赶至网吧后，以尚未看到金某付款成功的记录为由，发送给金某一个交易金额标注为 1 元而实际植入了支付 305000 元的计算机程序的虚假链接，谎称金某点击该 1 元支付链接后，其即可查看到付款成功的记录。金某在诱导下点击了该虚假链接，其建设银行网银账户中的 305000 元随即通过臧进泉预设的计算机程序，经上海快钱信息服务有限公司的平台支付到臧进泉提前在福州海都阳光信息科技有限公司注册的"kissal23"账户中。（事实一）

2010 年 5 月至 6 月间，被告人臧进泉、郑必玲、刘涛分别以虚假身份开设无货可供的淘宝网店铺，并以低价吸引买家。3 个被告人事先在网游网站注册一账户，并对该账户预设充值程序，充值金额为买家欲支付的金额，后将该充值程序代码植入到一个虚假淘宝网链接中。与买家商谈好商品价格后，3 个被告人各自以方便买家购物为由，将该虚假淘宝网链接通过阿里旺旺聊天工具发送给买家。买家误以为是淘宝网链接而点击该链接进行购物、付款，并认为所付货款会汇入支付宝公司为担保交易而设立的公用账户，但该货款实际通过预设程序转入网游网站在支付宝公司的私人账户，再转入被告人事先在网游网站注册的充值账户中。（事实二）

问题一：事实一中，臧进泉等人的行为构成何罪？请说明理由。

答案：臧进泉等人的行为构成盗窃罪。理由：

1. 被害人虽然受骗，但对于财物（305000 元）交付给臧进泉等人毫不知情，不能认为被害人处分了财产，也即不能认定臧进泉等人构成诈骗罪；

2. 臧进泉等人取走被害人的财产，并没有与被害人进行过"沟通"，可以认为是秘密取走了被害人的财物，违反了被害人的意志，成立盗窃罪。

问题二：事实二中，臧进泉等人的行为构成何罪？请说明理由。

答案：臧进泉等人的行为构成诈骗罪。理由：

1. 臧进泉等人实施了欺诈行为，使得被害人基于错误认识而交付了相应的金额；

2. 被害人对于自己的财物转移给臧进泉这一过程（流程），主观上是明知的。换言之，对于财物的转移，臧进泉与被害人进行过"沟通"，可以认为被害人处分了财产。

（二）综合分析式主观题

这类主观题，列举一个总的案情，最后只一个问题——综合分析上述各行为人的行为性质。没有指出具体问题，不是一问一答。这就要求考生对每个人的行为进行认定、分析，考生最大的担忧就是回答不全而丢分。应当说，这样的试题，数量会呈现逐步减少的趋势，主要是担心考生答题时跑偏。具体而言，这类综合分析式的主观题，答题时应注意：

1. 按人物顺序，每个人综合分析。例如，甲的行为、乙的行为；

2. 每个人的行为，原则上进行**定性分析**，不进行**定量分析**。

（1）定性分析包括：行为构成何罪，处于何种犯罪停止形态，是否属于共同犯罪，在共同犯罪中处于主犯还是从犯的地位，是否是自首或立功，是否构成累犯等。总之，凡是影响定罪量刑的各种因素，都要考虑。

（2）定量分析包括：量刑应判多少年，应从轻处罚多少年，这些具体的数量，不需要回答。

3. 看看不同犯罪行为人之间是否具有关联。例如，分析了甲、乙各自的行为及其定性后，看甲、乙之间是否构成共同犯罪、片面共犯、共犯脱离等等。

四、历年主观题真题考点分布

（一）刑法总则部分考点分布

核心考点	考查内容	考查年份
共同犯罪	共犯成立	2020、2015、2012
	共犯脱离	2019、2015
	共犯中途加入	2019
	共犯与间接正犯的区别	2019、2017
	共犯过限	2018、2018、2012
自首与立功	一般自首	2019、2014、2011、2010（2次）
	特别自首	2019
	立功	2019、2014、2011
其他问题	假想防卫、偶然防卫、正当防卫	2020、2013
	不作为犯的作为义务	2012
	认识错误（因果关系的错误）	2020、2019、2016、2015、2010
	追诉时效	2019
	加重犯未遂	2016
	因果关系	2012
	结果加重犯	2019

（二）刑法分则部分考点分布

核心考点	考查内容	考查年份
抢劫罪	抢劫罪的成立要件	2019
	抢劫罪的对象（财产性利益）	2016
	转化型抢劫	2020、2013
	抢劫罪与敲诈勒索罪的区别	2016
	抢劫罪的结果加重犯	2019
盗窃罪	入户盗窃	2013
	盗窃与侵占的区别	2019、2015、2013、2011
	盗窃罪与信用卡诈骗罪的区别、其他问题	2010、2020
诈骗罪	诈骗罪的处分意识	2018
	诈骗罪与敲诈勒索罪的竞合	2020、2017、2011、2010
	诈骗罪与合同诈骗罪	2019

核心考点	考查内容	考查年份
其他财产型犯罪	信用卡诈骗类犯罪	2019、2015、2011
	故意毁坏财物罪	2020、2012
	财产犯罪后处分赃物的认定	2016
	非法占有目的的认定及其他财产犯罪	2020、2019
侵犯人身权利犯罪	非法拘禁罪与绑架罪的区分	2018、2017
	非法拘禁罪的结果加重犯	2018、2017
	绑架罪既、未遂的判断	2017
	故意杀人罪、故意伤害罪	2020、2011
贪污贿赂犯罪	受贿罪与非国家工作人员受贿罪、利用影响力受贿罪、行贿罪	2020、2013、2012
	受贿罪（斡旋受贿、受贿方式）	2020、2019、2014
	贪污罪的对象	2014、2012
	贪污罪既、未遂	2014
	贪污罪与为亲友非法牟利罪、挪用公款罪	2014、2010
	行贿罪	2013
其他犯罪	伪造居民身份证件罪	2011
	徇私枉法罪	2020

第二部分

刑法总则核心考点

不作为犯

■ 知识体系

$$
不作为犯 \begin{cases}
作为犯与不作为犯的区别 \\
不作为犯的种类 \\
身体积极、消极与作为犯、不作为犯 \\
不作为犯的成立条件 \\
不作为犯的"作为义务"的根据 \\
不作为犯的其他问题
\end{cases}
$$

■ 主观题命题点拨

1. 关于不作为犯，需要结合生活常识、常理去判断，行为人是否构成犯罪。换言之，谁对风险有支配、保障义务，被害人的安全应由谁来保障，谁就有救助的义务。

2. 主观案例题必定涉及共同犯罪，那么需要注意的是，在共同犯罪中，部分共同犯罪人超出原"共同故意"而造成的危险状态，其他共同犯罪人是否具有排除的义务。例如，甲、乙共同实施抢劫行为，甲在楼下望风，乙在楼上实施抢劫时，造成被害人重伤，楼下的甲知道这个情况之后，没有制止，也没有施救，最后被害人死亡，甲有救助的义务，需要对死亡结果负责，甲、乙均成立抢劫致人死亡的结果加重犯。

一、作为犯与不作为犯的区别

（一）作为犯——刑法叫你别干，你偏要干（故意杀人罪、强奸罪、放火罪等）

1. 行为人实施刑法所禁止的法益侵害行为，违反了刑法的**禁止性规定**。典型的如故意杀人罪、强奸罪、放火罪，其本质在于违反了刑法的禁止性规定：不得杀人、不得强奸、不得放火。

2. "持有型犯罪"属于作为犯。"持有型"犯罪，如非法持有枪支、弹药罪，非法持有毒品罪，持有假币罪，属于作为犯，"持有"是对特定物品的实力支配、控制。刑法规定持有型犯罪，旨在"禁止"人们持有特定物品，而不是"命令"人们上缴特定物品。

例如，行为人偶然地发现自己家中有一包毒品，刑法禁止该行为人继续持有，如果行为人违反刑法的禁止性规定而继续持有，当然成立非法持有毒品罪。但如果行为人将毒品扔进下水管道，由于没有违反刑法"不得持有毒品"的禁止性规定，不成立非法持有毒品罪。

（二）不作为犯——刑法叫你做，你偏不做，甩包袱（不履行义务）——遗弃罪、逃税罪

1. 不作为犯，不是指行为人没有实施任何行为，而是行为人没有履行他应该履行的义务，违反了刑法的命令性规范。有的情况下，行为人为了逃避义务，还可能实施一些掩盖性的行为（积极行为），但仍然是不作为犯。例如，行为人通过签阴阳合同的方式（积极方式）达到逃税的目的，即不履行纳税义务，成立逃税罪。

2. 不作为犯的罪过形式既可以是故意，也可以是过失。例如，大量的责任事故类犯罪，行为人过失地（忘却了）履行相关的安全义务，是过失的不作为犯。

>> **历年真题**

甲因家中停电而点燃蜡烛时，意识到蜡烛没有放稳，有可能倾倒引起火灾，但想到如果就此引起火灾，反而可以获得高额的保险赔偿，于是外出吃饭，后来果然引起火灾，并将邻居家的房屋烧毁。甲以失火为由向保险公司索赔，获得赔偿——就放火罪而言，行为人有灭火的义务而不履行，属于不作为犯，并且是不纯正的不作为犯。就保险诈骗罪而言，刑法是禁止行为人去实施保险诈骗行为的，故保险诈骗罪是作为犯。（2008年川·卷二·13题）

二、不作为犯的种类

1. 真正不作为犯（纯正的不作为犯）：刑法明文规定只能由不履行义务构成的犯罪。如遗弃罪，不解救被拐卖、绑架妇女、儿童罪，拒不执行判决、裁定罪，丢失枪支不报罪，拒绝提供间谍犯罪证据罪——这类犯罪，刑法的本质是要求你去做一件事情，但你偏不做，违反了刑法的命令性规定，或者说违反了刑法对行为人所要求的义务。

2. 不真正不作为犯（不纯正的不作为犯）：这种犯罪既可能是违反了刑法的禁止性规定，也可能是违反了刑法的义务性（命令性）规定。也即，这种犯罪通常是作为犯，但也可能是不作为犯——放火罪、故意杀人罪。

三、身体积极、消极与作为犯、不作为犯

1. 不作为犯可以通过积极的方式（作为方式）或者消极的方式（不作为方式）来实施。但本质是不履行义务。

（1）作为犯与不作为犯的区分不是看身体行为的积极或消极，而是看行为人是否负有法律要求履行的义务。如果有，不履行的，就属于不作为犯。反之，属于作为犯。

（2）"不作为犯"仍然可以通过积极或者消极的行为方式来实施，但其本质是不履行义务。

2. 刑法关注的并不是行为人的外部动作是积极还是消极，而是看行为人是否负有法律所规定的义务。作为犯与不作为犯，说到底是一个规范的判断问题，外部的行为动作有时未必成为区分作为犯与不作为犯的标准。

例如，逃税罪是不履行纳税义务的行为，属于不作为犯，但逃税罪既可以通过积极的方式（如篡改账本，也称作为方式），也可以通过消极的方式（如对税务机关的要求不予理会，也称不作为方式）来实施。就此而言，作为犯、不作为犯是上位概念，与作为方式（积极行为）、不作为方式（消极行为）是两个完全不同层次的概念。

例1：甲走路不小心将乙撞到路边的水渠里，其从路旁找来竹竿伸向乙，无论是乙抓竹竿之前还是之后，甲扔下竹竿扬长而去，导致乙死亡的，甲都基于危险前行为产生作为义务，处于保证人地位，其行为均只能成立不作为犯，因为刑法规范看重的是期待其履行的救助义务没有得到履行，导致规范的期待落空。

例2：甲不小心将乙撞到路边的水渠后，迅速逃离现场，路人丙从路旁找来竹竿伸向乙，乙抓住竹竿之前，丙突然担心乙赖上自己而扔下竹竿离开，导致被害人死亡的，丙没有实施危险前行为，并不处于保证人地位，没有救助的义务；其伸出竹竿的行为并未接触到被害人乙，救助行为没有实际发生作用，该行为与乙死亡的构成要件结果之间欠缺积极作为的因果关系。从规范评价的角度看，该行为和丙从来没有伸出竹竿的效果相同，丙无罪。

例3：医生发现病人救助无望，而将维持病人生命的呼吸机关掉，评价的重点不在于医生的身体动作，而在于其不履行对病人的救助义务，因此，其成立不作为犯。但是，其他毫无关联的人关掉该呼吸机的，由于并没有救助义务，则只属于违反禁止剥夺他人生命的规范的情形，成立作为犯。

例4：以下甲、乙、丙行为人虽有一定的积极身体行动，但也仅成立"不作为犯"。因为如下行为的核心是违背了规范的期待（义务），没有履行特定的义务：

（1）在丈夫殴打小孩的过程中，妻子甲害怕儿子的哭声被外人听到而将房门关上，后丈夫将儿子活活打死；

（2）乙驾车将被害人撞成重伤后，把被害人抱上车然后开车往郊外方向赶，路上被害人死亡；

（3）丙重男轻女，认为女儿不能延续香火，将年仅1岁的女儿抱到火车站，放在长椅上后匆匆离开。因为天冷，等警察发现女孩将其送到医院时，女孩已经死亡。

》》历年真题

关于不作为犯，下列哪些选项是正确的？①（2007年·卷二·59题）

A. 刑法规定，依法配备公务用枪的人员丢失枪支不及时报告，造成严重后果的构成犯罪。该罪以不报告为成立条件，属于不作为犯罪

B. 偷税罪是一种不履行纳税义务的行为，只能由不作为构成

C. 遗弃罪是一种不履行扶养义务的行为，属于不作为犯罪

---

① 答案：AC。D选项中，一种观点认为，《刑法》第270条侵占罪中规定的"非法占为己有"与"拒不返还"是同一个意思，换言之，只要"非法占为己有"，就表明行为人"拒不返还"。从这个意义上来看，侵占罪的本质是"非法占为己有"，属于作为犯。

另一种观点认为，刑法中的侵占罪所要求的"非法占为己有"与"拒不返还"是两个独立的行为，要成立侵占罪，除了要"非法占为己有"，还要求行为人事后"拒不返还"，即便行为人"非法占为己有"，但如果事后"返还"的，也不成立侵占罪。从这一意义上看，惩罚的实质在于行为人后续的"拒不返还"，即行为人不履行返还义务，因此，属于不作为犯。国家法律职业资格考试以前一种观点为准。

D. 刑法规定，将代为保管的他人财物非法占为己有，数额较大，拒不退还的，构成犯罪。该罪以拒不退还为成立条件，属于不作为犯罪

四、不作为犯的成立条件

1. 当为。行为人负有实施某种行为的义务。

2. 能为。有作为的可能性、有履行义务的能力。

例如，父亲虽然对溺水的小孩有救助的义务，但如果父亲不会游泳的，不成立不作为犯。

3. 不为。因为行为人没有履行义务，造成或者可能造成危害结果。

要成立不作为犯罪，必须有"危害结果回避的可能性"。如果即使履行义务，危害结果也必然发生，那么，没有履行义务也不成立不作为犯罪。

例如，司机过失造成了交通事故，导致被害人头盖骨骨折，即使立即送往医院也不能挽救生命，或者被害人将立即死亡时，即使司机没有救助且逃逸的，也仅成立交通肇事罪，而不成立不作为犯的故意杀人罪——本案中，死因应该归于之前的"肇事行为"，而不能归于事后的"逃逸行为"，换言之，即使不逃逸，被害人也必死无疑。因此，此种情形不属于"交通肇事后逃逸致人死亡"，而只能成立交通肇事罪。

五、不作为犯的"作为义务"的根据

◉ [学习方法提示] 关于不作为犯的义务来源问题，很多考生死记硬背，但不同书上总结的又不完全一样，这样一来，学习就有很大的困惑。实际上，在他人面临危险的情况下，究竟谁有救助或排除危险的义务？对于若干个有作为义务的主体，不同教科书归纳路径可能不同，但并不存在实质上的差异。对不作为犯的"作为义务"来源的学习，实际上最重要的是要结合社会生活常识去判断的。刑法赋予相关责任主体的作为义务，必须通过考虑其作为可能性、是否与国民的观念吻合等进行综合判断。例如，见死不救的行为，即便在有的国家认为构成犯罪，但在中国目前国民的道德水平还有待提升的背景下，赋予国民更多的义务，可能会导致与公民的观念背离太大，使刑法与公众的认同背离太远。质言之，如何判定行为人是否具有"作为义务"，在于行为人对于处于危险境遇的人，是否具有"保证人"的地位，是否有保证他人安全的义务。

1. 仅仅是发现他人处于危险境地，没有救助义务。

(1) 发现者仅仅是"遇见"了危险，并没有保障他人安全的义务，不成立不作为犯。

例如，荒山狩猎人发现弃婴不救助的，不成立不作为犯罪。

又如，甲到湖中游泳，见武某也在游泳。武某突然腿抽筋，向唯一在场的甲呼救。甲未予理睬，武某溺亡，甲的行为不成立不作为犯罪。

(2) 但是，如果在发现者的监控区域内，例如在自己的家中，即便仅仅是发现了风险，但仍然有救助的义务，不履行义务的，成立不作为犯。

例如，甲（女）在家中从事卖淫活动，老头乙（男）进入甲的家中欲嫖娼，刚进家门就被甲的美色迷倒，甲有救助义务，毕竟在甲的家中，甲不履行救助义务成立不作为犯。

又如，出租车司机甲搭载乘客乙（男）、丙（女），乙在后排座强奸丙，甲知情却不制止，甲的行为构成不作为犯罪。

再如，自家的封闭庭院里突然闯入一个危重病人或者生活不能自理的儿童，他人不能发现和救助，庭院的支配者有义务救助。

又再如，男子任由幼女对自己实施猥亵行为时，因为该危险发生在男子身体上，男子负有制止幼女的义务，否则，成立猥亵儿童罪。

2. 如果降低了他人所处的风险，就更没有救助义务。

（1）行为人降低了他人风险是"做好事"，本来也没有保障他人安全的义务，不成立不作为犯。

例如，甲见乙身受重伤躺在高速公路的中间，为了防止乙面临更大危险，将乙搬至旁边的休息站，后甲离去。即便事后仍然没有人对乙进行救助，甲也不成立不作为犯罪。其理由在于，乙的死亡结果不能归责于甲，甲并没有保障乙安全的义务。试想，如果甲的行为都构成犯罪，谁还敢去做好事呢？

（2）但是，对于处于危险境地的人实施自愿救助行为（"做好事"），如果"耽误"了危险者受到他人救助的机会，则这种自愿救助行为必须"一救到底"，否则，成立不作为犯。

例如，甲身受重伤躺在马路上，乙见状想救助甲，便将甲搬到自己家中，这种情形下，甲得到其他人救助的可能性就没有了。乙在家中对甲救助5天后，觉得甲人品不好，便放弃救助，将甲于夜间扔至菜市场，造成甲死亡——乙的行为成立不作为犯故意杀人罪，理由在于，乙对甲救助了5天，在一定程度上就是剥夺了甲受到其他好心人救助的机会，乙争取了这个救助的机会，就应该好好珍惜、一救到底。

又如，甲见有人掉入偏僻之地的深井，找来绳子救人，将绳子的一头扔至井底后，发现井下的是仇人乙，便放弃拉绳子，乙因无人救助死亡——甲不成立不作为犯罪，理由在于，甲的自愿救助行为还没有起作用，并且，甲并没有"耽误"乙受到其他人救助的机会。

3. 行为人如果对他人创造（提升）了风险，原则上就应对他人有救助义务。

当某种危险结果的发生与行为人的危险前行为有关联，法律就会对行为人提出作为的期待，正所谓"解铃还需系铃人"。

（1）行为人的行为如果创造了风险，使他人处于危险境地，当然就有排除危险的义务，否则，成立不作为犯。即谁制造风险，谁消除危险。

例如，甲意外将6岁幼童撞入河中，幼童溺水，甲不履行救助义务的，成立不作为犯。

又如，丙与贺某到水库游泳。丙为显示泳技，将不善游泳的贺某拉到深水区教其游泳。贺某忽然沉没，丙有点害怕，忙游上岸，贺某溺亡。丙的行为成立不作为犯。

又如，甲带邻居小孩出门，小孩失足跌入粪塘，甲嫌脏不愿施救，就大声呼救，待乙闻声赶来救出小孩时，小孩已经死亡。甲不及时救助的行为构成不作为犯罪。因为，小孩的安全是需要甲保障的，带小孩出门，需要时刻看守、保障小孩的安全。

又如，甲乱扔烟头导致所看仓库起火，能够扑救而不救，迅速逃离现场，导致火势蔓延，财产损失巨大。甲不扑救的行为构成不作为犯罪。

（2）但是，成年人的日常生活行为，如谈恋爱、旅游、喝酒、爬山等，制造了社会所允许的风险，相互之间没有救助义务。

其理由在于，社会日常生活行为是社会运行所必须的，这类行为即便可能会有风险，其发生的概率也非常低，他人与你一起实施这种行为时，不需要也不可能预料到风险的存在，不具有保障你安全的义务。质言之，成年人从事社会正常风险行为（日常行为）时，应自己把握风险，他人不负有保障你安全的义务，不能寄托于他人替自己来防范自己的风险。一个社会要发展，必须容忍一定的正常风险。一个人要成长，必须经历一些正常的风风雨雨。试想：教孩子走路，就必须容忍合理的摔跤，否则，孩子怎么可能学会走路呢？不能因噎废食。

例如，甲、乙二人相约散步，突然乙被丙驾驶的车辆撞成重伤，丙驾车逃离，甲亦没有对乙实施救助行为——该案中，丙当然有救助义务，但甲并没有救助义务，成年人散步，不需要相互保护，也不是必须相互牵手保障安全，这种日常行为自己保障自己的安全。

又如，丁邀秦某到风景区漂流，在漂流筏转弯时，秦某的安全带突然松开致其摔落河中。丁未下河救人，秦某溺亡，丁的行为不构成不作为犯罪。

又如，梁某与好友强某深夜在酒吧喝酒。强某醉酒后，要求梁某送其回家，梁某怕钱包之事被发现，托词拒绝。强某在回家途中醉倒在地，被人发现时已冻死。梁某对强某的死亡不构成不作为的故意杀人罪。

又如，甲男与乙女恋爱，后甲男提出分手，乙女声称如果分手就自杀，尽管如此，甲男仍然要与乙女分手。即便甲男看着乙女自杀而不制止，也不能认定他有作为义务。

又如，甲将自己的一把利刀递给乙观看，乙突然持刀伤害丙，即使甲在现场，也不产生作为义务。行为人制造的危险属于被害人答责的范围时，行为人不产生作为义务。

再如，甲将吸毒工具借给乙吸毒，乙因吸食过量造成身体伤害，对此，甲不承担故意伤害罪的责任。

（3）正当防卫是刑法所鼓励的行为，即便防卫人对不法侵害人创造了风险，也没有救助义务。

例如，甲拿枪射杀乙，乙实施正当防卫行为，将甲打成重伤，血流不止，乙能救助甲却不救助，造成甲死亡——乙不成立不作为的故意杀人罪。此类案件中，如果要求防卫人乙有救助义务，对防卫人而言是不公平的，因为防卫人如果造成不法侵害人死亡的话，成立正当防卫；造成不法侵害人重伤但不履行救助义务的话，还成立故意杀人罪，这显然是不妥当的。

4. 其他义务来源——实质在于，行为人具有保障他人安全的义务，他人的安全依赖于行为人。

（1）法律（刑法）明文规定的义务。仅限于特定义务，不包括宪法以及刑法之外的其他法律所规定的抽象性、一般性的法律义务，这类法律义务在刑法分则条文没有确认的情况下，不能成为不作为犯罪的义务根据。

例如，丈夫对妻子的救助义务，丈夫发现妻子处于危险境地，有救助的义务。

又如，《消防法》规定，路人看到火灾有报警的义务，但这种义务没有上升到刑法的规定，所以，路人看到火灾不报警的，不成立不作为犯的放火罪。当然，如果是具有特定职责的人（如消防人员），发现火灾不及时报告，不履行救助义务的话，则构成不作为犯罪（渎职类犯罪）。

黄某认定是李某作案，决意报复李某，深夜对其租赁的山坡放火（李某住在山坡上）。树苗刚起火时，被路过的村民邢某发现。邢某明知法律规定发现火情时，任何人都有报警的义务，但因与李某素有矛盾，便悄然离去——邢某不构成不作为犯的放火罪。（2012 年·卷四·2 题）

（2）特定的职务、业务要求的义务，以及对危险源负有监管、控制义务而产生的作为义务。

例如，消防队员对于火灾的扑灭义务、警察对于犯罪行为的制止义务。

又如，宠物饲养人在宠物撕咬儿童时故意不制止，导致儿童被咬死的，成立不作为犯罪的故意杀人罪。

又如，小偷翻墙入院行窃，被护院的藏獒围攻。主人甲认为小偷活该，任凭藏獒撕咬，小偷被咬死。甲成立不作为犯罪。

再如，甲看见儿子乙（8 周岁）正掐住丙（3 周岁）的脖子，因忙于炒菜，便未理会。等炒完菜，甲发现丙已窒息死亡。甲成立不作为犯罪。但是，夫妻之间、成年的兄弟姐妹之间并不具有这样的监督义务，妻子明知丈夫受贿而不制止的，并不成立受贿罪的帮助犯。

（3）法律行为（合同行为）引起的义务。当事人之间本来没有义务，但基于合同而创设了义务。

例如，家政保姆基于雇佣合同，具有照看小孩的救助义务。即使该合同是无效的或是超过期限的，也成立不作为犯的故意杀人罪。因为雇佣合同导致小孩对保姆已经形成了事实上的依赖关系，小孩的安全事实上依赖于保姆。

又如，出租车司机对于醉酒的乘客，有将其送至安全地点的义务。

（4）"紧密"（超级危险）的共同体关系所产生的义务。

"紧密"的共同体不同于"松散"的共同体（如成年人共同散步、游泳），在"松散"的共同体中，各行为人没有负责保障他人安全的义务，因为这类活动的风险性不大，属于日常行为。而"紧密"的共同体，行为人共同实施的是非常危险的行为，各行为人之所以敢去实施这一严重危险行为，在很大程度上是因为寄希望于彼此相互依靠、保护，否则孤立的个人是不敢去实施这类行为的。从这一意义看，"紧密"的共同体成员相互之间有救助义务。质言之：他人的安全依赖于你。

例如，共同登山的队员，在发现其他成员陷入危险时，有义务救助。

又如，邻居出于好意，帮助照看家中无人看管的孩子，也可以说其和孩子的生存之间形成了事实上的依赖关系。如果不履行救助义务，成立不作为犯罪。

六、不作为犯的其他问题

1. 不作为犯的认识错误。

（1）乙掉入河中，甲虽发现，但误以为掉入河中的不是自己的儿子乙，而是与自己无关的丙，因而没有救助，导致乙死亡——甲不成立不作为犯的故意杀人罪，此种情形下，行为人连事实都没有认识清楚，主观上没有犯罪的故意，仅有不救他人的故意，非犯罪意义上的故意。属于保证人地位认识错误，即甲基于对事实的错误认知，而导致错误地认为自己不属于保障乙安全地位的人。

（2）甲明知掉入河中的是自己的儿子乙，但误以为自己没有义务救助乙，因而没有救助，导致乙死亡——甲成立不作为犯的故意杀人罪。属于保证人义务的认识错误，即违法性认识错误，不阻却犯罪的成立。行为人对事实的认识没有错误，只是对于自己在当时的情况下有无法律上的救助义务产生了不当的认识。

2. 先前的犯罪行为能成为作为义务的发生根据。

行为人先前的犯罪行为导致某种法益处于危险状态，行为人负有救助的义务。如果没有及时排除危险状态而导致更为严重的危害结果发生，应该成立不作为犯。具体而言：

（1）刑法就造成"加重结果"已经特别规定为"加重犯"的，依照刑法的特别规定。刑法之所以对如下情形作特别规定，在于这类现象在实践中具有一定的典型性、普遍性；

例如，交通肇事后，造成被害人重伤，然后逃跑，被害人因得不到及时救助而死亡，根据刑法的规定，仅成立交通肇事罪，适用交通肇事"因逃逸致人死亡"这一加重的刑罚。

又如，故意伤害他人致他人轻伤的，不对他人予以救助，他人由于得不到及时救助，造成重伤，成立故意伤害（致人重伤）罪。

（2）在刑法没有就某种（故意、过失）犯罪行为规定为结果加重犯，也没有规定发生某种严重结果而成立其他严重犯罪的情况下，如果先行行为导致危险状态后，不履行排除危险的义务而导致重结果的，成立重结果的故意犯。

例如，《刑法》第 344 条规定了非法采伐国家重点保护植物罪。行为人在非法采伐珍贵树木，树木倒下时砸着他人头部，行为人不实施救助，而是逃跑，造成被害人死亡的，定故意杀人罪——（不作为犯）故意杀人罪与非法采伐国家重点保护植物罪并罚。

≫ 历年真题

1. 以下哪些行为构成不作为犯罪？[①]（2020 年真金题·2 题）

A. 孙某亲眼看到成年的弟弟杀死自己的父亲而不阻止，孙某构成故意杀人罪

B. 赵某看到自己 12 岁的儿子盗窃别人的手机而不制止，赵某构成盗窃罪

C. 李某在岳母家看到妻子拿刀伤害岳母而不制止，李某构成故意伤害罪

D. 钱某看到女儿遗弃自己的外孙女而不管不问的，钱某构成遗弃罪

2. 关于不作为犯，下列说法正确的是？[②]（2019 年真金题·26 题）

A. 派出所民警李某在抓捕吸毒的犯罪嫌疑人王某时，王某有一个 5 岁女儿独自在家。王某将该情况告知李某，李某因疏忽而忘记此事。李某成立不作为犯的玩忽职守罪

B. 吸毒人员吴某常常把自己年幼的孩子独自留在家中而出去吸毒。某日，吴某出门后十日才回家，其年幼的孩子在被隔绝的家中饿死。吴某构成不作为犯的故意杀人罪

C. 赵某明知邻居钱某有癫痫，出于故意而与邻居钱某吵架，使其发病。在钱某发病的情况下故意不救助导致其死亡。赵某的行为不成立不作为犯的故意杀人罪

D. 孙某驾车撞倒行人钱某之后，为逃避法律责任，将钱某拖到隐蔽处的洞里，后钱

---

① 答案：AB。

② 答案：ABD。

某死亡。孙某构成不作为犯的故意杀人罪

3. 丁某系精神病，丁某之妻郭某系丁某监护人。一日，二人到丁某父母家吃饭时，丁某和其父母争吵，拿起菜刀将其父母砍死（实际未死），郭某未制止，未呼救也未报警，而是关了门走了，丁某父母流血休克而亡，郭某事后还洗了丁某的血衣。事后证明，丁某当时精神病发作没有责任能力——即便认为及时送医仍会死亡，也只能说，不救助的行为与死亡结果无因果关系。但是，本案中，妻子郭某还有制止丁某故意杀人的义务，没有制止的行为（不作为犯）与死亡结果之间存在刑法上因果关系。妻子郭某构成不作为的故意杀人罪。（2018 年真金题·16 题）

4. 关于不作为犯，下列说法正确的是?① （2018 年真金题·20 题）

A. 甲乙共同入户抢劫丙，进入被害人丙家，甲将丙捆绑后，二人共同实施了抢劫行为。之后，乙临时起意杀了丙，甲站在一旁观看没有制止。乙的杀人行为成立故意杀人罪，甲对此构成不作为犯的故意杀人罪

B. 母亲甲生一女，怕婆家嘲笑，甲让自己的亲妹妹乙把孩子遗弃至菜市场。妹妹在法律上不是扶养人，仍构成遗弃罪（不作为犯）

C. 失主甲空手追赶小偷乙，乙逃至河边，为摆脱甲的追赶而跳河，欲游到对岸。乙游至河心时因体力不支，向甲呼救。甲心想："淹死也算活该。"甲未对乙施救，乙溺亡。甲的行为构成不作为犯的故意杀人罪

D. 父亲甲过失将自己的孩子摔在地上，看孩子没有哭闹，就没有送往医院。三天后孩子死亡，经查明，死亡原因是脑部受到重创导致的，但查明受伤太严重，就算被摔当时送往医院也救不活。甲的行为不构成不作为犯的故意杀人罪

5. 关于不作为犯罪，下列哪些选项是正确的?② （2015 年·卷二·52 题）

A. 儿童在公共游泳池溺水时，其父甲、救生员乙均故意不救助。甲、乙均成立不作为犯罪

B. 在离婚诉讼期间，丈夫误认为自己无义务救助落水的妻子，致妻子溺水身亡的，成立过失的不作为犯罪

C. 甲在火灾之际，能救出母亲，但为救出女友而未救出母亲。如无排除犯罪的事由，甲构成不作为犯罪

D. 甲向乙的咖啡投毒，看到乙喝了几口后将咖啡递给丙，因担心罪行败露，甲未阻止丙喝咖啡，导致乙、丙均死亡。甲对乙是作为犯罪，对丙是不作为犯罪

---

① 答案：ABCD。
② 答案：ACD。

专题三
因果关系

■ 知识体系

因果关系 ─┬─ 因果关系与刑事责任的关系
　　　　　├─ 因果关系的判断步骤
　　　　　└─ 客观归责理论与因果关系

■ 主观题命题点拨

1. 主观题中，判断行为与结果之间是否具有因果关系，要明白只要行为的发展符合大致的方向，就应该让行为对结果负责任。如果出现异常的、偶然的因素介入，则说明其改变了因果流向。质言之，因果关系的本质是行为与结果之间合乎规律的引起与被引起的关系。

2. 因果关系是指危害行为与危害结果之间的因果关系。因果关系理论所要解决的问题是，哪个"因"需要对"果"承担责任，即对于所造成的危害结果，可以"归责"于（追溯到）哪个行为（因）。因果关系仅是犯罪的客观不法要件，换言之，即便行为与结果之间存在客观上的因果关系，但如果不具有责难的可能，即主观上不具有非难可能性（如无故意、过失、期待可能性等），也不成立犯罪。

3. 近年来，"客观归责理论"成为刑法学研究的一个热点问题，这从另一个角度阐述因果关系，使因果关系的判断更加规范化、实质化。客观归责理论与因果关系是同一问题的正反两面，客观归责理论更加强调精确、规范化的判断，而因果关系更强调现象与结果之间合乎规律的引起与被引起的关系。

一、因果关系与刑事责任的关系

1. 因果关系是客观的。

（1）存在因果关系并不等于要对"危害结果"承担刑事责任，因果关系只是客观要求，承担刑事责任则需要主客观相统一。

例如，某人于雨夜躺卧一货车下避雨睡觉，第二天早晨司机倒车装货时轧死该人。虽然倒车行为与轧死一人的结果有因果关系，但因为司机并无故意或过失而无责任，故不构成犯罪。

又如，甲与乙在争抢公交汽车座位时，甲朝乙胸部打了一拳，由于乙有先天性心脏病，乙当场死亡。有的同学可能认为，甲不可能认识到乙有严重心脏病，所以，甲的行为与乙的死亡结果之间没有因果关系。但是请注意：因果关系是客观层面的问题，而"甲不可能认识到乙有心脏病"是主观层面的问题。如果甲明知乙有严重心脏病而殴打乙的胸部致乙死亡，那么，甲的行为与乙的死亡结果之间当然存在因果关系。行为与结果之间是否存在客观上的、刑法上的因果关系，不取决于行为人的主观想法。我们在谈及因果关系的时候不需要考虑行为人主观上是否认识到，那是追究刑事责任时需要处理的问题。换言之，因果关系只是想查明"结果"是谁造成的，至于行为人主观上是怎么想的，并不重要。

（2）因果关系是客观事实，不允许"假设"。

例如，警察甲正在给死刑犯乙执行枪决，在开枪的前5分钟，丙冲进现场将乙砍死。虽然本案中，假设丙不砍乙，乙也会死，但事实上，乙就是被丙砍死的，丙的行为与乙的死亡结果之间存在因果关系。丙的行为在客观上制造了乙死亡的风险，需要归责。

2. 因果关系是"行为"与"结果"之间的因果关系。没有因果关系，行为不对结果承担刑事责任，但行为本身仍然可能承担刑事责任，如承担犯罪未遂的责任。

例如，甲手持一把机关枪在追杀他的情敌乙，但是一枪也没有打中，乙在逃跑的过程中又遇另一情敌丙，被丙打死。虽然乙的死亡和甲的射击行为没有因果关系，甲不对死亡结果承担刑事责任，但是甲应对其行为本身承担责任，即应当承担故意杀人罪未遂的刑事责任。

二、因果关系的判断步骤

从司法活动的常识经验来看，如果出现了危害结果（如有死亡结果），那就应该去寻找原因。司法机关寻找原因，一般分为两个步骤：第一，大面积撒网，把可能的原因尽量先全面的摸一遍；第二，重点捕捉，把不重要、无关的原因剔除出去，让重要的原因对死亡结果负责。刑法理论其实是对司法活动的总结、概括，我们学习因果关系的判断，其实与司法活动中如何认定原因与结果之间的关系，基本上是吻合的。因果关系的本质是：行为与结果之间"合乎规律"的引起与被引起的关系。

（一）第一步：条件说为基础

条件说认为，行为与结果之间如果存在"没有前者就没有后者"的条件关系时，前者就是后者的原因。条件说强调"环环相扣"，即如果没有前者，就没有后者，那么，前者与后者之间就具有因果关系。

例如，甲在教室殴打乙致乙轻伤，乙出门等公交车去医院治疗时，遇上丙交通肇事将乙撞成重伤，乙被送往医院治疗时，医生丁因为重大过失给乙用错药，导致乙死亡。本案中，没有甲的殴打行为，乙就不会出门等车，就不会碰到丙的交通肇事，也就不会遇到医生丁。按条件说，甲、丙、丁的行为都与乙的死亡结果之间具有因果关系。显然，条件说将因果关系的范围"扯得过远"。

1. 条件说的"条件"必须是"危害行为"。

危害行为是一种类型性的行为，即这种行为通常而言具有造成危害结果的可能性，例如，用刀、枪杀人的行为。日常生活行为，并不具有这种类型性特征，不认为是危害行为。例如，"聊天""送他人溜冰鞋""劝他人坐飞机""教师将学生赶出教室"等就不属于危害行为，这类行为通常而言不会导致危害结果，即便这类行为确实导致了危害结果，那也是极其偶然的，也多是因为其中介入了其他因素（异常）而改变了正常的因果流程。或者说，日常生活行为即便导致危害结果，也不"合乎规律"。

例如，2010 年卷二 3.B. 甲追赶小偷乙，乙慌忙中撞上疾驶汽车身亡。追赶小偷并非"危害行为"，是合法行为，故不能肯定甲的行为与乙的死亡结果之间的因果关系。

又如，2013 年卷二 5. 甲女得知男友乙移情，怨恨中送其一双滚轴旱冰鞋，企盼其运动时摔伤。乙穿此鞋运动时，果真摔成重伤。送旱冰鞋不是刑法上的危害行为，甲的行为与乙的重伤之间没有因果关系。

又如，甲劝说乙清晨去马路上跑步，希望乙被汽车撞死，乙果然被汽车撞死。甲的劝说行为，与乙的死亡结果之间没有因果关系。

又如，甲劝说乙雨天去树林里面散步，希望乙被雷劈死，结果乙果然被雷劈死。甲的劝说行为与乙的死亡结果之间没有因果关系。

再如，2007 年卷二 1.C. 丙经过铁路道口时，遇见正在值班的熟人项某，便与其聊天，导致项某未及时放下栏杆，火车通过时将黄某轧死。丙的行为与黄某的死亡之间不存在因果关系。

2. "条件"是指实行行为，而不包括预备行为。

之所以否认预备行为与危害结果之间的因果关系，主要原因在于：预备行为不具有导致具体危害结果的类型性、通常性。或者说，预备行为导致危害结果，并不"合乎规律"。实施预备行为，即便造成了危害结果，也是因为其他因素（异常）的介入改变了因果流程。

例如，甲准备了毒药给自己的妻子乙喝，放在书柜中，准备吃晚饭的时候掺入乙的饭中。但乙提前回家，发现书柜中的毒药，以为是食品，服用后死亡。本案中，甲还没有实施实行行为（投毒行为），乙就死了，甲的行为与乙的死亡结果之间不存在因果关系。预备行为本身并不具有导致危害结果的通常性、类型性，而是因为出现了乙的介入因素才导致死亡结果出现，故甲的行为与乙的死亡结果之间没有因果关系。

退一步想，如果本案肯定甲的预备行为与乙的死亡结果之间存在刑法上的因果关系，同时，甲主观上有杀人的故意，甲的行为就应认定为故意杀人罪既遂，这从常理上看也不合适。

（二）第二步：因果关系中断——对条件说的修正、限制

A（条件）→→B（条件，又称介入因素）→→C（结果）

毫无疑问，条件说将因果关系的范围拓得太广，也正基于此，刑法理论上都主张对条件说进行适当修正，不宜将因果关系中的"因"扩得太大。因此，在条件说的基础上提出了因果关系中断论。其目的就是为了限缩条件的范围。换言之，就是要将"不合乎规律"

的情形剔除出去，否认因果关系。具体而言，介入因素要中断前条件与结果之间的因果关系，必须同时符合如下两个特征：

1. 介入因素必须是异常（偶然）的因素——介入因素在案件当时发生的概率很低①（低于10%）——质的要求。

如果实施第一个行为，通常而言会衍生出第二个行为（介入因素），即合乎规律，则第二个行为就是正常的因素，不中断第一个行为与死亡结果之间的因果关系。反之，就属于异常的因素，不合乎规律。实际上，介入因素是正常还是异常，都是相对于第一个行为而言的。介入因素的出现如果是"异常"的，说明其改变了前行为的正常因果发展流程、流向。

例如，乙欲杀其仇人苏某，在山崖边对其砍了7刀，被害人重伤昏迷。乙以为苏某已经死亡，遂离去。但苏某醒来后，刚迈了两步即跌下山崖摔死。乙的行为与苏某的死亡结果之间存在因果关系——苏某被砍了7刀（第一个行为），这种情况下，苏某掉下山崖（介入因素）属于正常的因素，不中断前行为与死亡结果之间的因果关系。

又如，乙夜间驾车撞倒李某后逃逸，李某被随后驶过的多辆汽车辗轧，但不能查明是哪辆车造成李某死亡——李某在夜间被撞后，遭受后续的辗轧，并不异常，故乙的行为与李某的死亡之间有因果关系。

又如，甲将被害人衣服点燃，被害人跳河灭火而溺亡；乙在被害人住宅放火，被害人为救婴儿冲入宅内被烧死。甲、乙行为与被害人死亡之间均具有因果关系，被害人跳河、为救婴儿冲入宅内都属于正常的因素。

又如，甲以杀人故意用铁棒将刘某打昏后，以为刘某已死亡，为隐藏尸体将刘某埋入雪沟，致其被冻死——杀人后的毁尸灭迹行为并不异常，故甲的前行为与刘某的死亡之间有因果关系。

又如，甲、乙等人因琐事与丙发生争执，进而在电梯口相互厮打，电梯门受外力挤压变形开启，致丙掉入电梯通道内摔死。虽然介入了电梯门非正常开启这一因素，但也应肯定甲、乙等人的行为与丙的死亡之间有因果关系——本案中，电梯门受外力挤压变形，衍生出"电梯门非正常开启"这一因素并不异常，不中断前行为与死亡结果之间的因果关系。

再如，甲等多人深夜追杀乙，乙被迫跑到高速公路上时被汽车撞死。甲等多人的行为与乙的死亡之间具有因果关系——该案中，乙在深夜面临追杀，紧张、慌不择路的情况下，被迫跑到高速公路，或者跑到其他地方，甚至跑错了地方，都是正常的。

◉ [学习提示] 第一行为通常情形下能够衍生出第二行为，那么第二行为就是正常的因素，反之就是异常的因素。但问题是，第一行为可能衍生出的正常因素不一定仅有一种，可能有多种。

例如，甲在电梯内殴打乙，致电梯门严重变形，可能导致电梯掉下来而摔死乙，也可能电梯质量非常好，不会掉下来，无论电梯是否掉下，均应属于正常的因素。

又如，甲在夜间将乙撞昏后离去，乙可能被后面的车辆辗轧致死，也可能流血过多而

---

① 也就是说，第一个行为 A 引发介入因素 B 的概率比较低，10% 只是大概的一个说法，判断时不可能需要这么精确。

死，这都应属于正常的因素。

又如，甲用刀将乙逼至江边，乙可能跳江，也可能跪地求饶，这都是正常的因素。

再如，甲将妇女乙强拉上车，在高速公路上欲猥亵乙，乙在挣扎中被甩出车外，后车躲闪不及将乙轧死。该案中，妇女乙挣扎属于正常因素，因为害怕而不挣扎也能理解，也是正常因素。甲的行为与乙的死亡结果之间存在因果关系。

2. 介入因素必须是独立地引起危害结果的发生。即介入因素对死亡结果的贡献率接近 100%——量的要求。

介入因素是异常的，说明介入因素改变了前行为的因果流向，同时，介入因素本身又足够强大的话（对危害结果的贡献率能达到 100%），说明前行为与危害结果的关系就很微弱了。

例如，甲将乙打成轻伤（第一个行为），乙出门去等公交车，在等车途中，被一辆货车撞死。该案中，交通事故（介入因素）就属于异常的因素，导致前行为与死亡结果之间的因果关系中断——在案件当时，甲打乙，并不会导致他被货车撞死，或者说，甲的殴打行为并不会引来交通事故这一介入因素，交通事故属于异常的因素，交通事故对死亡的贡献率也接近 100%，所以，交通事故中断了前行为与死亡结果之间的因果关系。

又如，甲在仇人张某的杯子里投了 5 毫克毒物（不足以致死，需要 10 毫克才能致人死亡），意欲杀死张某。甲投毒后，没有意思联络的乙又投入 5 毫克毒物（介入因素），最后，张某喝完 10 毫克毒物死亡——在本案中，乙中途投毒是一个异常的因素，换言之，甲的投毒行为通常并不会导致其他人加入进来投毒。但乙投毒对死亡的贡献率只有 50%，乙的行为不能独立、完全地导致死亡结果，故乙的行为不能中断甲的行为与死亡结果之间的因果关系，甲、乙的行为均与死亡结果之间存在因果关系。

又如，甲以杀人故意向乙的食物中投放了足以致死的毒药，但在该毒药起作用前，丙开枪杀死了乙。甲的行为与乙的死亡之间不具有因果关系——该案中，丙的开枪行为属于异常因素，且对死亡的贡献率是 100%，足以中断甲的行为与乙的死亡结果之间的因果关系。

再如，甲伤害乙后，警察赶到。在警察将乙送医途中，车辆出现故障，致乙长时间得不到救助而亡。甲的行为与乙的死亡之间没有因果关系——该案中，车辆出现故障与甲的伤害行为完全没有关联，是异常的因素，且"致乙长时间得不到救助"，即对死亡的贡献率大，故能中断前行为与死亡结果之间的因果关系。

三、客观归责理论与因果关系[①]

近年来，"客观归责理论"成为刑法学研究的一个热点问题，这从另一个角度阐述因果关系，使因果关系的判断更加规范化、实质化。客观归责理论强调，在与结果有条件关系的行为中，只有当行为制造了<u>不被允许的危险</u>，而且该危险是在符合构成要件的结果中<u>实现</u>（或在构成要件的保护范围内实现）时，才能将该结果归责于行为。因果关系仅强调

---

① 张明楷：《刑法学》，法律出版社 2016 年版，第 178-180 页。

的是事实层面上行为与结果之间的因果关系，而客观归责理论在因果关系的基础上进行了进一步的限制，即在现有的因果关系的基础上，对于可以"归责"的原因进行了进一步的限缩，更加实质化。考虑到刑法中研究因果关系并不仅仅是出于经验判断的需要，而是出于规范判断（价值判断）的需要，即指导社会成员如何行动的需要，客观归责理论得以产生。实行客观归责必须具备3个条件：

1. 制造不被法律允许的风险：

（1）如果减少了风险，就应排除客观归责；例如，甲看到一块石头快要落到乙的头上，便推了一下乙，使石头砸在乙的肩膀上。尽管乙的肩膀也受到了伤害，但不能将伤害结果归责于甲。二者之间没有因果关系。

实际上，因果关系理论也能解释这个问题，甲的行为是有益于乙的，不属于刑法上的危害行为，故甲的行为与被害人的伤害结果之间不存在刑法上的因果关系。只能说，客观归责理论更从实质上说明了问题：行为人没有创设法律所不允许的风险，所以，不可归责。

（2）如果行为没有减少风险，也没有提高危险，不能将结果归责于行为人；

例如，行为人向快要决堤的河里倒了一盆水，由于不能肯定一盆水增加了决堤的危险，故不能将决堤的结果归责于行为人。

又如，2019年真金题：医生甲以杀人的故意向病人乙注射超量的药剂，病人死亡。事后查明，因病人的特殊体质，即使当时注射的是正常药剂其也会死亡——甲的行为与乙的死亡结果之间没有因果关系，其理由在于：甲所超量（超出正常剂量部分）注射的部分，并没有增加新的风险。换言之，不超量注射（正常注射），乙也是死。可能有人认为，医生甲有杀人的故意，但问题是，仅有犯罪故意，而没有行为，不可能对其进行归责。而刑法所要求的行为必须是"制造或实现了法律所禁止的危险"。这就好比：甲以杀人的故意送乙一双溜冰鞋，乙溜冰时被摔死。虽然甲有杀人的故意，但其行为没有"创设法律所禁止的风险"，故不需要进行客观归责。

（3）行为人虽然制造了危险，但如果危险被允许（如合法行为、日常生活行为），排除客观归责。

例如，遵守交通规则的驾驶行为致人死亡的，不能将死亡结果归责于驾驶者。

又如，乙欠甲的钱到期了，到期当日甲去乙家敲门。乙问："是谁呀？"甲说："是我，你该还钱了。"乙未开门，乙家住14楼，为了躲债，从窗户边用绳子准备下到13楼去，结果不慎失足坠楼身亡。甲只是正常的催债，甲的行为与乙的死亡结果之间没有因果关系。（2020年真金题）

2. 实现不被法律所允许的风险。即在结果中实现了由行为人所制造的不被允许的危险：

（1）行为虽然对法益制造了危险，但结果的发生不是由该危险所致，而是"偶然"与危险同时发生；

例如，A造成对B的伤害结果后，B在住院期间死于医院的火灾，B的死亡结果不能归责于A的行为。因果关系理论也可以说明这个问题，因为本案中可以认为"医院的火灾"是异常的因素，会中断伤害行为与死亡结果之间的因果关系。

（2）行为没有实现不被允许的危险；

例如，甲没有按规定对原材料消毒，导致职工感染疾病死亡。事实上，即使甲按照规定对原材料进行消毒，也不能发现病毒。由于未消毒的行为，并没有实现不被允许的危险，故排除客观归责。

又如，护士在注射抗生素时没有为患者做皮试，患者因注射抗生素而死亡。但事后查明，即使做皮试也不能查出患者的特殊反应。由于结果不具有回避可能性，故不能将死亡结果归责于护士的行为。

（3）行为虽然违反了注意规范，但结果并不是违反注意规范所造成的，排除客观归责。

例如，甲、乙夜间一前一后骑着电动车，但都没有开灯。甲因为缺乏照明而撞伤了迎面而来的行人。虽然如果后面的乙打开灯就能避免事故，但不能将结果归责于乙。因为要求夜间开灯的规范是为了避免自己的电动车与他人相撞，而不是为了避免第三者的电动车与他人相撞。

3. 结果没有超出构成要件的保护范围。如果所发生的结果不包括在构成要件的保护范围或者保护目的之内，就不能将结果归责于行为人。

例如，在防止结果的发生属于他人的责任领域时，该结果不属于行为人的行为所符合的构成要件的保护目的之内的结果，不能将结果归责于行为人。甲在夜间驾驶没有尾灯的货车，警察发现后将警车开到货车前拦截该货车。为了保障后面车辆的安全，警察将打开的手电筒放在甲的货车后。警察令甲将货车开到下一个加油站，准备开车跟随货车行驶，以保护该货车的安全行驶。在甲开车之前，警察将手电筒拿走。恰在此时，被害人丙的货车撞上甲的货车，被害人丙遭受重伤。德国刑法理论认为，<u>防止结果发生属于警察的责任领域，而不能将被害人的重伤结果归责于甲</u>。也可以认为，后继警察的做法是异常的因素，是违反法律规定的做法，故可中断前行为与危害结果之间的因果关系。

又如，A酒后在封闭的高速公路上驾驶机动车，撞死了<u>突然违章横穿高速公路的B</u>。禁止酒后驾驶的规范，是为了防止因丧失或减轻控制车辆的能力而造成伤亡结果，所以，不能将B死亡的结果归责于A的酒后驾驶行为。也可以认为，被害人突然横穿高速公路是一个异常的因素，可以中断前行为与危害结果之间的因果关系。

再如，甲重伤王某致其昏迷。乞丐目睹一切，在甲离开后取走王某财物。甲的重伤行为触犯了故意伤害罪，但故意伤害罪的保护法益并不包括财产法益，从这一意义上看，乞丐取走财物的行为超出了故意伤害罪构成要件的保护范围，伤害行为与财产损失之间没有因果关系。

◎ [因果关系与客观归责关系的解读] 因果关系与客观归责本质上是相同的，都是在结果发生之后，探寻引起结果的原因，只是通过不同的方式。因果关系更加强调从事实、现象层面去揭示现象之间"引起与被引起"的关系，而且如果这种引起是合乎规律的（非异常的）"引起与被引起"之间的关系，那么，行为与结果之间就具有因果关系。客观归责理论实际上更加注重从规范（法律）层面进行判断，即行为为什么会与结果之间存在因果关系，其实质在于，行为制造或实现了刑法（法律）所禁止的风险，所以需要进行客观归责。

我经常形象地比喻二者就是中医与西医的关系，殊途同归，都能治好病。中医（好比因果关系），更加强调现象层面的判断，通过望、闻、听、问来判断、治疗疾病，这对医生提出了很高的要求，个别水平不够的医生，仅从现象判断，容易出现失误。当然，水平高的中医可以做到。西医（好比客观归责）更加强调一些数字上、精确化的判断，对每个问题进行了更加清晰地量化分析，把疾病产生、治疗的方式进行了更精确化的说明，将诸多问题进行了量化分析。考生朋友们如果能学会其中任何一种，都能做对题目，但是，考虑到毕竟是初学者，建议两种理论都需要学习，这样可以更为精准地把握问题。附带说明的是，笔者本人无意拔高或贬低任何一种科学，无论中医还是西医，其都具有科学性。

⊙ [延伸阅读] 被害人自我答责的行为，行为人不承担责任。被害人自愿和负完全责任的行为导致后果的，都需要由被害人自己承担，这就是被害人自我答责（被害人自陷风险）的法理。即：谁支配风险，谁对结果承担责任。包括：

1. 参与他人基于故意的自我危害行为。此时，如果被害人的自我危害行为未违背其真实意思，就不应限制其自由或自我决定权，结果就不应归责于其他参与人；

例如，甲给长期吸毒的乙提供毒品，乙注射后死亡的，该死亡结果由乙自行负责；甲乙相约去"飙车"，甲车侧翻，甲由此死亡的，该死亡结果不能归责于乙。

2. 对他人危险行为的接受。对他人危险行为的接受，等于同意他人造成危险。乘客甲抢夺方向盘导致公交车失控，甲身受重伤的，不能对司机以交通肇事罪追究责任。

》 历年真题

1. 下列关于因果关系，说法正确的是① （2020 年真金题·3 题）

A. 甲驾车行驶在高速公路上，一直在自己的车道上正常行驶。乙突然从旁边车道挤过来，导致两车相撞，乙因事故受重伤。乙的重伤结果与甲的行为之间有因果关系

B. 甲在沙滩上将乙打昏，乙昏倒时面朝沙滩，甲以为乙已经死亡，遂离开，实际上乙是由于吸入沙子窒息而亡。甲的行为和乙的死亡结果之间没有因果关系

C. 甲带小孩小甲去公园玩，邻居奶奶带孙子出去玩，甲临时有事委托邻居奶奶照看小甲，在玩耍中，小甲准备从高处跳下来，邻居奶奶没有阻止，小孩被摔成重伤，奶奶不阻止的行为与小孩摔成重伤之间具有因果关系

D. 甲、乙系男女朋友，甲开车在高速路上行驶时两人吵架，乙要下车，要求甲停车。甲不停车，乙跳车摔成重伤，甲的行为与乙受伤结果之间具有因果关系

2. 关于因果关系，下列说法正确的是？② （2019 年真金题·4 题）

A. 贾某酗酒之后在公路上驾车行驶，将水泥地上的井盖等杂物撞飞致行人重伤，其醉酒行为与重伤结果之间有因果关系

B. 甲、乙发生口角，甲把瘦小的乙踢伤致乙心脏病发作死亡，甲的行为与乙的死亡结果之间有因果关系

C. 甲和乙是行政机关执法人员，扣留丙的过程中，丙中途以要上厕所为由而逃跑，甲、乙的过失行为（疏于管理）与丙的脱逃之间有因果关系

---

① 答案：C。
② 答案：BC。

D. 甲为了杀乙，在饭中下毒药，乙中毒，家人送乙去医院，途中偶遇丙驾驶车辆在道路上横冲直撞报复社会，乙被当场撞死，甲的杀人行为与乙的死亡存在因果关系。

3. 关于因果关系，下列哪些选项是正确的?① （2017年·卷二·52题）

A. 甲以杀人故意用铁棒将刘某打昏后，以为刘某已死亡，为隐藏尸体将刘某埋入雪沟，致其被冻死。甲的前行为与刘某的死亡有因果关系

B. 乙夜间驾车撞倒李某后逃逸，李某被随后驶过的多辆汽车辗轧，但不能查明是哪辆车造成李某死亡。乙的行为与李某的死亡有因果关系

C. 丙将海洛因送给13周岁的王某吸食，造成王某吸毒过量身亡。丙的行为与王某的死亡有因果关系

D. 丁以杀害故意开车撞向周某，周某为避免被撞跳入河中，不幸溺亡。丁的行为与周某的死亡有因果关系

4. 关于因果关系的认定，下列哪一选项是正确的?② （2016年·卷二·2题）

A. 甲重伤王某致其昏迷。乞丐目睹一切，在甲离开后取走王某财物。甲的行为与王某的财产损失有因果关系

B. 乙纠集他人持凶器砍杀李某，将李某逼至江边，李某无奈跳江被淹死。乙的行为与李某的死亡无因果关系

C. 丙酒后开车被查。交警指挥丙停车不当，致石某的车撞上丙车，石某身亡。丙的行为与石某死亡无因果关系

D. 丁敲诈勒索陈某。陈某给丁汇款时，误将3万元汇到另一诈骗犯账户中。丁的行为与陈某的财产损失无因果关系

⊙ [特别提示] 因果关系的判断有时不绝对，尤其是判断介入因素是正常还是异常时，可能存在不同的理解，但国家法律职业资格考试真题一般来说，都是比较明确的。部分存在不同理解的试题，可能会考两种观点。

5. 2012年主观题：……黄某认定是李某作案，决意报复李某，深夜对其租赁的山坡放火（李某住在山坡上）。大火烧毁山坡上的全部树苗，烧伤了李某，并延烧至村民范某家。范某被火势惊醒逃至屋外，想起卧室有5000元现金，即返身取钱，被烧断的房梁砸死。

问题：如认定黄某放火与范某被砸死之间存在因果关系，可能有哪些理由？如否定黄某放火与范某被砸死之间存在因果关系，可能有哪些理由？（2012年·卷四）（两问均须作答）

6. 司机谢某见甲、乙打人后驾车逃离，对乙车紧追。甲让乙提高车速并走"蛇形"，以防谢某超车。汽车开出2公里后，乙慌乱中操作不当，车辆失控撞向路中间的水泥隔离墩。谢某刹车不及撞上乙车受重伤。赶来的警察将甲、乙抓获——本案中，甲、乙不应当对谢某重伤的结果负责。理由有二：第一，谁支配风险，谁对结果承担责任。谢某作为追赶者，其本人是直接支配风险的人。也就是说，谢某不追，就不会有风险；谢某乱追，风险就大。虽然本案中介入了甲、乙二人走"蛇形"，但是，甲、乙二

---

① 答案：ABCD。
② 答案：C。

人在面临追赶的时候走"蛇形",是正常的因素,是谢某的追赶行为所导致的,谢某仍然应对后续的结果负责。

第二,从客观归责的角度看,刑法设定任何犯罪均有其保护的法益。甲、乙二人的逃跑行为,并不需要对追赶者的重伤结果负责。客观归责的前提是行为造成了法律所禁止的风险,而逃跑行为本身并不可能制造风险,风险实际上是来源于追赶者谢某。(2013 年·卷四)

专题四
事实认识错误与法律认识错误

■ 知识体系

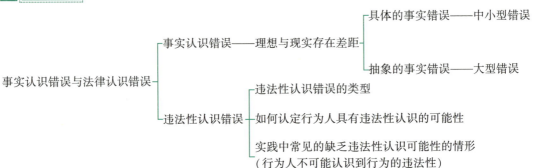

■ 主观题命题点拨

1. 认识错误这一问题，在主观题考试中是常见考点。主观题中必然涉及共同犯罪，而不同共犯人的主观、客观未必完全一致，因此，就可能产生错误。

2. 近年来，主观题考查中，经常出现因果关系的错误中"事前的故意"这一考点，需要认真重视这一问题。要注意，可能考查不同的观点。

3. 对象错误与打击错误，也经常出现在历年真题的主观案例分析题中。尤其是在共同犯罪中，部分行为人产生了认识错误，对其他共同犯罪人的行为应如何处理。

4. 对法律概念的理解错误，是指对事实认识清楚的前提下，对事实所归属的法律概念产生了认识错误。例如，对于"拖拉机"是否属于危险驾驶罪所要求的"机动车"，对于"将他人钻戒扔进海里"是否属于故意毁坏财物罪所要求的"毁坏"行为，产生了错误认识。随着法定犯时代的到来，越来越多的行为人对相关的法律概念认识不清楚，进而导致产生法律认识错误。这种法律认识错误原则上虽不影响定罪，但是，在量刑时却应该考虑。司法部官方指定教材对这一问题亦进行了详细说明。

一、事实认识错误——理想与现实存在差距

事实认识错误，是指行为人的主观认识与客观结果不一致。根据这种"不一致"的不同，在同一犯罪构成内的认识错误，属于具体的事实错误；跨越不同构成要件的认识错误，属于抽象的事实错误。

（一）具体的事实错误——中小型错误

具体的事实错误，是指行为人认识的事实与实际发生的事实虽然不一致，但没有超出同一犯罪构成的范围，即行为人主观上意欲侵害的对象与实际侵害的对象属于"同一犯罪"的保护法益（对象）。主要包括：

1. 对象错误。是指行为人误把甲对象当作乙对象加以侵害，而甲、乙对象处于"同一犯罪构成"内。这种错误可以认为是认错"人"了，是一种主观错误。

例如，甲欲杀乙，丙、乙长得非常相似，甲将丙认作乙，把丙杀死，即属对象错误——行为人意欲侵害的具体对象在案件中从未出现过（我要的菜没来）。

又如，甲欲走私枪支（武器），但误将子弹当作枪支进行走私，甲的行为亦属对象错误，成立走私弹药罪。理由：《刑法》规定的"走私武器、弹药罪"是选择性罪名，该罪的对象是"武器、弹药"，误将"弹药"当作"武器"，虽然从生活观念看似乎超出了对象的种类，但是，无论是"武器"还是"弹药"，均属于该罪的保护对象。

再如，甲欲拐卖妇女，误将儿童将作妇女出卖，甲的行为亦属对象错误，成立拐卖儿童罪。理由：无论"妇女"还是"儿童"，均属拐卖妇女、儿童罪的对象。

⊙ ［处理方式］（1）具体符合说认为，行为人主观上意欲侵害的对象必须与客观上实际侵害的对象具体的一致时，才能成立故意犯罪的既遂。由于主观上意欲侵害的对象乙与客观上实际侵害的对象丙不一致，甲成立对乙的故意杀人罪未遂与对丙的过失致人死亡罪的想象竞合，应以故意杀人罪未遂论处。

但需要注意的是，现今在对象错误这一问题上，具体符合说的学者已经"修正"了自己的观点，与法定符合说的学者保持结论上的一致性。认为这种对象错误并不重要，因而不影响故意犯罪既遂的成立。故针对本案，具体符合说也认为成立故意杀人罪的既遂。[①]

（2）法定符合说：（抛开具体的细节，只看刑法的规定）行为人所认识的事实与实际发生的事实，只要在犯罪构成范围内是一致的，就成立故意的既遂犯。

法定符合说认为，乙、丙均是故意杀人罪的对象"人"（二者的最大公约数"人"），刑法上只有"人"这一概念，而无具体的乙、丙的概念，因此，只要在"人"这一问题上，行为人的主观想法与客观结果保持一致，甲就成立故意杀人罪的既遂。

例如，2007年卷二5. 甲为杀害仇人林某在偏僻处埋伏，见一黑影过来，以为是林某，便开枪射击。黑影倒地后，甲发现死者竟然是自己的父亲。事后查明，甲的子弹并未击中父亲，其父亲患有严重心脏病，因听到枪声后过度惊吓死亡——甲构成故意杀人罪既遂。行为人意欲侵害的对象在本案中根本没有出现过。无论是持具体符合说还是法定符合说，均成立故意杀人罪的既遂。

［生活事实解读认识错误］不少同学初学刑法，觉得很难理解具体符合说与法定符合说。其实用通俗的话来理解就是：我叫你帮我去买一瓶农夫山泉矿泉水解渴，你却帮我买了一瓶依云矿泉水。如果我是一个很较真的人，凡事要求细节都具体一致（具体符合说），那你确实没有完成我的任务，属于未遂。如果我并不要求具体一致，我是一个比较大气的

[①] 针对对象错误，现在具体符合说的观点认为，尽管行为人的认识和实际结果之间存在细节上的不同行为人虽然意欲杀害张三，但由于认识错误，行为当时指向的对象是处于现场的"那个人"（李四），结果也杀死了在现场的"那个人"（李四），行为"当时"的认识和现实发生的结果之间并没有细节上的不同，因此，应当承担故意杀人罪既遂的刑事责任。换言之，现在的具体符合说也不要求"那么具体"了。

人，认为只要你买到了"水"，我叫你买的东西与你帮我买的东西虽然不是具体一致，但至少都是"水"，如果认为只要大概一致（符合"水"这一本质，法定符合说），那可以认为你完成了我的任务（犯罪既遂）。这个问题上，我们普通人可能都认为不宜太过较真，基本上应该认为你完成了任务，故法定符合说是通说的观点。

2. 打击错误——由于行为本身的误差，导致行为人所欲攻击的对象与实际受害的对象不一致，这种不一致没有超出同一犯罪构成。这种错误不是主观认识上的错误，而是客观上的行为错误（客观错误）。打击错误又称方法错误、行为误差。

例如，甲欲杀害乙，由于枪法不准，击中了乙身边的丙，造成了丙死亡——对象看清楚了，但枪法不准，行为人意欲侵害的对象在案件中出现了（我要的菜来了）。

（1）具体符合说：由于客观上所造成的结果与行为人的主观认识没有具体符合，行为人是一行为触犯数罪名（故意杀人罪未遂、过失致人死亡罪），以一重罪（故意杀人罪未遂）论处。

（2）法定符合说：行为人主观上具有杀人故意、客观上的行为也导致他人死亡，定故意杀人罪既遂，即便被害的对象与主观上意欲杀害的对象不是具体的一致，也不影响故意犯罪既遂的成立，因为意欲杀害的对象与实际侵害的对象在法律规定的层面上都是"人"——法定符合说是通说，考试时如果没有特别说明，按照法定符合说做题。①

⊙ [几个重要案例]

2015 年卷二 56. 甲在乙骑摩托车必经的偏僻路段精心设置路障，欲让乙摔死。丙得知甲的杀人计划后，诱骗仇人丁骑车经过该路段，丁果真摔死——甲的行为属对象错误，构成故意杀人罪既遂。因为行为指向的对象与行为人意欲侵害的对象不一致，我要的菜没来。

2014 年卷二 7. A. 甲本欲电话诈骗乙，但拨错了号码，对接听电话的丙实施了诈骗，骗取丙大量财物。甲的行为属于对象错误，成立诈骗既遂，我要的菜没来。

2011 年卷二 53. C. 丙打算将含有毒药的巧克力寄给王某，但因写错地址而寄给了汪某，汪某吃后死亡——丙的行为属于对象错误，成立故意杀人罪既遂，我要的菜没来。

>> 历年真题

1. 甲、乙共同对丙实施严重伤害行为时，甲误打中乙致乙重伤，丙乘机逃走。关于本案，下列哪些选项是正确的？②（2016 年·卷二·52 题）

A. 甲的行为属打击错误，按照具体符合说，成立故意伤害罪既遂

B. 甲的行为属对象错误，按照法定符合说，成立故意伤害罪既遂

C. 甲误打中乙属偶然防卫，但对丙成立故意伤害罪未遂

---

① 可能有同学会问，为什么在对象错误这一问题上，具体符合说修改了自己的观点，与法定符合说保持一致。而在打击错误这一问题上，具体符合说、法定符合说的观点不一致。其主要原因在于：对象错误的情况下，错误不是太大。虽然你想杀张三，误将李四认成张三，但至少你开枪的时候，想杀眼前的"这个人"（李四），实际上死的也是眼前的"这个人"（李四），这个错误并不是很大。所以，具体符合说的学者也认为这种错误不重要，可以忽略。故行为人成立故意杀人罪既遂。

打击错误的情况下，你想杀眼前的"这个人"（张三），并且用枪瞄准了张三，而因枪法不准，实际上死的是眼边的"那个人"（王五）。就此意义而言，你的错误还是有点大的，故具体符合说认为，这就是错了，你的犯罪行为就是没有完成，成立犯罪未遂。在打击错误这一问题上，具体符合说的学者拒绝妥协，认为成立未遂。

② 答案：CD。

D. 不管甲是打击错误、对象错误还是偶然防卫，乙都不可能成立故意伤害罪既遂

2. 甲、乙合谋杀害丙，计划由甲对丙实施砍杀，乙持枪埋伏于远方暗处，若丙逃跑则伺机射杀。案发时，丙不知道乙的存在。为防止甲的不法侵害，丙开枪射杀甲，子弹与甲擦肩而过，击中远处的乙，致乙死亡。关于本案，下列哪些选项是正确的？① （2017·卷二·53 题）

A. 丙的行为属于打击错误，依具体符合说，丙对乙的死亡结果没有故意

B. 丙的行为属于对象错误，依法定符合说，丙对乙的死亡结果具有故意

C. 不论采取何种学说，丙对乙都不能构成正当防卫

D. 不论采用何种学说，丙对甲都不构成故意杀人罪未遂

3. 甲欲开枪杀乙，误将丙当乙杀死，根据观点一，甲成立故意杀人罪既遂；甲欲开枪杀乙，瞄准乙开枪由于枪法不准，杀死乙身旁的丙，根据观点二，甲成立故意杀人罪既遂。下列说法正确的是？② （2020 年真金题·8 题）

A. 都是具体符合说

B. 观点一是具体符合说，观点二是法定符合说

C. 观点一是法定符合说，观点二是具体符合说

D. 都是法定符合说

---

3. 因果关系的错误。

（1）概念。侵害的对象没有错误，但造成侵害的因果关系的发展过程与行为人所预想的发展过程不一致，以及侵害结果推后或者提前发生的情况。即，对因果关系的具体样态的认识错误。对于这种细微的错误，可以忽略不计，不影响故意犯罪既遂的成立。

（2）因果关系的错误为什么可以忽略，不影响故意犯罪既遂的认定？

因果关系的错误，是指对因果进程中的具体样态的认识错误，因果关系的大体方向、流程并没有根本性的错误，换言之，这种错误并不"异常"，是正常范围内的错误，故不影响故意犯罪既遂的认定。即便行为人对于因果流程存在认识错误，但只要结果"保持在根据普遍的生活经验可以预见的范围之内……所设想的和实际发生的因果经过之间的不一致便属于'非本质性'的"。因此，因果关系错误在刑法评价上无关紧要。

实际上，当行为人实行行为终了的那一刻起，因果历程的发展便已经如"脱缰的野马"，不再可能完全按照行为人预想的因果流程进行，更何况，以目前一般人的认知，对很多自然因果流程的具体作用仍然处于模糊状态（如下毒致死的工作机理和行为人想象的毒药工作机理并不一致），因此，在规范的归责上，我们不可能要求行为人对因果流程的认知达到完全具体、科学的程度，只要行为人制造了法益侵害的风险，并且风险最后也确实实现，同时结果的发生与行为人对自己行为制造风险的流程想象"大体一致"时，便成立故意犯罪既遂。

例如，甲对站在悬崖边的乙猛开数枪，意欲杀乙，乙受惊吓后，慌乱中掉下悬崖而死。虽然乙的死亡结果并不符合甲的原来预想，但在当时情况下，乙掉下悬崖并不异常，

---

① 答案：AD。
② 答案：BD。

大体符合因果流程。甲的行为成立故意杀人罪既遂。

又如，甲杀害乙之后，将乙的"尸体"掩埋，事实上乙是死于"掩埋"行为。虽然乙的死亡结果并不符合甲的原先预想，但甲事后的"毁尸灭迹"行为并不异常，大体符合因果流程。甲的行为成立故意杀人罪既遂。

再如，2019 年真金题 31. 甲冒充家电维修人员，想把王某家的冰箱骗到手。某日，甲来到王某家，开门的却是王某家保姆余某。甲误把保姆余某当成王某，说家电搞活动正在以旧换新，保姆以为甲事前跟王某商量好了，就把冰箱给了甲——甲是事实认识错误中的因果关系错误，甲构成诈骗罪既遂。就本案而言，甲诈骗的标的物是"那台冰箱"，最后获取的也是"那台冰箱"，就具体标的物而言，不存在任何认识错误。甲预想的因果流程与实际发生的情况有些变化，甲是想通过 A 途径（欺骗主人）拿到这个冰箱，但实际上是通过 B 途径（欺骗保姆）拿到这个冰箱，但都是骗，都是这个冰箱，因此，属于因果关系的错误。

（3）因果关系的错误的类型。

狭义的因果关系错误	事前的故意（结果推后实现）（死晚了）	结果的提前实现（死早了）
定义：结果的发生不按照行为人对因果关系的发展所预见的进程来实现的情况	定义：行为人误以为第一个行为已经造成结果，出于"其他目的"实施第二个行为，实际上是第二个行为才导致预期的结果的情况	定义：提前实现了行为人所预想的结果
例如，甲为了使乙溺死水中，将乙推进井中，实际上乙是摔死的 又比如，甲以杀人的故意向乙开枪射击，乙为了避免子弹打中自己而后退，结果坠入悬崖而死亡	例如，甲以杀人的故意对乙实施暴力（第一个行为），造成乙休克后，甲以为乙已经死亡，为了隐匿罪迹，将乙扔至水中（第二个行为），实际上乙是溺死于水中	例如，甲欲杀乙，计划先用毒药搞昏乙，然后再用绳子勒死乙。但因投放的毒药剂量过大，乙喝完毒药就"提前"死了，甲的行为成立故意杀人罪既遂。 但是，不能死得"太早"。甲买了毒药，准备下午 3 点回家毒死妻子，甲 1 点钟回家时，先出去玩，其妻子提前下班，1 点半左右时，翻开甲的钱包，找到毒药，自己喝了，并死亡（故意杀人罪的预备与过失致人死亡罪的竞合）
处理：成立故意犯罪既遂	处理：通说认为，成立故意犯罪既遂	处理：如果危害结果是实行行为导致的，则成立故意犯罪的既遂；如果不是，则否认故意犯罪的既遂

对于上述"事前的故意"，理论上存在不同的观点：

第一种观点认为，行为人的第一行为成立故意杀人罪未遂，第二行为成立过失致人死亡罪；其中有人认为成立想象竞合犯，有人主张成立数罪；

第二种观点认为，如果在实施第二行为之际，对于死亡持未必的故意（或间接故意），则整体上成立一个故意杀人既遂；如果在实施第二行为之际，相信死亡结果已经发生，则成立故意杀人未遂与过失致人死亡罪；

第三种观点认为，将两个行为视为一个行为，将支配行为的故意视为概括的故意，只成立一个故意杀人既遂。

第四种观点认为（通说），将前后两个行为视为一体，视为对因果关系的认识错误处理，只要因果关系的发展过程是在相当的因果关系之内，就成立一个故意杀人既遂。

2019 年主观题：洪某使用事先准备的凶器，击打赵某的后脑部，导致赵某昏倒在地不省人事，蓝某此时到达了现场，与洪某一并从赵某身上和提包中找出价值 2 万余元的财物。蓝某先离开了现场，洪某以为赵某已经死亡，便将赵某扔到附近的水库，导致赵某溺死（经鉴定赵某在死亡前头部受重伤）。本案中，洪某对于被害人的死亡，属于事前的故意这一因果关系的错误。

2015 年卷四：高某、夏某到达小屋后，高某寻机抱住钱某，夏某掐钱某脖子。待钱某不能挣扎后，二人均误以为钱某已昏迷（实际上已经死亡），便准备给钱某身上绑上石块将其扔入湖中溺死。此时，夏某也突然反悔，对高某说："算了吧，教训她一下就行了。"高某说："好吧，没你事了，你走吧！"夏某离开后，高某在钱某身上绑石块时，发现钱某已死亡。为了湮灭证据，高某将钱某尸体扔入湖中——本案中，虽然构成要件结果提前发生（因果关系错误中的一种），但掐脖子本身有致人死亡的紧迫危险，能够认定掐脖子时就已经实施杀人行为，故意存在于着手实行时即可，故高某应对钱某的死亡承担故意杀人既遂的刑事责任。（这个观点更符合通说的观点）

2010 年卷四：6 月 26 日，赵某将钱某约至某大桥西侧泵房后，二人发生争执。赵某顿生杀意，突然勒钱某的颈部、捂钱某的口鼻，致钱某昏迷。赵某以为钱某已死亡，便将钱某"尸体"缚重扔入河中。28 日下午，钱某的尸体被人发现（经鉴定，钱某系溺水死亡）。本案中，赵某致钱某死亡的行为，在刑法理论上称为事前的故意（具体的事实认识错误中的因果关系的错误）。

4. 其他重要问题。

（1）在对象错误、打击错误、因果关系的错误中，原则上行为人仅实施了一个犯罪行为，只能认定为是一罪。即使是在因果关系错误中的"事前的故意"中，行为人有两个行为，后一行为（事后不可罚）也是附属于前一行为的，因此，只能定一罪。但如果行为人基于数个罪过形式，分别实施了数个犯罪行为，应数罪并罚。

2003 年卷二 4. 甲为上厕所，将不满 1 岁的女儿放在外边靠着篱笆站立，刚进入厕所，就听到女儿的哭声，急忙出来，发现女儿倒地，疑是站在女儿身边的 4 岁男孩乙所为。甲一手扶起自己的女儿，一手用力推乙，导致乙倒地，头部刚好碰在一块石头上，流出鲜血，并一动不动。甲认为乙可能死了，就将其抱进一个山洞，用稻草盖好，正要出山洞，发现稻草动了一下，以为乙没死，于是拾起一块石头猛砸乙的头部，之后用一块磨盘压在乙的身上后离去。案发后，经法医鉴定，甲在用石头砸乙之前，乙已经死亡。甲的行为构成过失致人死亡罪与故意杀人罪（未遂）数罪——该案定两罪，是因为行为人先有一个过失致人死亡的行为，后来又实施了一个故意杀人的行为，分别有两个独立的犯罪行为。[①]

（2）认识错误的前提是，行为人主观上有犯罪的故意，如果没有犯罪故意，不是认识

---

① 实践中，常常将行为人出于杀人的故意，误把刚死不久的尸体当作活人加以杀害的行为，认定为故意杀人罪的未遂犯。这种做法是有一定道理的。因为，人的生死之间的界限并不是黑白分明的，存在一个灰色的过渡阶段，处在这个阶段上的生命到底是生还是死，法医学也难以做出准确的判断；同时，生命是刑法最为重要的保护法益之一，为了体现这一点，从刑事政策的角度来考虑，也有必要将这种行为作为犯罪考虑。只是因为行为当时，被害人生死不明，从有利于被告人的角度考虑，所以，将这种情况作为未遂犯从宽处罚。（黎宏：《刑法学》，法律出版社 2012 年版，第 636 页。）

错误要解决的问题。

例如，误将熟睡的孪生妻妹当成妻子，与其发生性关系——本案中，行为人没有犯罪的故意，不属于认识错误问题，不应以犯罪论处。行为人既然是"误将"孪生妻妹当作妻子，说明行为人主观上没有强奸故意的心态，主观上只想和自己妻子发生性关系。

又如，乙掉入河中，甲虽发现，但误以为掉入河中的不是自己的儿子乙，而是与自己无关的丙，因而没有救助，导致乙死亡——甲连事实都没有认识清楚，行为人主观上没有犯罪的故意，不构成犯罪。

（二）抽象的事实错误——大型错误

行为人所认识的事实与现实所发生的事实，分别属于不同的犯罪构成。抽象的事实错误之错误程度更大，跨越了不同犯罪的保护对象，包括（大）对象错误与（大）打击错误。抽象的事实错误由于跨越两个犯罪构成，则必然出现实际导致的结果与行为人主观上预想的犯罪构成在危害性上的差异。

1. （大）对象错误（客体错误）。行为人误把甲对象当作乙对象加以侵害，而甲对象与乙对象分属不同的犯罪构成。

例如，行为人本欲盗窃一般财物，却误将枪支当作一般财物实施盗窃。行为人主观上是想实施盗窃罪，但客观上却侵犯了盗窃枪支罪的对象。行为人没有盗窃枪支的故意，不能认定为是盗窃枪支罪，只能认定为盗窃罪。由于枪支也具有财物的属性，因此，本案也可以认为是盗窃罪（既遂）。即枪支与财物在具有"财物"属性这一点上是共同的。

2. （大）打击错误。由于行为本身的误差，导致行为人所欲攻击的对象与实际受害的对象不一致，而且这种不一致超出了同一犯罪构成。

例如，甲对乙开枪射击，欲杀死乙，但子弹却击中了乙旁边的珍贵文物。甲对乙成立故意杀人罪的未遂，对文物应成立过失损毁文物罪，择一重罪处罚。

3. 处理原则：法定符合说。

即，对不同对象分别判断，择一重罪处罚。例如，行为人主观上想杀人，实际上损坏了珍贵文物，分别判断就是故意杀人罪的未遂、过失损毁文物罪，由于只有一个行为，择一重罪处罚，即故意杀人罪未遂。

三个经典案例：

例1：A 出于盗窃财物（轻罪）的故意实际上却盗窃了枪支（重罪）时。成立盗窃罪既遂。

例2：B 将他人占有的财物误以为是遗忘物而据为己有。定侵占罪。

例3：C 以为是尸体而实施奸淫行为，但事实上被害人并未死亡。成立侮辱尸体罪既遂。①

---

① "尸体"和"活人"虽然在刑法上是两种不同的犯罪对象，体现的是两种不同的保护法益，但是在都属于人体或者说是人的肉体这一点上，均没有什么差别。在行为人出于侮辱尸体的故意，而对误以为是尸体但实际上是活人的人体加以侮辱的时候，虽说实际侮辱的并非尸体，而是活人，但在性质上也可以看作对他人的肉体进行侮辱，并且也达到了该种效果。因此虽说行为人由于没有侵害活人的认识而不能构成有关对活人的犯罪，但其行为已经造成了比对死人更加受到保护的活人的实际侵害，从处罚的必要性的角度来看，应该认定为侮辱尸体罪既遂。有学者指出："将强奸行为评价为侮辱行为，不存在障碍。此外，既然奸淫真正的尸体都成立侮辱尸体罪，那么，没有理由认为本案成立侮辱尸体罪未遂。况且，本案并不缺乏'尸体'这一要素，而是存在多于'尸体'的要素"。参见张明楷：《刑法学》，法律出版社 2011 年版，第 256 页。

1. 丁某盗窃了农民程某的一个手提包，发现包里有大量现金和一把手枪。丁某将真情告诉崔某，并将手枪交给崔某保管，崔某将手枪藏在家里。关于本案，下列哪些选项是正确的？① （2007年·卷二·61题）

A. 丁某构成盗窃罪

B. 丁某构成盗窃枪支罪

C. 崔某构成窝藏罪

D. 崔某构成非法持有枪支罪

2. 甲在8楼阳台上浇花时，不慎将金镯子（价值3万元）甩到了楼下。甲立即让儿子在楼上盯着，自己跑下楼去拣镯子。路过此处的乙看见地面上有一只金镯子，以为是谁不慎遗失的，在甲到来之前捡起镯子迅速逃离现场。甲经多方询查后找到乙，但乙否认捡到金镯子——乙的行为构成侵占罪。（2008年川·卷二·16题）

二、违法性认识错误

违法性认识错误，又称法律认识错误，即对自己的行为在法律上的评价发生认识错误。法律认识错误原则上不影响对行为人的定罪量刑，行为人实施了犯罪行为，即便其认为该行为是合法的，原则上也不能阻却行为的犯罪性。但在特定情形下，如果行为人产生法律认识错误是基于不可避免的原因造成的，从责任的角度来看，由于行为人不可能认识到自己行为的违法性，不宜以犯罪论处。所以，本部分要解决的问题是：（1）法律认识错误的类型包括哪些；（2）如何认定行为人的法律认识错误是不可避免的，即缺乏违法性认识的可能性，从而阻却行为的犯罪性。

（一）违法性认识错误的类型

1. 直接禁止的错误(不知法律的存在)：误以为违法犯罪行为是合法的。

2. 间接禁止的错误(对法律的规定认识到了，但对违法性阻却事由没有认识准确)：行为人虽然认识到行为被法律所禁止，但错误地认为，在具体案件中存在正当化规范，因而不违法。

例如，失主甲空手追赶小偷乙，乙逃至河边，为摆脱甲的追赶而跳河，欲游到对岸。乙游至河心时因体力不支，向甲呼救。甲心想："淹死也算活该。"甲未对乙施救，乙溺亡。本案中，甲误以为自己在实施防卫行为，即便小偷乙死亡，甲也不构成犯罪。但实际上，即便追赶小偷，也不应超过必要限度，本案中甲的行为构成不作为犯的故意杀人罪。

3. 涵摄的错误(对概念理解的错误)：对构成要件要素的错误理解（对某一法律概念的错误理解）。

例如，行为人将他人的笼中小鸟放出，但误以为其行为不属于"毁坏财物"。这种情形不影响故意毁坏财物罪的成立。

又如，行为人明知刑法禁止毁坏他人财物，但误以为动物不属于刑法上的财物。于是将他人饲养的宠物杀害（价值20余万元），这属于对法律概念"财物"的理解错误，仍

---

① 答案：AD。

然成立故意毁坏财物罪。

又如，2018 年真金题，误以为猎杀的对象"猫头鹰"不属于"濒危野生动物"而去捕杀，仍然构成非法猎捕、杀害珍贵、濒危野生动物罪。

再如，2016 年卷二 4. 农民甲醉酒在道路上驾驶拖拉机，其认为拖拉机不属于《刑法》第 133 条之一规定的机动车——甲对危险驾驶事实有认识，具有危险驾驶的故意。认为拖拉机不属于机动车，是对"机动车"这一法律概念的错误认识，属于法律认识错误，不影响危险驾驶罪的成立。

4. 有效性的错误：对法律的有效性发生错误认识。即行为人知道禁止规范，但误以为该规范无效。

⊙ [主观案例] 赵春华非法持枪案。赵春华系 51 岁老妇，2016 年 8 月至 10 月 12 日间，摆设射击摊位谋生。10 月 12 日晚，赵春华被抓。公安机关在巡查过程中将赵春华抓获归案，当场查获枪状物 9 支及相关枪支配件、塑料弹，经天津市公安局物证鉴定中心鉴定，涉案 9 支枪状物中的 6 支为能正常发射以压缩气体为动力的枪支。赵春华的女儿王艳玲在接受新京报采访时表示，"我们就觉得这是一个玩具枪，被鉴定为枪支，想都不敢想。就是 1.8 焦耳每平方厘米，是这个标准，我母亲那个所谓的枪，鉴定出来的数值都是二点几，二点零几"。二审判处赵春华有期徒刑 3 年，缓刑 3 年——针对该案，多数观点认为，赵春华是对法律概念"枪支"的范围存在错误认识，是法律认识错误，不影响定罪。当然，该法律认识错误在一定程度上确实"情有可原"，可以从宽处理，遂判处了缓刑。

[主观题考点解读] 类似赵春华这样的案件，行为人虽然产生了法律认识错误，但这种错误确实难以避免，主要是考虑到这种行为的危害性不大，行为人难以认识到自己行为的违法性。再者，是否属于"枪支"，要结合行政法规，像赵春华这样的普通民众也难以认识。所以，应适度从宽。当然，如果无法认识到自己行为的违法性，可以不认为是犯罪。

（二）如何认定行为人具有违法性认识的可能性

原则上，凡是有严重社会危害性的行为，法律就将其规定为是违法犯罪行为，或者说，法律所规定的违法犯罪行为，原则上都是有严重社会危害性的行为。因此，行为人如果能认识到其行为可能是有社会危害性的，就推定其认识到了行为的违法性。例如，行为人认识到杀人是有危害性的，那么就可以推定其认识到自己的杀人行为是违法的。但的确存在例外，行为人虽然实施了危害社会的行为，但基于特殊原因，不可能认识到行为是违法的，不可避免地产生了法律认识错误。可以成为责任阻却事由，进而阻却行为的犯罪性。

1. 对法的状况产生了疑问时，如果行为人没有认真地考虑疑问，实施了违法行为，就属于可以避免的违法性认识错误，应当成立故意犯罪。但如果行为人向官方进行了认真的咨询后，得知行为不违法才去实施，即使行为实际上违法，也不成立犯罪。

（1）信任官方的意见而产生了法律认识错误，可以阻却犯罪。

行为人遵从最高人民法院的判例产生了违法性的错误；在判例有分歧的时候，遵从了上级法院的判例而产生了错误；信赖了主管机关的意见而产生了违法性的认识错误。这些均认为是不可避免的错误，即行为人不具有违法性的认识可能性，不成立故意犯罪。

（2）信赖专家的意见而产生了违法性的认识错误时，原则上，成立故意犯罪。

专家一般只是作为某个领域的专家，对于自己领域内的问题发表看法，虽然具有一定的权威性，但这代表不了公信力。未得到司法机关授权或委托，专家意见一般只是代表个人观点，并不是官方意见表达。

2. 知道要在法的特别规制领域进行活动时。行为人必须努力收集相关法律情报，如果没有认真收集，认为自己的行为是合法的，但实施的行为实际上是违法的，应当成立故意犯罪。

例如，在金融证券犯罪领域、在招投标过程中，行为人没有熟悉相关的法律法规而贸然行动，自认为行为是合法的，但实际上是犯罪行为，应以犯罪论处。

3. 知道其行为侵害基本的个人、社会利益时。此种情形下，即使违法性的认识发生了错误，也成立故意犯罪。

例如，把小偷抓回来打一顿，基于大义灭亲把自己小孩杀了，这些侵犯基本人权的行为，千百年来都是犯罪，即便是 3 岁小孩子也都应该知道是违法的，如果产生了法律认识错误，认为该行为是合法的，应该以犯罪论处。

（三）实践中常见的缺乏违法性认识可能性的情形（行为人不可能认识到行为的违法性）

1. 由于通讯不发达、所处地区过于偏僻等原因，行为人不知法律的存在。但这种法律都是极为特殊的法定犯，而不可能是自然犯。例如，对于故意杀人罪这种自然犯，任何人都不得以没有看过刑法为由而否定犯罪。

2. 由于国家相关法律宣传、行政管理职能部门的懈怠，行为人对自己的行为是否违反特定领域的行政、经济法规，完全没有意识。

3. 刑法法规的突然改变。原来某行为一直是为刑法所允许的，但刑法突然将此行为规定为是犯罪。

4. 法律规范体系完全不同的外国人进入中国时间过短，对自己的行为可能违反法规范一无所知。

5. 知道刑法法规的存在，但由于法规之间有抵触，错误地解释刑法，使行为人误以为自己的行为合法。

6. 从值得信赖的权威机构（如司法机关）那里获得值得信赖的信息，或者阅读以前法院作出的判决，根据相关结论，认为自己的行为合法。

7. 行为人知道，他人以前曾经实施类似行为，并没有得到刑法的否定性评价，从而坚信自己的行为合法。

2008 年卷二 4. 甲在从事生产经营的过程中，不知道某种行为是否违法，于是以书面形式向法院咨询，法院正式书面答复该行为合法。于是，甲实施该行为，但该行为实际上违反刑法。甲没有违法性认识的可能性，所以不成立犯罪。

>> **历年真题**

关于故意与违法性的认识，下列哪些选项是正确的？①（2015 年·卷二·55 题）

A. 甲误以为买卖黄金的行为构成非法经营罪，仍买卖黄金，但事实上该行为不违反《刑法》。甲有犯罪故意，成立犯罪未遂

---

① 答案：CD。

B. 甲误以为自己盗窃枪支的行为仅成立盗窃罪。甲对《刑法》规定存在认识错误，因而无盗窃枪支罪的犯罪故意，对甲的量刑不能重于盗窃罪

C. 甲拘禁吸毒的陈某数日。甲认识到其行为剥夺了陈某的自由，但误以为《刑法》不禁止普通公民实施强制戒毒行为。甲有犯罪故意，应以非法拘禁罪追究刑事责任

D. 甲知道自己的行为有害，但不知是否违反《刑法》，遂请教中学语文教师乙，被告知不违法后，甲实施了该行为。但事实上《刑法》禁止该行为。乙的回答不影响甲成立故意犯罪

专题五

犯意提升与另起犯意

1. 犯意提升（降低）与另起犯意，主要是解决行为人在实施犯罪行为过程中的一些变化，在主观题真题考查中，几乎成为必然涉及的考点，需要特别重视。

2. 主观题真题考查中，尤其要注意，行为人在实施侵犯人身的犯罪中，犯意的提升（降低）。例如，起先具有伤害的故意，后转化成杀人的故意。

3. 犯意提升（降低）、另起犯意，还需要与共同犯罪结合起来进行考查。例如，共同犯罪的情况下，部分行为人的犯意提升或另起犯意，其他共犯人是否需要对此负责，关键是看有无共同的故意及行为。

一、犯意提升（降低）

是指在实行犯罪的过程中犯意改变，导致此罪与彼罪的转化。犯意提升（降低）的特点在于：行为对象同一，并且，侵害的法益同类。

例如，甲在故意伤害他人的过程中，改变犯意，意图杀死他人（成立故意杀人罪）。

又如，乙见他人携带装有现金的提包，起抢夺之念头，在抢夺过程中转化为对人使用暴力（抢劫），抢走提包（成立抢劫罪）。

又如，甲敲诈勒索乙，告知乙3天内筹集3万元钱给甲，否则将对乙实施暴力。乙对甲的敲诈勒索行为完全不予理会，甲大怒，使用暴力将乙控制后，当场从乙身上劫取了2万元，后放乙回家。甲的行为成立抢劫罪一罪。

再如，丙本欲杀死他人，在杀害过程中，由于某种原因改变犯意，认为造成伤害即可，停止了侵害行为，造成他人伤害（故意杀人罪中止）。

⊙ [处理方式] 犯意升高的情况下，从高者；犯意降低的情况下，从旧（高）者，仅以一罪论处。

二、另起犯意

在前一犯罪已经既遂、未遂或中止后，又另起犯意实施另一犯罪行为，应数罪并罚。其特点在于：对象不同一，或者侵害的法益不同类。或者说，行为对象或侵害的法益较之原计划发生了转变。

例如，A 以伤害故意举刀砍 B，适逢仇人 C 出现在现场，A 转而杀死 C。A 的行为成立故意伤害罪、故意杀人罪，并罚。

又如，甲以强奸故意对乙实施暴力之后，因为乙正值月经期而放弃奸淫，便另起犯意实施抢劫行为，对甲应以强奸罪中止与抢劫罪并罚。

又如，乙为了抢劫普通财物而对 X 实施暴力，在强取财物时，发现 X 的提包内不仅有财物而且有枪支，便使用强力夺取了枪支。乙的行为成立抢劫罪中止与抢劫枪支罪既遂（并罚）。

再如，甲为了强奸 A 女，在 A 女的饮食中投放了麻醉药。事后，甲发现 A 女与 B 女均昏迷，且 B 女更美丽，于是仅奸淫了 B 女。甲的行为成立对 A 女的强奸中止和对 B 女的强奸既遂，由于同种数罪不并罚，仅定强奸罪一罪。

⊛ ［处理方式］原则上应数罪并罚；如果侵害的对象不同一、法益同类的情况下，同种数罪不并罚。

排除犯罪性事由：正当防卫、紧急避险、被害人承诺

知识体系

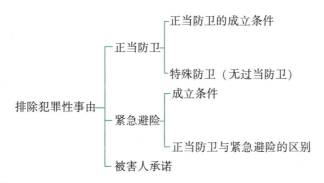

主观题命题点拨

1. 法治社会的发展，亦是对人权保障的发展，公民权利不断高涨。防卫权作为刑法赋予弱者保卫自己的一项重要权利，也在不断扩张。应扩张对防卫权的解释，向社会传递正能量。

2. 正当防卫的限度，应从宽把握。正当防卫针对的对象是"不法侵害人"，立法上对其限度没有进行特别严格的限制。但相比较的是，紧急避险行为损害的是"无辜第三者"的利益，立法对其限度要求就更为严格。此外，防卫行为是否过当，应以防卫人当时的立场进行判断，而不应以一个冷静的第三人的事后立场看。

3. 被害人承诺是近年来刑法理论上较为重要的问题，若主观题中涉被害人承诺的问题存在疑问时，尽量在上述知识解读的基础上，结合常识判断。

一、正当防卫

（一）正当防卫的成立条件

1. 条件一：起因条件，现实的"不（违）法"侵害。

（1）不法侵害必须是来源于"人的行为"（包括人唆使动物实施的侵害行为）。

单纯的来自动物的不法侵害，不能成为正当防卫的对象。动物伤人，只有在人的唆使之下，或者主人没有管理好的情形下，才认为是"人的不法侵害"，可以成为正当防卫的对象。

（2）"不法侵害"既包括违法行为，也包括犯罪行为；既包括作为犯，亦包括不作为犯。

违法行为与犯罪行为的界限是不明确的，对于面临不法侵害的人而言，不可能很容易判断不法侵害究竟是违法行为还是犯罪行为。因此，只要是紧迫性的侵害，无论是违法行为，还是犯罪行为，均可以成为正当防卫的对象。

2019年真金题：甲将乙撞伤，并想要逃离现场。乙想让甲将自己送去医院，并对其实施暴力——乙的行为也是一种正当防卫，防卫的"不法侵害"是甲的不救助行为（不作为）。

（3）不法侵害仅限于那些具有进攻性、破坏性、紧迫性的不法侵害。即不法侵害原则上必须是对人身或财产具有紧迫的侵害，即主要是针对有具体受害人的不法侵害。

对贪污、行贿、受贿之类的犯罪行为，就不能进行正当防卫，行为人采用检举、揭发等方式，请求有关部门采取相应措施，也完全能解决问题。在不法侵害所针对的是没有具体受害人的抽象的国家、公共利益时，正当防卫的适用范围应当有所限制。因为，对国家以及公共利益的保护是专属于国家机关的任务，如果将保护国家和公共利益的任务委托给私人的话，会造成人人都以"警察"自居的局面，反而不利于保护国家和公共利益。

当然，如果侵害国家利益和公共利益，同时涉及到个人的利益的时候，可以对之实施正当防卫，例如，甲用炸药炸政府办公大楼，其行为既危害公共安全，同时亦可能侵犯人身权利，乙使用暴力制止甲的不法侵害，仍然成立正当防卫。

（4）"不法"应从客观理解。只要是面临客观上的不法侵害，就可以实施正当防卫。理由在于，防卫人对于不法侵害的认识，只能看到其"客观"面，而不可能看到不法侵害人的主观罪过、是否具有责任能力等。

未达到法定责任年龄、不具有责任能力的人的侵害行为、没有故意或过失的侵害行为，属于不法侵害，也可以对之实施正当防卫。此种情况，由于防卫行为所针对的对象（未成年人、精神病人）较为特殊，需慎重处理，不宜采取过激的防卫行为。

例如，甲在倒车时，没有预料到（也不可能预料到）车底下的小孩子，在倒车快要轧死小孩时，旁边的乙见状，为了避免孩子受伤，赶紧将甲从车中推出，造成甲轻伤。针对甲无故意、过失的行为，乙可以实施正当防卫。

（5）不法侵害必须是现实上的不法侵害。现实上不存在不法侵害，行为人误以为存在的，属于假想防卫（"好"心办"坏"事）。假想防卫的行为，有过失的，成立过失犯罪；无过失的，按意外事件处理。

例如，张某遭遇歹徒的殴打，后来又来了一便衣警察，没有亮明身份。张某以为是和歹徒一伙的，朝该警察打了一拳，造成伤害结果。此种情况下，张某以为是不法侵害，但实际上是警察来了。关键问题是，张某是否能够预见来的是警察。如果不能的话，则是意外事件。如果有可能预见而没有预见，则可以认为存在过失。

假想防卫不可能构成故意犯罪，因为假想防卫的行为人不具有构成要件的故意，其对自己的行为会发生危害社会的后果缺乏认识，其主观上是基于防卫（好）的想法，而非犯罪故意。在假想防卫的情况下，如果行为人主观上存在过失，应当以过失犯罪论处。如果行为人主观上没有罪过，其危害结果是由于不能预见的原因引起的，则是意外事件，行为人不负刑事责任。

2013年卷四：逃跑中，因身上有血迹，甲被便衣警察程某盘查。程某上前拽住甲的衣领，试图将其带走。甲怀疑遇上劫匪，与程某扭打。甲的朋友乙开黑车经过此地，见状停车，和甲一起殴打程某。程某边退边说："你们不要乱来，我是警察。"甲对乙说："别听他的，假警察该打。"程某被打倒摔成轻伤（事实二）——假想防卫。当警察程某已经将自己的真实身份告知了甲，甲至少对程某的真实身份有预见可能性，因此，甲的行为至少在主观上有过失。

2. 条件二：时间条件，不法侵害"正在进行"。是指已经开始（"着手"），尚未结束。即不法侵害人在"攻"，防卫人才谈得上是"防"。

（1）已经开始：原则上以不法侵害人着手实行犯罪为已经开始。一般认为，如果犯罪行为还没有"着手"时，不法侵害难以说得上是具有紧迫性，行为人还可以采取其他救济方式如拨打110等，而不需要采取对不法侵害造成侵害的所谓防卫方法。

（2）不法侵害结束的判断：法益不再处于紧迫、现实的侵害、威胁之中；或者说不法侵害已经不可能继续侵害或者威胁法益。

属于不法侵害已经结束的情形包括：不法侵害人已被制服、不法侵害人已经丧失了侵害能力、不法侵害人已经自动中止了不法侵害、不法侵害人已经逃离现场，不法侵害已经造成了危害结果并且不可能继续造成更严重的后果。在不法侵害结束后实施的反击行为，属于事后防卫，不属于"防卫"行为，更不属于"防卫过当"。①

注意：对于不法侵害是否已经开始或者结束，应当立足防卫人在防卫时所处情境（感同身受），按照社会公众的一般认知，依法作出合乎情理的判断，不能苛求防卫人。例如，孟某等4个彪形大汉围住弱女子马某，欲对其实施强奸行为。马某紧张、害怕，拿起手中的水果刀朝4人乱捅，造成1人轻伤、2人重伤。马某的行为成立正当防卫。

（3）不法侵害虽然已经结束，但还可以进一步挽回损失，或者避免更严重的损害时，可以实施防卫行为。

例如，在财产型违法犯罪的情况下，行为虽然已经既遂，但在"现场"还来得及挽回损失的，应当认为不法侵害尚未结束，可以实行正当防卫。防卫的时间可以一直延续到不法侵害人将其所取得的财物藏匿至安全场所为止，或者说可以延伸至追捕过程。但需要说明的是，对于财产型犯罪的延长时间防卫，由于不法侵害人对被害人不存在人身危险，不宜实施造成不法侵害人"死亡"这一严重后果的防卫。

又如，人身权利遭受犯罪行为侵害结束后，原则上不能实施正当防卫。但如果可以通过防卫避免更进一步的严重危害结果时，可以实施防卫行为。甲对乙实施严重伤害行为后，甲离开，乙血流不止，乙使用暴力殴打甲，要甲开车送其去医院治疗以保护自己的生命，乙的行为可以认为是正当防卫。

（4）事前安装具有杀伤性的防卫装置的行为，亦属防卫行为。

虽然防卫装置的设置时间较早，在不法侵害尚未发生时就已经安装了，但防卫装置起

---

① 例如，2019年9月28日晚，钱某应朋友邀请在嵊州市长乐镇某餐馆与被害人马某某等人一起吃饭。其间，钱某与马某某因敬酒发生争吵，马某某不满钱某喝酒态度持玻璃酒杯用力砸向钱某头部，致其额头受伤流血。钱某随后从餐馆门口其电瓶车内取出一把折叠刀，在厮打过程中刺中马某某胸部、腹部。马某某随即被送往医院救治，经医治无效于同年11月27日死亡——本案中，被告人钱某激愤之下报复伤害的犯罪故意明显，不属于针对不法侵害实施的防卫行为，更不属于防卫过当。防卫过当的前提是，行为本身性质是"防卫"。参见钱某故意伤害案，检例第82号。

作用的时间是不法侵害正在进行时，符合防卫的时间条件。

　　类似的是，审判实务中，提前为防卫做好准备的，待不法侵害来临时再实施防卫行为的，也被认定为是防卫行为。例如，杨建伟故意伤害、杨建平正当防卫案中，彭某某与杨建伟兄弟二人并不相识，突发口角，彭某某扬言要找人报复时，杨建伟回应"那你来打啊"，该回应不能认定杨建伟系与彭某某相约打斗。行为人为防卫可能发生的不法侵害，准备防卫工具的，不必然影响正当防卫的认定。杨建伟在彭某某出言挑衅，并扬言报复后，准备刀具系出于防卫目的。彭某某带人持械返回现场，冲至杨建伟家门口拳击其面部，杨建伟才持刀刺向彭某某胸腹部，该行为是为了制止正在进行的不法侵害，应当认定为防卫行为。参见最高人民法院、最高人民检察院、公安部《关于依法适用正当防卫制度的指导意见》相关案例。

≫ 历年真题

　　1. 关于正当防卫的论述，下列哪一选项是正确的？① （2012年·卷二·7题）

　　A. 甲将罪犯顾某扭送派出所途中，在汽车后座上死死摁住激烈反抗的顾某头部，到派出所时发现其已窒息死亡。甲成立正当防卫

　　B. 乙发现齐某驾驶摩托车抢劫财物即驾车追赶，2车并行时摩托车撞到护栏，弹回与乙车碰撞后侧翻，齐某死亡。乙不成立正当防卫

　　C. 丙发现邻居刘某（女）正在家中卖淫，即将刘家价值6000元的防盗门砸坏，阻止其卖淫。丙成立正当防卫

　　D. 丁开枪将正在偷越国（边）境的何某打成重伤。丁成立正当防卫

　　2. 铁某在自家胡同口里看到拿着蛇皮袋鬼鬼祟祟的罗某，怀疑罗某是偷狗的，遂拦住罗某。罗某见状慌忙逃跑，铁某拼命追赶，追到后将罗某打倒在地，系轻微伤。见罗某躺在地上没有反抗，铁某又朝罗某面部踹了两脚，导致罗某眼部充血视网膜脱落，最终罗某因细菌感染严重而死亡。事后查明罗某当时确实有偷狗的想法——铁某的行为不属于正当防卫，系故意伤害行为，构成故意伤害（致人死亡）罪。（2020年真金题·11题）

⊙ ［主观案例］《刑事审判参考》第1126号指导案例，李英俊故意伤害案——在自家院内搜寻藏匿的不法侵害人时发生打斗，致人死亡的，构成正当防卫。2011年8月26日凌晨4时许，李英俊夫妇在家中睡觉时被院内狗叫声吵醒，其妻到院门口看到被害人刘振强（有精神病史）持尖刀刺其院门，并声称"劫道"。李英俊见状取铁管一根，电话告知村治保主任等人。被害人翻墙进入院内，来到李家厨房外用尖刀割开纱窗，被李妻发现躲进院内玉米地。李持铁管进玉米地寻找，俩人相遇打斗。被害人因颅脑损伤于次日死亡。辽宁省高级人民法院经公开审理认为，被告人李英俊对正在进行的行凶暴力犯罪采取防卫行为，造成不法侵害人死亡，不属于防卫过当，不负刑事责任。

　　［主观题考点解读］李英俊持铁管进玉米地寻找被害人刘振强时，虽然在场人员已经报警，但现场局势并未得到控制，持刀藏匿在李家封闭院落内的刘振强依然对李家人构成现实威胁，且其后续行为足以证实其并未放弃实施不法侵害。李英俊持械进入玉米地寻找刘振强，属于公民依法行使保护自身权利的行为，不能据此认定李英俊有加害故意。刘振

---

① 答案：B。

强藏匿在李家封闭院落内的玉米地里，并持尖刀刺扎李英俊，故其行为属于正在进行的严重危及人身安全的行凶暴力犯罪，李英俊的防卫行为应适用《刑法》关于正过当防卫的规定，构成正当防卫。

3. 条件三：主观条件，具有防卫意识。是指，防卫人对正在进行的不法侵害有明确的认识，并希望以防卫手段制止不法侵害，保护合法权益的心理状态。包括：

（1）防卫认识，认识到不法侵害正在进行，即看到有人在干坏事；

（2）防卫意志，防卫人出于保护国家、公共利益、本人或者他人的人身、财产和其他权利免受正在进行的不法侵害的目的，即你打坏人并不是为了泄愤，而是为了保护特定的利益。

注意问题：

第一，"黑吃黑"的情况下仍然可以实施正当防卫。例如，甲运输毒品，乙明知甲实施犯罪行为，认为自己"黑吃黑"，甲也不敢报案，就着手实施暴力抢劫甲的毒品，乙的行为属于不法侵害，甲能够进行正当防卫。如果允许"黑吃黑"存在，司法权在将来的行使就会受到影响，社会秩序就会受到破坏；

第二，偶然防卫能否成立正当防卫，存在不同观点。

偶然防卫，是指无防卫意识的行为，即行为人故意或者过失侵害他人法益的行为，偶然地符合了正当防卫的客观条件。例如，甲故意枪击乙时，此时乙刚好在瞄准丙实施故意杀人行为，但甲对乙的行为不知情，甲将乙杀害，但偶然地保护了丙——坏心办好事。

结果无价值论多认为，偶然防卫不成立犯罪。理由：偶然防卫行为所造成的结果，在客观上被法律所允许，而且事实上保护了另一种法益，因此不成立犯罪。

行为无价值论认为，偶然防卫成立故意犯罪（通说观点）。理由：类似行为重复上演，就没有这么幸运了，出现好的结果，完全是偶然，对这类行为应予以规范。

例如，2016 年卷二 52. 甲、乙共同对丙实施严重伤害行为时，甲误打中乙致乙重伤，丙乘机逃走——甲误打中乙属偶然防卫，但对丙成立故意伤害罪未遂。

又如，2017 年卷二 53. 甲、乙合谋杀害丙，计划由甲对丙实施砍杀，乙持枪埋伏于远方暗处，若丙逃跑则伺机射杀。案发时，丙不知道乙的存在。为防止甲的不法侵害，丙开枪射杀甲，子弹与甲擦肩而过，击中远处的乙，致乙死亡——如果认为正当防卫主观上必须有防卫意识，本案中，丙射杀乙并没有防卫意识，就不成立正当防卫；如果认为正当防卫主观上不需要有防卫意识，丙在客观上射杀了不法侵害人乙，丙的行为则成立正当防卫。

4. 条件四：对象条件。针对不法侵害人本人。

（1）可以针对不法侵害人的人身进行防卫，也可以针对不法侵害人的财产进行正当防卫。

例如，2016 年卷二 6. B. 为制止正在进行的不法侵害，使用第三者的财物反击不法侵害人，导致该财物被毁坏的，对不法侵害人不可能成立正当防卫——错误，只要是针对"不法侵害人"本人（人身或财产）实施防卫行为，均可以成立正当防卫。当然，本案中，行为人借他人之力来与不法侵害作斗争，损害了第三者的利益（财物），也可谓紧急避险。本案系正当防卫与紧急避险的竞合。

（2）防卫行为必须在客观上能被视为是犯罪的客观行为。行为在客观上根本不可能被视为犯罪的行为时，可以直接否认犯罪的成立，不需要利用正当防卫这一违法阻却事由。

例如，甲进入乙的家里盗窃，乙发现后喊了一声"谁"，就把甲给吓跑了，乙的这种行为虽然制止了不法侵害，但不能认为是正当防卫行为。

5. 条件五：限度条件，没有"明显"超过必要限度造成重大损害。

（1）正当防卫的"限度"要求要宽于紧急避险的限度要求。

正当防卫所造成的侵害可以小于、等于、适当大于不法侵害行为所造成的损害。正当防卫针对的对象是"不法侵害人"，立法上对其限度没有进行特别严格的限制。但相比较的是，紧急避险行为损害的是"无辜第三者"的利益，立法对其限度要求就更为严格。

（2）防卫行为是否过当，应以防卫人当时的立场进行判断，而不应以一个冷静的第三人的事后立场看。

要立足防卫人防卫时的具体情境，综合考虑案件发生的整体经过，结合一般人在类似情境下的可能反应，依法准确把握防卫的时间、限度等条件。要充分考虑防卫人面临不法侵害时的紧迫状态和紧张心理，防止在事后以正常情况下冷静理性、客观精确的标准去苛刻地评判防卫人。

实践中，个别案件的处理结果与社会公众的认知出现较大偏差，很大程度上是由于办案人员脱离防卫场景进行事后评判，而没有充分考虑防卫人面对不法侵害时的特殊紧迫情境和紧张心理。这就势必导致对正当防卫的认定过于严苛，甚至脱离实际。<u>因此，必须坚持一般人的立场作事中判断，即还原到防卫人所处的具体情境，设身处地思考"一般人在此种情况下会如何处理"，坚持综合判断原则，不能对防卫人过于严苛，不能强人所难，更不能做"事后诸葛亮"。</u>

2018年法考真金题：甲、乙二人是水果摊主，因琐事发生矛盾，甲用水果刀捅乙，乙顺手抄起一个扁担打甲的腿部，甲倒在地上，乙担心甲起来继续伤害自己，用扁担猛击甲的头部数下，导致甲重伤抢救无效死亡。后经查明，甲第一次倒地后已经昏迷——该案中，乙的行为成立正当防卫。虽然甲第一次已经被乙打倒，但甲手持"水果刀"而乙仅持扁担，乙即便第一次将甲打昏，为了防止甲的继续侵害而再次用扁担击打甲，是可以理解的。当然，也有观点认为，既然不法侵害已经结束，就不宜再实施正当防卫。但是，从当前对公民防卫权扩张解释，以及对防卫者当时的紧张、恐惧的角度看，肯定正当防卫似乎更妥当。

（3）**防卫过当的判断应坚持整体判断标准。** 防卫行为是否明显超过必要限度造成重大损害，应以防卫行为所造成的最终结果来评价，而不应以防卫行为当时造成的结果作为判断防卫行为是否过当的标准。

例如，2013年卷二7.甲对正在实施一般伤害的乙进行正当防卫，致乙重伤（仍在防卫限度之内）。乙已无侵害能力，求甲将其送往医院，但甲不理会而离去。乙因流血过多死亡——本案中，虽然当时仅造成了重伤，似乎在限度之内，但最终造成了死亡结果，应整体评价为防卫过当。

（4）**明显超过必要限度、造成重大损害，二者同时具备，才能认定为是防卫过当。**

认定防卫过当应当同时具备"明显超过必要限度"和"造成重大损害"两个条件，缺一不可；判断是否"明显超过必要限度"，要立足防卫人防卫时所处情境，结合社会公众的一般认知作出判断；"造成重大损害"是指造成不法侵害人重伤、死亡。造成轻伤及以下损害的，一般认为不属于重大损害。

质言之，防卫行为是否过当，不能唯结果论。行为与结果的同时过当，才能认定为是防卫过当。

第一，行为过当，结果不过当，仍属正当防卫。例如，甲赤手空拳殴打乙，乙完全可以打败甲，但乙掏出手枪朝甲射击，未能击中甲，甲逃离。乙的行为不属于防卫过当。

第二，行为适当，结果过当的，仍属正当防卫。例如，在车流量多的街道，甲抓住乙欲殴打乙，乙推了甲一把，导致甲倒地，撞上来往的车辆而身亡。乙的行为没有过当，但结果似乎过当了，仍然成立正当防卫。

第三，行为过当，结果过当的，属于防卫过当。例如，甲用木棍殴打乙，乙完全有能力打败甲，但乙却掏出手枪直接将甲击毙，乙的行为属于防卫过当。

第四，对于非暴力犯罪，但属于持续性的侵害（如传销组织对他人的持续拘禁），对被害人造成了很大的精神压力的，即便被害人造成不法侵害人死亡而逃跑的，仍然成立正当防卫。例如，传销组织的成员甲，关押大学生乙长达 2 个月之久，乙精神几近崩溃，杀害甲后逃离关押地点，乙的行为仍有成立正当防卫的余地。

[实务案例] 盛春平正当防卫案。该案中，多名传销组织人员对盛春平实施人身控制，盛春平在多次请求离开被拒并遭唐某某等人逼近时，拿出随身携带的水果刀予以警告，同时提出愿交付随身携带的钱财以求离开，但仍遭拒绝。其后，又有多名传销人员来到客厅。成某某等人陆续向盛春平逼近，并意图夺刀。此种情形下，盛春平持刀挥刺，划伤成某某右手腕及左颈，刺中成某某的左侧胸部，致心脏破裂。成某某受伤后经住院治疗，已经出院，但未遵医嘱继续进行康复治疗，导致心脏在愈合过程中继续出血，最终于出院一周后因心包填塞而死亡。法院认定为正当防卫。参见最高人民法院、最高人民检察院、公安部《关于依法适用正当防卫制度的指导意见》相关案例。

2020 年主观题：洪某向林业主管部门举报了有人在国有森林中种植沉香的事实，林业主管部门工作人员赵某与郑某上山检查时，刘某、任某为了抗拒抓捕对赵某、郑某实施暴力，赵某、郑某反击，形成互殴状态。赵某被打成轻伤，该轻伤由刘某、任某造成，但不能查明是刘某的行为所致，还是任某的行为所致。刘某被打成重伤，任某被打成轻伤，其中，刘某的重伤由赵某与郑某共同造成，任某的轻伤则是由刘某的打击错误所造成（刘某在攻击郑某时，郑某及时躲闪，导致刘某击中了同伙任某）。

简要解析：

（1）赵某、郑某共同造成了刘某的重伤，其行为属于依法执行抓捕的行为，是二人共同的行为所导致的，可以认为，是针对刘某的不法行为的反击，属于防卫行为（执行公务行为）。

赵某、郑某在执法活动中遭遇暴力抵抗，被迫进行反击，系出于防卫目的，制止不法侵害。二人的行为虽然造成了不法侵害者刘某重伤，但是没有明显超过必要限度并造成重大损害，不属于防卫过当。

（2）刘某在攻击郑某时，郑某及时躲闪，导致刘某击中了同伙任某，系偶然防卫。偶然防卫，是指行为人故意或者过失侵害他人法益的行为，偶然地符合了正当防卫的客观条件，即"坏心办好事"。

（二）特殊防卫（无过当防卫）

《刑法》第20条第3款：对正在进行行凶、杀人、抢劫、强奸、绑架以及其他严重危及人身安全的暴力犯罪，采取防卫行为，造成不法侵害人伤亡的，不属于防卫过当，不负刑事责任。

1. 适用特殊防卫的前提条件。

（1）必须针对暴力犯罪。不法侵害如使用和平方式，如投毒杀人、麻醉方式实施的抢劫等，则不能实施特殊防卫。

（2）这些犯罪严重危及人身安全。暴力犯罪一般性地危及人身安全的，即造成死亡或者严重的重伤的危险性并不紧迫时，不属于严重危及人身安全。例如，行为人以抢劫故意采用麻醉方法取得他人财物的，属于抢劫罪，但这种行为并非严重危及人身安全的暴力犯罪，对之进行防卫的，不适用特殊正当防卫的规定。

（3）暴力犯罪不限于刑法所列举的行凶、杀人、抢劫、强奸，还包括其他的任何可能严重危及人身安全的犯罪。例如，武装叛乱、武装暴乱、暴力劫持航空器、暴力劫持船只、汽车等直接严重危及人身安全的犯罪。

（4）对所列举的不法侵害行为，也无严格的罪名限制。例如，"抢劫"还应包括通过暴力方式实施的抢劫枪支、弹药、爆炸物罪。

2. 刑法关于特殊防卫的规定属于法律注意规定。

（1）关于特殊防卫的性质的不同观点。

一种观点认为（通说的观点），这一规定属于法律注意规定，即这种行为本来就是正当防卫行为，立法者为了突出强调又重申一次。根据这一观点，特殊防卫并不"特殊"，其属于正当防卫，仍然需要符合正当防卫的各项成立条件。

另一种观点认为，这一规定属于法律拟制规定，认为这是立法者将本不属于正当防卫的行为（过当行为），特别拟制为属于正当防卫。

（2）特殊防卫的立法理由：防止防卫过当认定中的纯结果导向。

以往司法实践中，对于防卫行为，一旦造成不法侵害人死亡的案件，司法人员为了平息死者家属的情绪，多将本该属于正当防卫的行为认定为防卫过当，此种做法明显背离了法治。也正基于此，1997年《刑法》重申，对于特殊防卫行为，针对严重暴力犯罪，造成不法侵害人伤亡的，本来就是符合正当防卫的行为，绝对不能以缓和死者（不法侵害人）家属的情绪之需要而将之认定为防卫过当。

3. 防卫限度的理解。针对严重危及人身安全的暴力犯罪，防卫人采取正当防卫对不法侵害人造成的最严重的损害后果可以是死亡，但这并不意味着防卫行为可以不受任何约束。当暴力侵害的现实危险性降低至不足以致人重伤、死亡的程度时，防卫人不得采取致命的防卫手段伤害不法侵害人并致其死亡，否则，应当认定为防卫过当并追究责任。

◉ [经典案例] 2018年8月27日晚，江苏省昆山市震川路与顺帆路交叉路口发生一起命案，一辆宝马车驶入非机动车道险些与一辆自行车剐蹭，宝马车驾驶人刘海龙持刀追砍骑车男子于海明，之后刘海龙反被砍身亡。9月1日，昆山市公安机关认为，于海明的行为属于正当防卫，不负刑事责任，对此案作出撤销案件决定。公安机关依法撤销于海明案件的主要理由包括：

（1）刘海龙的行为属于刑法意义上的"行凶"。根据《刑法》第20条第3款规定，判断"行凶"的核心在于是否严重危及人身安全。司法实践中，考量是否属于"行凶"，不能苛求防卫人在应急反应情况下作出理性判断，更不能以防卫人遭受实际伤害为前提，而要根据现场具体情景及社会一般人的认知水平进行判断。本案中，刘海龙先是徒手攻击，继而持刀连续击打，其行为已经严重危及于海明人身安全，其不法侵害应认定为"行凶"。

（2）刘海龙的不法侵害是一个持续的过程。纵观本案，在同车人员与于海明争执基本平息的情况下，刘海龙醉酒滋事，先是下车对于海明拳打脚踢，后又返回车内取出砍刀，对于海明连续数次击打，不法侵害不断升级。刘海龙砍刀甩落在地后，又上前抢刀。刘海龙被致伤后，仍没有放弃侵害的迹象。于海明的人身安全一直处在刘海龙的暴力威胁之中。

（3）于海明的行为出于防卫目的。本案中，于海明夺刀后，7秒内捅刺、砍中刘海龙的5刀，与追赶时甩击、砍击的两刀（未击中），尽管时间上有间隔、空间上有距离，但这是一个连续行为。另外，于海明停止追击，返回宝马轿车搜寻刘海龙手机的目的是防止对方纠集人员报复、保护自己的人身安全，符合正当防卫的意图。

类似案件，在审判实践中一般难以认定正当防卫，审判实务中，一旦出现了不法侵害人死亡的案件，防卫人都会承担一定的刑事责任，正当防卫被过度地严格限制适用。审判实务的既往做法在相当程度上是背离了正当防卫的设置初衷，不当地限制了公民的防卫权。本案司法机关在"舆论"的"支持"下勇敢地认定了正当防卫，其积极意义是值得肯定的，为未来正确认定正当防卫树立了典范。

》 历年真题

关于正当防卫的说法，下列正确的有？① （2019年真金题·6题）

A. 父亲撞见歹徒持刀抢劫女儿，与歹徒发生激斗，最终将歹徒反杀，父亲的行为成立正当防卫

B. 身材高大的郑某深夜在家中听到厨房有动静走去一看，发现一身材瘦小的小偷吴某正试图从窗口爬进他家盗窃，下半身还卡在窗外，于是拿起菜刀把吴某砍成重伤。郑某成立正当防卫

C. 某男与妻子在河边散步，并坐在河边玩手机游戏，后其妻失足跌入水中并大声呼叫，而某男一直沉迷游戏充耳不闻，其妻淹死，某男成立故意杀人罪（不作为犯）

D. 李某驾驶机动车把周某撞伤，情况危殆，车也坏了不能动。为了尽快将重伤的周某送去医院，李某拦住了王某的车，要求王某帮忙送医院，王某拒绝。情急之下，李某将王某打致重伤并抢去车辆将周某送去医院，李某成立正当防卫

二、紧急避险

《刑法》第21条：为了使国家、公共利益、本人或者他人的人身、财产和其他权利免受正在发生的危险，不得已采取的紧急避险行为，造成损害的，不负刑事责任。

紧急避险超过必要限度造成不应有的损害的，应当负刑事责任，但是应当减轻或者免

---
① 答案：AC。

除处罚。

第一款中关于避免本人危险的规定，不适用于职务上、业务上负有特定责任的人。

（一）成立条件

1. 起因条件：合法权益面临现实危险。

（1）危险的来源：大自然的自发力量造成的危险；动物的袭击造成的危险；疾病、饥饿等特殊情况形成的危险；人的危害行为造成的危险等。

例如，2016年卷二6.C. 为摆脱合法追捕而侵入他人住宅的，考虑到人性弱点，可认定为紧急避险——错误，对于他人的合法行为，因无危险可言，所以不能主张紧急避险以保护其利益。

（2）假想避险。不存在面临的现实危险，行为人误以为存在危险，进而对无辜的第三者实施了避险行为。对于假想避险，有过失的按过失犯罪，无过失的按意外事件处理。

例如，甲拿刀正准备杀鸡，乙以为甲是来杀自己的，推倒正在骑摩托车的吃瓜群众丙，造成丙轻伤，乙骑上该摩托车逃跑。乙的行为成立假想避险。

（3）紧急避险，原则上不适用于职务上、业务上有特定责任的人。

例如，警察、消防人员，这些人在面临罪犯的不法侵害或危险时，一般认为，不能为了自己的利益进行紧急避险，必须面对，这是基于其特定的职务、业务要求。当然，法律亦不能强人所难，如果面临太大、无法面对的危险，这类有特定责任的人，也可以实施紧急避险。

2. 时间条件：危险正在发生。

3. 对象条件：损害了无辜第三者的利益。

例如，2016年卷二6.D. 为保护个人利益免受正在发生的危险，不得已也可通过损害公共利益的方法进行紧急避险——正确。紧急避险是以损害无辜第三者的利益来避免自己面临的危险，其中，无辜第三者的利益包括国家的利益。例如，行为人面临歹徒的追杀，情急之下夺过警察的摩托车就跑，造成摩托车（公共财产）损毁，成立紧急避险。

4. 限制条件：出于不得已损害另一法益。当既可以采取正当防卫，又可以采取紧急避险的情况下，不能实行紧急避险，应优先适用正当防卫。因为紧急避险是侵害了无辜的第三者的利益，适用的时候应该更加受到限制。

5. 主观条件：必须有避险意识，即行为人要认识到自己是在为了挽救合法权益进行避险。"避险意识"包括避险认识和避险意志。

（1）避险认识是指，行为人认识到国家、公共利益、本人或者他人的人身、财产和其他权利面临正在发生的危险，认识到只有损害另一较小合法权益才能保护较大的合法权益。

（2）避险意志是指，行为人出于保护国家、公共利益、本人或者他人的人身、财产和其他权利免受正在发生危险的目的。

偶然避险是指，行为人主观上无避险意识，但行为符合紧急避险的客观要件的行为。例如，甲故意砸破乙的车窗（无避险意识），但乙的孩子丙被闷在车内（丙自己玩耍被关在车内），甲的行为偶然地保护了丙。对于偶然避险，理论上通说观点认为成立犯罪（行为无价值论的观点），另一种观点认为不成立犯罪（结果无价值论的观点）。需要说明的是，刑法学者一般对相同问题采纳相同的立场。例如，某一学者，如果认为正当防卫不需要防卫意识，偶然防卫也成立正当防卫；那么，对紧急避险也应认为不需要避险意识，偶然避险也属于紧急避险。

6. 限度条件：必须没有超过必要限度造成不应有的损害。

（1）原则上，所造成的损害"不超过"所避免的损害，并且，所造成的损害也只是足以排除危险所必需的限度，但仍然需要具体判断。

（2）不得已损害同等法益的，也不一定超过了必要限度，这种行为充其量只能认为没有实质意义。如果避险行为造成的损害太大，所谓的"保护法益"将变得没有意义。

（二）正当防卫与紧急避险的区别

	正当防卫	紧急避险
起因条件	人为的不法侵害	危险来源多样：包括自然力破坏、动物侵袭、人生理病理造成的危险以及人所实施的违法犯罪行为
限制条件	并无不得已的规定	不得已而为之（更严格）
对象条件	不法侵害者本人（人身或财产）	无辜的第三人的合法权益
限度条件	可以等于或者大于不法侵害可能造成的损害，只要不过于悬殊	通常情况下，所造成的损害必须小于或等于所避免的损害（更严格）
主体条件	行为主体范围上无特殊限制	一般认为，不包括职务、业务上负有特定责任的人

>> 历年真题

1. 甲的邻居乙家中着火，甲便冲入乙家救火。因火势太大，甲无法将位于乙家中的婴儿丙（1岁）带出，甲便将丙从二楼窗户扔下。后甲自己从大火中逃出，赶紧将被摔伤的丙送往医院，最终造成丙轻伤——甲不属于紧急避险。紧急避险是排除犯罪性事由，即客观上符合犯罪构成要件，但不构成犯罪。本案中，甲并没有创造不被法律所允许的风险，相反，甲降低了丙的风险。再者，紧急避险是将风险转嫁给无辜的第三者，本案中，小孩子本身就是面临风险的人，并不是把小孩的风险转嫁给了其他无辜的第三者（2018年真金题）。

2. 鱼塘边工厂仓库着火，甲用水泵从乙的鱼塘抽水救火，致鱼塘中价值2万元的鱼苗死亡。仓库中价值2万元的商品因灭火及时未被烧毁。甲承认仓库边还有其他几家鱼塘，为报复才从乙的鱼塘抽水。关于本案，下列哪一选项是正确的？① （2015年·卷二·4题）

A. 甲出于报复动机损害乙的财产，缺乏避险意图

B. 甲从乙的鱼塘抽水，是不得已采取的避险行为

C. 甲未能保全更大的权益，不符合避险限度要件

D. 对2万元鱼苗的死亡，甲成立故意毁坏财物罪

---

① 答案：B。

三、被害人承诺

被害人承诺（同意）是指，基于被害人允许他人侵害自己可支配的权益的承诺，而实施的阻却犯罪的损害行为，其对于行为人的刑事责任的承担具有重要意义，可以降低行为人的可责性，甚至可以排除行为人的违法性。

1. 承诺者对被侵害的法益具有处分权。

（1）被害人仅能承诺个人利益，被害人对于个人以外的利益如国家、公共、社会利益无承诺权。

（2）个人利益的犯罪主要是指刑法分则侵犯财产罪，侵犯公民人身权利、民主权利罪中的部分犯罪。

第一，对财产的承诺没有限制。

第二，对人身权利的承诺仅限于轻伤以下，人身自由也可以承诺。

第三，名誉可以承诺。实践中有的明星特意雇用一些人来炒作自己的绯闻，炒作者不成立侮辱、诽谤罪。

2014年卷二61. D. 甲经过犯罪嫌疑人乙的同意，毁灭了对乙有利的无罪证据，成立帮助毁灭证据罪

2015年卷二86. 甲送给国有收费站站长吴某3万元，与其约定：甲在高速公路另开出口帮货车司机逃费，吴某想办法让人对此不予查处，所得由二人分成。后甲组织数十人，锯断高速公路一侧隔离栏、填平隔离沟（恢复原状需3万元），形成一条出口。路过的很多货车司机知道经过收费站要收300元，而给甲100元即可绕过收费站继续前行——锯断隔离栏的行为，即使得到吴某的同意，也构成故意毁坏财物罪，这是公共财产。此外，锯断隔离栏属破坏交通设施，危及交通安全时，还触犯破坏交通设施罪。

2. 承诺者必须对所承诺的事项的意义、范围具有理解能力。

（1）幼儿、精神病人的承诺无效。

（2）未成年人具有与其年龄相当的承诺能力。例如，17周岁的人对自己的财物具有承诺能力，但对出卖自己的器官没有承诺能力。摘取不满18周岁的人的器官的行为，成立故意伤害罪。

3. 承诺必须出于被害人的真实意志，戏言性的承诺、基于强制或者威压作出的承诺，不阻却违法性。

（1）承诺的动机错误，承诺仍然有效。（没人逼你，没人骗你，你的承诺是自由意志选择的结果）

例如，妇女以为与对方发生性关系，对方便可以将其丈夫从监狱中释放，但发生性关系后，对方并没有释放其丈夫。此种情形下不能认为违背了妇女的意志自由，行为人的行为不成立强奸罪。根据"法益关系错误"说，妇女的错误仅仅与承诺的动机有关，故不影响其承诺效力，对方的行为不成立强奸罪——骗得不够狠，就算这样被骗，被害人也完全可以不放弃权利的。

（2）因为受骗而承诺的，承诺无效。侵害人的行为成立犯罪。即如果因为受骗而对所放弃的法益的种类、范围或者危险性发生了错误认识（法益关系的错误，重大错误），其所作出的承诺则无效。

例如，行为人冒充妇女的丈夫实施奸淫行为时，黑夜中的妇女以为对方是自己的丈夫而同意发生性关系的，其承诺无效。此种情形下，违背了妇女的意志自由，应以强奸罪论处——骗得够狠，如果被骗内容属实的话，一般被害人面临这样的情境，都会同意。

（3）"承诺动机错误"与"受骗的承诺"的区分的案例。

案例1：甲为灾民募捐，一般人捐款几百元。富商经过募捐地点时，甲称："不少人都捐1、2万元，您多捐点吧。"富商信以为真，捐款2万元——甲的行为不构成犯罪，理由：富商的财产原计划是给灾民，最终也是给了灾民，这个方向并没有错。①

案例2：甲假装为灾民募捐，收到巨额捐款后，将该款项据为己有。甲的行为构成诈骗罪，理由：捐助者原计划是将款项交给灾民，但却被甲拿走了，方向错了。

案例3：甲欺骗乙说："把你的肾捐出来吧，我会移植给你喜爱的明星丙。"但甲事实上将该肾捐给了其讨厌的丁。甲的行为构成故意伤害罪，理由：方向错了，原计划乙的肾是给丙，但事实上给了丁。

案例4：电梯司机甲在被害人乙进入电梯后，突然将电源关闭，谎称电梯事故，使被害人乙同意自己被关在电梯内，甲仍然成立非法拘禁罪。理由：方向错了，乙原以为自己的自由被限制、剥夺是因为电梯故障，但实际上是甲"偷走了"乙的自由。

4. 必须存在现实的承诺。

（1）只要被害人具有现实的承诺，即使没有表示于外部，也是有效的承诺。

（2）"推定的承诺"也视同现实的承诺。

现实上没有被害人的承诺，但如果被害人知道事实真相后当然会承诺，在这种情况下，推定基于被害人的意志所实施的行为，就是基于推定的承诺的行为。行为人基于推定的承诺实施了有利于他人的行为，即使他人事后反对，也认为是符合推定的承诺，不构成犯罪。

例如，在钱某家发生火灾之际，乙独自闯入钱某的住宅搬出贵重物品，保护了钱某的财产。即便事后钱某对乙的行为表示反对，但乙是基于一个善良人的立场推定其行为当时钱某应该会"承诺"让其这样做，乙的行为不构成犯罪。

5. 承诺至迟必须存在于结果发生时。事后承诺无效，如果可以事后承诺的话，国家追诉权会受到被害人意志的左右。

例如，甲违反妇女乙的意志实施了强奸行为，甲被司法机关刑事拘留后，乙事后同意与甲之前的性行为，如果认为乙的事后承诺有效，甲就会被释放，国家对甲的追诉取决于乙的不同意，这显然是不合适的。

此外，如果被害人的"承诺"存在反复的，以行为时最后一次承诺为准。例如，甲女

---

① 德国巴伐利亚州高等法院曾处理过一起案件：被告人在向被害人征集捐款时，向后者展示了他伪造的其他人捐款数目的名单，以激起被害人的攀比欲，后者果真支付了高额捐款（"攀比捐款案"）。法院判决该案成立诈骗罪，理由是造成了被害人的经济损失，如果被告人不展示那个名单，被害人就不会支付这么高的捐款。这一建立在经济的财产说上的判决，遭到了主流学说几乎一致的抵制。例如，德国学者拉克纳（Lackner）即指出，诈骗罪并不保护财产权人的攀比欲望，被害人在攀比捐款案中完全是自我答责。因此，仅当被告人没有将捐款用于正当救济的目的，而将之据为己有，也就是说，捐助的"社会目的"未能兑现，进而使得捐助者的捐助行为在客观上失去应有意义时，才能成立诈骗罪。此即德国刑法界主流学说中所谓的目的失败论（Zweckverfehlungslehre）。依照这种目的失败论，尽管被害人发生了经济财物上的价值减少，也有可能不构成诈骗罪，因为被害人对财物价值减少是有意识的；仅当捐助、补助的社会目的失败时，才能否定被害人在处分财产上的自我答责，进而认定诈骗罪。

同意与乙男在下周末发生性关系，但两天后又反悔，而乙坚持要求甲履行承诺，强行与甲发生性关系的，成立强奸罪。

6. 承诺的对象是符合构成要件的事实。包括对结果、行为主体、行为方式的同意，如果没有同意，则不能阻却行为的犯罪性。可参考如下案例：

（1）同意的对象错误，构成犯罪。例如，在被害人错以为他人是自己的丈夫或者情人而同意与其发生性关系的时候，尽管被害人对侵害自己性自由的结果表示了同意，但由于这种同意是针对特定行为主体（被害人的丈夫或者情人）发出的，因此，行为人的行为构成强奸罪。

（2）对结果没有同意，构成犯罪。

例如，乙、丙、丁都认识到甲醉酒驾驶机动车，却仍然坐在甲驾驶的机动车上，甲过失导致事故，乙、丙、丁3人均受重伤。如果说同意的对象只是行为就可以了，那么，既然被害人乙、丙、丁同意了甲醉酒驾驶行为，甲对3人的重伤便不负刑事责任，因而不成立交通肇事罪（或过失致人重伤罪），仅成立危险驾驶罪。但是，如果认为同意的内容必须包含结果，由于乙、丙、丁只是同意了醉酒驾驶的行为，而没有同意重伤的结果，所以，甲要承担交通肇事罪（或过失致人重伤罪）的刑事责任，这是通说的观点。

又如，当杂技演员向美女身旁投掷飞刀时，美女只是接受了危险，而不会容忍飞刀刺中自己的身体。被害人只是同意了危险行为，并没有同意实害结果的发生，因而不能认为被害人放弃了自己的法益。[1]

---

① 张明楷：《刑法学中危险接受的法理》，载《法学研究》2012年第5期。

专题七
故意犯罪的停止形态

知识体系

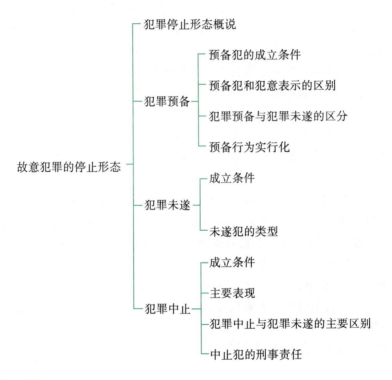

故意犯罪的停止形态
- 犯罪停止形态概说
- 犯罪预备
  - 预备犯的成立条件
  - 预备犯和犯意表示的区别
  - 犯罪预备与犯罪未遂的区分
  - 预备行为实行化
- 犯罪未遂
  - 成立条件
  - 未遂犯的类型
- 犯罪中止
  - 成立条件
  - 主要表现
  - 犯罪中止与犯罪未遂的主要区别
  - 中止犯的刑事责任

主观题命题点拨

1. 故意犯罪的停止形态是指犯罪进行过程中停止下来的不同形态，不同的停止形态反映了行为人的主观恶性及客观危害性的不同，处罚原则也各不相同，因此，弄清具体的犯罪停止形态有利于更清楚地界定犯罪，进而更好地定罪量刑，实现罪刑均衡。

2. 犯罪未遂与中止，既遂结果均没有出现。但是，对于未遂犯而言，未出现既遂结果，违反了行为人的意志。对于中止犯而言，未出现既遂结果，符合行为人的意愿。行为人主动停止下来，属于"迷途知返"，需要嘉奖。

3. 近年来，刑法理论越来越精确化，对于"中止犯"的认识越来越深入。司法部官方指定教材亦对这一问题进行了解析，需要特别注意。

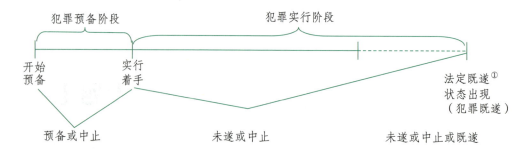

一、犯罪停止形态概说

1. 犯罪停止形态是针对直接故意犯罪而言的。

（1）一般认为，间接故意犯罪、过失犯罪，必须造成结果才能定罪处罚，没有造成结果的不处罚，也就不存在犯罪未遂、中止等未完成形态。

（2）犯罪停止形态不具有可转换性，即这种停止不是暂时性的停顿，而是结局性的停止，如成立既遂后不可能再回到中止。历年真题中经常出现盗窃、抢夺他人财物既遂之后，又将财物返还他人的，也不成立犯罪中止。但同时需要明白的是，出现了任何一种犯罪停止形态（预备、未遂、中止、既遂），都不可能再回到其他犯罪停止形态，从这一意义上看，犯罪停止形态具有不可转换性。

2003 年卷二 42. C. 丙对仇人王某猛砍 20 刀后离开现场。2 小时后，丙为寻找、销毁犯罪工具回到现场，见王某仍然没有死亡，但极其可怜，即将其送到医院治疗。本案中，丙当时没有杀死人，就是犯罪未遂，不可能再成立犯罪中止。除非另外实施了一个新的犯罪行为，对新的犯罪行为可成立犯罪中止。[②]

2. 对于一个具体的犯罪行为而言，只要出现了任何犯罪停止形态，都不可能出现其他犯罪停止形态。就同一起犯罪而言，不可能并存两个犯罪形态，犯罪形态之间是排斥关系，而非并存关系。例如，出现了犯罪既遂形态，不可能回到犯罪中止；出现了犯罪未遂，也不可能再出现犯罪既遂。犯罪停止形态的要件是：

（1）主观上：犯意消除。行为人"自认为"自己的犯罪行为实施完毕了（如自己停止下来，或者被他人制止后停止下来），结果也出现了或者不可能继续向前发展，事态不会继续向前发展；

（2）客观上：行为人的行为停止了。

---

① 犯罪行为结束与犯罪既遂结果的出现，通常情况下是同步的。例如，开枪射击被害人，枪击行为结束，被害人当场死亡。但有的犯罪，犯罪行为结束与既遂结果出现之间可能会存在时间差，例如，以投毒的方式致他人死亡，投毒行为结束之后，被害人可能还要经过一两个小时才会死亡，犯罪行为结束与死亡结果出现之间就存在时间差。图中的虚线就是表明，有的犯罪可能在犯罪行为结束与既遂结果出现之间有时间差。在这段时间内，既遂结果出现前，行为人主动防止既遂结果发生的，仍然可能成立犯罪中止。

② 理由：甲在现场着手对乙实施杀害行为，犯罪行为在实行阶段形成被害人没有死亡的结局，该结局的出现事实上违背行为人的本意，所以甲成立犯罪未遂。在甲离开现场的当时，故意杀人未遂的结果已经出现。在该结局"固定"下来之后，即使甲事后回到现场因为同情而将被害人送到医院，也不能成立另外的结局——犯罪中止形态，而只属于犯罪未遂结局出现之后的悔罪行为。对于甲将乙送医院的行为，在量刑时作为酌定从轻处罚的情节加以考虑。

类似的真题是：2014 年卷二 54. D. 甲、乙共同杀害丙，以为丙已死，甲随即离开现场。一个小时后，乙在清理现场时发现丙未死，持刀杀死丙。本案中，甲、乙的第一个行为成立故意杀人罪未遂，后来乙的行为单独成立一个新的犯罪，故意杀人罪既遂，乙实施了两罪。

二、犯罪预备

《刑法》第 22 条：为了犯罪，准备工具、制造条件的，是犯罪预备。

对于预备犯，可以比照既遂犯从轻、减轻处罚或者免除处罚。

（一）预备犯的成立条件

1. 客观上：有犯罪预备行为，但未能着手实行犯罪。

（1）预备行为是"实行行为"的预备。犯罪预备在客观上的重要特征是还没有着手实施"实行行为"。

（2）实行行为：是一种类型性的行为，即这种行为在通常情形下会造成犯罪既遂所要求的结果。

例如，用刀杀人行为就是故意杀人罪的实行行为，因为用刀总是能够杀死人。但为了杀人犯罪，前往犯罪地点或者准备犯罪工具，不具有法益侵害的紧迫性，因此，不属于实行行为，而是预备行为。

又如，劝他人坐飞机，通常不可能导致被害人死亡，因此，不是类型化的行为，不是实行行为，不构成犯罪。

再如，基于杀人的故意，劝说他人雨天在树林里漫步，希望被害人被雷劈死，果然造成被害人死亡的，这种"劝说"行为不是实行行为。因为劝说行为本身不具有导致他人死亡的通常性、类型性。

2. 主观上：未能着手实行犯罪是由于犯罪分子意志以外的原因。

（二）预备犯和犯意表示的区别

1. 犯意表示不成立预备犯，不应以犯罪论处。犯意表示是指，行为人流露出某种犯罪的意思。犯罪预备对刑法保护的法益构成了现实的威胁；犯意表示对法益没有构成现实的威胁，属犯罪思想的表达。

2. "语言表示"一般认为是犯意表示，不应以犯罪论处。但是，部分犯罪本身就是通过言语实施的，因此，这种情形下的语言表示成立犯罪。"语言表示"可能存在：

（1）成立预备犯：语言的表示或文字的表示实际上是为了实施某种犯罪而采取的预备行为，而不仅仅是犯意流露。例如，为了犯罪，"勾结"共同犯罪人。

（2）成立实行犯：言语本身是一种实行行为。例如，通过语言敲诈勒索他人（敲诈勒索罪），或通过语言辱骂他人（侮辱罪）。

（三）犯罪预备与犯罪未遂的区分

形式上，行为是否着手（动手）；实质上，法益侵害的紧迫性是否临近。"着手"要同时符合如下两项：

1. 犯罪对象出现；

2. 行为人开始实施刑法分则所要求的动词。即考察行为人的行为是否已经直接作用于、针对于具体的犯罪对象。例如，故意杀人罪的着手，一般要求被害人已经出现，行为人开始实施了"杀"（如开枪、砍杀）这一实行行为。

特殊情形：

（1）如诬告陷害罪，只要实施了诬告陷害行为并足以使被害人面临被追诉的风险就认为是该罪的犯罪既遂。

（2）有的情形下，即使对象没有出现，如果具有法益侵害紧迫性、严重性，也认为是已经着手了。例如，以杀人故意朝被害人家里扫射多枪，但被害人碰巧不在家，成立故意杀人罪未遂。

（3）在刑法分则所规定的实行行为包含多个环节或者多种形式时，行为人开始实施其中任何一个环节或者任何一种形式的行为，原则上也应认定为着手。例如，抢劫罪中，行为人开始实施暴力或者胁迫等行为（手段行为）时，就是已经着手实施抢劫行为。拐卖妇女、儿童罪中，行为人以出卖为目的，开始拐骗、绑架、收买妇女、儿童时，就是拐卖妇女、儿童罪的着手，而不是待行为人开始贩卖时才是着手。

>> **历年真题**

下列哪一行为成立犯罪未遂？[①]（2015 年·卷二·5 题）

A. 以贩卖为目的，在网上订购毒品，付款后尚未取得毒品即被查获

B. 国家工作人员非法收受他人给予的现金支票后，未到银行提取现金即被查获

C. 为谋取不正当利益，将价值 5 万元的财物送给国家工作人员，但第二天被退回

D. 发送诈骗短信，受骗人上当后汇出 5 万元，但因误操作汇到无关第三人的账户

（四）预备行为实行化

1. 概念。如果刑法分则将预备行为规定为独立的犯罪并配置了独立的法定刑，则原来我们认为的预备行为就因为立法者的规定成为实行行为。这种情况下，就没有必要再适用预备犯的处罚原则，直接按照刑法分则的规定适用刑罚即可。换言之，预备行为"分家"出来了，有自己独立的新罪名。

例如，用虚假的身份证明骗领信用卡，这种行为往往是信用卡诈骗罪的预备行为，但刑法将此种行为规定为独立的罪名：妨害信用卡管理罪（《刑法》第 177 条之一）。

又如，日本刑法中规定了杀人预备罪，因此，故意杀人在预备阶段就被停止下来的，成立独立的杀人预备罪，该行为即为"杀人预备罪"的实行行为。

2. 立法将预备行为实行化的原因：对部分犯罪的"预备行为"要严惩。

对于部分较为严重的犯罪，其预备行为如果不规定为独立的犯罪，根据《刑法》总则规定，认定为预备犯就"可以比照既遂犯从轻、减轻处罚或者免除处罚"，从宽的力度可能非常大。为了防止司法人员滥用自由裁量权，就对部分严重犯罪的预备行为规定为独立的犯罪并设定独立的法定刑，即原本属于预备行为的，现在有独立的罪名及刑罚（即有自己的小王国了）。

例如，《刑法》第 107 条（资助危害国家安全犯罪活动罪），将帮助行为（资助）正犯化，规定为独立的罪名，只要实施了资助行为的，不再作为帮助犯（共犯）论处，而是作为独立的罪名，即资助危害国家安全犯罪活动罪。

2016 年卷二 53. D. 丁资助林某从事危害国家安全的犯罪活动，但林某尚未实施相关犯罪活动即被抓获。丁属于资助危害国家安全犯罪活动罪（既遂）。

---

① 答案：D。

三、犯罪未遂

《刑法》第23条： 已经着手实行犯罪，由于犯罪分子意志以外的原因而未得逞的，是犯罪未遂。

对于未遂犯，可以比照既遂犯从轻或者减轻处罚。

（一）犯罪未遂的成立条件

1. 行为人已经着手实行犯罪。

2. 犯罪没有既遂。

（1）犯罪既遂（完成）与否，不是以犯罪分子的主观想法为标准，而是以刑法的规定为标准。

例如，绑架罪中，犯罪分子控制了人质，但没有勒索到财物，虽然他本人认为犯罪行为还没有最终完成，但该罪是侵犯人身权利的犯罪，成立绑架罪的犯罪既遂。

又如，拐卖妇女、儿童罪，只要控制人质就是犯罪既遂，即只需要具备拐骗、绑架、收买、贩卖、接送、中转行为之一即认为成立犯罪既遂。

再如，对于一些违禁品、危险品的流转型犯罪，只要完成了交付就成立犯罪既遂，如贩卖毒品罪，只要完成了毒品的交付，就是犯罪既遂。

>> 历年真题

关于犯罪停止形态的论述，下列哪些选项是正确的？[①]（2012年·卷二·54题）

A. 甲（总经理）召开公司会议，商定逃税。甲指使财务人员黄某将1笔500万元的收入在申报时予以隐瞒，但后来黄某又向税务机关如实申报，缴纳应缴税款。单位属于犯罪未遂，黄某属于犯罪中止

B. 乙抢夺邹某现金20万元，后发现全部是假币。乙构成抢夺罪既遂

C. 丙以出卖为目的，偷盗婴儿后，惧怕承担刑事责任，又将婴儿送回原处。丙构成拐卖儿童罪既遂，不构成犯罪中止

D. 丁对仇人胡某连开数枪均未打中，胡某受惊心脏病突发死亡。丁成立故意杀人罪既遂

（2）犯罪既遂要求行为与结果之间具有因果关系。虽然造成了既遂犯所要求的结果，但由于与行为之间没有因果关系，只能认定为犯罪未遂。

例如，甲对胡某实施诈骗行为，被胡某识破骗局。但胡某觉得甲穷困潦倒，实在可怜，就给其3000元，甲得款后离开现场——甲的行为成立诈骗罪未遂。

又如，甲将自己的汽车藏匿，以汽车被盗为由向保险公司索赔。保险公司认为该案存有疑点，随即报警。在掌握充分证据后，侦查机关安排保险公司向甲"理赔"。甲到保险公司二楼财务室领取20万元赔偿金后，刚走到一楼即被守候的多名侦查人员抓获——甲的行为成立保险诈骗罪的未遂，甲事实上并没有控制财物，被害人亦未对财物失控。

3. 未得逞是由于意志以外的原因所造成的——欲达目的而"不能"。

行为人主观上还是希望犯罪既遂所要求的结果能够出现，但行为人本人主观上认为

---

① 答案：ABCD。

"不能"达到既遂，进而停止犯罪行为的，是犯罪未遂。对于"能"或"不能"的判断，应以犯罪分子本人的主观判断为标准，即使行为人本人的判断是错误的。

例如，甲在实施盗窃行为时，听到警车响，以为是来抓他的，便迅速逃离现场。事实上根本没有警车，从当时的情况来看，是可以将犯罪行为实施完毕的，但甲当时认为犯罪行为不能实施下去，进而放弃犯罪的，成立犯罪未遂。

又如，在有各种证据表明，行为人具有洁癖，看见血就产生恶心厌恶感，或者胆量极小害怕被熟人举报，或者行为人具有某种迷信心理，担心和行经中的妇女性交会染上晦气等心理上的原因，被迫抑制了其犯罪意念的时候。应当说，上述情形也能成为阻止犯罪人完成犯罪的"犯罪分子意志以外的原因"，行为人停止犯罪的，成立犯罪未遂。

2009年卷二52. 甲欲枪杀仇人乙，但早有防备的乙当天穿着防弹背心，甲的子弹刚好打在防弹背心上，乙毫发无损。甲见状一边逃离现场，一边气呼呼地大声说："我就不信你天天穿防弹背心，看我改天不收拾你！"甲构成故意杀人未遂。[①]

2012年卷二8. 甲欲杀乙，将乙打倒在地，掐住脖子致乙深度昏迷。30分钟后，甲发现乙未死，便举刀刺乙，第一刀刺中乙腹，第二刀扎在乙的皮带上，刺第三刀时刀柄折断。甲长叹"你命太大，整不死你，我服气了"，遂将乙送医，乙得以保命。经查，第一刀已致乙重伤。甲成立故意杀人罪未遂。

（二）未遂犯的类型

1. 实行终了的未遂、未实行终了的未遂。

（1）实行终了的未遂：犯罪人已将其认为达到既遂所必需的全部行为实行终了，但由于意志以外的原因未得逞。

（2）未实行终了的未遂：由于意志以外的原因，犯罪人未能将他认为达到既遂所必需的全部行为实行终了。

2. 能犯未遂与不能犯未遂。

（1）能犯未遂：有既遂的可能性，只是由于遇到了意志以外的原因而没有既遂。在能犯未遂的情况下，犯罪行为本身是可以既遂的，只是由于行为人自身的原因导致犯罪没有成功——一手好牌被你打烂了。

例如，甲拿一把有子弹的枪射击被害人乙，由于甲自身的枪法不准，没有导致被害人死亡，但客观上，枪支本身是有致人死亡的可能性的。

（2）不能犯未遂：由于行为人对有关犯罪事实的认识错误，而使该犯罪行为在当时不可能达到既遂的情况。分为对象不能犯与手段（工具）不能犯——巧妇难为无米之炊。

对象不能犯，是指由于行为人的错误认识，使得其犯罪行为所指向的犯罪对象在行为当时不存在。例如，将稻草人作为仇人开枪，属于对象不能犯。

手段（工具）不能犯，是指行为人具有实现犯罪的意思，但使用的手段方法根本不可

---

① 有的同学可能会问，即使穿了防弹衣，也还是可以杀的啊，比如打被害人的头啊，这样放弃的，应该成立犯罪中止。但问题是，"能"与"不能"不是我们来判断的，你得看看犯罪分子当时自己的感受，他认为能不能，如果他认为"能"的话，他为什么还要再过几天杀呢？他当时就会杀了。因此，犯罪分子自己认为是"不能"既遂的，故成立犯罪未遂。当然，为什么"不能"，或许是因为当时枪里只有一颗子弹，或许是因为行为人的枪法不好，根本不可能打中头部，但这都不需要我们关注。

能导致结果的发生。如误将白糖当作毒药去毒杀他人，误以为枪支（空枪）有子弹而对他人实施枪击行为，都属于手段（工具）不能犯。

[不能犯未遂的处罚] 原则上，不能犯是成立犯罪未遂的（亦称可罚的不能犯、相对不能犯）。但对于法益侵害危险性几乎可以忽略的不能犯，理论上的多数观点认为还是不应作为犯罪处理（亦称不可罚的不能犯、绝对不能犯）。需要说明的是，不少考生认为，在故意犯罪中，只要犯罪对象没有出现，这种情形下的不能犯未遂就不应该作为犯罪处理，这是非常荒谬的观点。试想，以杀人的故意持枪进入被害人家里横扫几十枪，如果被害人不在家，难道就不作为犯罪处理？行为人的犯意已经外化为行为，行为人主观上也具有明显的犯罪故意，仅仅因为方法不当或者目标错误而未能发生法定之危害结果。尽管行为人的危害行为在当时的具体条件下不会发生危害结果，但是一般人依据自然因果法则抽象地判断，行为人不发生事实认识错误，行为具有发生法定危害结果的危险性，而一般人对于行为人的行为也会感到恐惧，因而有必要动用刑法加以处罚。毕竟法律（刑法）也是一种行为规范，需要防范于未然。

考试层面，严格区分了可罚的不能犯、不可罚的不能犯，前者当然构成犯罪，后者不构成犯罪。不能犯是否可罚（构成犯罪），需要综合判断行为造成法益侵害的可能性大小、行为本身对国民造成的不安感、类似行为他人如果继续效仿有无可能侵害法益等。一般认为，只有行为绝对没有造成法益侵害的可能性的不能犯，可以考虑不作为犯罪处理。如在荒山野外，误将稻草人当作仇人而开枪射击，不可能导致他人伤亡的，不成立犯罪未遂，此属于绝对不能，无罪。再比如，误将保健品当作砒霜毒害他人，也应是无罪。从历年国家法律职业资格考试真题反馈的信息看：没有考过不构成犯罪的绝对不能犯。

3. 迷信犯与不能犯。

（1）迷信犯：是指由于行为人愚昧无知，因而采用在任何情况都不可能造成实际损害结果的迷信方法来意图实现自己所追求的某种危害结果的行为。

例如，甲愚昧地以为用针扎小人的方式可以致他人死亡，于是实施此行为。因为此种行为不可能致人死亡，并且甲主观上也如此愚昧地认为，就不应以犯罪论处——绝对不构成犯罪。（主观上愚昧无知，客观上无害）

（2）不能犯与迷信犯的区分：不能犯是行为人认识错了，如果行为人知道事实真相，则可能改变犯罪方法、计划。而迷信犯中行为人是愚昧的，他就是这么认为的，即使你告诉他这种愚昧的方法不可能达到犯罪既遂，他也不会改变自己的"愚昧"计划。

2012年卷二53. 因乙移情别恋，甲将硫酸倒入水杯带到学校欲报复乙。课间，甲、乙激烈争吵，甲欲以硫酸泼乙，但情急之下未能拧开杯盖，后甲因追乙离开教室。丙到教室，误将甲的水杯当作自己的杯子，拧开杯盖时硫酸淋洒一身，灼成重伤——甲未能拧开杯盖，其行为属于可罚的不能犯。甲对乙的伤害行为仍然应该以犯罪论处。虽然因为其对犯罪工具的使用不恰当，未能实际造成被害人的伤害结果，但此情况下的不能犯仍有以犯罪论处的必要，即有法益侵害的可能性。

2005年卷二7. 甲深夜潜入乙家行窃，发现留长发穿花布睡衣的乙正在睡觉，意图奸淫，便扑在乙身上强脱其衣。乙惊醒后大声喝问，甲发现乙是男人，慌忙逃跑被抓获——

甲的行为属于强奸未遂。①

四、犯罪中止

《刑法》第24条：在犯罪过程中，自动放弃犯罪或者自动有效地防止犯罪结果发生的，是犯罪中止。

对于中止犯，没有造成损害的，应当免除处罚；造成损害的，应当减轻处罚。

（一）成立条件

1. 时间条件：发生在犯罪过程中。

（1）包括犯罪预备阶段、实行阶段。

（2）犯罪既遂以后，返还原物、赔偿损失，只能算犯罪后的悔罪表现，不能成立犯罪中止。

2008年卷二15. 甲乘在路上行走的妇女乙不注意之际，将乙价值12000元的项链一把抓走，然后逃跑。跑了50米之后，甲以为乙的项链根本不值钱，就转身回来，跑到乙跟前，打了乙两耳光，并说："出来混，也不知道戴条好项链"，然后将项链扔给乙——甲的行为成立抢夺罪（既遂）。

2. 主观条件：中止的自动性——"能"达目的而"不欲"。

"自动"应理解为：行为人认识到（无论行为人的认识是否有错）客观上可能继续实施犯罪或者可能既遂，但自愿放弃原来的犯罪意图。其中，"能"与"不能"应以行为人的主观认识为标准。

（1）行为人主观上认为"能"完成犯罪，但主动停止下来的，成立犯罪中止。

虽然存在客观障碍，但行为人没有认识到，而自愿中止犯罪的，成立犯罪中止；行为人认识到了客观障碍，但同时认为该客观障碍并不足以阻止其继续犯罪，而是由于其他原因放弃犯罪的，也应认定为是成立犯罪中止。

例如，甲为了杀乙而向乙的食物中投放毒药，见乙神态痛苦而反悔，将乙送往医院抢救脱险。即使甲投放的毒药没有达到致死量，不送往医院乙也不会死亡，甲也成立犯罪中止。因为甲主观上自认为自己的犯罪行为"能"导致既遂结果出现，因而主动停止下来的，就属于犯罪中止——甲在主观上已经"改恶从善"，需要给他点个赞。

（2）行为人主观上认为"不能"完成犯罪，进而停止下来的，成立犯罪未遂。

例如，丙在实施抢劫行为时听到警车声便逃走，成立抢劫未遂。即使并非警车而是救

---

① 甲已经使用暴力，即已经着手实施犯罪行为，但由于意志以外的原因，不能将犯罪行为实施完毕，故成立犯罪未遂。甲的行为属于对象不能犯未遂，应以犯罪论处。在一般公众看来，甲的行为会使一般公众产生不安感，应以犯罪论处。可能有同学认为，事后判断甲的行为，由于没有女性这一犯罪对象出现，不应该以犯罪论处。这种理解是错误的，所有的未遂犯，如果采取事后判断标准的话，都没有造成结果，那就都没有法益侵害的危险性，从而不能以犯罪论处，这显然是不妥当的。理论上有一种观点（少数观点，绝对的结果无价值论）采取绝对的客观未遂论，认为本案无罪，但没有成为国家法律职业资格考试答案。即便未来的国家法律职业资格考试考这种无罪的观点，也是考两种观点时，将无罪作为观点之一。

又如，甲与邻居丙有仇，基于杀害的意思，唆使丙的儿子乙（3岁小孩）用手去抓从墙上电源插座中伸出的裸露电线，及时赶来的丙将电线从乙的手中夺下，将乙抱走。事后查明该房间的5个插座都有电，但就是该电线外露的插座无电，对于甲也应该肯定其成立故意杀人罪的未遂，因为无论是考虑事前的一般人标准，还是按照积极一般预防的需要，都应该肯定该行为的高度危险性——如果类似行为再次重演，就不会有运气这么好的被害人。也就是说，无论是基于行为无价值，还是结果无价值，上述行为都应该定罪。

护车，丙也不是犯罪中止。虽然从客观实际情况看，丙的行为是"能"成功的，但丙自己主观上认为警察到了，其犯罪行为"不能"成功，属于欲达目的而"不能"，成立犯罪未遂——丙主观上并没有"改恶从善"，无需给其"点赞"。

3. 客观条件：必须有中止行为。

（1）中止行为在客观上要做得够、做得妥当（尽力）。只要行为人对于防止结果发生有适当的努力，或者实施了与防止结果发生相匹配的积极行为，有希望借此避免犯罪结果实现的意思的，中止行为就应该被承认。

例如，甲出于杀害故意用菜刀砍伤乙后，将乙送到了医院，即便其谎称自己不是凶手，拒绝承担医疗费用，甲客观上的中止行为是适当和足够的，因为基于对医生的信赖，能够将被害人送医，就意味着被害人有脱离死亡危险的高度可能性，由此可以认定甲属于中止。

又如，甲向乙投放毒药后，心生悔悟，立即拨打 120 急救电话。但邻居丙在急救车到来之前将乙送往医院，乙经抢救脱险。甲的行为成立犯罪中止，因为，甲做了防止既遂结果出现所应做的努力，换言之，打这个电话对于救人是有意义的。

又如，甲向丈夫乙投放毒药后，见乙呕吐不止心生悔意但不知所措，便打电话将真相告诉父母。邻居丙发现后将乙送往医院，经抢救脱险。甲的行为不成立犯罪中止，因为甲将真相告诉父母的行为，并不能防止既遂结果的出现，即便打 100 个这样的电话都没有用。

再如，甲意图杀乙，投放毒物致乙昏迷，甲心生悔悟，将乙送到医院门口，放下后即偷偷离开。过了一段时间医生发现乙，但因为医生无从判断乙昏迷的原因，导致需要花费近 3 个小时才弄清楚，进而采取抢救措施才将乙救活。甲不成立犯罪中止。

（2）中止不等于暂停，中止要求行为人彻底地放弃此犯罪，迷途知返。

2016 年卷二 53.B. 乙持刀拦路抢劫周某。周某说"把刀放下，我给你钱"。乙信以为真，收起刀子，伸手要钱。周某乘乙不备，一脚踢倒乙后逃跑。乙属于犯罪未遂。虽然乙暂时中止了自己的犯罪行为，但是，如果周某不给钱，乙仍然会继续自己的犯罪行为。乙的行为并没有终局性的停止下来，不成立犯罪中止。

（3）自动中止可重复侵害的行为，成立犯罪中止。

例如，甲枪中有 10 发子弹，第一弹未打中乙，在还可以继续重复开枪的情况下，甲停止了射击，甲的行为成立犯罪中止。主要理由在于：孤立地看，似乎第一枪并没有打中，成立未遂。但对甲的行为应该整体把握，甲可以继续开枪杀乙而没有实施枪击行为，当然成立犯罪中止。

又如，乙以杀人故意掐住妻子 X 的脖子。在 X 脸色青紫、小便失禁时，乙便以为 X 已经死亡，进而松手"观望"。随后 X 苏醒要水喝，乙倒水喂给 X 喝，放弃杀 X 的念头。乙成立犯罪中止。

4. 有效性条件：没有导致既遂结果的出现。

（1）有效防止犯罪结果的发生，不以行为人单独实施为必要。

行为人将被害人送至医院，在医生的努力下防止了既遂结果的发生，也成立犯罪中止。但是，行为人必须作出了真挚的努力（尽力），其行为对防止犯罪结果发生起到了决定性作用，否则不成立犯罪中止。

例如，行为人在其放火行为还没有既遂的情况下，喊了一声"救火啊"，然后便逃走了，即使他人将火扑灭，也不成立犯罪中止。

（2）只要你实施了中止行为，危害（既遂）结果也没有出现，就是犯罪中止；如果出现了危害（既遂）结果，就是犯罪既遂——以成败论英雄。

例如，2004年卷二2. 药店营业员李某与王某有仇。某日王某之妻到药店买药为王某治病，李某将一包砒霜混在药中交给王妻。后李某后悔，于第二天到王家欲取回砒霜，而王某谎称已服完。李某见王某没有什么异常，就没有将真相告诉王某。几天后，王某因服用李某提供的砒霜而死亡——李某的行为属于犯罪既遂。行为人已经着手实行犯罪，虽然为犯罪结果不发生作出了一定的努力，但最终还是发生了致人死亡的结果，因此，成立犯罪既遂。

又如，2016年卷二53. A. 甲以杀人故意将郝某推下过街天桥，见郝某十分痛苦，便拦下出租车将郝某送往医院。但郝某未受致命伤，即便不送医院也不会死亡。甲属于犯罪中止。理由：

第一，这是从有利于被告的角度出发，只要你作出了努力，既遂结果没有发生即可成立犯罪中止。

第二，这也可以通过"能达目的而不欲"来说明，行为人主观上认为还是"能"造成被害人死亡，但还是中止了行为。即行为人主观上"迷途知返""改恶从善"。

第三，或许有同学会问，要成立犯罪既遂，除了要造成既遂结果之外，还要求行为与既遂结果之间存在因果关系。而本案中，认定行为成立犯罪中止，但中止行为与结果不出现之间并不存在因果关系，为什么犯罪中止的认定不需要因果关系？其理由在于，犯罪既遂是不利于被告人的犯罪停止形态，应从严认定，要求因果关系。而犯罪中止是有利于被告人的规定，没有必要这么严格要求。

（3）在实施中止行为的过程中，如果介入因素独立（100%）地导致了危害结果（既遂结果），则由介入因素对既遂结果承担责任，前行为依然可以成立犯罪中止。

当然，如果介入因素并不独立（100%）地导致了危害结果，则说明前行为与既遂结果之间存在因果关系，那么前行为应成立犯罪既遂。

例如，2010年卷二57. D. 甲向乙的饮食投放毒药后，乙呕吐不止，甲顿生悔意急忙开车送乙去医院，但由于交通事故耽误一小时，乙被送往医院时死亡。医生证明，早半小时送到医院乙就不会死亡。甲的行为成立故意杀人罪的犯罪既遂。本案中，交通事故耽误一个小时对死亡结果虽然有作用，但达不到100%的作用，可以认为是前行为（投毒）与交通事故的耽误时间共同导致了死亡结果的出现，也即前行为（投毒）与死亡结果之间存在因果关系，甲的行为成立故意杀人罪的既遂。

又如，2015年卷二6. 甲以杀人故意放毒蛇咬乙，后见乙痛苦不堪，心生悔意，便开车送乙前往医院。途中等红灯时，乙声称其实自己一直想死，突然跳车逃走，三小时后死亡。后查明，只要当时送医院就不会死亡——行为人在中止的过程中，介入了"被害人突然跳车逃走"这一异常因素，导致了乙的死亡结果，甲当然不对乙的死亡结果承担责任。甲成立犯罪中止。

（二）犯罪中止的主要表现

1. 真诚悔悟，良心发现而停止。

2. 因被害人的哀求、对被害人怜悯、第三人的劝说而停止。

3. 因为害怕受到法律制裁、神的处罚、鬼怪的纠缠而停止。但是，如果行为人极度迷信，认为盗窃时遇到关公像会遭天谴，在盗窃时遇到关公像的，成立犯罪未遂。

4. 害怕受到刑法处罚。

（1）法律处罚是日后起作用的，成立犯罪中止。如果是害怕日后受法律处罚，由于法律处罚是具有不确定性的，此种情形下，即使将犯罪行为实施完毕，也不一定会必然受到法律处罚，如果停止犯罪行为的，可以认为遇到的障碍并不足以阻止犯罪行为的继续，应成立犯罪中止。或者，在盗窃时听见警车声，害怕被发现的，成立犯罪中止。

（2）法律处罚是即将起作用的，成立犯罪未遂。如果认为这时的警车声就是来抓你的，停止下来，成立犯罪未遂。

5. 基于目的物障碍。

（1）在侵犯财产权利的犯罪中。

针对特定物（如字画）实施犯罪，如果特定物不存在，即便存在其他财物（如黄金），也仅成立犯罪未遂，因为行为人的预期利益根本不能实现。例如，甲想到乙家中偷特定物（齐白石的画），但进入乙家后，发现乙家中根本没有这个画，仅有价值5000元的黄金。甲放弃了犯罪行为，应成立犯罪未遂。因为甲进入乙家是带着特定目的（偷齐白石的画）而来的，特定目的落空之后，甲的行为不可能既遂。

但针对可替代物（如现金）实施犯罪，如果存在具有可替代性的对象（如黄金），不继续实施犯罪的，成立犯罪中止。如果甲是以图财为目的进入乙家盗窃，发现乙家中根本没有钱，但有价值5000元的黄金，甲没有拿走黄金而离开了现场，甲的行为则成立犯罪中止。甲是基于图财的主观故意而实施盗窃，没有现金，黄金也可以替代现金，拿走黄金也完全能够满足甲的主观想法，甲没有实施该行为而停止下来的，成立犯罪中止。

在侵犯财产权的犯罪中，行为人仅想盗窃一般的财物嫌财物"少"而放弃的，属于犯罪中止。此种情形下，行为人的犯罪行为完全可以既遂，即便按其自己的主观想法来看，其犯罪行为是可以继续进行的，停止下来成立犯罪中止。但行为人如果嫌钱"太少"了的，成立犯罪未遂，如发现仅有5元钱，没有拿的，属于犯罪未遂。[1]

（2）针对人身权利或者其他权利的犯罪中，对象没有出现而放弃的，属于犯罪未遂。[2]

例如，甲的女儿乙（9岁）睡在床上，甲以为是仇人（前妻丙）而持刀杀乙，共砍9

---

[1] 这种情形下之所以成立犯罪未遂，主要原因在于，如果被害人家里只有5元的情况下，即使犯罪行为人将5元取走，也跟没有拿一样，没有达到盗窃罪既遂所要求的数额，也仅成立犯罪未遂。换言之，该案在行为当时根本就没有既遂的可能性，所以，仅成立犯罪未遂。

[2] 2009年卷二5. 甲因父仇欲重伤乙，将乙推倒在地举刀便砍，乙慌忙抵挡喊着说："是丙逼我把你家老汉推下粪池的，不信去问丁。"甲信以为真，遂松开乙，乙趁机逃走。甲的行为成立犯罪中止——行为人甲因父仇欲重伤乙，其主观目的就是为了报仇，这一目的是明确的。但乙说"是丙逼我把你家老汉推下粪池的"，即使乙的话是真实的，也说明乙实施了将甲的父亲推下粪池的行为，乙仍然是甲的仇人，只是仇恨没有甲原先预想的那么大。甲此时还是可以继续报仇，实现其犯罪目的，但甲自动放弃实施，成立犯罪中止。

当然，如果甲将丁认为是乙，丁说："你搞错人了，推你父亲进粪池的是乙，我是丁，你父亲被推下粪坑与我没有任何关系。"甲信以为真，按照甲的想法，丁与其父亲的死亡无任何关系，甲放走丁的行为成立犯罪未遂，因为甲的复仇目的在当时的情况下无法实现。

刀。听到是女儿的喊声便立即停止，女儿重伤未死，甲期待利益（杀仇人）不可能实现，认定为未遂。

6. 基于嫌恶之情、遇到熟人而放弃犯罪的，成立犯罪中止。

例如，强奸犯嫌弃被害妇女过于丑陋而放弃强奸的，这种放弃不是基于外部的强制，仍然可以成立中止。

又如，在实施抢劫的过程中突然发现对方是自己的熟人而放弃的，成立犯罪中止，由于犯罪以熟人为对象并非不可能，在实践中反而大量存在，"熟人"本身不足以阻止犯罪的继续，所以行为人因为对方是"熟人"而停止的，一般成立中止。

再如，抢劫过程中，如果发现对方是太熟的人，如父母、兄弟，进而停止犯罪的，可以认为成立犯罪未遂。这种情形下，从一般人的感情看，障碍实在太大，停止下来的，成立犯罪未遂。

⊙ [结论] 若考题仅指明犯罪分子遇到了障碍，一般可以认为这个障碍不是特别大，犯罪行为应可以继续，他停止下来的，成立犯罪中止。如果题目特别指明了，在遇到障碍时，犯罪分子自己都明确表态"障碍太大，犯罪无法继续进行"，停止下来的，成立犯罪未遂。

站在家长主义、国家的立场来理解犯罪未遂、犯罪中止：犯罪分子在犯罪过程中遇到了障碍，在犹豫不决，是否继续前行的时候，只要这个障碍不是特别大，而是有可能完成犯罪的，作为国家（家长），应该以更包容的心态教导犯罪分子回头是岸，给予更大的优惠政策，停止犯罪的，应认定为是犯罪中止。

›› 历年真题

关于犯罪中止，下列哪些选项是正确的？① （2010 年·卷二·57 题）

A. 甲欲杀乙，埋伏在路旁开枪射击但未打中乙。甲枪内尚有子弹，但担心杀人后被判处死刑，遂停止射击。甲成立犯罪中止

B. 甲入户抢劫时，看到客厅电视正在播放庭审纪实片，意识到犯罪要受刑罚处罚，于是向被害人赔礼道歉后离开。甲成立犯罪中止

C. 甲潜入乙家原打算盗窃巨额现金，入室后发现大量珠宝，便放弃盗窃现金的意思，仅窃取了珠宝。对于盗窃现金，甲成立犯罪中止

D. 甲向乙的饮食投放毒药后，乙呕吐不止，甲顿生悔意急忙开车送乙去医院，但由于交通事故耽误一小时，乙被送往医院时死亡。医生证明，早半小时送到医院乙就不会死亡。甲的行为仍然成立犯罪中止②

（三）犯罪中止与犯罪未遂的主要区别

1. 犯罪未完成是否符合行为人的意愿。

（1）犯罪未遂，未完成犯罪违背了行为人的意愿。

（2）犯罪中止，未完成犯罪符合行为人的意愿。

---

① 答案：AB。

② 本案中交通堵塞（事故）对死亡的作用力并非十分大，即交通事故并不能独立地导致被害人死亡结果的出现，前行为（投毒）与死亡结果之间仍然存在因果关系，甲的行为成立犯罪既遂。

2. 处罚上是否需要"嘉奖"。

（1）犯罪未遂：不需要"嘉奖"。犯罪分子内心还是期待完成犯罪的，因此，从宽处罚的力度较小。

（2）犯罪中止：需要对之"嘉奖"。犯罪分子主动放弃犯罪，迷途知返，因而需要"嘉奖"，从宽处罚的力度较大。

⊙ ［提示］如何认定犯罪中止，应提倡"规范主观说"，以确定值得奖励的责任减少是否存在，从而肯定自动性。要肯定中止自动性，就必须同时满足以下两个条件：一方面，行为人在内心作出放弃犯罪或防止结果发生的自由选择，其主观意思足以被评价为一定程度上的责任减少，这是中止判断的心理学尺度；另一方面，将这种意思认定为"基于己意"有助于实现预防目的，这是中止自动性判断的规范维度。[①]

（四）中止犯的刑事责任

《刑法》第 24 条第 2 款：对于中止犯，没有造成损害的，应当免除处罚；造成损害的，应当减轻处罚。

1. 如何理解《刑法》第 24 条第 2 款所规定的中止犯"造成损害"？

（1）"造成损害"应理解为中止前的犯罪行为造成损害，不是中止行为（抢救行为）本身造成了损害。

（2）这种损害是值得刑法处罚的损害。例如，对人身的损害至少应达轻伤。

例如，甲以杀人的故意朝被害人乙的头部开枪，仅打中了乙的头发。后主动放弃犯罪。甲的行为成立犯罪中止，没有造成损害。

又如，甲以杀人的故意朝被害人乙的头部开枪，仅打中了乙的耳朵。后主动放弃犯罪。甲的行为成立犯罪中止，其犯罪行为（开枪）造成了损害（打中耳朵，造成轻伤），应认定为是中止犯造成了损害。

再如，甲将被害人锁在屋内并打开天然气后，离开现场。但后来又产生中止之意，在室外将被害人家的门窗砸破，挽救了被害人的生命，却给被害人造成价值近万元的财产损失。对此不能认定为犯罪行为"造成损害"，其犯罪行为并没有造成损害，应当免除处罚——这是抢救行为造成了被害人损害。

2. 加重构成与犯罪既遂、未遂、中止。

（1）"质变"的加重构成：刑法分则条文因为行为、对象等构成要件要素的特殊性使行为类型发生变化，进而导致违法性增加，并加重法定刑时，才属于加重的犯罪构成。例如，入户抢劫、在公共交通工具上抢劫，就属于普通抢劫罪的加重构成。

多数学者认为"质变"的加重构成存在既、未遂的区分，少数学者否定。犯罪既遂、未遂、中止不仅仅是针对基本犯罪而言，对于该种类型的加重犯，也应承认其犯罪未遂（中止）形态。

例如，甲在公共交通工具上抢劫，即便分文未抢到，也应成立抢劫罪的加重犯（在公共交通工具上抢劫）的犯罪未遂，而非抢劫罪基本犯的未遂。

（2）"量变"的加重构成：刑法分则条文单纯以情节（特别）严重（恶劣）、数额（特别）巨大、首要分子、多次、违法所得数额巨大、犯罪行为孳生之物数量（数额）巨

[①] 周光权：《刑法总论》，中国人民大学出版社 2016 年版，第 303 页。

大作为法定刑升格条件时，只能视为量刑规则。例如，盗窃他人 2000 元（数额较大）、5 万元（数额巨大）、50 万元（数额特别巨大）的行为类型或特征是完全相同的，所不同的只是违法程度。既然是"量刑规则"就不存在既、未遂的区分，以结果来定罪量刑。例如，行为人主观上想盗窃 500 万元，但是客观上仅得 5000 元，可以认为是盗窃罪"数额较大"，而不认定为是"数额特别巨大"的未遂。

但是，理论上不少学者主张，对于"量变"的加重构成，也应承认其存在既、未遂的区分，上述案件中，应认定为是盗窃罪数额特别巨大（500 万元）的未遂。司法解释亦持此观点。

≫ 历年真题

1. 孙某向赵某敲诈勒索价值 800 万的名画，但实际上只得 8000 元的赝品。关于法定刑的适用与犯罪形态的认定，可能存在哪几种观点？（2016 年·卷四）

一种观点认为，对孙某应当按 800 万元适用数额特别巨大的法定刑，同时适用未遂犯的规定，并将取得价值 8000 元的赝品的事实作为量刑情节，这种观点将数额巨大与特别巨大作为加重构成要件。

另一种观点认为，对孙某应当按 8000 元适用数额较大的法定刑，认定为犯罪既遂，不适用未遂犯的规定，这种观点将数额较大视为单纯的量刑因素或量刑规则。

2. 甲冒充房主王某与乙签订商品房买卖合同，约定将王某的住房以 220 万元卖给乙，乙首付 100 万元给甲，待过户后再支付剩余的 120 万元。办理过户手续时，房管局工作人员识破甲的骗局并报警。根据司法解释，关于甲的刑事责任的认定，下列哪一选项是正确的？① （2017 年·卷二·5 题）

A. 以合同诈骗罪 220 万元未遂论处，酌情从重处罚

B. 以合同诈骗罪 100 万元既遂论处，合同诈骗 120 万元作为未遂情节加以考虑

C. 以合同诈骗罪 120 万元未遂论处，合同诈骗 100 万元既遂的情节不再单独处罚

D. 以合同诈骗罪 100 万元既遂与合同诈骗罪 120 万元未遂并罚

2011 年最高人民法院、最高人民检察院《关于办理诈骗刑事案件具体应用法律若干问题的解释》第 6 条规定："诈骗既有既遂，又有未遂，分别达到不同量刑幅度的，依照处罚较重的规定处罚；达到同一量刑幅度的，以诈骗罪既遂处罚。"司法解释的实质在于：部分既遂、部分未遂的案件，分别计算既遂、未遂部分所处的量刑档次，以重的为主、轻的为辅。本案应认定为合同诈骗 100 万元既遂，未遂的 120 万元作为量刑情节。该案来源于王新明合同诈骗案（最高人民法院指导案例 62 号）。

---

① 答案：B。

专题八

共 同 犯 罪

■ 知识体系

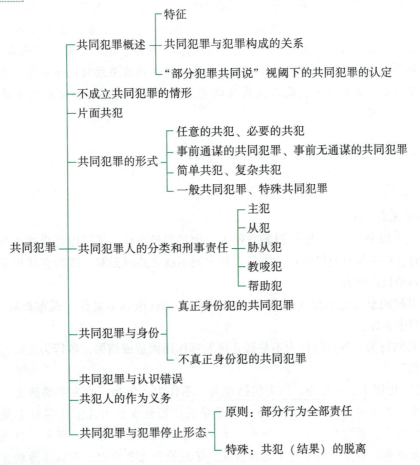

```
                    ┌─ 特征
                    │
          共同犯罪概述 ─┼─ 共同犯罪与犯罪构成的关系
                    │
                    └─ "部分犯罪共同说" 视阈下的共同犯罪的认定

          不成立共同犯罪的情形

          片面共犯

                    ┌─ 任意的共犯、必要的共犯
                    │
          共同犯罪的形式 ┼─ 事前通谋的共同犯罪、事前无通谋的共同犯罪
                    │
                    ├─ 简单共犯、复杂共犯
                    │
                    └─ 一般共同犯罪、特殊共同犯罪

                              ┌─ 主犯
                              │
                              ├─ 从犯
                              │
共同犯罪 ── 共同犯罪人的分类和刑事责任 ─┼─ 胁从犯
                              │
                              ├─ 教唆犯
                              │
                              └─ 帮助犯

                    ┌─ 真正身份犯的共同犯罪
          共同犯罪与身份 ─┤
                    └─ 不真正身份犯的共同犯罪

          共同犯罪与认识错误

          共犯人的作为义务

                              ┌─ 原则：部分行为全部责任
          共同犯罪与犯罪停止形态 ─┤
                              └─ 特殊：共犯（结果）的脱离
```

■ 主观题命题点拨

1. 主观案例题，原则上必然涉及共同犯罪，一般不可能是单个人实施犯罪，因此，需要结合共同犯罪的知识点，展开详细阐述。

2. 共同犯罪是刑法总则部分最为复杂、考试难度最大的一部分，共犯理论也出现了很大的变化。例如，我国传统刑法学关于共同犯罪理论更多地强调共同犯罪是犯罪的共同，即各共犯人是构成刑法意义上的犯罪的。如果甲（19周岁）与乙（11周岁）共同实施了杀人行为，虽然乙客观上实施了杀人的实行行为，但因为其不具备责任要件，不成立犯罪，故甲、乙二人不应以共同犯罪论处。其实共同犯罪所要解决的核心问题是，各行为人"共同"到什么程度，才需要对整体（共同）的结果承担责任。

现今的刑法理论及国家法律职业资格考试的观点更多地认为，共同犯罪是一种客观行为的共同，或者说是客观不法层面的共犯，与责任无涉。即"违法（客观不法行为）是连带（共同）的，责任是个别的"。

例如，甲（19周岁）与乙（11周岁）共同实施杀人行为，两人都在客观上实施了不法行为造成了被害人死亡结果，就应成立共犯，即因果共犯论。至于乙未达刑事责任年龄而不构成犯罪，那属于责任层面的问题，与共犯无关。共犯理论的这种转变，应当说是有积极意义的。被害人的死亡结果，不是甲、乙中某一个人的行为孤立地造成的，而是二者客观行为"共同"导致了死亡结果，从这个意义上看，有必要承认甲、乙二人成立共同犯罪，二人均需要对整体的结果（死亡）承担责任。但是，甲达到了责任年龄，可以承担责任，乙未达责任年龄，承担不起责任，乙无罪，从这一意义上看，责任（年龄）是分别的。不承认甲、乙二人成立共犯，就会出现悖论：如果甲、乙二人都达到刑事责任年龄，共同实施犯罪行为，甲、乙二人成立共犯，需要对整体的结果承担刑事责任。如果乙未达到刑事责任年龄，就否认甲、乙二人成立共犯，那甲就不需要对整体的结果承担刑事责任，似乎并不妥当。

一、共同犯罪概述

（一）特征

1. 主客观统一性。

（1）二人以上。"人"既可以是自然人，也可以是单位，还可以是自然人与单位。但单位犯罪时，单位与其直接负责的责任人员之间不成立共同犯罪，因为直接负责的责任人员本身就是单位的代表。

（2）共同故意（意思交互）。各行为人主观上都认识到不是在"孤军奋战"，而是你中有我，我中有你。

（3）共同行为。各自的行为不是孤立地发挥作用而造成结果，各行为之间在客观上具有"共同性"。

"共谋"也属于共同行为，行为包括作为、不作为。例如，丈夫甲偶然发现妻子乙和丙之间存在不正当男女关系，乙不得已向甲承认：已经5岁的儿子丁实际上是乙、丙所生。甲盛怒之下，暴打儿子丁。乙坐在一旁，一言不发。2小时后，甲将丁打成重伤，然后自行离家出走。事后，邻居将丁送到医院，丁经抢救无效死亡。甲以作为的方式实施故意伤害行为，乙负有作为义务，但其不救助被害人丁可以认为是以不作为方式和甲共同犯罪。

2010年卷二2. 看守所值班武警甲擅离职守，在押的犯罪嫌疑人乙趁机逃走，但刚跑到监狱外的树林即被抓回——本案中，甲主观上是过失，乙是故意，二者不成立共同犯罪。

2. 共同犯罪的整体性：部分行为，全部责任。

（1）共同犯罪中，二人以上在共同故意的支配下形成的一个整体，不是个人行为的简单相加，因此，各共犯人应该对整体的结果承担刑事责任。即每个人都需要对"我们"的行为所造成的结果负责。

例如，甲、乙、丙、丁单个人都不敢去实施盗窃，但如果四人一起，就敢共同去实施犯罪，从这一意义上看，共同的力量可以完成孤立的个人完全不敢实施的犯罪行为，所以，立法者对之要严惩。

2018年真金题：甲、乙、丙、丁4人预谋杀戊，甲、乙用铁棒打，丙徒手，丁拿着刀在一边助威呐喊。最后造成戊死亡，尸检报告表明，只有一处头部致命伤，且是遭利器所致。无法证明是甲、乙二人谁的行为导致了被害人死亡，但肯定不是丙、丁的行为导致——四人均需要对死亡结果承担责任，即成立故意杀人罪（既遂）。

2020年主观题：洪某向林业主管部门举报了有人在国有森林中种植沉香的事实，林业主管部门工作人员赵某与郑某上山检查时，刘某、任某为了抗拒抓捕对赵某、郑某实施暴力，赵某、郑某反击，形成互殴状态。赵某被打成轻伤，该轻伤由刘某、任某造成，但不能查明是刘某的行为所致，还是任某的行为所致——该案中，刘某、任某具有共同伤害的故意，共同犯罪需要考虑"共同的"（我们的）行为所造成的结果，而非分别的（你的或我的）行为所造成的结果，正所谓"部分实行，全部责任"。本案中，二人共同的行为造成了赵某的轻伤，均应对伤害结果负责。

（2）如果不是共同犯罪，各行为人只需要对自己所实施的行为及其所造成的结果单独承担刑事责任。即每个人只需要对自己的行为所造成的结果负责，如果行为人的行为查不清而有多种可能性的，则选择最利于行为人的那种可能给其行为定性（事实存疑采有利于被告的原则）。

2008年四川卷二6. 甲、乙上山去打猎，在一茅屋旁的草丛中，见有动静，以为是兔子，于是一起开枪，不料将在此玩耍的小孩打死。在小孩身上，只有一个弹孔，甲、乙所使用的枪支、弹药型号完全一样，无法区分到底是谁所为——甲、乙不构成犯罪。

[解析] 本案中，甲、乙二人没有犯罪的"故意"，因此不成立共同犯罪，每个人只需要对自己的行为单独承担刑事责任。甲的过失行为存在两种可能：第一，打中了小孩，那就成立过失致人死亡罪；第二，没有打中小孩，那甲的行为就无罪。由于查不清楚甲的行为是否打中了被害人，故甲的行为无罪。同样，乙也是无罪。可能有同学会认为，如果甲、乙二人都无罪，那小孩就死得冤枉。但问题是，在现有证据不清楚的情况下，如果追究甲、乙二人的刑事责任，则会冤枉甲、乙二人其中一人，而且还不知道冤枉了哪个人。事实存疑应采取有利于被告的原则，故二人都无罪。

[本题提升] 如果将来在立法修改中，承认共同过失犯罪也是共同犯罪，那么，甲、乙可以成立共同犯罪，均需要对"共同"的结果承担刑事责任，甲、乙二人均成立过失致人死亡罪。

2010年卷二6. A. 甲、乙应当预见但没有预见山下有人，共同推下山上一块石头砸死丙。只有认定甲、乙成立共同过失犯罪，才能对甲、乙以过失致人死亡罪论处——该选项错误。甲、乙二人"应当预见而没有预见"，并且均实施了推石头的行为，因此，二人主观上均有过失，客观上又实施了行为且造成了死亡结果，二人行为与危害结果之间均存在刑法上的因果关系，故此二人均可以成立过失致人死亡罪。本案中，本来就可以追究二人过失致人死亡罪的刑事责任，无需附加条件"只有认定甲、乙成立共同过失犯罪"。

3. 共同故意的时间。只要前行为人的犯罪行为还没有结束，中途加入进来的人可以成立共同犯罪。但中途加入进来的人不对前行为人先前所造成的加重结果（重伤、死亡）承担刑事责任。

例如，甲以劫取财物为目的将被害人打昏，正在从被害人身上取财，乙经过此地，甲告知乙情况，二人共同取走了被害人身上的财物，二人成立抢劫罪的共犯。

又如，甲以劫取财物为目的将被害人打昏，正在从被害人身上取财，乙经过此地，甲欺骗乙说被害人昏倒在此处，二人共同取走了被害人身上的财物，甲构成抢劫罪、乙构成盗窃罪，二人在盗窃的范围内成立共犯。

再如，在甲抢劫的过程中，甲将被害人打成重伤、昏迷状态后，正在取被害人身上的财物，此时乙加入进来，乙的行为成立抢劫罪的共犯，但乙不对甲之前实施的重伤结果承担责任，因为乙的行为与重伤结果之间没有因果关系。

>> 历年真题

1. 1995 年 7 月，在甲市生活的洪某与蓝某共谋抢劫，蓝某事前打探了被害人赵某的行踪后，二人决定在同年 7 月 13 日晚 20 点拦路抢劫赵某的财物，当晚 19 点 55 分，洪某到达了现场，但没有发现蓝某，赵某出现后，洪某决定独自抢劫。于是，洪某使用事先准备的凶器，击打赵某的后脑部，导致赵某昏倒在地不省人事，蓝某此时到达了现场，与洪某一并从赵某身上和提包中找出价值 2 万余元的财物——本案中，蓝某构成抢劫罪（致人死亡）或者抢劫致人重伤。关于共同犯罪方面，对于洪某的上述行为，洪某与蓝某构成共同犯罪，蓝某亦应负全部责任，成立抢劫致人死亡（或重伤）的结果加重犯。蓝某之所以需要对洪某的行为负责，理由在于：第一，蓝某没有及时赶到现场，客观上虽然没有全程参与犯罪的实施，但并没有从共同犯罪中脱离。至少，当时洪某主观上认为，蓝某会来。故蓝某应对洪某的行为负责；第二，蓝某与洪某共谋实施抢劫的行为，二人主观上有抢劫的共同故意，而抢劫的手段是包括严重暴力的，故二人在暴力的范围内是共同犯罪，对于洪某所实施的暴力手段，蓝某亦应负责。（2020 年主观题）

2. 关于共同犯罪的论述，下列哪一选项是正确的？[①]（2012 年·卷二·10 题）

A. 甲为劫财将陶某打成重伤，陶某拼死反抗。张某路过，帮甲掏出陶某随身财物。2 人构成共犯，均须对陶某的重伤结果负责

B. 乙明知黄某非法种植毒品原植物，仍按黄某要求为其收取毒品原植物的种子。2 人构成非法种植毒品原植物罪的共犯

C. 丙明知李某低价销售的汽车系盗窃所得，仍向李某购买该汽车。2 人之间存在共犯关系

D. 丁系国家机关负责人，召集领导层开会，决定以单位名义将国有资产私分给全体职工。丁和职工之间存在共犯关系

---

① 答案：B。

⊙ ［主观案例］《刑事审判参考》第 1203 号指导案例，林在清等诈骗案——无明确的犯罪意思联络，但为诈骗犯罪分子提取赃款并获利，是否构成诈骗罪共犯。被告人林在清通过网上聊天与他人商议，由其提供银行卡账户，并在他人（柯世铵）通过网络骗取的钱财进入其银行卡账户后代为取款。判决指出：林在清等人与诈骗上线之间存在整体诈骗犯罪的意思联络，但综观全案，应当说是存在如何实施犯罪的联系的，只是这种联系内容与通常状态下的预谋分工有一定的区别。本案行为人林在清作为福建安溪地区的居民，在明知当地许多人实施诈骗行为的情况下，自己为了挣钱而与柯世铵等人联系，且柯世铵等人已告知其所取款项系诈骗而来。从其主观而言，对上线通过虚构信息骗取他人钱财的事实是有明确认知的，其对自己未向他人发布虚假信息、未告知被害人如何操作 ATM 机将钱款打入、钱款的进入并非自己的直接行为所致以及没有实施所谓实质性损害行为的性质如何认识，并不影响犯罪行为的成立。

（二）共同犯罪与犯罪构成的关系

关于共同犯罪的学说，各行为人要"共同"到何种程度，才成立共同犯罪，理论上存在完全犯罪共同说、部分犯罪共同说、行为共同说等不同学说。[1]

1. 完全犯罪共同说。完全犯罪共同说认为，共同犯罪必须是数人共同实行特定的犯罪，或者说二人以上只能就完成相同的犯罪成立共同犯罪。

例如，甲以杀人的故意、乙以伤害的故意共同对丙实施暴力行为导致丙死亡。持此观点的一部分学者认为，由于甲和乙都是正犯，但各自触犯的罪名不同，因而不成立共同正犯，只能分别以单独犯论处。这样的结论虽然严格限定了共同正犯的成立范围，却没有考虑法益侵害的事实。于是，一般通说主张，甲和乙成立故意杀人罪的共同正犯，但对乙只判处故意伤害致死的刑罚。这一方面导致没有杀人故意的乙也成立故意杀人罪，另一方面导致刑罚与罪名分离。因此，完全犯罪共同说基本上被淘汰。

2. 部分犯罪共同说。部分犯罪共同说认为，二人以上虽然共同实施了不同的犯罪，但当这些不同的犯罪之间具有重合的性质时，则在重合的限度内成立共同犯罪。法考采此观点。

例如，甲以杀人的故意、乙以伤人的故意共同加害于丙时，只在故意伤害罪的范围内成立共同正犯。但由于甲有杀人的故意与行为，对甲应认定为故意杀人罪，乙成立故意伤害（致人死亡）罪。

3. 行为共同说。行为共同说认为，共同犯罪是指数人共同实施了行为，而不是共同实施特定的犯罪。也就是说，在"行为"方面，不要求共同实施特定的犯罪，只要行为具有共同性就可以成立共同犯罪；在"意思联络"方面，也不要求数人必须具有共同实施犯罪的意思联络，只要就实施行为具有意思联络，甚至过失的意思联络，例如，二人相约去实施危险行为就可以成立共同犯罪。

例如，只要查明甲、乙共同对丙实施暴力导致丙死亡，就应该认定二人成立共同犯罪，并将死亡结果归属于二人的行为。至于甲和乙的责任（各自的故意内容、构成何罪）则需要个别认定；如果甲、乙的故意内容不同，则各自成立不同的犯罪。

---

① 张明楷著：《刑法学》（第五版），法律出版社 2016 年版，第 393-394 页。

（三）"部分犯罪共同说"视阈下的共同犯罪的认定

成立共同犯罪，更多地要求"客观不法行为"层面二人是共同的即可，与责任无涉，更不要求各共犯人的罪名完全一致。例如，甲以伤害的故意、乙以杀人的故意共同对丙使用暴力，二人在重合的范围内（伤害）成立共犯。

1. 二人以上在同一犯罪构成的前提下，分别具有不同的加重情节或者减轻情节的，不影响共同犯罪的成立。

例如，甲教唆乙去路边抢劫，乙实施了入户抢劫，甲成立抢劫罪、乙成立抢劫罪（入户抢劫），二人在普通抢劫的范围内成立共犯。

2. 如果二人以上持不同的故意共同实施了某种行为，只就他们所实施的性质相同的部分（或重合部分）成立共同犯罪，即便罪名不同，也成立共同犯罪。①

（1）法条竞合：甲以抢劫枪支的故意，乙以抢劫普通财物的故意，共同对丙实施了抢劫行为，甲构成抢劫枪支罪，乙构成抢劫罪，二者在抢劫的范围内成立共同犯罪。

（2）犯罪之间具有包容关系的，行为人可以在被包容的范围内成立共犯。

例如，绑架罪包容了非法拘禁罪，甲以绑架的故意（非法控制人质后，向人质家属索要财物），乙以非法拘禁的故意，共同对丙实施了拘禁行为，甲、乙二人在非法拘禁罪的范围内成立共犯。

（3）两罪侵犯的法益相同，严重犯罪包含了非严重犯罪的内容时：故意杀人罪和故意伤害罪，强奸罪与强制猥亵、侮辱罪，抢劫罪和抢夺罪，抢劫罪与盗窃罪，抢劫罪与敲诈勒索罪。

例如，甲以杀害的故意、乙以伤害的故意，共同对丙实施暴力，造成丙死亡，二人在故意伤害罪的范围内成立共犯，甲成立故意杀人罪，乙成立故意伤害（致死）罪。

（4）两种犯罪侵犯的法益不完全相同，但一种犯罪所侵犯的法益包含了另一种犯罪侵犯的法益：为境外窃取、刺探收买、非法提供国家秘密、情报罪与非法获取国家秘密罪，当然在非法获取国家秘密罪的范围内成立共犯。

例如，甲、乙应丙的要求帮丙非法获取国家秘密，甲知道丙是境外人员，而乙以为丙是我国公民。甲、乙二人共同去非法获取国家秘密，甲构成为境外窃取国家秘密罪，乙构成非法获取国家秘密罪，二人在非法获取国家秘密罪的范围内成立共同犯罪。

（5）在法定转化犯的情况下，部分人实施了转化行为的，就转化前的犯罪成立共同犯罪。

例如，共同实施非法拘禁行为，其中一人故意杀害被害人（另成立故意杀人罪），二人在非法拘禁罪的范围内成立共同犯罪。

又如，甲、乙共同实施盗窃行为，但其中乙使用暴力，抗拒抓捕，转化为抢劫罪，二者在盗窃罪的范围内成立共同犯罪。

---

① 成立共同犯罪不要求各行为人所构成的罪名完全相同，可以通过如下两个案例来说明。

案例1：甲、乙两人共同盗窃，甲在楼下放风，乙在楼上盗窃，乙得到5000元，即便甲一分钱没有分到，甲、乙是共同犯罪，甲、乙的盗窃金额均是5000元。

案例2：甲、乙两人共同盗窃，甲在楼下放风，乙在楼上盗窃，乙得到5000元，甲知道乙盗窃成功后告知乙要先行离去。后乙下楼时被主人发现后将主人打成轻伤，乙成立抢劫罪。但甲、乙在盗窃罪的范围内成立共同犯罪。如果不承认二者成立共同犯罪，甲仅对自己的盗窃行为负责任，但甲本人实际上是没有拿到钱的，其盗窃金额就会变成0元，这显然是不合理的。二人在前半程成立盗窃罪的共同犯罪，二人的犯罪数额均是5000元。

>> **历年真题**

1. 下列哪些情形成立共同犯罪？① （2000年·卷二·70题）

A. 甲与乙共谋共同杀丙，但届时乙因为生病而没有前往犯罪地点，由甲一人杀死丙

B. 甲在境外购买了毒品，乙在境外购买了大量淫秽物品，然后，二人共谋共雇一条走私船回到内地，后被海关查获②

C. 甲发现某商店失火后，便立即叫乙："现在是趁火打劫的好时机，我们一起去吧？"乙便和甲一起跑到失火地点，窃取了商品后各自回到自己家中

D. 医生甲故意将药量加大10倍，护士乙发现后请医生改正，医生说："那个家伙（指患者）太坏了，他死了由我负责"。乙没有吭声，便按甲开的处方给患者用药，导致患者死亡

2. 王某上车以后气不过，让刘某"好好教训这个保安"，随即开车离开。刘某随即让林某、丁某二人开枪。林某、丁某二人一人朝武某腿部开枪、一人朝腹部开枪。只有一枪击中武某腹部，导致其死亡，现无法查明是谁击中——本案中，林某具有伤害的故意，丁某具有杀人的故意，二者在故意伤害的范围之内成立共同犯罪。林某成立故意伤害（致人死亡）罪，丁成立故意杀人罪。（2018年主观题）

---

3. 共同犯罪的成立标准

（1）各行为人的"客观上的不法行为"是共同的，不存在谁支配谁、谁控制谁，即"人格独立"。

（2）各行为人主观上对行为的意义能够基本了解（有"大是大非"的辨别能力，相互之间意思交换、彼此帮助）。

例如，甲（19周岁）、乙（11周岁）共同实施了故意杀人行为，虽然乙没有达到刑事责任年龄，但乙主观上对杀人行为的基本意义是能够理解的，也知道自己在和甲"共同"犯罪；客观上，甲、乙的地位相对平等，不存在甲支配、操纵乙的行为。故甲、乙二人成立共同犯罪，<u>犯罪是二人"共同"的杰作</u>。

4. 间接正犯与共同犯罪。

（1）间接正犯，是"直接正犯"的对称，是指行为人以自己的犯罪意图，利用无责任能力的人或无犯罪意思的人实施犯罪行为，以达到自己的犯罪目的的人。例如：利用精神病人或未达到刑事责任年龄的儿童实施犯罪；利用不知情的人实施犯罪行为等

（2）如果达到刑事责任年龄的人与未达刑事责任年龄的人在共同实行犯罪的情况下，未达刑事责任年龄的人处于被利用（支配）的状态，二者也不成立共同犯罪，而是间接正犯。间接正犯的情况下，犯罪不能认为是各行为人"共同"的杰作，而是利用者（支配者、操控者）的杰作。

例如，甲（19周岁）教唆乙（3周岁）实施了故意杀人行为，但乙年龄太小，对自己行为的基本意义不能够理解，可以认为，甲在"操纵、支配"乙的行为，甲成立故意杀

---

② 甲、乙成立走私毒品罪、走私淫秽物品罪两罪的共犯。但是若双方均不知道对方走私的具体物品，仅存在共谋雇船走私的行为，则在"普通走私"的范围内成立共同犯罪。

人罪的间接正犯。

又如，甲（39周岁）欺骗乙（19周岁）说："外面晒的衣服都是我的，你帮我去拿过来吧。"乙信以为真，帮甲将外面晾晒的他人衣服拿回。由于乙完全不明白甲的故意，甲实际上是利用、支配了乙的行为，乙不懂甲的"坏心"，甲的行为属于盗窃罪的间接正犯，犯罪是甲的杰作，而非甲、乙"共同"的杰作。

又如，上一案例中，如果乙识破了甲的骗局，便直接告诉甲说："外面晒的根本不是你的衣服，拿别人的衣服是构成犯罪的。"甲说："实话告诉你吧，那不是我的衣服，你帮我去拿，好吗？"乙说："好吧，为了你，我愿意！"随后，乙将外面晾晒的衣服取回后交给甲。这种情况下，甲、乙彼此都明白各自、共同行为的意义，不存在支配、操纵、欺骗对方，故甲、乙成立盗窃罪的共同犯罪，犯罪是二人"共同"的杰作。

又如，A出于杀害B的目的，知道B当时正处于某屏风的后面，就指使C向该屏风开枪，不知情的C一枪打坏了屏风，同时也打死了B。C尽管有毁坏财物的故意，但没有杀人的意思。因此A构成故意杀人罪的间接正犯，但A、C成立故意毁坏财物罪的共犯。

再如，甲基于绑架丙的故意（非法拘禁丙，并向丙的母亲丁非法索要财物），欺骗乙说："丙欠我50万元，你帮我把他关押起来，我们再打电话向他母亲丁要50万元。"乙信以为真，与甲一起拘禁了丙，并打电话要丁给50万元。甲有绑架罪的故意（非法拘禁罪+敲诈勒索罪），乙有非法拘禁罪的故意，二人在非法拘禁罪的范围内成立共同犯罪。但甲的绑架罪的故意，乙并不懂，甲成立绑架罪的间接正犯。

结论：共同犯罪是心连心、手拉手，两相情愿；共同犯罪不要求"天长地久"，只要求"曾经拥有"（行为重合）。间接正犯是"你不懂我的心"、"借刀杀人"。

>> 历年真题

1. 甲（15周岁）求乙（16周岁）为其抢夺作接应，乙同意。某夜，甲抢夺被害人的手提包（内有1万元现金），将包扔给乙，然后吸引被害人跑开。乙害怕坐牢，将包扔在草丛中，独自离去。关于本案，下列哪一选项是错误的？[①]（2012年·卷二·9题）

A. 甲不满16周岁，不构成抢夺罪

B. 甲与乙构成抢夺罪的共犯

C. 乙不构成抢夺罪的间接正犯

D. 乙成立抢夺罪的中止犯

2. 黄某雇请程某伤害黄某的前妻周某，声称只要将周某手臂砍成轻伤就行，程某表示同意，黄某预付给程某10万元，并许诺事成后再给20万元。程某跟踪到周某后，威胁周某说："有人雇我杀你，如果你给我40万元，我就不杀你了，否则我就杀了你。"周某说："你不要骗我，我才不相信呢！"程某为了从黄某那里再得到20万元，于是拿出水果刀砍向周某的手臂。周某以为程某真的要杀害自己，情急之下用手臂抵挡，程某手中的水果刀正好划伤了周某的手臂（构成轻伤）。周某因患白血病，受伤后流血不止而死亡。程某不知道周某患有白血病，但黄某知道——本案中，黄某明知其前妻周某有白血病，未告

① 答案：D。

知实情指使程某去伤害其前妻，应认为黄某有杀人的故意，程某有伤害的故意。黄某与程某在故意伤害的范围内成立共同犯罪，黄某是教唆犯，程某是实行犯。但是，在故意杀人罪这一问题上，黄某是间接正犯，程某属于被利用者。（2020年主观题）

3. 甲生意上亏钱，乙欠下赌债，二人合谋干一件"靠谱"的事情以摆脱困境。甲按分工找到丙，骗丙使其相信钱某欠债不还，丙答应控制钱某的小孩以逼钱某还债，否则不放人——本案中，甲具有勒索财物的目的，丙具有索债的目的。甲构成绑架罪，丙构成非法拘禁罪，二人在非法拘禁罪的范围内成立共同犯罪。（2018年主观题）

4. 赵某杀人后，与孙某二人一起将钱某抬至汽车的后座，由赵某开车，孙某坐在钱某身边。开车期间，赵某不断地说"真不该一时冲动""悔之晚矣"。其间，孙某感觉钱某身体动了一下，仔细察看，发现钱某并没有死。但是，孙某未将此事告诉赵某。到野外后，赵某一人挖坑并将钱某埋入地下（致钱某窒息身亡），孙某一直站在旁边没做什么，只是反复催促赵某动作快一点——本案中，孙某就是利用赵某的过失行为实施杀人的间接正犯，因为此时赵某仅存在过失，而孙某存在杀人的故意，且赵某并不知晓孙某的杀人故意。（2016年·卷四）

二、不成立共同犯罪的情形

1. 过失犯罪不成立共同犯罪。

例如，大夫开药开错了，药剂师也审错了，最终造成了病人死亡的结果，二人分别追究医疗事故罪的刑事责任，不成立共同犯罪。

例外：司法解释规定，交通肇事罪虽然是过失犯罪，但交通肇事后，车主、乘客、承包人、单位的主管人员指使肇事司机逃逸致被害人因得不到救助而死亡的，以交通肇事罪的共犯论处。主要理由：肇事行为与共同逃逸行为造成了被害人死亡的后果，指使者和肇事者对肇事后的逃逸且造成"被害人因得不到救助而死亡"具有共同的故意，故指使者应与肇事者共同对这一后果承担刑事责任。属于交通肇事（因逃逸致人死亡）罪的共同犯罪。

2. 同时犯（同时不同心）不成立共同犯罪。

同时犯是指，不同犯罪行为人均有实施犯罪的故意，但他们相互间并没有"共同的故意"，在同一时间点实施了犯罪行为。同时犯中各行为人并没有共同的故意，因此不以共同犯罪论处。

例如，甲、乙二人在没有意思联络的情形下同时从不同的方向故意朝丙开一枪，丙死亡，身上只有一颗子弹，无法查明是甲的还是乙的枪击行为所致——甲、乙不成立共同犯罪，每个人只对自己的行为负责，而各自的行为是否打中了被害人查不清楚，故甲、乙分别成立故意杀人罪未遂。

3. 实行过限（共犯过剩）。

实行过限，指在共同犯罪中，原共同犯罪中某一或数个共同犯罪人，实施了超过原共同谋定的故意范围以外的犯罪行为。

（1）非重合性过限（质的过剩）。是指预谋的犯罪（盗窃罪）与过限行为构成的犯罪（强奸罪）之间不具有重合性。

例如，甲、乙共同盗窃，甲在盗窃过程中又临时起意强奸了女主人。甲成立强奸罪、盗窃罪，乙仅成立盗窃罪，二者成立盗窃罪的共同犯罪。

（2）重合性过限（结果加重犯，量的过剩）。是指预谋的犯罪（伤害）与过限行为（伤害致死或杀人）构成的犯罪之间具有重合性。A［故意伤害罪］——A+［故意伤害罪（致人死亡）］。

例如，甲、乙共谋伤害丙，甲在楼下望风，乙在实施故意伤害行为时，过失导致了被害人的死亡结果，乙的行为过限了，成立故意伤害（致人死亡）罪这一结果加重犯。甲虽然没有实施"致死"的行为，但甲、乙二人共同的"伤害"行为本身是一种具有致人死亡的高度危险性的行为。质言之，伤害行为本身蕴含着"死亡结果"的种子。甲应该对共同"伤害"行为所可能衍生出的"死亡"结果有预见可能性，还和乙共同实施伤害行为，甲当然需要对该衍生结果（死亡）负责，甲亦构成故意伤害（致人死亡）罪。

又如，A 以强奸的故意、B 以抢劫的故意共同对 C 实施暴力，由 A 的行为导致 C 死亡。A、B 成立共同正犯，均对 C 的死亡承担责任（A 承担强奸致死的责任，B 承担抢劫致死的责任）。因为强奸=暴力+奸淫；抢劫=暴力+取财；从这个意义上看，两行为人具有共同实施暴力（伤害）的故意，那么就需要对共同暴力（伤害）所导致的结果承担责任。

>> **历年真题**

甲、乙、丙共同故意伤害丁，丁死亡。经查明，甲、乙都使用铁棒，丙未使用任何凶器；尸体上除一处致命伤外，再无其他伤害；可以肯定致命伤不是丙造成的，但不能确定是甲造成还是乙造成的。关于本案，下列哪一选项是正确的？[①]（2016 年·卷二·7 题）

A. 因致命伤不是丙造成的，尸体上也没有其他伤害，故丙不成立故意伤害罪

B. 对甲与乙虽能认定为故意伤害罪，但不能认定为故意伤害（致死）罪

C. 甲、乙成立故意伤害（致死）罪，丙成立故意伤害罪但不属于伤害致死

D. 认定甲、乙、丙均成立故意伤害（致死）罪，与存疑时有利于被告的原则并不矛盾

4. 间接正犯原则上不构成共同犯罪。

间接正犯是指利用他人作为犯罪工具来实施犯罪，自己不参与实行行为。间接正犯的正犯性，主要表现在处于优势地位的间接正犯对于被利用者（行为媒介）的支配性，隐身于幕后的操纵者。换言之，虽然没有直接实施正犯行为，但实际上起到了正犯的效果。

一般来说，利用者强制、操纵、说服、支配欠缺责任能力者犯罪的，被利用者对于犯罪没有添加自己的理解，没有自己的意志，受利用者的决定性影响，利用者将他人作为工具实现自己的犯罪目的，就是间接正犯。相反，在一定程度上受到利用者控制的人，如果具有规范意识和意思能力，对犯罪有自己的认识和理解，具备有目的地实施犯罪的能力，犯罪时并没有受到强制的，二者之间成立共同犯罪。间接正犯主要有以下类型：

（1）利用无责任能力者的身体活动。例如，甲教唆 3 岁的小孩盗窃。

（2）利用没有意志力的他人身体活动。

例如，乙的身后站着丙，丙搬着一珍贵文物，甲与丙是仇人，甲用针刺了一下乙，乙受惊吓猛地往后一退，撞碎了身后站着的丙手里的珍贵文物。甲的行为成立故意损毁文物罪的间接正犯。

---

① 答案：D。

（3）利用缺乏故意的行为，致使不知情者实施损害行为。

例如，医生利用不知情的护士给他人注射毒药，由护士给他人注射后导致被害人死亡。

又如，A 将一把装有子弹的手枪交给 B，并谎称枪中没有子弹只是用手枪吓唬 C，B 在利用手枪吓唬 C 时打中了 C，造成 C 死亡。无论 B 是否有过失，A 都成立故意杀人罪的间接正犯。

（4）利用者对被利用者进行强制。

例如，甲用枪指着乙，要乙去抢丙的财物，乙实施了抢劫行为，甲构成抢劫罪的间接正犯。

（5）利用行为时承担刑事责任的人。① 此种情形下，被利用者可能也构成犯罪，承担刑事责任。但被利用者不构成利用者想犯的那个罪，换言之，被利用者对利用者的犯罪行为、主观想法不是完全（100%）知情，仅知道部分。

例如，甲欲实施传播淫秽物品牟利罪，但欺骗乙说仅实施传播淫秽物品（无牟利目的）的行为，利用乙传播淫秽物品。乙并不知道甲有"牟利目的"，仅就"传播淫秽物品牟利罪"而言，甲是间接正犯，乙是被利用者。但是，这并不否认甲、乙二人在"传播淫秽物品罪"的范围内成立共同犯罪。

（6）利用他人缺乏违法性认识的可能性的行为。

例如，甲欺骗乙说，"捕杀麻雀是完全合法的行为，你可以大量捕杀。"乙信以为真，实施捕杀行为。

（7）利用他人的合法行为。

例如，A 为了使 B 死亡，以如不听命将杀害 B 相威胁，迫使 B 攻击 Y，A 提前告诉 Y，B 将要来杀他，Y 正当防卫杀害了 B。A 属于故意杀人罪的间接正犯。

（8）利用被害人自身的行为。

例如，甲强迫乙自杀的，甲成立故意杀人罪的间接正犯。

又如，甲明知前方有陷阱，欺骗乙说，前面道路正常，乙掉入陷阱死亡，甲成立故意杀人罪的间接正犯。

三、片面共犯

共同犯罪是"两相情愿""心心相印"（全面战略合作伙伴），而片面共犯是"一厢情愿""单相思"（做好事不留名）。片面共犯是指，参与同一犯罪的人中，一方认识到自己是在和他人共同犯罪，而另一方没有认识到有他人和自己共同犯罪。

片面共犯中，各行为人没有"共同"的故意，但客观行为"共同"导致了危害结果，能否以共同犯罪论处，理论上还存在一定的争议。如果肯定共同犯罪的物理的因果性，那么，片面共犯也可以在客观上共同引起法益侵害，因而成立共同犯罪。如果认为共同犯罪

---

① 2015 年卷二 56. 甲在乙骑摩托车必经的偏僻路段精心设置路障，欲让乙摔死。丙得知甲的杀人计划后，诱骗仇人丁骑车经过该路段，丁果真摔死。D. 丙利用甲的行为造成丁死亡，可能成立间接正犯——正确，本案中，虽然被利用者甲主观上也有杀人的故意，但甲并没有杀丁的故意，甚至甲都不知道自己在杀丁，甲完全是被丙利用了，丙是知情者，故丙的行为成立故意杀人罪。在间接正犯的情况下，被利用者完全也可能是需要承担责任的人，但利用者的故意内容被利用者完全不知情。

必须要"交互"意思联络，认为共同犯罪的归责原则是"交互"归责，那么，片面共犯就不成立共同犯罪。片面共犯主要有如下情形：

1. 片面的共同实行犯（正犯）。即，实行的一方没有认识到另一方的实行行为，即彼此之间没有"意思交互"。

例如，甲对乙实施砍杀行为（实行行为），在甲中途休息时，丙为了使甲的杀人行为能够更快完成，亦对乙砍了两刀，后甲将乙砍死。丙虽然参与了故意杀人罪的实行行为，但甲并不知情。

观点一：如果肯定片面共同正犯是共同犯罪，丙需要对其主观上认识到的全部行为负责任，即丙需要对整体行为承担责任，丙的行为成立故意杀人罪既遂。

观点二：如果否认片面共同正犯是共同犯罪，丙只需要对自己的行为单独承担责任，丙只砍了两刀，丙的行为成立故意杀人罪未遂。

事实上，无论是肯定还是否定片面共同正犯成立共同犯罪，都不至于放纵"片面者"丙，丙毕竟参与了实行行为（直接侵害法益），丙的行为本身亦可以构成犯罪。

2. 片面的教唆犯。被教唆者没有意识到自己被教唆的情况。刑法理论上多否认片面的教唆犯。

例如，甲将乙的妻子丙与他人通奸的照片和一支枪放在乙的桌子上，欲教唆乙杀害丙。乙发现后立即产生杀人故意，将丙杀死。但乙并没有认识到自己是被甲"教唆"而实施犯罪。

3. 片面的帮助犯。即实行的一方没有认识到另一方的"帮助"行为（非实行行为）。

例如，甲明知乙正在追杀丙，由于甲与丙有仇，甲便暗中设置障碍物将丙绊倒，从而"帮助"乙顺利地杀害丙。乙并不知道甲在帮助他，没有与甲共同犯罪的故意。对乙单独定故意杀人罪，不适用共同犯罪的规定，不认定为主犯、从犯。

观点一：如果肯定甲的片面帮助行为也是共犯，甲需要对共同的整体行为承担责任，甲构成故意杀人罪既遂。（通说）

观点二：如果否认片面帮助犯成立共犯，甲仅需要对自己的行为单独承担责任，但单纯的将丙绊倒行为本身，似乎难以被追究刑事责任。从这一意义上看，否认片面的帮助犯，意味着甲无从被追究刑事责任，这并不妥当，毕竟，甲对乙的杀人行为确实有"贡献"。

[问题] 为什么片面的帮助犯必须认定为是共同犯罪？

帮助行为与实行行为不同，帮助行为并没有直接侵害法益，孤立地看帮助行为本身，较为中立，似乎不构成犯罪。例如，乙进入丙的住宅实施盗窃，甲在该小区散步时，发现了乙的盗窃行为，同时发现，被害人丙正从外面回到小区。为了帮助乙顺利地实施盗窃而不被丙发现，甲拖着丙聊天长达4个小时，最后乙顺利盗窃而离去。本案中，甲实施了帮助行为（与丙聊天），客观上确实对乙的盗窃行为起了帮助作用，是片面的帮助犯。如果否认片面的帮助犯是共同犯罪，那么，单独的帮助行为（聊天）将无从定罪。但甲的帮助（聊天）行为确实对乙的盗窃实行行为起到了帮助、促进作用，不以犯罪论处，似乎并不合适。从这一意义上看，承认片面的帮助犯是共同犯罪，对片面的帮助者追究刑事责任，有积极意义。

从生活道理来解释这个问题就是，片面的帮助行为，孤立地看，与日常生活行为并无二致，只有将片面的帮助行为与被帮助者的行为（实行行为）结合起来"共同"看，才能看出其危害性（狐狸尾巴），因此，必须承认片面的帮助犯是共同犯罪。但是，对于片面的实行犯，无论是对其进行孤立地考查，还是整体（共同）的考查，都能看出其行为的危害性。

>> 历年真题

甲知道乙计划前往丙家抢劫，为帮助乙取得财物，便暗中先赶到丙家，将丙打昏后离去（丙受轻伤）。乙来到丙家时，发现丙已昏迷，以为是丙疾病发作晕倒，遂从丙家取走价值5万元的财物。关于本案的分析，下列哪些选项是正确的？[①]（2017年·卷二·54题）

A. 若承认片面共同正犯，甲对乙的行为负责，对甲应以抢劫罪论处，对乙以盗窃罪论处

B. 若承认片面共同正犯，根据部分实行全部责任原则，对甲、乙二人均应以抢劫罪论处

C. 若否定片面共同正犯，甲既构成故意伤害罪，又构成盗窃罪，应从一重罪论处

D. 若否定片面共同正犯，乙无须对甲的故意伤害行为负责，对乙应以盗窃罪论处

四、共同犯罪的形式

（一）任意的共犯、必要的共犯

1. 任意的共犯。刑法分则规定的一人能够单独实施的犯罪由二人以上共同故意实施时，就是任意共同犯罪。例如，故意杀人罪，一人也可以实施，但也可以由二人以上共同故意实施。

2. 必要的共犯。刑法分则规定必须由二人以上共同故意实施的犯罪。刑法中规定的部分聚众类犯罪一般认为属于必要的共犯。例如，《刑法》第317条第2款（暴动越狱罪、聚众持械劫狱罪）。对合型犯罪也属于必要的共犯。

[对合型犯罪] 对合（向）型犯罪中，只要对合双方的行为在客观上是刑法所禁止的"不法行为"，双方就属于共犯。对合型犯罪之所以原则上成立共犯，主要原因在于，对合双方都明知对方的"心"，二者共同故意推进了犯罪的进行。例如，行贿人、受贿人对于相对方的行为都明知，二者成立共犯。对合型犯罪包括：

（1）各方行为在法律上均被规定为犯罪，但罪名不同。例如，出售假币罪与购买假币罪；拐卖妇女、儿童罪与收买被拐卖的妇女、儿童罪；受贿罪与行贿罪。

（2）各方行为在法律上均被规定为犯罪，且罪名相同。例如，非法买卖枪支、弹药、爆炸物罪；非法买卖危险物质罪；串通投标罪；重婚罪。

（3）一方行为在法律上没有被明文规定为犯罪（不属于共同犯罪）。例如，销售侵权复制品罪与购买侵权复制品行为；倒卖文物罪与购买文物行为；贩卖淫秽物品牟利罪与购买淫秽物品行为。买方的行为在客观上不构成犯罪，刑法仅惩罚卖方，由于一方行为在客观上都不是刑法所禁止的不法行为，所以不以共同犯罪论处。

---

① 答案：ACD

>> 历年真题

下列哪些选项中的双方行为人构成共同犯罪?[1] (2012 年·卷二·55 题)

A. 甲见卖淫秽影碟的小贩可怜,给小贩 1000 元,买下 200 张淫秽影碟

B. 乙明知赵某已结婚,仍与其领取结婚证

C. 丙送给国家工作人员 10 万元钱,托其将儿子录用为公务员

D. 丁帮助组织卖淫的王某招募、运送卖淫女

(二) 事前通谋的共同犯罪、事前无通谋的共同犯罪

1. 事前通谋的共同犯罪。在着手实行犯罪之前,各共犯人已经形成共同犯罪故意,就实行犯罪进行了策划或商议。

2. 事前无通谋(事中达成共同犯罪意思)的共同犯罪。在刚着手实行或者实行犯罪的过程中形成共同犯罪的故意。

(三) 简单共犯、复杂共犯

1. 简单共犯。所有共犯人均在实施实行行为,即共同正犯。

2. 复杂共犯。共同犯罪人中除实行犯外,还有教唆或者帮助分工的共同犯罪。

(四) 一般共同犯罪、特殊共同犯罪

1. 一般共同犯罪。是指没有组织的共同犯罪,2 人既可构成没有组织、没有首要分子、不存在众人可能随时参与状态的共同犯罪,也可以是由首要分子组织、策划、指挥众人所实施的共同犯罪,即聚众共同犯罪。

2. 特殊共同犯罪(集团犯罪)。3 人以上有组织地实施的共同犯罪。组织成员比较严密、有较为严密的纪律——对于一般共同犯罪中的"聚众型犯罪",刑法一般仅仅处罚首要分子和积极参加者,而对于集团性犯罪,全体成员都处罚。

五、共同犯罪人的分类和刑事责任

共同犯罪人,根据各行为人在共同犯罪中所起的作用,可以分为主犯、从犯与胁从犯。根据各行为人在共同犯罪中的分工(角色),可以将其分为组织犯、实行犯、帮助犯、教唆犯。

(1) 同一分类下面,人物之间是排斥关系。例如,主犯本身不可能是从犯,因为这是同一种分类(作用分类),同样,教唆犯不可能是实行犯,因为这也是同一种分类(分工分类)。

(2) 不同分类下面,人物之间可能存在交叉,例如"教唆犯"可能是"主犯"。

(一) 主犯

1. 主犯的种类。

(1) 组织、领导犯罪集团的首要分子。

(2) 其他在共同犯罪中起主要作用的犯罪分子。包括:犯罪集团中除首要分子以外其他起主要作用的犯罪分子,非集团性共犯中起主要作用的犯罪分子。

2. 主犯与首要分子的关系。

首要分子是刑法中所确定的一个概念,主要是针对人数众多型犯罪而设定的,不是严

---

[1] 答案:BCD。

格意义上的共同犯罪人的分类中的一种。《刑法》第 97 条规定："本法所称首要分子，是指在犯罪集团或者聚众犯罪中起组织、策划、指挥作用的犯罪分子。"

（1）首要分子不一定是（通常是）主犯。

首要分子在犯罪中起的作用比较大，通常情况下是主犯。但有的聚众类犯罪中（尤其是危害性不是特别大的聚众犯罪，如《刑法》第 291 条的聚众扰乱公共场所秩序罪），基于法不责众，刑法规定仅惩罚首要分子，其他人（积极参加者、其他参加者等）不用承担刑事责任，如果只有首要分子一个人承担刑事责任的话，连共同犯罪都谈不上，也就无所谓主犯与从犯的划分。

（2）主犯不一定是首要分子。

主犯只是起的作用比较大，而首要分子主要是一种"官"，或者说"首长"。有的情形下，虽然你干活比较积极，属于主犯，但就不是"官"（首要分子）。

（3）犯罪集团的首要分子是主犯。

在犯罪集团中，肯定不是一个人在犯罪，而是多个人犯罪，这种情况下，犯罪集团的首要分子与其他犯罪分子当然成立共同犯罪，那么，他当然是主犯。

3. 主犯的责任。

（1）对于犯罪集团的首要分子，应当按照集团所犯的全部罪行处罚。对于犯罪集团成员单独实施的集团犯罪计划以外的犯罪行为，由实施者本人承担罪责，犯罪集团的首要分子不承担罪责。

（2）其他主犯，也应当对其所组织、指挥、参与的全部罪行负刑事责任。

（二）从犯

1. 类型。

（1）起次要作用的实行犯。

（2）起辅助作用的帮助犯。

2. 几个注意问题。

（1）帮助犯都是（100%）从犯。

（2）帮助行为独立化（正犯化）。有的情况下刑法将帮助行为、从犯规定为独立的犯罪（协助组织卖淫罪），此种情况下，协助组织卖淫行为就不能再被认为是组织卖淫罪的帮助犯（或者从犯）。

（3）在共同犯罪中，只有主犯没有从犯的现象是存在的，只有从犯没有主犯的现象是不存在的。因为如果各共犯人均是从犯（如盗窃案件中大家都望风），没有人起主要作用，那将是不可思议的，共同犯罪一定要有主犯、"主心骨"。

3. 处罚：对于从犯，应当从轻、减轻或者免除处罚。但从犯仍然应当对全部犯罪承担刑事责任。

例如，二人一起去实施盗窃行为，乙在楼下望风，甲偷到了 5000 元后，欺骗乙说只偷到了 3000 元，甲、乙的盗窃数额都认为是 5000 元，乙是从犯，应当从轻、减轻或者免除处罚。

（三）胁从犯

1. 从犯与胁从犯的区别：从犯的意志完全自由，而胁从犯意志受到了部分胁迫。当然，胁从犯还有一定的意志自由，如果完全没有意志自由而被强制实施犯罪，就不应该作为犯罪处理。

2. 胁从犯本身不是主犯，但可以转为主犯。如果行为人起先是因为被胁迫而参加犯罪，但后来积极主动地实施犯罪行为，在共同犯罪中起主要作用，可以转为主犯。

（四）教唆犯

《刑法》第 29 条：教唆他人犯罪的，应当按照他在共同犯罪中所起的作用处罚。教唆不满十八周岁的人犯罪的，应当从重处罚。

如果被教唆的人没有犯被教唆的罪，对于教唆犯，可以从轻或者减轻处罚。

1. 教唆犯是"点燃"他人犯意，使他人犯罪意图"从无到有"。

（1）强化犯意不是教唆犯，是帮助犯。在他人已有犯意的情况下教唆他人犯罪，属于强化犯意，是帮助犯，而非教唆犯。

（2）降低了他人的犯意，则更不应该成立教唆犯，不宜作为犯罪处理。虽然不排除"降低"的行为成立帮助犯，但在具体案件中，完全可能因为其行为减轻了法益侵害而否认结果归属。

例如，甲欲杀丙，乙极力劝说甲不要杀害丙，甲不顾乙的强烈反对，仍然实施杀人行为，乙无力制止甲的杀人行为。后乙说："给我最后一点面子吧，不要杀害丙，造成伤害总行吧！"后甲将丙打成轻伤。乙的唆使行为也是出于无奈、紧急情况下作出的，对乙的行为不宜以犯罪论处。

（3）教唆犯必须是"加重"了被教唆者的犯罪故意。

例如，乙已有强奸犯意，行为人唆使他实施加重构成要件行为的（轮奸或当众强奸），成立加重犯的教唆犯。[1]

又如，乙仅有普通抢劫的犯意，甲唆使其入户抢劫或者持枪抢劫的，甲成立入户抢劫或持枪抢劫的教唆犯。

（4）教唆对象、内容必须特定：必须针对特定的人实施教唆；教唆行为必须是唆使他人实施较为特定的犯罪行为。让他人实施完全不特定的犯罪的，难以认定为教唆行为。

教唆行为不同于煽动行为，煽动行为不能认为是刑法上的教唆犯。即如果是煽动实施泛泛而谈的犯罪，一般不认为成立教唆犯，但如果煽动实施特殊的犯罪如分裂国家，则成立相应的煽动分裂国家罪，这是刑法的特别规定。

2. 教唆的对象合格：教唆的对象是具有规范意识，可能形成反对动机的人，应具有基本的规范意识（用通俗的话来说，明白大是大非）。一般认为，被教唆者应年满 14 周岁，如果被教唆者年龄太小，可以认为教唆者操控、支配了被教唆者，因而成立间接正犯。

（1）被唆使的人虽未达到刑事责任年龄、没有刑事责任能力，但事实上具有一定的辨认、控制能力，能够随机应变实施犯罪时，其也可以成为被教唆的对象。

例如，教唆 15 周岁的人实施盗窃的，可以认为成立教唆犯。

但是，成年人唆使严重精神病患者杀人的，成立故意杀人罪的间接正犯；成年人唆使 8 周岁儿童窃取他人财物的，成立盗窃罪的间接正犯。因为精神病人、8 周岁的儿童，都没有规范意识，没有大是大非的判断能力，在共同犯罪中一般认为是处于被支配、被利用的状态。

---

[1] 张明楷教授认为，他人有普通抢劫的故意，教唆他人实施"持枪抢劫"的，应认为是教唆犯。笔者持此观点。但周光权教授认为这是帮助犯。例如，乙早有携带管制刀具抢劫的意思，善于察言观色的甲建议乙持枪抢劫，乙果然听从甲的建议，甲的劝说行为并非教唆，而只是使得乙的抢劫行为更容易实施，所以甲应当成立抢劫罪的帮助犯。周光权：《刑法总论》，中国人民大学出版社 2011 年版，第 230 页。

（2）为什么被教唆者原则上应达到 14 周岁以上?

在共同实行犯罪的情形下，即使有人未达到刑事责任年龄，只要该人对其行为的基本意义能够理解，意志不是受他人操控，各行为人之间就可能成立共同犯罪。例如，16 周岁的甲和 13 周岁的乙共同抢夺的案件，也成立抢夺罪的共犯。

但是，在教唆犯的情形下，一般认为被教唆者达到一定的年龄（年满 14 周岁），二者才成立共同犯罪。理由：在教唆的情况下，毕竟教唆犯是犯罪意图的推动者，如果被教唆者起初连犯罪意图都没有，被教唆者还未达刑事责任年龄或者没有刑事责任能力的话，教唆者本人对犯罪的推动作用就相当大，可以认为是其支配、操控了这个犯罪，被教唆者就相当于教唆者的工具，教唆者是间接正犯（非教唆犯），二者非共犯关系。

3. 教唆犯的责任。

（1）按照其在共同犯罪中所起的作用处罚。

（2）教唆不满 18 周岁的人犯罪，从重处罚（《刑法》第 29 条第 1 款规定）。

其中，不满 18 周岁的人，一般应理解为包括不满 14 周岁的人。虽然教唆不满 14 周岁的人犯罪的情形下，由于其规范、意志能力因年龄较小而更弱，教唆者应属于间接正犯。但从当然解释的角度看，既然教唆 17 周岁的人犯罪都要从重处罚，教唆不满 14 周岁的犯罪从重处罚的必要性就更大。

>> **历年真题**

《刑法》第 29 条第 1 款规定："教唆他人犯罪的，应当按照他在共同犯罪中所起的作用处罚。教唆不满十八周岁的人犯罪的，应当从重处罚。"对于本规定的理解，下列哪一选项是错误的?[①]（2013 年·卷二·9 题）

A. 无论是被教唆人接受教唆实施了犯罪，还是二人以上共同故意教唆他人犯罪，都能适用该款前段的规定

B. 该款规定意味着教唆犯也可能是从犯

C. 唆使不满 14 周岁的人犯罪因而属于间接正犯的情形时，也应适用该款后段的规定

D. 该款中的"犯罪"并无限定，既包括一般犯罪，也包括特殊身份的犯罪，既包括故意犯罪，也包括过失犯罪

4. 教唆未遂：如果被教唆的人没有犯被教唆的罪，对于教唆犯可以从轻或者减轻处罚。（《刑法》第 29 条第 2 款）

（1）如果被教唆的人着手实行了犯罪，但由于意志以外的原因未得逞，教唆者当然属于教唆未遂，应受刑法处罚。

（2）如果被教唆的人没有着手实施犯罪，能否适用《刑法》第 29 条第 2 款之规定，将教唆者认定为教唆未遂? 存在两种观点：

第一种观点认为，教唆犯的行为仍然成立犯罪，属于教唆未遂（行为无价值论者多主张此观点）。这种观点的理论依据是"共犯独立性"，行为人的危险性一旦通过一定的行为流露出来，即可认定其有实行行为，所以教唆、帮助行为原本就是行为人自己犯意的遂行表现，教唆犯、帮助犯等共犯本身就有实行行为性，这就是独立的犯罪行为。

———

① 答案：D。

第二种观点认为，教唆犯的行为无罪（结果无价值论者多主张此观点，法考中此种观点是主流）。这种观点的理论依据是"共犯从属性"，只有单纯的教唆、帮助行为，并不构成犯罪；必须是被教唆、被帮助的人着手实施犯罪时，共犯才成立。根据共犯从属性理论，如果被教唆者没有实施"实行行为"，教唆、帮助行为便失去了凭借，对法益便不具有侵害的现实危险，不构成犯罪。应当说，共犯从属性理论限制了犯罪的成立范围，缩小了刑法的处罚面，对于推进刑罚轻缓化是有其积极意义的。

5. 教唆犯与传授犯罪方法罪（《刑法》第295条）

区别	教唆犯	传授犯罪方法罪
是否唆使他人产生犯罪的故意	使无犯罪意思的人产生犯罪的决意	将犯罪的方法、技巧传给他人，至于他人是否产生犯罪的故意，在所不问
侵犯的法益不同	侵害的法益是不确定的，取决于被教唆犯罪的性质	该罪是妨害社会管理秩序（扰乱公共秩序）的犯罪
对象不同	具有相应的规范意识的人	被传授者是否为具有刑事责任能力、达到刑事责任年龄的人，并不重要
是否成立共同犯罪	教唆者与被教唆者成立共同犯罪，教唆犯是共同犯罪人的一种	二者不成立共同犯罪，传授者只要传授了犯罪方法，无论其主观上是否希望被传授者实施犯罪，也不论被传授者是否实施了犯罪，二者都不成立共犯。即使被传授者实施犯罪行为，由于二者没有"共同犯罪"的故意，也不成立共同犯罪
适用的罪名和法定刑	按所教唆的罪定罪量刑	根据《刑法》第295条的"传授犯罪方法罪"定罪量刑

教唆犯与传授犯罪方法的竞合：行为人实施传授犯罪方法行为，对传授的对象也具有目的性，希望他从"良民"变成"犯罪分子"，这时候他就既构成传授犯罪方法罪，同时也是特定犯罪的教唆犯。从这一意义上看，带着"目的性""责任感"去传授犯罪方法的行为，既成立传授犯罪方法罪，也成立具体犯罪的教唆犯，二者之间可能存在竞合

6. 教唆犯与间接正犯的区别。

（1）教唆犯没有直接支配犯罪。教唆犯是使他人产生犯罪意思的人，是参与他人犯罪，对犯罪进程不能控制，对他人的犯罪不能进行实质上的行为支配、意思支配或者功能性支配。

（2）间接正犯中，利用者支配犯罪，支配了被利用者。间接正犯是处于幕后，作为优势支配者，通过其意思支配控制犯罪进程的人，所以对其行为能够以直接正犯看待。

（3）教唆犯与间接正犯并非绝对排斥关系，而是可能存在竞合。

间接正犯除了具有教唆犯的基本特征（客观上引起了他人的犯罪行为），还多出了一个特征（控制、支配、欺骗他人实施不法行为）。而在教唆犯的情况下，教唆者是如实向被教唆者表达了犯罪的想法。可以认为，间接正犯较之教唆犯性质更为严重，间接正犯是欺骗型、逼迫型、控制型的教唆。

基于这种认识，行为人主观上想教唆他人犯罪，但实际上起了间接正犯的效果，仅成立低位的教唆犯。行为人主观上想利用他人犯罪（间接正犯），但实际上起到了教唆犯的效果，仅成立低位的教唆犯。例如，甲教唆乙说："丙是坏人，你将这个毒药递给他喝。"乙却听成了"丙是病人，你将这个土药递给他喝"，于是将毒药递给丙，丙喝下毒药后死亡。甲有教唆的故意，但却起到了间接正犯的效果，应以教唆犯论处。

7. 未遂的教唆与教唆未遂。

（1）未遂的教唆犯，是指教唆他人实施根本就不可能既遂的行为，不以犯罪论处。

例如，甲将空枪交给乙，叫乙去射杀丙，由于该行为一开始就不可能既遂，故属于未遂的教唆犯。

此外，陷害教唆实际上也是一种未遂的教唆。如行为人以使他人受到刑事处罚为目的，诱使他人犯罪，而被教唆人着手实行后，抓捕被教唆人，使其难以达到既遂的，就是陷害教唆。

（2）教唆未遂，是指教唆他人实施有可能既遂的犯罪，只是因为意志以外的原因而未遂。

例如，甲将有子弹的枪交给乙，叫乙去射杀丙，但乙因枪法不准而未能成功，甲属于教唆未遂。

（五）帮助犯

帮助犯，是指帮助正犯的情况。帮助行为必须是实行行为以外的行为，对实行行为起促进作用。

1. 帮助的方式。

（1）帮助行为包括物理性帮助和心理性帮助。前者如提供凶器、排除障碍；后者如改进作案方针、撑腰打气、呐喊助威。

（2）帮助行为包括作为方式和不作为方式。

例如，公司法务部经理甲与公司客户乙相勾结，欲诈骗公司财物，乙提供有陷阱的合同，甲审查时未作说明。甲便是不作为的帮助犯。

又如，剧场负责人，目睹演员演出淫秽节目，而不制止，就成立不作为的帮助犯。

（3）帮助行为包括事前帮助和事中帮助，不包括事后帮助。事后帮助，也即既遂后帮助，属于窝藏、包庇罪，掩饰、隐瞒犯罪所得罪，不是共同犯罪（帮助犯）。

2. 帮助行为正犯化。

如果刑法分则对特定的帮助行为已经作了专门规定，规定了独立的罪名与法定刑，将帮助行为正犯化，则直接依据该特别规定定罪量刑。

例如，刑法对帮助恐怖活动行为作了专门规定，即《刑法》第120条之一（帮助恐怖活动罪）。因此，只要实施了"帮助"行为，就成立"帮助恐怖活动罪"的既遂，适用该独立的罪名及法定刑。即便被帮助者没有实施恐怖活动犯罪，帮助者也构成此罪。《刑法》第120条之一将帮助恐怖活动的行为规定为独立的罪名，并规定了较重的法定刑（比恐怖活动犯罪的从犯要重很多），主要是为了突出对这类行为的打击，将其规定为独立的正犯（实行犯），而不需要以共犯（帮助犯）论处，适用共犯从属性理论。

相关司法解释也说明了这一观点，2009年11月4日最高人民法院《关于审理洗钱等刑事案件具体应用法律若干问题的解释》第5条、2010年5月7日最高人民检察院、公安部《关于公安机关管辖的刑事案件立案追诉标准的规定（二）》第1条均规定了，《刑法》第120条之一规定的"资助"，是指为恐怖活动组织或者实施恐怖活动的个人筹集、提供经费、物资或者提供场所以及其他物质便利的行为。《刑法》第120条之一规定的"实施恐怖活动的个人"，包括预谋实施、准备实施和实际实施恐怖活动的个人。根据这一规定，被帮助者是否实施恐怖活动，不影响对帮助者定罪。

3. 中立的帮助行为。

中立的帮助行为，是指貌似日常生活行为，但客观上对他人犯罪起到了帮助作用。对于这种行为能否以犯罪（帮助犯）论处，需要具体考察。例如，面包店老板知道夫妻关系紧张的女邻居可能将面包用于毒杀其夫而仍向其出售面包，可否构成故意杀人罪的帮助犯？五金店老板琢磨小偷模样的顾客可能将螺丝刀用于入室盗窃而向其出售螺丝刀，能否构成盗窃罪的帮助犯？日用品商店的老板估计刚在马路上与人争执的顾客可能将菜刀用于杀人仍然向其出售菜刀，是否构成故意杀人罪的帮助犯？

中立的帮助行为有其特殊性，即具有反复持续性、日常性、可替代性，且大多是履行民事义务或从事民事活动的行为，如果把这些行为都纳入犯罪的行列，势必会造成社会经济秩序的混乱，人人岌岌可危的状态。因此，一方面要实现法益保护的目的，另一方面又要维护社会的发展，在法益保护和自由保障之间如何妥当地划定中立的帮助行为的可罚性范围，一直是理论和实务中富有争议的课题。一般认为，该类帮助行为，对他人的犯罪起到了重要性、紧迫性、不可或缺性的作用，才宜以共同犯罪论处（帮助犯）。

（1）出租车司机甲明确得知乘客乙要前往附近某地杀人，仍将其运往目的地，甲构成帮助犯。

（2）商店老板甲看到大街上乙丙在打架，乙突然进到商店要求买把菜刀。甲明知乙拿菜刀要行凶仍卖给乙，乙果然拿刀将丙砍成重伤，甲构成帮助犯。

（3）甲、乙、丙组成盗窃团伙，租住在出租屋，每天到附近饭馆吃饭。饭馆老板丁明知他们吃完饭要外出盗窃仍给他们提供服务。丁不构成帮助犯。

4. 未遂的帮助犯与帮助犯未遂。

（1）"未遂的帮助犯"，是指帮助者一开始就以被帮助者的实行行为未遂而告终来实施帮助的。换言之，这种帮助行为本身根本就不可能让被帮助者成功地完成犯罪。

例如，甲欲前往张某家中盗窃。乙送甲一把擅自配制的张家房门钥匙，并告甲说，张家装有防盗设备，若钥匙打不开就必须放弃盗窃，不可入室。甲用钥匙开张家房门，无法打开，本欲依乙告诫离去，但又不甘心，思量后破窗进入张家窃走数额巨大的财物。本案中乙提供的钥匙根本就不可能起到作用，这是一把没用的钥匙。故乙的行为成立"未遂的帮助犯"，应以犯罪论处。

（2）"帮助犯未遂"，是指帮助行为本身是有可能使被帮助的犯罪行为达到既遂的，但是，因为意志以外的原因导致犯罪未遂。

例如，乙欲杀人，甲提供一把装有子弹的枪给乙，但乙带上这把枪后，仍然没有将被害人丙给杀害，被害人趁机逃走了。应该说，提供"装有子弹的枪"是有可能使被帮助的行为既遂的，应认定为帮助犯未遂。

六、共同犯罪与身份

（一）真正身份犯的共同犯罪

1. 无身份者与有身份者（定罪身份）的共同犯罪。

无身份者可以成为身份犯的共犯（教唆犯、帮助犯），但不能成为身份犯的正犯（直接正犯、间接正犯）。即此种身份可以与他人"共享"。

例如，普通公民不可能成为贪污罪的实行犯（正犯），但在有身份的人（国家工作人员）实施贪污行为时，可以成为贪污罪的教唆犯、帮助犯。

2013年卷二55. D. 甲极力劝说丈夫乙（国家工作人员）接受丙的贿赂，乙坚决反对，甲自作主张接受该笔贿赂。甲构成受贿罪的间接正犯——该选项错误，甲不具备国家工作人员这一身份，不能成立受贿罪的正犯（间接正犯）。甲非法获取他人财产，可能涉嫌侵占罪或诈骗罪。

2. 具有不同构成身份的人共同犯罪。

（1）原则上：具有不同构成身份的人共同犯罪，择一重罪处罚，即以高身份者定罪。

例如，国家工作人员甲利用职务上的便利收受他人财物，成立受贿罪。甲的妻子乙利用甲职务行为收受他人财物，成立利用影响力受贿罪。但如果甲、乙共同收受他人财物，应成立受贿罪的共犯。

（2）例外：应以主犯的行为定性。

例如，非国有公司的工作人员甲（职务侵占罪的身份）与国有公司委派到该非国有公司从事公务的国家工作人员乙（贪污罪的身份）共同侵占该非国有公司的财产时。根据司法解释规定，按照主犯的性质定罪。主犯是国家工作人员，二人均定贪污罪；主犯是非国家工作人员，二人均定职务侵占罪。如果仍无法区分主从犯的，按高（重）身份即国家工作人员身份，均定贪污罪。

（二）不真正身份犯的共同犯罪

不真正身份（又称加减身份）是指身份不影响定罪，仅影响量刑。不具有加减身份的人与具有加减身份的人共同实施不真正身份犯时，成立共同犯罪。但是，刑法关于刑罚加减的规定仅适用于具有加减身份的人，而不适用于不具有加减身份的人——即该类身份不能"共享"。

例如，根据《刑法》第238条的规定，国家机关工作人员利用职权实施非法拘禁行为的，从重处罚。据此，"国家机关工作人员"这一身份对于非法拘禁罪而言，仅是影响量刑的身份。

又如，甲（国家机关工作人员）与乙（普通公民）共同实施了非法拘禁行为，二人成立非法拘禁罪的共同犯罪，根据《刑法》第238条的规定，应对甲从重处罚，而不需要对乙从重处罚。

⊙ [知识提升] 除了身份以外，对其他特定的主观要素与共同犯罪的关系，也应按上述结论处理。

例如，刑法中所规定的必须具备特定目的才成立的犯罪，不具有此目的的人，明知他人有此种目的而与之共同实施犯罪行为的，成立以该特定目的为主观要素的犯罪的共犯。如甲以"牟利目的"传播淫秽物品，乙虽然不具有牟利目的，但明知甲以牟利为目的传播淫秽物品而仍然帮助甲传播淫秽物品，乙同样构成传播淫秽物品牟利罪。

七、共同犯罪与认识错误

共同犯罪中的认识错误主要是指，在共同犯罪中部分人产生了认识错误的情况下，对其他人应该如何处理。共同犯罪中的认识错误较之一般的认识错误，并无更多特别之处。具体而言：

1. 各共同犯罪人如果在构成要件的范围内一致，则不影响犯罪成立。（同一构成要件内的错误）

例如，甲教唆乙故意杀害丙，乙将丁误认为丙而杀害了，甲的行为成立故意杀人罪的教唆犯。

又如，甲误以为乙利用网络诈骗，实施了帮助行为。实际上，乙利用网络传播淫秽视频。甲构成帮助信息网络犯罪活动罪。因为，通过网络平台无论是帮助他人实施诈骗，还是帮助他人传播淫秽物品，均是帮助信息网络犯罪活动罪的对象，这属于同一构成要件内的错误，不影响故意犯罪既遂的成立。（2020 年真金题）

2. 各共犯人的行为，部分一致部分不一致时，在重合（一致）的限度内可以成立共同犯罪。

例如，甲教唆乙盗窃丙，乙实施了抢劫丙（转化型抢劫，即盗窃后又使用暴力抗拒抓捕）的行为。甲、乙在盗窃罪的范围内成立共同犯罪，乙成立抢劫罪。

3. 关于间接正犯、教唆犯的认识错误。

（1）以间接正犯的故意，实际上产生了教唆犯的效果，以教唆犯论处。

例如，甲认为乙只有 8 周岁而唆使乙抢劫，欲起到间接正犯的效果，但是，乙已满 14 周岁，实际上起到了教唆犯的效果。甲的行为成立抢劫罪的教唆犯。

（2）以教唆犯的故意，而实际上产生了间接正犯的效果，以教唆犯论处。

例如，甲以为乙已满 14 周岁而唆使乙抢劫，欲起到教唆犯的效果，但是，乙实际未满 14 周岁，起到了间接正犯的效果，对甲按抢劫罪的教唆犯处理。

上述两种情形在认识错误的情形下，之所以都以教唆犯论处，在于间接正犯比教唆犯更严重，在重合的范围内，以教唆犯论处。间接正犯是高度危害行为，教唆犯是低度危害行为。

八、共犯人的作为义务

行为人的犯罪行为使被害人处于危险境地，其他人利用"前犯罪行为"对被害人所造成的危险处境，对被害人实施了新的犯罪行为时，前行为人有阻止的义务。

1. 在甲的犯罪行为使被害人处于不能反抗等（使被害人陷入需要保护的）状态下，乙继而对被害人实施相同或者不相同犯罪行为，甲不阻止乙的犯罪行为的，应对乙行为造成的犯罪结果承担责任。

例如，甲以强奸故意使用暴力致丙女昏迷后奸淫了丙女，随后乙到现场也要奸淫昏迷的丙女。由于甲的先前行为使丙女处于不能反抗的状态，导致丙女的法益处于紧迫的危险中，因而产生了作为义务。如果甲不阻止乙的强奸行为，则甲应承担轮奸的责任。倘若乙到现场后发现丙女昏迷便要窃取丙女的财物，甲不阻止乙的行为的，也要承担盗窃罪的刑事责任。

2018 年真金题：甲乙共同入户抢劫丙，进入被害人丙家，甲将丙捆绑后，二人共同实施了抢劫行为。之后，乙临时起意杀了丙，甲站在一旁观看没有制止——乙的杀人行为成立故意杀人罪，甲对此构成不作为犯的故意杀人罪。因为甲之前的行为使被害人处于一种危险境地（被捆绑），乙利用了这一状态实施了故意杀人行为，甲具有排除这一危险状态的义务。

2. 如果共同犯罪行为并没有使被害人或法益陷入更为危险的状态，则共犯人对于他人的进一步侵害行为，没有制止的义务。

例如，甲、乙二人共同来到被害人丙家中盗窃，丙处于熟睡状态。甲、乙盗窃准备离开时，乙临时起意对丙实施了杀害行为，甲没有制止。甲的先前行为并没有使丙"陷入"更加危险的境地，甲不需要对乙的杀人行为承担责任。

九、共同犯罪与犯罪停止形态

共同犯罪与犯罪停止形态所要解决的问题是，在共同犯罪中，部分人的犯罪行为停止下来了，其他共犯人的犯罪停止形态应该如何认定。例如，甲、乙二人共同实施杀人行为，甲中途退出，乙单独将被害人杀死，乙的行为成立故意杀人罪既遂不存在疑问，而甲是否成立犯罪中止，符合何种条件可以成立犯罪中止。以往刑法理论一般认为，在共同犯罪中，一人既遂，全体共犯人均以犯罪既遂论处。这种观点有其合理性，但如果在所有案件中都贯彻这种观点，可能会有违责任主义的原则，尤其是如果甲退出共同犯罪的同时，消除了自己在共同犯罪中的后续影响力，还以犯罪既遂论处就不合适。

（一）原则：部分行为全部责任

1. 概念。部分行为全部责任是指，部分人的行为使犯罪行为达到既遂，全体共犯人均构成犯罪既遂。犯罪行为进行的程度对全体共犯人有约束力，所以，全体共犯人的犯罪停止形态基本上是一致的。

但是，由于行为人主观上对于犯罪停止的心态不同，会导致对共犯人的犯罪停止形态的认定不同，例如，甲、乙二人共同实施杀人行为，在犯罪过程中，甲主动停止自己的行为，并且阻止了乙的行为，甲是故意杀人罪的犯罪中止，乙是犯罪未遂。

2. 共同犯罪中，犯罪中止的认定。

（1）全体共犯人均中止犯罪时，符合中止犯的条件的，均成立犯罪中止。

（2）部分共犯人欲中止犯罪，要成立犯罪中止，不仅仅要中止自己的行为，还要阻止同案犯实施的共同的犯罪行为达到既遂。

例如，甲、乙、丙三人共谋杀害丁，后三人在杀丁的过程中，甲主动放弃犯罪，并阻止了乙、丙的行为，甲的行为成立犯罪中止，乙、丙的行为成立犯罪未遂。

（3）在亲手犯中也是否应当贯彻"部分行为全部责任"原则，存在争议。

亲手犯，是指犯罪构成要件中规定的实行行为只能由正犯亲自实施，而不能利用他人为工具，以间接正犯的方式实施的犯罪。一般是指必须由行为人亲自实施犯罪构成的实行行为才能实现的犯罪形态，主体与行为之间具有不可分割性或不可替代性是亲手犯的核心内容。典型的如强奸罪、脱逃罪。

例如，甲、乙、丙共同强奸A，甲、乙实施强奸行为完毕之后，丙主动中止强奸行为。对于丙的行为如何认定，存在两种观点：

一种观点认为，丙的行为成立强奸罪的犯罪中止。陈兴良教授、最高人民法院1993

年发布的案例也支持这一观点。

另一种观点认为，一人既遂，全体行为人都成立犯罪既遂，故丙的行为成立犯罪既遂。最高人民法院亦有案例支持这一观点，《刑事审判参考》第 128 号、第 790 号。法考持此观点。

（二）特殊：共犯（结果）的脱离

1. 共犯脱离的基本理论。

（1）概念：共同犯罪中，行为人虽然参与实施了"共犯"（教唆或帮助）行为，但如果中途切断了与共同犯罪的联系，即使其他人的行为达至犯罪既遂，也不影响其成立犯罪中止（未遂），也就是不需要对犯罪既遂承担责任。

（2）意义：鼓励共犯人退出共同犯罪。

以往的观点认为，共同犯罪中，一人既遂，全体既遂。即便个别人中途停止犯罪，其他共犯人将犯罪完成了，全体人都成立犯罪既遂。这样一来，中途单独停止下来的人，也成立犯罪既遂，并不能获得刑法上的从宽处理，其他共犯人也会"瞧不起"他。这样，不利于鼓励部分行为人停止犯罪。

而共犯脱离理论的提出，是为了更好地让部分犯罪行为人主动退出共同犯罪，只要你退出来，退得比较"干净"，消除在共同犯罪中的后续物理上（客观）、心理上（主观）影响力，即便其他人将犯罪完成，退出来的人，也可以成立犯罪中止。这样，有利于鼓励共犯人退出共同犯罪。

2. 共犯脱离的条件：同时消除已经实施的共犯行为与结果之间的物理的因果性与心理的因果性。脱离人不对结果承担刑事责任，成立犯罪中止（未遂）。但是脱离者与其他人之前的共犯关系的存在是不容否认的客观事实，只是不对后续的既遂结果承担责任。

（1）消除物理上的因果性，是指脱离者必须将其提供的物理上的"资助"撤回，使该物理上的"资助"对其他共犯人的后续犯罪行为没有因果作用力。例如，撤回曾经提供的犯罪工具、图纸等——将看得见、摸得着的"资助"撤回。

例如，2018 年真金题：甲、乙、丙、丁四人共谋盗窃，甲还提供了作案用的汽车。后甲谎称母亲生病，表示不能前往盗窃，并将该意思告知乙、丙、丁，得到了乙、丙、丁的同意。后乙、丙、丁利用甲提供的汽车盗窃成功。事后，甲开车经过盗窃现场，见乙、丙、丁盗窃成功后出来，开车将乙、丙、丁送回家中——甲的行为成立盗窃罪既遂，该案中，甲曾经提供的汽车并没有撤回。

（2）消除心理上的因果性，是指脱离者必须让其他同案犯认识到，接下来其他人是"孤军奋战"。

例如，甲邀请乙一同前往杀害丙，在去往杀人的途中，乙明确告诉甲表示反悔，不再参与共同犯罪，甲当然认识到接下来是"孤军奋战"。即便甲后来将丙杀害，乙的行为依然成立犯罪中止。

又如，甲为盗窃乙的财物而委托丙望风，在甲入室之后的第 5 分钟，丙因为心脏病发作陷入昏厥。不知情的甲在 30 分钟后盗窃既遂。丙虽然因为身体的原因，事实上无法为甲望风，但其帮助行为对甲的心理影响仍然存在，盗窃既遂和其望风行为之间存在关联性，应当成立盗窃罪既遂的帮助犯。

3. 共犯脱离的具体情形。

（1）在教唆犯的情形下，由于教唆犯是"犯意"的引起者，教唆者欲脱离共犯而成立犯罪中止，除了要中止自己的行为，还应阻止同案犯成立犯罪既遂。

例如，教唆他人犯罪之后，仅告知被教唆者中止犯罪，而被教唆者将犯罪完成的，教唆者仍然成立犯罪既遂。理由在于：教唆者点燃了被教唆者这把"火"（犯意），欲中止犯罪，必须将火扑灭。

（2）"共同共谋"型共同犯罪的情况下，部分行为人退出共犯，并告知其他共犯人，可以不对后续既遂结果承担责任。

一般认为，只要参与了"共谋"，说明各行为人对共同犯罪的主观影响力都存在，犯罪意图被推动了，所以，中途退出也不能脱离共同犯罪。除非是共谋实施犯罪后，已经明确告知其他共犯人自己不想再参与了，此种情形下的退出可以成立犯罪中止，即使他人的行为已经既遂。

例如，甲、乙共谋实施抢劫，甲后来欲中止，便对乙说："我不干了，你自己去吧！"乙同意，独自一人抢劫既遂，甲的行为成立抢劫罪的犯罪中止。

又如，甲、乙共谋傍晚杀丙，甲向乙讲解了杀害丙的具体方法。傍晚乙如约到达现场，但甲却未去。乙按照甲的方法杀死丙。甲的行为成立犯罪既遂，虽然甲没有到达现场实施犯罪，但甲对乙讲解的犯罪方法，被乙实际用来杀害丙，甲的影响力依然存在。

（3）在帮助犯的情形下，帮助行为（火上浇油型）只要被撤出并告知被帮助者，帮助犯的行为与后续的结果之间就没有刑法上的因果关系，不需要对后续结果负责。

例如，甲欲盗窃，乙为了讨好甲，将万能钥匙借给甲。后乙反悔，从甲处要回钥匙，甲用其他方法盗窃成功。乙的帮助行为提前撤出，并且在后来没有起到实质作用，乙的行为成立盗窃罪中止。

又如，乙欲盗窃汽车，让甲将用于盗窃汽车的钥匙放在乙的信箱。甲同意，但错将钥匙放入丙的信箱，后乙用其他方法将车盗走。甲的行为成立盗窃罪未遂，甲将钥匙投错了地方，客观上没有对乙的盗窃行为起到任何帮助作用，并且，乙还是用其他方法盗窃了汽车。同时，主观上，乙的盗车意图并不是甲唆使的，而是乙已经有了盗窃意图（题干中"乙欲盗窃汽车"）。

2008 年卷二 19. 甲与乙共谋盗窃汽车，甲将盗车所需的钥匙交给乙。但甲后来向乙表明放弃犯罪之意，让乙还回钥匙。乙对甲说："你等几分钟，我用你的钥匙配制一把钥匙后再还给你"，甲要回了自己原来提供的钥匙。后乙利用自己配制的钥匙盗窃了汽车（价值 5 万元）——甲与乙构成盗窃罪（既遂）的共犯。本案中，虽然甲提出不干了，但其在共同犯罪中的影响力仍然没有消除，虽然甲要回了自己的钥匙，但乙用甲的钥匙配了一把钥匙，说明甲的钥匙的影响力仍然存在。故甲没有完全消除其在共同犯罪中的影响力，成立犯罪既遂。

>> 历年真题

1. 甲欲去乙的别墅盗窃，担心乙别墅结构复杂难以找到贵重财物，就请熟悉乙家的丙为其标图。甲入室后未使用丙提供的图纸就找到乙价值 100 万元的珠宝，即携珠宝逃离现场。关于本案，下列哪些说法是正确的？[①]（2009 年·卷二·51 题）

---

① 答案：CD。

A. 甲构成盗窃罪，入户盗窃是法定的从重处罚情节

B. 丙不构成犯罪，因为客观上没能为甲提供实质的帮助

C. 即便甲未使用丙提供的图纸，丙也构成盗窃罪的共犯①

D. 甲、丙构成盗窃罪的共犯，甲是主犯，丙是帮助犯

2. 高某找到密友夏某和认识钱某的宗某，共谋将钱某诱骗至湖边小屋，先将其掐昏，然后扔入湖中溺死。事后，高某给夏某、宗某各 20 万元作为酬劳。按照事前分工，宗某发微信将钱某诱骗到湖边小屋。但宗某得知钱某到达后害怕出事后被抓，给高某打电话说："我不想继续参与了。一日网恋十日恩，你也别杀她了。"高某大怒说："你太不义气啦，算了，别管我了！"宗某又随即打钱某电话，打算让其离开小屋，但钱某手机关机未通。最终，钱某被高某、夏某杀害——从犯罪意图上看，宗某参与了共谋，主观影响力是存在的；客观上，其已经实施了"将钱某诱骗到湖边小屋"的行为。无论是主观上、客观上均存在影响力。因此，宗某的行为成立犯罪既遂。（2015 年·卷四）

3. 甲欲前往张某家中盗窃。乙送甲一把擅自配制的张家房门钥匙，并告甲说，张家装有防盗设备，若钥匙打不开就必须放弃盗窃，不可入室。甲用钥匙开张家房门，无法打开，本欲依乙告诫离去，但又不甘心，思量后破窗进入张家窃走数额巨大的财物。关于本案的分析，下列哪一选项是正确的？②（2017 年·卷二·6 题）

A. 乙提供钥匙的行为对甲成功实施盗窃起到了促进作用，构成盗窃罪既遂的帮助犯

B. 乙提供的钥匙虽未起作用，但对甲实施了心理上的帮助，构成盗窃罪既遂的帮助犯

C. 乙欲帮助甲实施盗窃行为，因意志以外的原因未能得逞，构成盗窃罪的帮助犯未遂

D. 乙的帮助行为的影响仅延续至甲着手开门盗窃时，故乙成立盗窃罪未遂的帮助犯

---

① 二者成立共犯不存在争议，因为二人曾经具有共同的故意。存在的问题是，丙是否成立盗窃罪既遂？一种观点认为，即便没有使用图纸，丙仍然具有心理上的影响力。周光权教授指出，丙所绘制的图纸，甲虽然没有使用，但丙的帮助行为使得甲盗窃时，心理上更为从容，故丙的精神帮助行为仍然存在。另一种观点认为，图纸事实上没有起到作用，连心理上的影响力也不存在，因为被害人家里结构非常简单，图纸连备用的作用都没有，因此，丙的行为成立犯罪未遂。

② 答案：D。

专题九

罪　数　论

■ **知识体系**

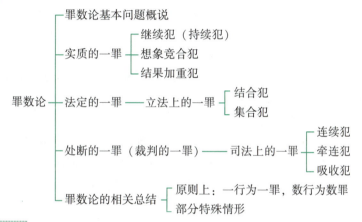

■ **主观题命题点拨**

1. 结果加重犯的本质在于，刑法对基本犯罪造成的加重结果进行了法定刑的"扩容"，规定了更重的法定刑。其原因在于，基本犯罪中包含着加重结果的"种子"，基本犯罪行为具有造成加重结果的高度可能性。

2. 罪数论是刑法中较为复杂、难度较大的一个知识点。罪数论要解决的问题是，行为人实施犯罪行为之后如何定罪，存在疑问、不是那么标准的一罪应如何处理？例如，甲偷正在使用中的电线，仅有一个行为，但可能同时触犯了盗窃罪、破坏电力设备罪，究竟定一罪还是两罪，定一罪的话定哪个罪？

3. 从考试的角度来看，现在尽量不考牵连犯择一重罪处罚，即便两行为联系得非常紧密，也应该数罪并罚。现在的观点是严格限制牵连犯的成立范围。之所以刑法理论上要严格限制牵连犯的范围，其理由在于，牵连犯的情况下，行为人实施了两个行为，却被判处一罪，在一定程度上违反了责任主义的原则。例如，伪造国家机关印章再去招摇撞骗的，仅定招摇撞骗罪一罪，而相反，单纯的不伪造国家机关印章而招摇撞骗的，也是定招摇撞骗罪一罪。故刑法理论上还是更多地主张，原则上两个行为就应该定两个罪，即便是牵连犯应择一重罪处罚，也应该严格限制牵连犯的成立范围。

一、罪数论基本问题概说

罪数的区分，即行为是成立一罪还是数罪，其标准是行为符合几个犯罪构成。标准的一罪是：一个犯意、一个行为、造成一个结果、侵害一个法益、具备一个犯罪构成。但需要注意如下问题：

1. 行为人仅实施了一个行为，原则上只能定一罪。

（1）行为是一个还是数个，应以法律的规定为标准，而不应该以我们的眼睛为标准。

例如，甲基于非法获取乙财物的故意，将乙打昏后，取走乙身上的财物，甲的行为在刑法上只能评价为"一个"抢劫行为。

又如，甲套取金融机构信贷资金后又高利转贷他人的，行为人仅实施了法律上的一个行为，构成高利转贷罪。

（2）例外，一行为定数罪。

例如，《刑法》第204条规定，骗取出口退税行为同时触犯了逃税罪的，应以骗取出口退税罪和逃税罪数罪并罚。

又如，走私过程中，如果针对的是不同种类的物品的，应数罪并罚。如，走私的对象同时包含普通货物与淫秽物品的，应数罪并罚。

2. 禁止重复评价（处罚）。一个行为只能在一个构成要件中评价一次。

例如，以杀人为手段将被害人杀害，然后取财的案件，不能认定为是故意杀人罪与抢劫罪数罪，因为杀人行为已经作为抢劫罪的手段行为了，只能认定为抢劫罪（致人死亡），而不能又认定为故意杀人罪。

又如，绑架后，又抢走被控制的人质身上的钱财，不能以绑架罪与抢劫罪数罪并罚，应择一重罪处罚。因为绑架（控制）被害人，要么作为绑架罪的手段进行评价，要么作为抢劫罪的手段进行评价，而不能认定为绑架罪、抢劫罪并罚，即不宜进行双重评价。

3. 我国刑法原则上是不承认同种数罪的。因此，实施了多次盗窃行为，即使每个盗窃行为都可以独立成罪，也仅成立一个盗窃罪。

但是，判决宣告以后，无论再犯新罪，还是发现漏罪，即便是与已经判决的罪同种类的，也应该数罪并罚。例如，甲因盗窃5000元财物被判处有期徒刑2年，在判决宣告后刑罚执行期间，甲又实施了盗窃5000万元财物的行为，虽然新犯罪与已经判处的罪是同一罪名，但不可能因为前罪已经是盗窃罪，后行为就不并罚。毕竟，后行为没有受到刑法应有的制裁。应将前盗窃罪所剩余的刑期，与新犯的盗窃罪并罚。

4. 行为仅侵犯了一个法益，定一罪。

（1）财产犯罪如果针对普通财物，事后处理赃物的行为不成立新罪。

例如，盗窃普通财物之后，又故意毁坏财物的，仅定盗窃罪一罪。

（2）但如果是针对特殊物品（如枪支、文物等）实施财产犯罪，事后又处分这些特殊物品的，则应数罪并罚。因为这些物品不仅仅是代表财产权利，还代表了社会利益、公共安全，后续处分这些特殊物品的，侵犯了新的法益，应数罪并罚。

例如，盗窃枪支后又非法买卖枪支的，应以盗窃枪支罪与非法买卖枪支罪数罪并罚。

5. 如果没有刑法、司法解释的特别规定，原则上实施了两个行为应该定两罪。

例如，《刑法》第240条规定，拐卖妇女的过程中，奸淫被拐卖的妇女的，仅定拐卖妇女罪一罪。但是，对于拐卖妇女过程中，猥亵妇女的，《刑法》没有作专门规定，那就应数罪并罚。

>> 历年真题

关于罪数的判断，下列哪一选项是正确的？① （2017 年·卷二·8 题）

A. 甲为冒充国家机关工作人员招摇撞骗而盗窃国家机关证件，并持该证件招摇撞骗。甲成立盗窃国家机关证件罪和招摇撞骗罪，数罪并罚

B. 乙在道路上醉酒驾驶机动车，行驶 20 公里后，不慎撞死路人张某。因已发生实害结果，乙不构成危险驾驶罪，仅构成交通肇事罪

C. 丙以欺诈手段骗取李某的名画。李某发觉受骗，要求丙返还，丙施以暴力迫使李某放弃。丙构成诈骗罪与抢劫罪，数罪并罚

D. 已婚的丁明知杨某是现役军人的配偶，却仍然与之结婚。丁构成重婚罪与破坏军婚罪的想象竞合犯

二、实质的一罪

行为人仅实施了一个行为，实质上是一罪，但貌似数罪。

（一）继续犯（持续犯）

犯罪既遂以后，不法状态、不法行为一直持续。典型的继续犯如非法拘禁罪，非法拘禁行为一直在持续，被害人人身自由遭受剥夺的状态也一直在持续。

1. 继续犯的特点。

（1）行为、不法状态一直持续。

（2）继续犯仅侵害了一个法益。

2. 继续犯与状态犯的区别。

（1）继续犯中犯罪行为与犯罪状态一直处于持续状态，如非法拘禁罪，行为人的拘禁行为与被害人人身自由遭受剥夺的状态一直处于持续中。即：行为与不法状态一直处于持续过程中。

（2）状态犯中，犯罪行为一经既遂（完成），犯罪行为所造成的后果一直处于持续状态，如盗窃罪中，犯罪既遂后，被害人的财产损失一直处于持续状态，但盗窃行为已经结束了。即：行为结束后，不法状态一直处于持续状态。

3. 相关法律效果。

（1）追诉时效：从犯罪行为终了之日起计算，不是从犯罪成立时起计算。非法拘禁罪，你哪天放人，哪天开始算追诉时效。

（2）犯罪既遂后，犯罪行为与不法状态仍在继续进行，所以，可以对之进行正当防卫。

（3）继续期间，加入进来的人可以成立共同犯罪。

4. 常见的继续犯。

（1）侵犯人身自由的犯罪：如拐卖妇女、儿童罪、重婚罪、绑架罪都是继续犯。

（2）不作为犯罪：如遗弃罪，拒不执行判决、裁定罪，拒绝提供间谍犯罪证据罪，丢失枪支不报罪，不解救被拐卖、绑架妇女罪。

（3）持有型犯罪：如持有假币罪、非法持有毒品罪、非法持有毒品原植物罪。

---

① 答案：A。

（4）窝藏类的犯罪：如窝藏毒品、毒赃罪，掩饰、隐瞒犯罪所得、犯罪所得收益罪、洗钱罪。

>> 历年真题

甲以出卖为目的，将乙女拐骗至外地后关押于一地下室，并曾强奸乙女。甲在寻找买主的过程中因形迹可疑被他人告发。国家机关工作人员前往解救时，甲的朋友丙却聚众阻碍国家机关工作人员的解救行为。对本案应如何处理？①（2002年·卷二·46题）

A. 对甲的行为以拐卖妇女罪论处

B. 由于甲尚未出卖乙女，对拐卖妇女罪应认定为犯罪未遂

C. 对丙应以聚众阻碍解救被收买的妇女罪论处

D. 对丙应以拐卖妇女罪的共犯论处

（二）想象竞合犯

1. 特点：

（1）行为人仅实施了一个行为。

（2）触犯了数个罪名，造成了多个危害结果。原因在于一个行为造成了两个以上的结果，或者说侵犯了两个以上的法益。

（3）数罪名所在的数个法条之间在逻辑上不存在着包容与被包容或者交叉关系。

例如，盗窃正在使用中的电线，既触犯了盗窃罪，又触犯了破坏电力设备罪（异种竞合）。

又如，甲以杀人的故意对乙开枪，子弹不仅打中乙致乙死亡，同时又击中了乙身旁的丙。甲的行为成立故意杀人罪与过失致人死亡罪的想象竞合。

2. 处罚原则：原则上，从一重罪处罚。

（1）择一重罪处罚的依据。行为人仅实施了一个行为，如盗窃正在使用中的电线，虽然触犯了多个罪名（盗窃罪、破坏电力设备罪），但仍然只能定一罪。当然，究竟定哪个罪，从责任的角度来看，行为人两个罪都触犯了，定重罪更能实现对行为的完整化的评价。

（2）只需要知道"择一重罪处罚"即可。因为想象竞合犯的情况下，一行为触犯了数罪名，究竟哪一个罪是重罪较难判断，不仅仅是查找刑法条文本身，而且要根据案件事实等进行较为综合的判断。

>> 历年真题

甲盗割正在使用中的铁路专用电话线，在构成犯罪的情况下，对甲应按照下列哪一选项处理？②（2006年·卷二·10题）

A. 破坏公用电信设施罪

B. 破坏交通设施罪

C. 盗窃罪与破坏交通设施罪中处罚较重的犯罪

D. 盗窃罪与破坏公用电信设施罪中处罚较重的犯罪

---

① 答案：AD。本案中，之所以要对丙的行为以拐卖妇女罪的共犯论处，主要原因在于，拐卖妇女罪属于继续犯，拐卖妇女罪＝非法拘禁+出卖的目的，只要甲的拘禁行为一直在持续，中途加入的丙可以成立拐卖妇女罪的共犯。丙的行为亦触犯了妨害公务罪，是拐卖妇女罪与妨害公务罪的竞合。

② 答案：C。

3. 想象竞合与法条竞合。

（1）法条竞合。是指由于立法的错综复杂的规定，导致一行为会触犯多个刑法条文，但仅定一罪。如诈骗罪与贷款诈骗罪、信用卡诈骗罪、保险诈骗罪等，即一般法与特别法的关系。

（2）法条竞合的处理原则。通说观点认为，法条竞合应优先适用特别法；少数学者认为，特殊情形下，如果特别法太轻，可以选择适用重法（一般法）。

部分刑法条文或司法解释明确规定，法条竞合的情形下，应选择重法优先：

例如，《刑法》第149条第2款规定，行为同时触犯第141—148条的具体生产、销售伪劣产品犯罪，同时又构成第140条的生产、销售伪劣产品罪，依处罚较重的规定定罪处罚。

又如，司法解释规定，冒充国家机关工作人员骗取财物，原则上定招摇撞骗罪；但如果数额特别巨大的，定诈骗罪能实现罪刑相适应。

（3）想象竞合与法条竞合的区别。

	想象竞合	法条竞合
相同点	一行为触犯数罪名（行为的竞合）	一行为触犯数罪名（法条的竞合）
不同点	所触犯的两个罪名之间原来没有任何关系，如盗窃罪与破坏电力设备罪，只是由于行为人实施了特殊的行为，例如盗窃正在使用中的电力设备，才使我们将此二罪联系起来——偶然的竞合	两个罪名之间天然就存在交叉或者包容关系，一眼就能够看出来，或者稍作分析就能够看出来——必然的竞合。 例如，贷款诈骗罪与诈骗罪，我们一看就知道，贷款诈骗罪是诈骗罪的"儿子"，二者之间存在包容关系； 又比如，交通肇事罪与过失致人死亡罪，交通肇事罪的案件绝大多数是致人死亡的，稍作分析我们就知道，交通肇事案件有相当一部分属于过失致人死亡罪，二者之间存在交叉关系
	想象竞合是行为人的一行为偶然地符合多个罪名，它与法律条文如何规定本身无关，而与犯罪人实施犯罪的行为有关，所以是一种动态竞合。对于想象竞合，行为人的行为究竟符合哪些犯罪的构成要件，需要在判决书中明确列举出来，以便让人判断行为人所触犯的多个罪名孰轻孰重，以及法官对从一重罪处罚的把握是否准确——临时的竞合	法条竞合，形式上存在竞合关系，但在适用法律时，一旦选择甲罪，就排斥乙罪的适用，判决中只需要列举适用的罪名即可，对于没有适用的罪名，可以不予理会。例如，在道路上开车过失撞死他人，仅适用交通肇事罪就可以，无需解释为什么不适用过失致人死亡罪，因为特别法优于一般法——永恒的竞合
	损害的一般是两个客体：如盗窃正在使用中的电力设备。如果定盗窃罪，那么破坏电力危害公共安全的属性则没有评价。如果定破坏电力设备罪，仅评价了破坏电力设备危害公共安全的属性，并没有评价行为的侵财属性	用一个罪评价就可以了。例如，行为人实施贷款诈骗行为，虽然既符合诈骗罪的构成要件，也符合贷款诈骗罪的构成要件，但仅以特别法贷款诈骗罪一罪就足以评价该行为，即不会出现想象竞合犯中以一罪论处而导致评价上的不完整。 例如，2020年真金题，国家工作人员甲非法为境外机构提供国家秘密的，甲构成为境外机构非法提供国家秘密罪和故意泄露国家秘密罪的法条竞合

关于想象竞合犯的认定，下列哪些选项是错误的？① （2013·卷二·56 题）

A. 甲向乙购买危险物质，商定 4000 元成交。甲先后将 2000 元现金和 4 克海洛因（折抵现金 2000 元）交乙后收货。甲的行为成立非法买卖危险物质罪与贩卖毒品罪的想象竞合犯，从一重罪论处

B. 甲女、乙男分手后，甲向乙索要青春补偿费未果，将其骗至别墅，让人看住乙。甲给乙母打电话，声称如不给 30 万元就准备收尸。甲成立非法拘禁罪和绑架罪的想象竞合犯，应以绑架罪论处

C. 甲为劫财在乙的茶水中投放 2 小时后起作用的麻醉药，随后离开乙家。2 小时后甲回来，见乙不在（乙喝下该茶水后因事外出），便取走乙 2 万元现金。甲的行为成立抢劫罪与盗窃罪的想象竞合犯

D. 国家工作人员甲收受境外组织的 3 万美元后，将国家秘密非法提供给该组织。甲的行为成立受贿罪与为境外非法提供国家秘密罪的想象竞合犯

（三）结果加重犯

法律规定的一个犯罪行为（基本行为），由于发生了"严重结果"（超出犯罪既遂所要求的结果）而加重其法定刑的情况。其基本结构为：基本犯罪+加重结果=结果加重犯。具体而言，结果加重犯的特征为：

1. 行为人实施了基本犯罪行为，但造成了加重结果（超出犯罪既遂所要求的结果），基本犯罪行为与加重结果之间具有<u>直接因果关系</u>。

（1）"基本犯罪行为"既可能是单一行为，亦可能是复合行为。

有的犯罪，基本行为是单一的，如故意伤害（致人死亡）罪，其基本犯罪行为就是伤害。

有的犯罪，其基本犯罪行为是复合型的，例如，抢劫罪中，基本犯罪行为由两部分组成：手段行为（排除被害人的反抗）、目的行为（劫取财物），只要是二者之一导致了被害人重伤、死亡的，都属于抢劫罪的结果加重犯，即抢劫（致人死亡）罪。

2007 年卷二 12. A. 甲欲强奸某妇女遭到激烈反抗，一怒之下卡住该妇女喉咙，致其死亡后实施奸淫行为——甲的行为不构成强奸罪的结果加重犯，因为甲"一怒之下卡住妇女的喉咙"并不是为了更好地实施奸淫，即不是强奸的手段行为，而是出于泄愤，所以，该行为应独立评价为故意杀人罪，而不宜作为强奸罪的结果加重犯。

（2）基本犯罪行为与加重结果之间具有"直接"因果关系。

"直接"强调加重结果是基本犯罪行为本身所导致的，如抢劫的手段行为或者目的行为所导致的，并且，加重结果是基本行为内在的高度危险的直接现实化。如下情形不能认定为是结果加重犯：

第一，行为人在实施基本行为之时或之后，被害人自杀自残、或因自身过失等造成严重结果的，因缺乏直接性要件，不应认定为结果加重犯；

第二，基本行为结束后，行为人的其他行为导致严重结果发生的，不应认定为结果加

---

① 答案：ABCD。

重犯；

第三，在故意伤害等暴力案件中，伤害行为只是造成轻伤，但由于医生的重大过失行为导致死亡的，不应认定为结果加重犯。

2020年真金题．陈某一个人持刀去超市抢劫，店员刘某与其扭打起来，期间刀不慎滑落，刘某将刀捡起丢向另一名店员张某，但是由于失误伤到张某头部，致其重伤。陈某眼见不能成功就往外跑，并骑上一辆自行车逃跑，刘某往外追，追上后将陈某抱摔在地，导致自己重伤，陈某轻伤——本案中，陈某不需要对刘某、张某的重伤结果负责，不是抢劫致人重伤的结果加重犯。

2. 行为人对基本犯罪一般持故意，但也有可能是过失（如《刑法》第132条铁路运营安全事故罪）；对加重结果至少持过失（故意伤害致人死亡），也有可能持故意（抢劫致人重伤、死亡）；

3. 法定性：刑法就发生的"加重结果"规定了加重的刑罚；

（1）刑法除了规定基本罪的刑罚，还另规定了加重结果及加重刑罚，即刑法规定了两个法定刑幅度。

例如，根据《刑法》第263条第1款的规定，普通抢劫罪的法定刑为"3年以上10年以下有期徒刑"，抢劫致人重伤、死亡的法定刑为"10年以上有期徒刑、无期徒刑或死刑"，此即为结果加重犯。

如果刑法仅规定了情节加重的，并规定了加重的刑罚，也不认为是结果加重犯，而是情节加重犯。如强奸罪（《刑法》第236条）的情节加重犯，强奸妇女多人的、轮奸的。此外，既然结果加重犯有加重的法定刑，所以一般认为，结果加重犯是重罪。

（2）刑法如果没有对某一加重结果明确予以加重评价，即使该结果实际发生，该犯罪也不可能是结果加重犯。例如，诈骗行为致人死亡的，不成立结果加重犯。

（3）结果加重犯所定的罪名还是基本罪的罪名。例如，抢劫致人死亡，其罪名还是抢劫罪。故意伤害致人死亡，其罪名还是故意伤害罪。

一般认为，刑法中大量手段涉"暴力"的犯罪，其均有造成被害人重伤、死亡的可能，如刑讯逼供罪、暴力取证罪、虐待被监管人罪、聚众斗殴罪、妨害公务罪等，但这些犯罪的法定刑普遍较低（多数法定刑最高为3年有期徒刑），在实施这类犯罪行为时导致被害人重伤、死亡的，应转化为故意伤害罪、故意杀人罪，这就不是结果加重犯。因为，其罪名已经发生了变化。

4. 规定结果加重犯的立法理由。

（1）基本犯罪行为本身具有导致加重结果的高度可能。

例如，伤害行为易导致死亡结果，故规定了故意伤害（致人死亡）罪这一结果加重犯。

又如，放火行为容易造成超出既遂（目的物独立燃烧）之外的严重结果（人员伤亡、财产损失），故刑法规定了放火罪的结果加重犯。

《刑法》第234条规定了故意伤害罪的结果加重犯——故意伤害（致人死亡）罪，其法定刑为"10年以上有期徒刑、无期徒刑或者死刑"，比故意伤害罪与过失致人死亡罪的法定刑相加还要重，主要是考虑到行为人实施这类伤害行为具有造成死亡结果的高度可能性，即实施的是高度危险性的伤害行为，这种行为的法定刑当然偏重。

（2）结果加重犯的基本罪通常系"重罪"。

例如，抢劫致人死亡、放火造成严重后果的，其基本罪抢劫罪、放火罪本身就是重罪。

2016年卷二 13. 陈某欲制造火车出轨事故，破坏轨道时将螺栓砸飞，击中在附近玩耍的幼童，致其死亡。陈某的行为被及时发现，未造成火车倾覆、毁坏事故——陈某的行为构成破坏交通设施罪的基本犯与过失致人死亡罪的想象竞合犯。虽然陈某的破坏交通设施行为造成了幼童的死亡这一加重结果，但是，该结果并不是由于交通工具倾覆、毁坏所致，不能认定为破坏交通设施罪的结果加重犯，只能认定为破坏交通设施罪（基本犯）与过失致人死亡罪的想象竞合。该案中的行为造成他人死亡，实属偶然，而结果加重犯强调的是高度可能性的结果。

>> 历年真题

关于结果加重犯，下列哪一选项是正确的？① （2015年·卷二·8题）

A. 故意杀人包含了故意伤害，故意杀人罪实际上是故意伤害罪的结果加重犯

B. 强奸罪、强制猥亵妇女罪的犯罪客体相同，强奸、强制猥亵行为致妇女重伤的，均成立结果加重犯

C. 甲将乙拘禁在宾馆20楼，声称只要乙还债就放人。乙无力还债，深夜跳楼身亡。甲的行为不成立非法拘禁罪的结果加重犯

D. 甲以胁迫手段抢劫乙时，发现仇人丙路过，于是立即杀害丙。甲在抢劫过程中杀害他人，因抢劫致人死亡包括故意致人死亡，故甲成立抢劫致人死亡的结果加重犯

⊙ ［主观案例］2011年9月30日19时许，都某及其子都某乙在高校宿舍区亲属家中吃过晚饭后，都某准备驾驶轿车回家。其间，适逢住在该宿舍区另一幢楼房的该高校教授陈某（被害人，殁年48岁）驾车回家取物。陈某将其驾驶的车辆停在宿舍区两幢楼房前方路口，堵住了车辆行进通道，致都某所驾车辆无法驶出。双方遂发生口角，继而打斗在一起。在打斗过程中，都某拳击、脚踹陈某头部、腹部，致其鼻腔出血。后陈某报警。在此过程中，都某乙与陈某的妻子邵某发生拉扯，并将邵某推倒在地。民警赶到现场后将都某父子带上警车，由陈某驾车与其妻跟随警车一起到派出所接受处理。双方在派出所大厅等候处理期间，陈某突然倒地，后经送医院抢救无效于当日死亡。经鉴定，陈某有高血压并冠状动脉粥样硬化性心脏病，因纠纷后情绪激动、头面部（鼻根部）受外力作用等导致机体应激反应，促发有病变的心脏骤停而死亡。

［主观题考点解读］都某的行为虽然在客观上造成了被害人死亡的结果，但在主观上对此并没有较为明确的认知，该行为本身不具有致人死亡的高度危害性，而是因为偶然的因素导致了被害人死亡，不成立故意伤害致人死亡的结果加重犯。

三、法定的一罪——立法上的一罪

本来是多个罪，但法律硬性地规定为一罪。

---

① 答案：C。

（一）结合犯：甲罪+乙罪＝丙罪

数个原本独立的犯罪行为，根据刑法分则的明文规定，结合成另一独立的新罪的情况。结合犯的特征：

1. 所结合的数罪，原本为刑法上数个独立的犯罪；

2. 典型的结合犯是将数个原本独立的犯罪，结合成为另一个独立的新罪；

《刑法》第 239 条规定，绑架他人并杀害被绑架人的，仍以绑架罪论处，也可谓结合犯。

3. 数个原本独立的犯罪被结合为另一新罪后，就失去原有的独立犯罪的意义，成为新罪的一部分。规定结合犯的意义在于，刑法规定了加重的法定刑，有利于对犯罪分子的严惩；而如果不规定为结合犯，只能数罪并罚，就有可能放纵犯罪行为人。

（二）集合犯

犯罪构成预定了数个同种类行为的犯罪。集合犯是连续实施刑法上数个并不独立成罪的同种行为，刑法将其规定为一罪，所以是法定的一罪。主要有三种类型：

1. 常习犯：具有常习性的行为人反复多次实施行为的（我国刑法无规定）；

2. 职业犯：将一定的犯罪作为职业或业务反复实施的；

例如，《刑法》第 336 条规定的非法行医罪，行为人单纯的一次非法行医不构成此罪，应以具有反复、多次行医的故意为必要，才成立非法行医罪。

3. 营业犯：以营利为目的反复实施一定犯罪的。

例如，《刑法》第 303 条第 1 款（赌博罪）：以营利为目的，聚众赌博或者以赌博为业的，处三年以下有期徒刑、拘役或者管制，并处罚金。

四、处断的一罪（裁判的一罪）——司法上的一罪

行为人实施了数个犯罪行为，法律也没有规定为一罪，但实践处理上通常作为一罪。包括连续犯、牵连犯、吸收犯。

（一）连续犯

基于一个犯罪故意（同一的或者概括的故意）连续实施性质相同的数个行为，触犯同一罪名的情况。数行为具有连续性，不仅仅是客观上具有连续性，主观上也具有连续性。

例如，连续一段时间内杀死了 10 个人；或者连续 1 个月，每天实施盗窃行为。

（二）牵连犯

行为人实施了多个犯罪行为，多个犯罪行为之间具有手段与目的、原因与结果之间的牵连关系。犯罪的手段行为或者结果行为，与目的行为或者原因行为分别触犯不同罪名，在司法实践中，一般从一重罪处罚。

1. 牵连关系

（1）手段行为与目的行为的牵连：如以伪造印章的方法冒充国家机关工作人员骗取公私财物，伪造国家机关印章罪与招摇撞骗罪之间就属于手段行为与目的行为的牵连。

（2）原因行为与结果行为的牵连：如盗窃财物（原因行为）后，为了销赃而伪造印章（结果行为）。

牵连犯中，行为人实施了两个行为，但由于具有"牵连关系"才以一罪论处。如果行为人只有一个行为不能认为是牵连犯。例如，盗窃枪支再去杀人，刚盗窃枪支就被抓获，此种情形下，行为人仅有一个行为，应成立盗窃枪支罪与故意杀人罪（预备）的想象竞合犯。再者，以保险诈骗为目的，实施放火行为，如果仅有放火行为，还未来得及实施保险诈骗的，也仅成立放火罪与保险诈骗罪（预备）的想象竞合犯。

2. "牵连关系"的认定应进行缩小解释，行为之间应具有"高度伴随性"。

牵连犯的情形下，行为人毕竟实施了多个犯罪行为，最终被认定为一罪，这在一定程度上违反了罪刑相适应原则。基于此，刑法理论上主张严格限制牵连犯的成立范围，只有各行为之间具有高度伴随性，才能认定为是牵连犯。

（1）如何认定牵连的各行为之间的"高度伴随性"？

所谓高度伴随性，是指在现实生活中，前后两个牵连的行为之间具有通常性。只有当某种手段通常用于实施某种犯罪，或者某种原因行为通常导致某种结果行为时，才宜认定为牵连犯。

例如，伪造国家机关印章后去实施诈骗行为，在实践中具有通常性，就是牵连犯。但是，如果将军区司令员杀害后偷走他的印章，再冒充军人招摇撞骗的，这种类型的犯罪在现实生活中不具有通常性，通常人们实施招摇撞骗不会将司令员杀害，因此，不属于牵连犯。

现今刑法理论要严格限制牵连犯的成立范围，一般认为，牵连犯以法律、司法解释的明确规定为标准。司法部指定用书案例：为了抢劫银行而盗窃枪支，然后利用所盗窃枪支抢劫银行的，应认定为数罪，不应认定为牵连犯；为了冒充军人招摇撞骗而盗窃军车，然后驾驶冒充军人招摇撞骗的，应当认定为数罪，而不能认定为牵连犯。

（2）认定牵连犯的具体情形。

可以认定为牵连犯的：侵入住宅和杀人、侵入住宅和盗窃、侵入住宅和放火、侵入住宅和强奸、伪造公文和诈骗等是牵连犯，因为，侵入住宅、伪造公文行为通常被用作以上所列犯罪的手段。

不能认定为牵连犯的：放火和诈骗保险金、杀人和侮辱尸体、滥用职权和受贿等之间，不是牵连犯，而是数罪。因为上述两个行为之间，从社会生活的一般经验来看，并不具有"通常如此"的关系。

从应对历年国家法律职业资格考试真题的角度看，牵连犯已经非常少见了，两个行为一般都是数罪并罚，几乎不存在认定为牵连犯而择一重罪处罚。理论上亦有学者指出，牵连犯本质上就应该是数罪。对牵连关系的判断，不同的人有不同的标准，但都难以得出令人信服的结论，彻底取消牵连犯概念，或许才是解决问题之道。

2016年卷二54.C. 丙先后三次侵入军人家中盗窃军人制服，后身穿军人制服招摇撞骗。对丙应按牵连犯从一重罪处罚——错误，应数罪并罚。

>> 历年真题

刘某利用到国外旅游的机会，购买了手枪1支、子弹若干发自用，并经过伪装将其邮寄回国内。后来刘某得知丁某欲搞一支枪抢银行，即与丁某协商，以1万元将其手枪出租

给丁某。丁某使用该手枪抢劫银行时被抓获。对刘某的行为应如何处理?[①] （2008 年川·卷二·11 题）

    A. 以非法买卖危险物质罪与抢劫罪实行并罚

    B. 以非法买卖危险物质罪与非法出租枪支罪实行并罚

    C. 以走私武器、弹药罪与抢劫罪实行并罚

    D. 以走私武器、弹药罪、非法出租枪支罪、抢劫罪实行并罚

（三）吸收犯

事实上存在数个不同的行为，一行为吸收其他行为，仅成立吸收行为一个罪名的情况。例如，盗窃枪支后，私藏在家中，盗窃枪支罪吸收了非法持有枪支罪，仅定盗窃枪支罪一罪。

1. 吸收关系的类型。

（1）重行为吸收轻行为。如：伪造货币后又使用、出售该货币的，定伪造货币罪。

（2）实行行为吸收预备行为。如：入户抢劫行为，非法侵入他人住宅本身就是一个犯罪行为，属于抢劫罪的预备行为，但仅定抢劫罪一罪。

（3）主行为吸收从行为。如：甲、乙共同犯罪，甲先是起"帮助"作用，后来参与进来"实行"，对甲就认定为实行行为即可。

2. 不可罚的事后行为与吸收犯。

不可罚的事后行为：是指在状态犯的场合，利用该犯罪行为的结果的行为，如果孤立地看，符合其他犯罪的构成要件，具有可罚性，但由于被综合评价在该状态犯中，故没有必要另认定为其他犯罪，其理由在于：行为没有侵害新的、独立的法益。主要包括两种：

（1）实施财产犯罪后针对赃物的毁坏、销售等行为；

例如，行为人侵占了代为保管的他人财物后，谎称财物被盗而使被害人免除其返还财物的义务的，后一欺骗行为属于不可罚的事后行为，不另成立诈骗罪。

（2）实施犯罪之后毁灭证据的行为。

不可罚的事后行为，该行为本身就不构成犯罪。而吸收犯中，一罪吸收另一罪，两行为都是犯罪，只是最终因为"吸收"而被认定为一罪。

3. 吸收犯与牵连犯。

（1）吸收犯是更为紧密的牵连犯。吸收犯中，两罪之间的联系性非常紧密，分也分不开。例如，盗窃枪支罪必须吸收非法持有枪支罪，即盗窃枪支必然持有枪支。

（2）吸收犯中，两罪侵犯的客体、对象具有同一性。例如，盗窃枪支又持有枪支的，虽然两行为分别触犯了盗窃枪支罪、非法持有枪支罪，但由于行为人有两个行为，触犯了两罪罪名，针对的也是同一个对象，属于吸收犯，应择一重罪处罚。

>> 历年真题

下列哪些情形属于吸收犯?[②] （2010 年·卷二·55 题）

    A. 制造枪支、弹药后又持有、私藏所制造的枪支、弹药的

---

① 答案：C。

② 答案：AD。

B. 盗窃他人汽车后，谎称所盗汽车为自己的汽车出卖他人的

C. 套取金融机构信贷资金后又高利转贷他人的

D. 制造毒品后又持有该毒品的

五、罪数论的相关总结

（一）原则上：一行为一罪，数行为数罪

（二）部分特殊情形

1. 一行为被认定为数罪。

（1）《刑法》第204条：骗取出口退税，同时触犯逃税罪的，数罪并罚。

（2）针对不同对象实施同一走私行为的，数罪并罚。

2. 数行为被认定为一罪。

（1）《刑法》第239条：绑架过程中杀害被绑架人或者故意伤害致人重伤、死亡的，仅定绑架罪一罪。

（2）《刑法》第240条：拐卖妇女过程中强奸妇女的，仅定拐卖妇女罪一罪。

（3）《刑法》第241条：收买被拐卖的妇女、儿童后，又出卖的，仅定拐卖妇女、儿童罪一罪。

（4）《刑法》第318、321、347条：组织、运送他人偷越国（边）境、走私毒品过程中，妨害公务的，不需要数罪并罚。其他犯罪过程中妨害公务的，则应并罚。

（5）中介组织收受他人贿赂后提供虚假证明文件的，仅定提供虚假证明文件罪一罪，作为加重量刑情节。

（6）针对假币、假发票、假货（如假冒注册商标的商品、侵犯著作权的作品）实施了一连串行为的，只要这些行为之间具有关联性，原则上仅定一罪。

专题十
自首与立功

知识体系

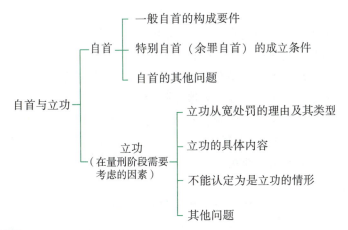

自首与立功
- 自首
  - 一般自首的构成要件
  - 特别自首（余罪自首）的成立条件
  - 自首的其他问题
- 立功（在量刑阶段需要考虑的因素）
  - 立功从宽处罚的理由及其类型
  - 立功的具体内容
  - 不能认定为是立功的情形
  - 其他问题

主观题命题点拨

1. 历年真题中，客观题必考自首，主观题在部分年份也涉及。对于一般自首的成立条件，需要从实质上把握，只要行为人自愿将自己置于司法机关的实际控制之下，接受法律的制裁，就认为是自动投案。同时，对于如实供述自己的罪行，应从实质上理解为是协助司法机关作出一个判决书。质言之，请思考，行为人的做法是否节约了司法资源，让司法机关"省心"。

2. 特别自首的行为人，之前已经处于司法机关的控制之下，所以，其交代的罪行，必须是司法机关短时间内难以发现、不能发现的，否则，对司法机关的意义就非常有限，不成立自首。

3. 立功对行为人的从宽力度更大，因此，对于立功的认定也较为严格。强调立功必须是基于合法性、有效性。同时，需要注意的是，交代超出本人及本人参与的犯罪事实之外的行为，都应认定为是立功。

一、自首

刑法第 67 条：犯罪以后自动投案，如实供述自己的罪行的，是自首。对于自首的犯罪分子，可以从轻或者减轻处罚。其中，犯罪较轻的，可以免除处罚。

被采取强制措施的犯罪嫌疑人、被告人和正在服刑的罪犯，如实供述司法机关还未掌握的本人其他罪行的，以自首论。

犯罪嫌疑人虽不具有前两款规定的自首情节，但是如实供述自己罪行的，可以从轻处罚；因其如实供述自己罪行，避免特别严重后果发生的，可以减轻处罚。

（一）一般自首的构成要件

1. 条件一：自动投案。想将自己置于司法机关的合法控制之下，并不要求悔过性，投案动机的高尚与否不影响自动投案的成立。

自动投案客观上要求犯罪嫌疑人投案之时人身处于自由状态，尚未受到司法机关控制。自动投案之所以能够得到法律上的从轻处罚，一个重要原因是这种行为能够节约司法机关的抓捕成本——"我想坐牢"。

（1）投案对象及投案方式、动机：没有限制。

犯罪嫌疑人向其所在单位、城乡基层组织或者其他有关负责人员投案的；职务犯罪中，犯罪分子向所在单位等办案机关以外的单位、组织或者有关负责人员投案的，应当视为自动投案——只要是行为人想将自己置于法律的控制之下，就是自动投案，犯罪分子本人不可能清楚地知道犯罪行为应属于哪个机关管辖，所以，对其投案对象没有严格要求。

犯罪嫌疑人因病、伤或者为了减轻犯罪后果，委托他人先代为投案，或者先以信电投案的；并非出于犯罪嫌疑人主动，而是经亲友规劝、陪同投案的；公安机关通知犯罪嫌疑人的亲友，或者亲友主动报案后，将犯罪嫌疑人送去投案的，均属于自动投案。

例如，2015年卷二11. A. 甲挪用公款后主动向单位领导承认了全部犯罪事实，并请求单位领导不要将自己移送司法机关——本案不成立自首，因为行为人并不想将自己置于司法机关的控制之下。

又如，徐勇酒后作案，准备回家与亲属告别后再去投案，但回家后即醉倒，最终被公安人员抓获的，也被认定为"自动投案"。参见《刑事审判参考》第1078号指导案例。

再如，《刑事审判参考》第381号指导案例，董保卫、李志林、董曙光共同盗窃，董曙光因为分赃很少，又听说举报能领奖金，遂向被盗单位举报自己与其他人盗窃该单位物品的情况，并由被盗单位人员带至公安机关报案。法院认定为自首。

（2）仅因"形迹可疑"（面相不像好人）被盘问后，交代罪行的，成立自首；因"犯罪嫌疑"（有事实和证据）而被司法机关盘问，交代罪行的，不成立自首。

第一，形迹可疑人的地位具有随机性，而犯罪嫌疑人与怀疑他的侦查人员的地位不具有随机性。有关组织或者司法机关工作人员认为某人形迹可疑，是偶然接触对方，因其举止神态不正常而产生怀疑，因而不会也不可能将可疑人与特定的案件相联系。

例如，如果与犯罪有关的物品是通过正常工作方法难以发现的，如某人运输毒品时发现前方500米处有检查站，即将毒品埋在路边，该人在检查站因神色慌张而被盘问，即交代了犯罪事实并带领公安人员找到了埋藏的毒品，可以认定为自动投案。

第二，盘问、讯问的性质不同。对"形迹可疑人"的盘问，如果被盘问人应答没有破绽，盘问就无法持续下去，原来产生的疑问就会被冲淡或打消；对犯罪嫌疑人的讯问，讯问人要弄清事实真相，如果嫌疑人否认犯罪但又不能用事实说明、解脱其与某项特定犯罪的联系，讯问就不会停止，侦查工作就要深入。

第三，司法机关将行为人确定为"犯罪嫌疑人"的情况下，即便不交代，有关部门仍可据此掌握犯罪证据，行为人的交代不具有实质意义，一般不能认定为自动投案。"犯罪嫌疑"，是指司法机关能够将行为人与某一或某种具体的犯罪联系在一起的物品，如来路不明的财物、毒品等违禁品、沾有血迹的物品等。这种联系不需要具有明确的针对性，只要足以令人合理怀疑行为人实施了与该物品有关的犯罪即可，不需要明确指向某一具体、特定的犯罪事实。

例如，边防武警甲例行检查时，发现行为人乙神色慌张、形迹可疑，遂对其进行盘问，发现其随身携带的尖刀上有疑似新鲜血迹，此人难以自圆其说，遂交代了其持刀抢劫致人死亡的犯罪事实。虽然边防武警并不掌握相关抢劫犯罪事实，带血尖刀不能将行为人与其实施的具体犯罪联系起来，但足以确定其涉嫌与杀人有关的犯罪，仍属于"与犯罪有关的物品"。乙的行为不成立自首。

（3）能逃而不逃的情况下，是有意识地将自己置于司法机关的控制之下，属自动投案。

第一，犯罪后主动报案，虽未表明自己是作案人，但没有逃离现场，在司法机关询问时交代自己罪行的；

第二，犯罪后，行为人明知他人报案而在现场等待，抓捕时无拒捕行为，供认犯罪事实的。

（4）任何犯罪，只要在被司法机关抓捕之前，均有成立自首的余地。

（5）被亲友绑送归案的，不成立自首；但如果是亲友陪同归案的，成立自首。

犯罪嫌疑人被亲友采用捆绑等手段送到司法机关，或者在不明知的情况下被亲友带领侦查人员前来抓获的，由于犯罪嫌疑人并无投案的主动性和自愿性，完全是被动归案，因此，不宜认定为自动投案。当然，量刑时可酌情从轻处罚。

（6）被动归案后逃跑，然后又回司法机关投案的，不成立自首（理由：没有节约国家司法资源）；主动归案后逃跑，又回到司法机关投案的，成立自首（理由：节约了国家司法资源）。

被采取强制措施后逃跑然后再"投案"的，相对于被采取强制措施的犯罪而言，不能认定为自动投案，但对新犯之罪（脱逃之后所犯之罪）仍能成立自动投案。

例如，乙因犯盗窃罪被取保候审，之后逃往外地，又犯抢劫罪，然后向司法机关投案，如实供述抢劫事实的，只成立抢劫罪的自动投案，不成立盗窃罪的自动投案。参见《刑事审判参考》第1081号指导案例，吴某强奸、故意伤害案。

2010年卷四：赵某觉得罪行迟早会败露，向公安机关投案，如实交代了全部犯罪事实。公安人员李某听了赵某的交代后随口说了一句"你罪行不轻啊"，赵某担心被判死刑，逃跑至外地。在被通缉的过程中，赵某身患重病无钱治疗，向当地公安机关投案，再次如实交代了自己的全部罪行——本案中，赵某事实上节约了国家司法资源，成立自首。

◎ [主观案例] 周冬于2016年实施了盗窃行为，公安机关于2017年11月立案后在抓获被告人周冬之前，曾电话联系周冬，要求其于2017年12月13日到公安机关接受询问。周冬在被抓获之前确已就投案的时间、地点与公安民警进行了电话约定，准备于12月13日前往公安机关投案。但公安于同年12月12日便到周冬的住处将其抓获。即，公安机关提前对周冬实施了抓捕行为。周冬的行为成立自首。（案例来源：《人民法院报》2019年2月21）

[主观题考点解读] 犯罪以后自动投案，如实供述自己的罪行的，是自首。认定自首可以从两方面进行考察。一是时间，二是方式和动机。本案中周冬虽被公安机关电联要求

其接受询问但是不能推定该电联是采取强制措施且周冬确实于 13 日准备前往公安机关自首。故周冬在时间上应认定为满足自首要求，若将自首时间限制的太狭隘，不利于瓦解犯罪。再从投案的方式和动机来看，周冬在被抓前就自首时间和地点予以确定，可以看出周冬主观上有自动投案的心理。综上所述周冬成立自首。

2. 条件二：如实供述自己的罪行——自己涉案、参与的犯罪事实。

[问题] 如何理解如实供述自己"参与的犯罪事实"？

如实供述自己罪行的目的是节约司法资源，司法机关的终极目的是"结案"，即作出一个正确的判决书。而一个正确的判决书，需要定罪、量刑准确。如果犯罪行为人的交代，导致正确判决书无法作出，导致定罪、量刑错误，则不能认定其"如实供述自己的罪行"，不能认定为自首。正确的判决书的作出，定罪、量刑的准确，依赖于两个方面：一是事实清楚，二是法律适用正确。犯罪分子只懂事实，只要交代其所参与的事实就可以了。

（1）如实供述的是事实问题（题干），而非法律问题（选项）。被告人对行为性质的辩解，是对法律问题的认识，不影响自首的成立。

第一，事实问题与法律问题的界限。事实是可以通过回忆还原的，而法律适用是需要认真学习法律才知道的。

例如，甲开车撞死多人，他对于自己喝酒开车的基本事实作了如实供述，但其行为究竟是故意（构成以危险方法危害公共安全罪）还是过失（构成交通肇事罪），甲本人不可能"回忆"出来，法官需要结合法律来判决其行为究竟属于刑法上的故意还是过失。

第二，行为性质是法律问题，被告人对行为性质的辩解，不影响自首的成立。

例如，行为是否构成犯罪、是否属于正当防卫等，这是法律问题，行为人的辩解都不重要，是由专业人士法官来判断的。在现代诉讼注重程序公正的前提下，赋予和保护被告人的辩解权，既是各国的普遍做法，也是我国刑事司法工作的重要内容之一。

《刑事审判参考》第 42 号指导案例，张杰故意杀人案中，张杰与被害人争吵过程中拿菜刀砍对方颈部导致死亡。被告人有自动投案的情节，实际上是自己从厨房拿刀行凶的。供述时谎称是被害人从自家拿菜刀砍自己，自己被迫夺刀自卫。本案中被告人只有自动的投案行为，之后却隐瞒事实真相，推诿责任，不能成立自首。该案不是对行为性质的辩解，而是对事实本身都进行了隐瞒，进而导致了对行为定性的不同。

（2）要求交代主要犯罪事实。

第一，犯罪行为人犯罪后，不可能对所有的犯罪事实都能回忆清楚，原则上，只要交代"主要犯罪事实"，即承认自己犯了这个罪即可。

例如，在故意杀人案件中，只要如实交代自己实施了故意杀人行为的，就属于已经交代了"主要"的犯罪事实。历年真题曾经指出，在故意杀人案件中，犯罪行为人供述了自己的杀人行为，但对于凶器的藏匿地点拒不说明的，也不影响自首的成立，因为凶器是否找到对认定犯罪并不是必须的。

第二，部分事实，即便交代错误，只要不影响对案件定罪量刑的，也认为如实供述自己的罪行。

除供述自己的主要犯罪事实外，还应包括姓名、年龄、职业、住址、前科等情况。犯罪嫌疑人供述的身份等情况与真实情况虽有差别，但不影响定罪量刑的，应认定为如实供述自己的罪行。犯罪嫌疑人自动投案后隐瞒自己的真实身份等情况，影响对其定罪量刑的，不能认定为如实供述自己的罪行。

虽然被告人亲历犯罪，但是我们也要实事求是地承认被告人的个体差异，突发性犯罪、高度紧张下的犯罪等会导致被告人认识上发生偏差，记忆上出现失误。只要交代主要犯罪事实，作案的情节与证据不相吻合的，不影响如实供述的成立。《刑事审判参考》第363号指导案例，周文友故意杀人案中，被告人周文友持尖刀与拿砍刀的受害人对打，将受害人右侧胸肺、左侧腋、右侧颈部等处刺伤导致对方死亡，自己也身受重伤。被告人只承认捅了死者胸部一刀，明显与尸检结论不符。法院认为被告人归案后，供述了持刀杀害被害人的事实，供述一直稳定。犯罪的性质和主要情节清楚，犯罪的动机也讲明，应当认定对主要事实做了供述。

第三，实施了多个同种犯罪行为时，供述内容应超过50%。

犯罪嫌疑人多次实施同种罪行的，应当综合考虑已交代的犯罪事实与未交代的犯罪事实的危害程度，决定是否认定为如实供述主要犯罪事实。虽然投案后没有交代全部犯罪事实，但如实交代的犯罪情节重于未交代的犯罪情节，或者如实交代的犯罪数额多于未交代的犯罪数额，一般应认定为如实供述自己的主要犯罪事实。无法区分已交代的与未交代的犯罪情节的严重程度，或者已交代的犯罪数额与未交代的犯罪数额相当，一般不认定为如实供述自己的主要犯罪事实。

（3）共同犯罪中，除如实供述自己的罪行外，还应当供述所知的同案犯。

第一，犯罪分子提供"同案犯"姓名、住址、体貌特征、联络方式等信息，属于被告人应当供述的范围。

不交代同案犯的基本信息，正确的判决书就无法作出。同案犯的情况，就包括同案犯的姓名、性别、年龄、住址、手机号、QQ号等个人信息，这是自首应该交代的内容。

第二，提供"犯罪前（预备阶段）、犯罪中（实行阶段）"掌握、使用的同案犯"联络方式、藏匿地址"是自首应交代的内容。交代同案犯犯罪后的去向，属于立功。[①]

鉴于同案犯的基本情况（包括同案犯的姓名、住址、体貌特征等信息）属于犯罪分子

---

① 交代同案犯的"藏匿地址"，司法机关据此抓获同案犯的，如何处理：

（1）提供"犯罪前、犯罪中"所掌握的同案犯"联系方式、藏匿地址"的，属于自首应供述的内容，不成立立功。

例如，易翔等人盗窃一案，法院认为，2014年11月初至2014年11月12日，被告人易翔与被告人李明连续共同盗窃作案5次，期间，2位被告人一直共同居住，是共同犯罪行为的延续状态，故被告人易翔供述的被告人李明藏匿地址，不属于犯罪后掌握的同案犯的藏匿地址，属如实供述共同犯罪事实的范畴，不构成立功。（2015）晋市法刑终字第243号。《刑事审判参考》第1169号指导案例指出，公安机关根据赵双江供述将赵文齐抓获，赵文齐的藏匿地点属于赵双江在犯罪中掌握的同案犯藏匿地址，不能认定为协助司法机关抓捕同案犯，赵双江不构成立功。

（2）提供"犯罪后"同案犯的去向（藏匿地址），司法机关据此抓获同案犯的，成立立功。

例如，陈三平、董湘东盗窃案的判决指出：原审被告人陈三平在关押期间提供同案人陈玲珑犯罪后的新的藏匿地址，陈玲珑系共同犯罪的主犯，批捕在逃，其犯罪后藏匿在新的住址，公安机关一直未将其抓获归案，公安机关现据陈三平举报的陈玲珑的新的藏匿地址得以将其抓获。陈三平提供的同案人陈玲珑的藏匿地址不是犯罪前、犯罪中掌握、使用的，而是犯罪后的新的藏匿地址，其行为应当认定为立功。（2011）株中法刑二终字第36号。（以上问题，由我的研究生刘英锐提供，查阅了大量案例。在此表示感谢！）

又如，被告人梁延兵因毒品犯罪被抓获后，如实供述同案犯陈光虎共同贩卖毒品的犯罪事实，并提供陈光虎可能藏匿在其姐姐家的线索，公安机关据此将陈光虎抓获的，梁延兵成立立功。对于本案，一、二审法院认定梁延兵不能成立立功，认为其对同案犯藏匿地点的交代，只是其如实供述同案犯的行为。最高人民法院在对本案进行复核时，认定梁延兵成立立功。最高人民法院认为，同案犯陈光虎藏匿在其姐姐家这一事实，不是共同贩卖毒品的事实，该地点也并非贩毒地点，而是陈光虎的下落，其提供的同案犯藏匿地址精确、具体、详细，司法机关据此抓捕同案犯的，应该认为梁延兵协助抓捕同案犯，成立立功。《刑事审判参考》指导案例第249号。

应当供述的范畴，而犯罪前、犯罪中掌握、使用的同案犯联络方式、藏匿地址，则属于预谋、实施犯罪的范畴，也是犯罪分子应当供述的内容，司法机关据此抓捕同案犯的，不能认定为协助抓捕同案犯（不能认定为是立功）。

但是，如果按照司法机关的安排，将同案犯约至指定地点、当场指认同案犯，或者带领侦查人员抓获同案犯的，则可认定为立功。因为此类协助，犯罪分子完全可以不予配合，而其一旦主动、积极协助，个人则要承受一定压力、承担一定风险，因此应当通过认定为立功予以"鼓励"。

（4）如实供述自己的罪行的时间。

第一，一审判决之前，必须如实交代。如实供述自己的罪行后又翻供的，不能认定为是自首；但在一审判决前又能如实供述的，应当认定为自首——理由在于，如果一审判决时说假话，二审判决时说真话，那一审判决就因为假话而是错误的，行为人视法院一审判决如儿戏。

第二，自动投案后，犯罪嫌疑人自动投案时虽然没有交代自己的主要犯罪事实，但在司法机关掌握其主要犯罪事实之前主动交代的，应认定为如实供述自己的罪行。

》 历年真题

关于自首，下列哪一选项是正确的？①（2017年·卷二·9题）

A. 甲绑架他人作为人质并与警察对峙，经警察劝说放弃了犯罪。甲是在"犯罪过程中"而不是"犯罪以后"自动投案，不符合自首条件

B. 乙交通肇事后留在现场救助伤员，并报告交管部门发生了事故。交警到达现场询问时，乙否认了自己的行为。乙不成立自首

C. 丙故意杀人后如实交代了自己的客观罪行，司法机关根据其交代认定其主观罪过为故意，丙辩称其为过失。丙不成立自首

D. 丁犯罪后，仅因形迹可疑而被盘问、教育，便交代了自己所犯罪行，但拒不交代真实身份。丁不属于如实供述，不成立自首

⊙ [主观案例] 王某杀人后逃跑，后来觉得自己犯了这么多事，活着已经没有意义，便投湖自杀。在此打鱼的渔民见状将其救起，路过的民警见王某形迹可疑，便对其进行一般性的盘问。王某供述了自己所有的犯罪事实。

[主观题考点解读] 此时处警民警并不知悉该投湖男子的身份及所犯罪行，其投湖自尽的行为与前述所有的犯罪行为无任何关联性，而民警对王某进行盘问亦属于一般性例行盘问，在性质上属于因形迹可疑接受盘问，在此情况下王某主动交代自己所有的犯罪事实，应当认定为自首。（参见《刑事审判参考》第1212号指导案例"孟庆宝故意杀人案"）

⊙ [主观案例] 韩永仁在饭店大厅持刀砍杀逯永君致其死亡，砍刀被在大厅值班的服务员金岚捡起，韩永仁见状回到锅炉房休息室。金岚随即拨打"120"急救电话，并电话告知经理庞秀平。后韩永仁再次来到大厅，见逯永君趴在地上不动，地上有不少血，询问金岚是否报"120"，得到肯定答复后回到锅炉房休息室。韩永仁始终在锅炉房休息室待着，

---

① 答案：B。

直至被公安人员带走，后如实交代了自己的犯罪行为。

[主观题考点解读] 韩永仁的行为成立自首，明知司法机关前来实施抓捕，能逃而不逃，应认定为是自动投案，成立自首。（参见《刑事审判参考》第 1059 号指导案例）

⊙ [主观案例]《刑事审判参考》第 1044 号指导案例，黄光故意杀人、诈骗案。黄光对被害人投毒，被害人龙利源、黄文及黄光本人食用有毒猫汤后均呈中毒状，送往医院抢救。在医院，黄光打电话报警称 3 人食物中毒，要求出警。但报警时并未称其投毒，且自始至终没有告知或者提示医生 3 人系因服用大茶药而中毒，致被害人龙利源因抢救无效而死亡。如果黄光告知或者提示医生 3 人系因服用大茶药而中毒，或许龙利源不致死亡。而且，公安机关出警后，仍不能明确谁是投毒行为实施人，黄光的报警，并不必然将自己置于犯罪嫌疑人的地位。案件事实也表明，2011 年 12 月 23 日发生的中毒事件，龙利源当天就死亡，黄光当天报警，但公安机关经过大量调查工作，取得一定证据后，才于同月 30 日对黄光刑事拘留。从 23 日至 30 日的 7 天中，公安机关曾 4 次对黄光调查询问，但黄光均未如实交代其投毒杀人的事实。公安机关的 4 次调查，均属于排查性质，并未将黄光列为犯罪嫌疑人。

[主观题考点解读] 黄光的报警与公安机关将黄光作为犯罪嫌疑人采取强制措施之间没有关联性，黄光缺乏自动投案的要件。不能认定为自首。

⊙ [主观案例]《刑事审判参考》第 1223 号指导案例，王宪梓故意杀人案。该案中，王宪梓亲属主动报案并带领民警抓获被告人王宪梓，不成立自首。法院认为，王宪梓作案后虽然没有逃跑，且其母报案并带领公安人员将其抓获，但王宪梓并不知道其母报案，亦没有主动投案的意思表示和行为，不能认定为自首。司法解释虽然对自动投案采取了较为宽松的认定标准，但没有也不可能突破自动投案应具有的主动性和自愿性要求。也正因为如此，司法解释将犯罪嫌疑人没有投案主动性和自愿性的行为，认定为是被动归案的情形，即被亲友采取捆绑等手段送到司法机关，或者在亲友带领侦查人员前来抓捕时无拒捕行为的，都不能认定为自动投案。

[主观题考点解读] 自首要求的"自动投案"，其实质在于，行为人有意识地将自己置于司法机关的控制之下。如果行为人并没有这种想法，不应认定为自动投案。

⊙ [主观案例]《刑事审判参考》第 1244 号指导案例，许涛故意杀人案——自动投案后将性质恶劣的故意杀人行为编造为相约自杀，能否成立自首？该案中，审判实践对许涛的行为否认了自首的成立，认为其没有如实交代自己的犯罪行为，相约自杀与普通的故意杀人罪在刑法上的处理是完全不同的，这样会影响最终的定罪量刑。对于该案，西安市中级人民法院、陕西省高级人民法院均认可许涛的行为成立自首，但最高人民法院经复核后认为，许涛的行为不成立自首。

[主观题考点解读] 本案不成立自首。成立自首要求行为人如实供述自己的罪行，如何判断行为人是否如实供述，关键是看行为人的供述是否协助司法机关弄清案件事实，作出一个正确的判决书。本案中，许涛的供述使司法机关错误理解事实并可能会导致法律适用错误，故不宜认定为自首。

⊙ [主观案例]《刑事审判参考》第 1225 号指导案例。张才文等抢劫、盗窃案，该案中，被告人张才文伙同杨有军、梁绍兵、刘运林实施盗窃过程中，杨有军超出共同盗窃的故意，持铁棍将被害人李树新打死。张才文被抓获之后，如实交代了杨有军的杀人事实，法院没有认定为立功。裁判理由指出，杨有军在共同犯罪中超出共同犯意，实施致人死亡的行为，是张才文、杨有军等人共同盗窃犯罪事实的密切关联行为，属于张才文应当如实供述的内容。亦即属于盗窃罪的密切关联的事实，不属于特别自首的异种罪行，也不属于检举揭发他人犯罪行为而成立立功。

[主观题考点解读] 杨有军致人死亡的行为，恰恰就发生在共同盗窃犯罪的过程中，与共同盗窃犯罪密不可分。杨有军的致人死亡行为是张才文供述自己共同盗窃行为时必须交代的同案犯的密切关联的行为，如果要把共同盗窃的行为及后果交代清楚，就不可避免地会涉及杨有军实行过限的致人死亡行为；反之，若张才文未交代杨有军的致人死亡行为，则无法交代清楚其参与的共同盗窃事实。从这一意义上看，张才文交代杨有军的杀人行为，实际上就是交代自己的犯罪事实，由于张才文未自动投案，不成立自首。

⊙ [主观案例] 是否认罪，不影响自首的成立。2011年6月某日，被告人谢某驾驶一辆大客车行驶至重庆市江津区双福街道恒大金碧天下高层小区道路幼儿园路段时，超速并越过中心线行驶，与相向行驶的一辆无牌摩托车相撞，造成摩托车驾驶员赵某、乘客王某二人当场死亡和两车受损的交通事故。经重庆市江津区公安局交通巡逻警察支队认定被告人谢某承担事故的主要责任。同日，谢某向重庆市江津区公安局主动投案，并如实供述了自己的犯罪事实。案发后，被告人谢某赔偿了被害人赵某家属人民币35000元，赔偿了被害人王某家属人民币50000元。谢某虽然在公安机关有自首情节，但在一审宣判前坚持认为其在此次事故中应负次要责任，对江津区公安局出具的《道路交通事故认定书》责任划分不服，拒不认罪。

[主观题考点解读] 法院认为，被告人谢某犯罪后主动投案，在侦查及一、二审阶段中对自己的主要犯罪事实供认不讳，符合自首的成立要件。其在庭审中对自己在事故中所负责任的辩解是其依法行使辩护权的表现，并未对基本犯罪事实予以否认，亦未违背自首制度设立的本意和目的，仍应认定为自首。

⊙ [主观案例]《刑事审判参考》第42号指导案例，张杰故意杀人案。张杰与被害人争吵过程中拿菜刀砍对方颈部导致死亡。被告人有自动投案的情节，但实际上是自己从厨房拿刀行凶的，供述时却谎称是被害人拿菜刀砍自己，自己被迫夺刀自卫。

[主观题考点解读] 本案中被告人只有自动的投案行为，之后却隐瞒事实真相，推诿责任，不能成立自首。该案不是对行为性质的辩解，而是对事实本身都进行了隐瞒，进而导致了对行为定性的不同。

(二) 特别自首（余罪自首）的成立条件

特别自首的主体，是已经被采取强制措施的人，即行为人已经在司法机关的控制之下。行为人实施的其他犯罪行为，即便司法机关当时并不知道，但很可能、很容易被司法机关"顺藤摸瓜"而查获、发现，行为人的主观交代对司法机关的意义、对节约司法资源的意义而言，是有限的。因此，成立特别自首，较之一般自首而言，难度更大。行为人的交代必须对司法机关有意义，或者说，必须交代司法机关短期之内发现不了的其他罪行，才能成立特别自首。

1. 主体：被采取强制措施的犯罪嫌疑人、被告人和正在服刑的罪犯。

特别自首不具备一般自首的自动投案特征。因为在特别自首的情况下，行为人已经被采取强制措施或者正在服刑，已经丧失了人身自由，不可能向司法机关投案。但行为人如实供述司法机关尚未掌握的其他罪行，实际上就是将自己交付司法机关处置。因此，特别自首虽然不具备自动投案的形式特征，但却符合投案的实质内容，所以，法律对这种情形也以自首论。

2. 供述的内容：司法机关尚未掌握的其他异种罪行（罪名不同）。

第一，为什么供述同种罪行的，不能成立特别自首？

理由：我国刑法，同种数罪不并罚，仅定一罪。那么，行为人如果因为盗窃罪被抓获，后又如实交代了另外一起盗窃案件，最终还是定盗窃罪一罪。而之前的盗窃罪本来不是自首，不能因为交代了后面的盗窃罪，就对最终判决的盗窃罪（总罪）认定为自首。相反，如果后来交代了强奸罪，行为人最终被判处盗窃罪、强奸罪两罪，完全可以对强奸罪认定自首，仅对强奸罪从轻、减轻处罚。

第二，如何认定"司法机关还未掌握"？——近期内，司法机关难以掌握。

如果该罪行已被通缉，一般应以该司法机关是否在通缉令发布范围内作出判断，不在通缉令发布范围内的，应认定为还未掌握，在通缉令发布范围内的，应视为已掌握；如果该罪行已录入全国公安信息网络在逃人员信息数据库，应视为全国公安司法机关已掌握。

例如，犯罪嫌疑人甲因为 A 罪被公安机关抓获，但甲的 B 罪已经列入了公安部网上在逃人员名录，即便办案机关当时没有掌握 B 罪，通过将甲的个人信息在网上对比，也能很快发现其所犯的 B 罪。从这一意义上看，B 罪作为公安部已经发布通缉令的案件，应视同全国公安机关已经掌握。

第三，如实交代的"异种罪行"必须与已经被抓获、掌握的罪行，没有法律上、事实上的密切联系。

其理由在于，司法机关已经掌握前罪，即便行为人不供述后罪，司法机关也能"顺藤摸瓜"找出后罪，行为人的供述对司法机关意义有限。两个犯罪在法律、事实上有密切关联，作案人均有义务如实交代，这几个不同的犯罪是同一犯罪过程中连续实施、衔接紧密的不同部分，犯罪嫌疑人、被告人在供述司法机关已经掌握的部分时，有义务供述同一犯罪过程中密切关联的其他部分。

"事实上密切关联"，是指已掌握的犯罪与未掌握的犯罪之间存在手段与目的等关系，且易结合发生的情形。如因持枪杀人被采取强制措施后，又交代其盗窃或私自制造枪支的行为。因为有枪才能实施持枪杀人行为，且枪支本身属于违禁品，故交代枪支来源而另行构成的涉枪犯罪，应当认定为与故意杀人罪属于同种罪行。例如，司法实践中，涉及人身、财产的犯罪，如在敲诈勒索、绑架、故意杀人、抢劫、故意伤害、交通肇事等案件中，被害人的人身，其随身携带财物的下落，作案工具的来源、去向等事实，均是与行为人实施的犯罪行为紧密关联的事实。

"法律上密切关联"，是指不同犯罪的构成要件有交叉或者不同犯罪之间存在对合（对向）关系、因果关系、目的关系、条件关系等牵连关系。例如，行贿罪与受贿罪、收买被拐卖的妇女、儿童罪与拐卖妇女、儿童罪，洗钱罪与毒品犯罪、黑社会性质组织犯罪等上游犯罪，掩饰、隐瞒犯罪所得、犯罪所得收益罪与为获得赃物而实施的抢劫罪、盗窃罪等犯罪。

（三）自首的其他问题

1. 自首从宽处罚。

《刑法》第 67 条规定，自首的，可以从轻或减轻处罚；犯罪较轻的，可以免除处罚。

2. 自首与坦白的区别。

（1）坦白：是指犯罪人被动归案后（如被司法人员当场抓获，被群众扭送至司法机关等不具备自动投案情节的情形），如实供述自己罪行的行为。

（2）刑法对坦白的规定：犯罪嫌疑人虽不具有自首情节，但是如实供述自己罪行的，可以从轻处罚；因其如实供述自己罪行，避免特别严重后果发生的，可以减轻处罚。

3. 单位犯罪的自首。

单位犯罪案件中，单位集体决定或者单位负责人决定而自动投案，如实交代单位犯罪事实的，或者单位直接负责的主管人员自动投案，如实交代单位犯罪事实的，应当认定为单位自首。

（1）单位自首的，直接负责的主管人员和直接责任人员未自动投案，但只要如实交代自己知道的犯罪事实的，可以视为自首——单位自首的效果可以及于个人，但要求个人如实交代

（2）单位自首的，直接负责的主管人员和直接责任人员未自动投案，也拒不交代自己知道的犯罪事实或者逃避法律追究的，不应当认定为自首。

（3）单位没有自首，直接责任人员自动投案并如实交代自己知道的犯罪事实的，对该直接责任人员应当认定为自首，单位不是自首——个人自首的效果不能及于单位

4. 刑法分则规定的特定犯罪自首减免处罚。

行贿、受贿犯罪具有一定的隐蔽性，司法机关难以破获。基于刑事政策的考虑，只要行为人能够主动交代，就可以获得比一般自首更从宽的处罚。

（1）《刑法》第 164 条（对非国家工作人员行贿罪）规定，行贿人在被追诉前主动交代行贿行为的，可以减轻处罚或者免除处罚。

（2）《刑法》第 390 条（行贿罪）规定，行贿人在被追诉前主动交代行贿行为的，可以从轻或者减轻处罚。其中，犯罪较轻的，对侦破重大案件起关键作用的，或者有重大立功表现的，可以减轻或者免除处罚。

二、立功（在量刑阶段需要考虑的因素）

《刑法》第 68 条：犯罪分子有揭发他人犯罪行为，查证属实的，或者提供重要线索，从而得以侦破其他案件等立功表现的，可以从轻或者减轻处罚，有重大立功表现的，可以减轻或者免除处罚。

（一）立功从宽处罚的理由及类型

1. 从宽处罚的理由。

（1）从法律上看，行为人能揭发或阻止他人犯罪，表明其人身危险性、再犯可能性降低。

（2）从政策上看，行为人能揭发或阻止他人犯罪，有利于节约司法资源。

需要指出的是，本部分讲的立功针对的是法院量刑之前要考虑的立功。《刑法》第 78

条所称的立功则是针对法院判决后，刑罚执行过程中，行为人所实施的一些有利于社会的行为，将其认定为立功，从而可以减刑。

2. 主要类型。

（1）与查获、制裁、预防犯罪有关。立功分为检举揭发型、提供线索型、协助抓捕型、阻止犯罪型和其他贡献型。

（2）"其他贡献型"立功，是指与刑事案件无关的，在日常生产生活中做出的有益于国家和社会的突出表现行为。例如，行为人在案件审理期间积极救助意欲自杀人员的行为，属于"具有其他有利于国家和社会的突出表现"，应构成立功。

（二）立功的具体内容

1. 到案后检举、揭发他人"犯罪行为"（包括揭发同案犯的其他与本人不相关的犯罪行为）。

（1）"犯罪行为"应理解为他人"客观上的犯罪行为"。例如，揭发了他人的"犯罪行为"，但他人在行为时并没有故意与过失，而是意外事件的，也应认定为立功。或者，甲揭发了乙（13周岁）的故意杀人行为，虽然该故意杀人行为因主体未达责任年龄而不构成犯罪，但甲的行为仍然构成重大立功。

（2）检举揭发"他人"的犯罪行为属实，但"他人"未能被抓获的，也应认定为是立功。《刑事审判参考》第753号魏光强等走私运输毒品案中，提供线索并协助查获大量案外毒品，但无法查明毒品持有人的，构成立功。

2. 提供侦破其他案件的重要线索。

3. 阻止他人犯罪活动。

4. 协助司法机关抓捕其他犯罪嫌疑人（包括同案犯）。包括：

（1）按照司法机关的安排，以打电话、发信息等方式将其他犯罪嫌疑人（包括同案犯）约至指定地点的；

（2）按照司法机关的安排，当场指认、辨认其他犯罪嫌疑人（包括同案犯）的；

（3）带领侦查人员抓获其他犯罪嫌疑人（包括同案犯）的；

（4）提供司法机关尚未掌握的其他案件犯罪嫌疑人的联络方式、藏匿地址的，等等。

5. 其他有利于国家和社会的突出表现。

（三）不能认定为是立功的情形

1. 亲友代为立功的，不能认定为是立功。犯罪分子的亲友直接向有关机关揭发他人犯罪行为，提供侦破其他案件的重要线索，或者协助司法机关抓捕其他犯罪嫌疑人的，不应当认定为犯罪分子的立功表现。检举揭发他人犯罪行为，实际上就是强调犯罪线索的来源问题，只要司法机关的犯罪线索来源于犯罪行为人，就认定为是立功——立功强调亲为性。

案例1：被告人曹某伙同他人涉故意伤害致人死亡案，后到公安机关投案，曹某并让其哥哥曹某某寻找、劝说在逃人员张某和杨某进行归案，法院未认定为立功。（参见《刑事审判参考》第1170号指导案例）

案例2：甲在5年前曾经听其父亲说，甲的叔叔8年前强奸过小芳。今年，甲因涉嫌盗窃罪被逮捕，检举揭发了其5年前曾经听过的上述强奸案，经查证属实。甲的行为成立立功，因为是甲向司法机关提供线索，甲获知该犯罪线索也没有通过非法手段。

2. 检举、揭发的事实或提供的线索不属实的，不认为是立功。犯罪分子揭发他人犯罪行为时没有指明具体犯罪事实的；揭发的犯罪事实与查实的犯罪事实不具有关联性的；提供的线索或者协助行为对于其他案件的侦破或者其他犯罪嫌疑人的抓捕不具有实际作用的，不能认定为立功表现——立功强调有效性。

3. 通过非法方式、职务行为立功的，不能认定为是立功——立功强调合法性。

司法实践中，犯罪分子为获得从宽处罚，有时会不择手段地以贿买、暴力、胁迫、引诱犯罪等非法手段，或者通过违反监管规定获取他人犯罪线索，对上述情形若认定为立功，违背了立功制度的初衷。

（1）本人通过非法手段或者非法途径获取的。（非法方式）

例如，犯罪分子通过贿买、暴力、胁迫等非法手段，或者被羁押后与律师、亲友会见过程中违反监管规定，获取他人犯罪线索并"检举揭发"的，不能认定为有立功表现。（非法方式）

（2）本人因原担任的查禁犯罪等职务获取的。犯罪分子将本人以往查办犯罪职务活动中掌握的，或者从负有查办犯罪、监管职责的国家工作人员处获取的他人犯罪线索予以检举揭发的，不能认定为有立功表现。其理由在于，职务行为本身所获取的犯罪线索，本来就应该交由相关部门。（职务行为）

例如，2011年卷四：陈某在检察机关审查起诉阶段，将自己担任警察期间查办犯罪活动时掌握的刘某抢劫财物的犯罪线索告诉检察人员，经查证属实。陈某的行为不能认定为立功。

4. 揭发具有对向（对合）关系的犯罪中的他人犯罪行为，是交代共犯人的犯罪事实，不能认定为是立功，属于自首应交代的内容。

对于存在对合关系的犯罪而言，一方犯罪的实施或者完成以另一方的对应行为为条件，如果没有行贿，受贿就无法完成。具有对合关系的犯罪，其构成要件相互涵摄了对方的犯罪行为，任何一方在如实供述本人犯罪事实时也必然涉及对方的犯罪行为，交代对方的行为亦是交代自己的行为。

例如，被告人刘凯供述其使用部分受贿款向他人行贿，必然要供述对方收受其贿赂的犯罪事实，不属于检举揭发他人犯罪，不能认定为立功，属于交代自己的犯罪行为。（参见《刑事审判参考》第1020号指导案例）

又如，张三将自己持有的吸食毒品带去司法机关，交代自己持有毒品的事实，可以成立非法持有毒品罪的自首。如果张三还能交代是谁贩卖毒品给他，则超出了"如实供述自己的罪行"（非法持有毒品）的范围，属于交代他人的贩卖毒品罪，成立立功。

再如，甲（民营企业销售经理）因合同诈骗罪被捕。在侦查期间，甲主动供述曾向国家工作人员乙行贿9万元，司法机关遂对乙进行追诉。后查明，甲的行为属于单位行贿，行贿数额尚未达到单位行贿罪的定罪标准——甲的行为是立功。本案中，甲交代的并不是自己的犯罪事实，虽然他交代了自己曾向国家工作人员乙行贿9万元，但本案中，甲代表单位行贿的行为（单位行贿）并不构成犯罪，因为该案并没有达到单位行贿的定罪标准。但国家工作人员乙的行为构成受贿罪，从这一意义上看，甲实际上是交代了他人（乙）的犯罪行为，应属于立功。

>> **历年真题**

下列哪些选项不构成立功？① （2012年·卷二·57题）

A. 甲是唯一知晓同案犯裴某手机号的人，其主动供述裴某手机号，侦查机关据此采用技术侦查手段将裴某抓获

B. 乙因购买境外人士赵某的海洛因被抓获后，按司法机关要求向赵某发短信"报平安"，并表示还要购买毒品，赵某因此未离境，等待乙时被抓获

C. 丙被抓获后，通过律师转告其父想办法协助司法机关抓捕同案犯，丙父最终找到同案犯藏匿地点，协助侦查机关将其抓获

D. 丁被抓获后，向侦查机关提供同案犯的体貌特征，同案犯由此被抓获

（四）其他问题

1. 一般立功和重大立功的区别。

（1）重大立功所针对的对象是"犯罪嫌疑人、被告人<u>可能被判处无期徒刑以上刑罚</u>或者案件在本省、自治区、直辖市或者全国范围内有较大影响等情形"。

（2）可能被判处无期徒刑以上刑罚，是指根据犯罪行为的事实、情节可能判处无期徒刑以上刑罚。案件已经判决的，以实际判处的刑罚为准。但是，根据犯罪行为的事实、情节应当判处无期徒刑以上刑罚，因被判刑人有法定情节依法从轻、减轻处罚而被判处有期徒刑的，应当认定为重大立功。

2. 立功的法律后果。

（1）"自首"或者"一般立功"的：可以从轻、减轻处罚。自首中，犯罪较轻的，可以免除处罚。

（2）有"重大立功"表现的：可以减轻或者免除处罚。

3. 自首的法律效果仅及于自首的罪，而立功的法律效果可以及于行为人所实施的所有犯罪行为。

例如，犯罪人张某实施了甲、乙二罪，因甲罪被抓获，羁押期间，张某如实交代了司法机关尚未掌握的乙罪。张某就乙罪成立自首。那么，乙罪可以享受自首的法律效果"可以从轻、减轻处罚"。甲罪不成立自首，不能从轻、减轻处罚。

但是，如果张某到案后还检举、揭发了李某的丙罪，属于立功。立功的法律效果及于立功人所犯的所有罪，即只要是张某所实施的任何犯罪行为，都可以享受立功从宽处理的法律规定，张某的甲罪、乙罪都能享受到立功的效果"可以从轻、减轻处罚"。

⊙ ［主观案例］被告人杨彦玲采用投毒手段杀害丈夫白建平，在继子白航饮用白建平服剩的有毒饮料时不予制止，且在医院救治白航时隐瞒真相不报，致白航中毒死亡，其行为已构成故意杀人罪，犯罪手段残忍，后果严重，应依法予以惩处。杨彦玲在侦查阶段对于重金属铊的来源、购买方式、汇款地点的供述系如实交代自己的犯罪行为，所涉及的内容均属本案相关犯罪事实，故其行为不构成立功。（参见《刑事审判参考》第714号指导案例）

⊙ ［主观案例］《刑事审判参考》第1125号指导案例，李虎、李善东等故意伤害案——故意隐瞒自己参与共同犯罪的事实而以"证人"身份按照司法机关安排指认同案犯的行为

---

① 答案：ACD。

是否构成立功。李虎、李善东等故意伤害他人后，李虎故意隐瞒自己参与共同犯罪的事实，而以"证人"身份按照司法机关安排指认同案犯李善东实施了伤害行为。

[主观题考点解读] 李虎的行为不成立立功，立功的前提是犯罪分子"到案后"协助司法机关抓获其他犯罪嫌疑人。而本案中，李虎并没有"到案"，因此，不能认定为是立功。

◉ [主观案例] 被告人投案后，委托家属动员同案人投案的，不认定为立功。例如，被告人曹某伙同他人涉故意伤害致人死亡案，后到公安机关投案，曹某让其哥哥曹某某寻找、劝说在逃人员张某和杨某进行归案，法院未认定为立功。立功的主体原则上应限定为犯罪嫌疑人、被告人本人。另外，最高人民法院《关于处理自首和立功若干问题的意见》第5条对于"协助司法机关抓捕其他犯罪嫌疑人"列举了4种情形，对其他情形应限制解释，不能随意解释为立功。(参见《刑事审判参考》第1170号指导案例)

◉ [主观案例] 张杰、曲建宇等故意杀人案——虽然现场指认同案犯，但对抓捕未起到实际作用的，不构成立功。该案中，张杰、曲建宇等共同故意杀人后，将尸体放入轿车内。听到有人报警后，曲建宇在犯罪现场等候公安机关，张杰等其他人员驾车逃跑。后公安人员抓获张杰和王国兴等同案犯，曲建宇在现场有指认行为，但综合分析当时被害人尸体在王国兴驾驶的轿车内，现场除张杰、王国兴、曲建宇及其亲友外并无他人等情况，曲建宇的指认行为对抓获张杰、王国兴不具有实际作用，不能认定为立功。(参见《刑事审判参考》第1259号指导案例)

第三部分

刑法分则核心考点

专题十一

刑法中的法律注意规定与法律拟制规定

一、法律注意规定

注意规定的设置，并不改变相关规定的内容，只是对相关规定内容的重申；换言之，即使刑法不设置该注意规定，也是这样处理的。

例如，《刑法》第 156 条规定："与走私罪犯通谋，为其提供贷款、资金、帐号、发票、证明，或者为其提供运输、保管、邮寄或者其他方便的，以走私罪的共犯论处。"该条规定是关于走私犯罪的共同犯罪的注意规定，即便没有《刑法》第 156 条的规定，根据共同犯罪的基本理论，"与走私罪犯通谋"的，也应该以走私罪的共犯论处。

又如，《刑法》第 382 条第 3 款（贪污罪的共犯）规定："与前两款所列人员勾结，伙同贪污的，以共犯论处。"即便没有《刑法》第 382 条第 3 款的规定，伙同他人贪污的，也应该以贪污罪的共同犯罪论处。

再如，《刑法》第 244 条（强迫劳动罪）第 2 款规定，"明知他人实施前款行为，为其招募、运送人员或者有其他协助强迫他人劳动行为的，依照前款的规定处罚"。这一规定是强迫劳动罪的共犯的注意规定，换言之，即便没有这款规定，明知他人强迫劳动而提供帮助的，也应该以强迫劳动罪的共同犯罪论处。

二、法律拟制规定

法律拟制，是指将原本不符合某种规定的行为也按照该规定处理。也就是说，刑法对这一问题作了特别规定。换言之，在法律拟制的场合，尽管立法者明知 T2 与 T1 在事实上并不完全相同，但出于某种目的仍然对 T2 赋予与 T1 相同的法律效果，从而指示法律适用者，将 T2 视为 T1 的一个事例，对 T2 适用 T1 的法律规定。

例如，《刑法》第 269 条规定："犯盗窃、诈骗、抢夺罪，为窝藏赃物、抗拒抓捕或者毁灭罪证而当场使用暴力或者以暴力相威胁的，依照本法第二百六十三条（抢劫罪）的规定定罪处罚。"此即法律拟制。因为该条规定的行为（T2）原本并不符合《刑法》第 263 条（抢劫罪）的构成要件（T1），但第 269 条对该行为（T2）赋予与抢劫罪（T1）相同的法律效果；如果没有第 269 条的规定，对上述行为就不能以抢劫罪论处，而只能对前一阶段的行为分别认定为盗窃、诈骗、抢夺罪，对后一阶段的行为视性质与情节认定为故意杀人罪、故意伤害罪。

又如,《刑法》第 267 条第 2 款规定:"携带凶器抢夺的,依照本法第二百六十三条(抢劫罪)的规定定罪处罚。"携带凶器抢夺(T2)与《刑法》第 263 条规定的抢劫罪(T1)在事实上并不完全相同,或者说,携带凶器抢夺的行为原本并不符合抢劫罪的构成要件,"携带凶器抢夺"的本质还是"抢夺",但立法者将该行为(T2)赋予与抢劫罪(T1)相同的法律效果。如果没有《刑法》第 267 条第 2 款的法律拟制这一规定,对于单纯携带凶器抢夺的行为,只能认定为抢夺罪,而不能认定为抢劫罪。

再如,《刑法》第 382 条第 2 款规定:"受国家机关、国有公司、企业、事业单位、人民团体委托管理、经营国有财产的人员,利用职务上的便利,侵吞、窃取、骗取或者以其他手段非法占有国有财物的,以贪污论。"而"受国家机关、国有公司、企业、事业单位、人民团体委托管理、经营国有财产的人员"并非国家工作人员,并不属于贪污罪的主体。但《刑法》第 382 条第 2 款改变了贪污罪的构成要件,将非国家工作人员(也即"受国家机关、国有公司、企业、事业单位、人民团体委托管理、经营国有财产的人员")纳入贪污罪的主体范围。换言之,如果没有《刑法》第 382 条第 2 款的规定,这类人员是不构成贪污罪的。

三、区分二者的意义

1. 在于明确该规定是否修正或补充了相关规定或基本规定,是否导致将不同的行为等同视之。换言之,将某种规定视为法律拟制还是注意规定,会导致适用条件的不同,因而形成不同的认定结论。

2. 注意规定的内容属理所当然,因而可以"推而广之";而法律拟制的内容并非理所当然,只是立法者基于特别的理由才将某种规定的情形(行为)赋予该规定的法律效果,因而对法律拟制的内容不能"推而广之"。

3. 对于注意规定,应当按照基本规定作出解释;对于法律拟制,应当按照该拟制规定所使用的用语的客观含义进行解释。总之,区分法律拟制与注意规定直接关系到罪与非罪、此罪与彼罪的界限问题。[①]

四、认定中的疑难问题

刑法中的规定,究竟属于法律注意规定还是法律拟制规定,有些是很容易判断的,如前述的相关规定。但部分规定,究竟是法律注意规定还是法律拟制规定,理论上可能存在不同的观点。例如,《刑法》第 247 条前段规定了刑讯逼供罪与暴力取证罪,该条规定,"致人伤残、死亡的,依照本法第二百三十四条、第二百三十二条的规定定罪从重处罚。"类似的规定还有,《刑法》第 238 条第 2 款(非法拘禁罪)规定,非法拘禁过程中,使用暴力致人伤残、死亡的,以故意伤害罪、故意杀人罪论处。

1. 如果认为本规定属于法律拟制,那么,只要是刑讯逼供或者暴力取证致人死亡的,无论行为人主观上是"故意"还是"过失"导致被害人死亡的,均应转化为故意杀人罪,换言之,尽管"过失导致被害人死亡的行为"原本不符合故意杀人罪的成立条件,但法律仍然赋予其故意杀人罪的法律效果。国家法律职业资格考试认为该规定为法律拟制规定,

---

① 张明楷:《如何区分注意规定与法律拟制》,载《人民法院报》2006 年 1 月 11 日。

而非注意规定。但这种观点在审判实践中并没有得到认同，刑法理论上也有不少学者对此提出反对意见。

2. 如果认为本规定属于注意规定，那么，刑讯逼供过程中过失致人死亡的，仅能认定为过失致人死亡罪。不能改变故意杀人罪、过失致人死亡罪的认定规则。

审判实践中，对于在非法拘禁过程中致人死亡，如果对死亡结果没有故意的，不能拟制为故意杀人罪。《刑事审判参考》第 1276 号指导案例。判决指出：被告人宋某胜、李某英等人，在得知其未成年女儿与成年男子王某发生性关系之后，基于气愤将被害人王某长时间非法控制之后，对王某进行殴打，向王某及其家人索取赔偿款。后多次殴打王某，致王某创伤性休克死亡。根据本案事实，在王某生命于危险状态时，有被告人给王某服药，并找来村医给王某治疗。各被告人当然不希望王某死亡，不具有非法剥夺他人生命的故意，依法应当认定各被告人的行为构成故意伤害（致人死亡）罪。判决认为，非法拘禁过程中，只有使用暴力故意致人死亡的，才以故意杀人罪论处，如果对死亡结果没有故意的，不能认定为故意杀人罪。

专题十二

侵犯财产罪（侵犯个人法益犯罪）

■ 知识体系

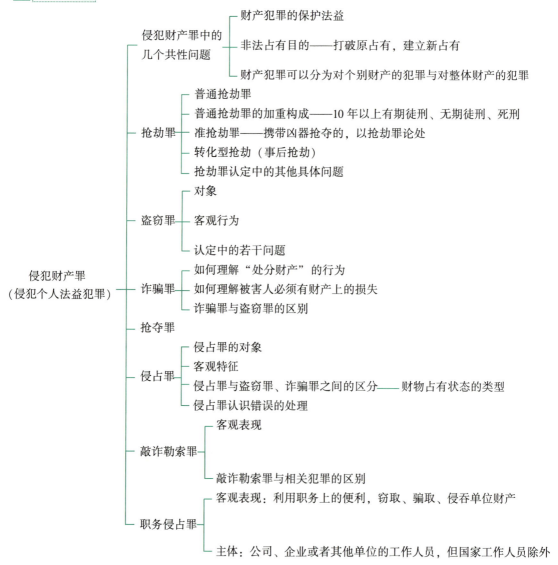

侵犯财产罪（侵犯个人法益犯罪）
- 侵犯财产罪中的几个共性问题
  - 财产犯罪的保护法益
  - 非法占有目的——打破原占有，建立新占有
  - 财产犯罪可以分为对个别财产的犯罪与对整体财产的犯罪
- 抢劫罪
  - 普通抢劫罪
  - 普通抢劫罪的加重构成——10年以上有期徒刑、无期徒刑、死刑
  - 准抢劫罪——携带凶器抢夺的，以抢劫罪论处
  - 转化型抢劫（事后抢劫）
  - 抢劫罪认定中的其他具体问题
- 盗窃罪
  - 对象
  - 客观行为
  - 认定中的若干问题
- 诈骗罪
  - 如何理解"处分财产"的行为
  - 如何理解被害人必须有财产上的损失
  - 诈骗罪与盗窃罪的区别
- 抢夺罪
- 侵占罪
  - 侵占罪的对象
  - 客观特征
  - 侵占罪与盗窃罪、诈骗罪之间的区分——财物占有状态的类型
  - 侵占罪认识错误的处理
- 敲诈勒索罪
  - 客观表现
  - 敲诈勒索罪与相关犯罪的区别
- 职务侵占罪
  - 客观表现：利用职务上的便利，窃取、骗取、侵吞单位财产
  - 主体：公司、企业或者其他单位的工作人员，但国家工作人员除外

主观题命题点拨

1. 在掌握各个财产犯罪的基本概念、构成要件的基础上，应对财产犯罪进行一个实质化的提升，了解不同财产犯罪区别的实质，以期对财产犯罪有一个质的把握。

2. 对抢劫罪所要求的"劫取"财物，近年来的法考真题作了广义理解，需要特别注意。包括抢回欠条（财产性利益）等。但如果债务人将债权人直接杀害而希望免除债务，并不抢回欠条的，由于没有消灭债权债务关系，不构成抢劫罪，只成立故意杀人罪。

3. 诈骗罪所要求的处分行为，不能简单地等同于"交付"，而是要求被害人有放弃占有的行为及意思。一般而言，法考真题中，区分盗窃与诈骗的试题，更多地是认定为盗窃罪，被害人并没有处分财产。

4. 盗窃与诈骗的区分，是历年法考的一个核心考点。主观题中也可能涉及该知识点，例如，2018 年主观题就曾涉及该知识点。尤其要注意，诈骗罪要求行为人主观上要有处分意识，但如何理解处分意识，可能存在不同的观点。

一、侵犯财产罪中的几个共性问题

（一）财产犯罪的保护法益

1. 所有权及其他本权（占有权）。

（1）财产犯罪的保护法益，不仅仅是保护财产所有权，还保护其他权利，典型的如占有权。意即，自己所有的财物，处于他人的合法占有之下，通过非法的方式取回来的，由于破坏了他人对财物的合法占有（占有权），也成立财产犯罪——＊＊不仅保护所有权，还保护合法占有。

例如，甲的汽车处于国家机关的管理过程中，甲将本属于自己所有的汽车偷回来的，也侵犯了国家机关对该汽车的占有，如果认为财产罪的保护法益包括占有，可以成立盗窃罪。

（2）理论上另一种观点认为，财产犯罪的保护法益为所有权，单纯的占有权并不值得刑法保护。该案仅侵犯了占有权而没有侵犯他人的财产所有权，不应以盗窃罪论处。这种观点主要是考虑到，如果以盗窃罪论处，可能会量刑畸重，并不合适。这种观点也得到了审判实践的有力支持。

2. 需要法定程序改变现状的占有，即非法占有。意即，即便他人非法占有财物，对财物的占有本身是不合法的，我们也不能通过非法的方式取走他人非法占有的财物，也就是不允许黑吃黑，他人的非法占有是需要通过警察力量（法定程序）去改变，而不能由其他人随意改变——＊＊黑吃黑，刑法要管。

例如，乙非法持有假币 20 万元，甲抢夺乙的假币，依然成立抢夺罪。

又如，乙窃取摩托车，准备骑走。甲觉其可疑，装成摩托车主人的样子说："你想把我的车骑走啊？"乙弃车逃走，甲将摩托车据为己有。甲成立诈骗罪（可能与敲诈勒索罪存在竞合）。

3. 所有权人对财物的所有权，可以对抗他人的非法占有——＊＊白吃黑，刑法不管（自救行为）。

例如，甲盗窃了乙的手机，甲对该手机是非法占有，原则上，其他人从甲处再非法取走该手机的，也成立财产犯罪。但所有权人乙将它再从甲处偷回来，就不构成犯罪，乙的所有权可以对抗甲的非法占有。

⊙ [主观案例]《刑事审判参考》第1177号指导案例，何弦、汪顺太非法处置扣押的财产案。何某的车因涉嫌运输毒品被公安机关扣押，但该车已经抵押给银行，银行知道此事后催何某还款，何某便想让黄某帮忙取回被扣押的车辆。晚上9时许，何某、黄某来到公安局后院内，在未办理任何返还涉案车辆手续的情况下，用该车的备用钥匙将车开走。

[主观题考点解读] 如果认为财产犯罪的保护对象是财产占有权，则行为人的行为构成盗窃罪。如果认为财产犯罪的保护对象是财产所有权，则行为人的行为不构成盗窃罪，成立非法处置扣押的财产罪。该案存在争议，刑法理论上不少学者主张前一观点，审判实践则多肯定后一观点。

（二）非法占有目的——打破原占有，建立新占有

财产犯罪多要求"以非法占有为目的"，我国刑法规定的财产犯罪中，仅有故意毁坏财物罪、挪用资金罪等个别不具有非法占有目的。所谓非法占有目的，是指行为排除权利人对财物的占有（打破原占有），将他人的财物作为自己的所有物进行支配，并遵从财物的可能用途进行利用、处分的意思（建立新占有）。具体而言：

1. "排除意思"（打破原占有），是让原物占有人无法使用（占有）该财产，将权利人"撇在一边"。所谓排除意思是达到了可罚程度的妨害他人（原占有人）利用财产的意思。

用通俗的话说，"排除意思"是指，排除占有人对财物的占有。即：把他人的东西拿走，不让他人用，当时拿他人的东西不想还；即使还给被害人也没有啥意义，损失太大。以下三种情形应认定具有排除意思：

（1）行为人虽然只有一时使用的意思，但没有返还的意思，相反，具有在使用后毁弃、放置的意思而窃取、骗取财物的，由于具有持续性地侵害他人对财物的利用可能性的意思，应认定存在排除意思，成立财产犯罪——这属于"弃置型"的财产犯罪。

例如，行为人盗开他人汽车，开到目的地后，将轿车抛弃在目的地的，存在排除意思，可以成立盗窃罪。

（2）行为人虽然具有返还的意思，但具有侵害相当程度的利用可能性的意思时，由于存在可罚的法益侵害的危险，应肯定排除意思的存在，认定为构成财产犯罪。也即此种情形下，虽然行为人在非法取得财物时具有返还的意思，但这种"返还"对被害人而言已经没有太大的意义，财产的价值已经耗尽。

例如，甲在国家法律职业资格考试前偷乙正在使用的当年的国家法律职业资格考试辅导用书，在国家法律职业资格考试结束之后两年才将该书返还给乙。将这些书两年之后再返还给乙已经没有实际价值了，甲的行为成立盗窃罪。

（3）行为人虽然具有返还的意思，而且对被害人的利用可能性的侵害相对轻微，但具有消耗财物中的价值的意思时，由于对作为所有权的内容的利益造成了重大侵害，应认定具有排除意思，成立财产犯罪。

例如，为了伪装退货、取得商品对价，而从超市拿出商品的，应认定具有排除意思。

又如，骗取他人的手机，以便短时间内让被害人用金钱赎回的，存在排除的意思。

这类案件中，行为人盗窃、骗取财物后，虽然有返还的意思，但返还的前提是要求被害方提供相应的"对价"，从这个意义上看，返还对被害人而言已经没有意义了，实质上造成了被害人的财产损失。

2. 利用意思（建立新占有）的机能在于使盗窃、诈骗等取得型犯罪与故意毁坏财物罪相区别。

（1）利用意思不限于遵从财物的经济用途进行利用、处分的意思。例如，个别有特别癖好的男性，偷女性内衣。偷别人的家具作为木头取火。这种情形下，虽然没有遵从物的经济用途来使用，但仍然认为具有利用的意思，成立盗窃罪——怎么用都行，哪怕是一时使用也行。（不需要"物尽其用"）

例如，2014 年卷二 88. 郑某等人多次预谋通过爆炸抢劫银行运钞车。为方便跟踪运钞车，郑某等人于 2012 年 4 月 6 日杀害一车主，将其面包车开走。后郑某等人制作了爆炸装置，并多次开面包车跟踪某银行运钞车，了解运钞车到某储蓄所收款的情况。郑某等人摸清运钞车情况后，于同年 6 月 8 日将面包车推下山崖——郑某等人在利用面包车后毁坏面包车的行为，不影响非法占有目的的认定，虽然郑某等人仅对面包车进行了一时的使用。郑某等人对面包车的行为成立抢劫罪。

又如，2019 年真金题：甲将上锁的共享单车（仅供城市使用），偷偷运到村里，供村民扫码付费使用。甲有非法占有目的，成立盗窃罪。

（2）一般来说，凡是以单纯毁坏、隐匿意思以外的意思而取得他人财物的，都可能评价为具有遵从财物可能具有的用法进行利用、处分的意思，即具有利用的意思。例如，甲盗窃他人的手机后，放在家中闲置而未使用，仍然认为具有利用意思，成立盗窃罪。

›› 历年真题

1. 下列哪些选项的行为人具有非法占有目的？①（2011 年·卷二·61 题）

A. 男性基于癖好入户窃取女士内衣

B. 为了燃柴取暖而窃取他人木质家具

C. 骗取他人钢材后作为废品卖给废品回收公司

D. 杀人后为避免公安机关识别被害人身份，将被害人钱包等物丢弃

2. 下列哪些行为属于盗窃？②（2019 年真金题·9 题）

A. 小明将共享单车放置自家门口，不破坏自行车锁，便于自己扫码付费使用

B. 小红将上锁的共享单车（仅供城市使用），偷偷运到村里，供村民扫码付费使用

C. 小孟将共享单车停到自家院里，不破坏自行车锁，供自己扫码付费使用

D. 小张将已上锁的共享单车锁破坏，用自己的锁将共享单车锁上供自己使用

⊙ [提示] 财产犯罪所要求的"非法占有目的"本质在于侵犯了被害人对财物的占有，但是，随着共享经济的到来，共享财物的所有权人对财物的占有也并不是绝对的、排他性的。例如，共享单车公司对自行车所需要的占有是一种可随时支配、发现、非独断的占有，意即，共享单车公司可以随时发现、控制自行车，但其他人亦可付费随时使用该自行车。消费者即便要使用自行车，也应该遵守共享单车公司对自行车的占有要求。共享单车

---

① 答案：ABC。

② 答案：BCD。

不同于我们个人所有的自行车，我们对自己的自行车的占有是绝对地、排他性的，任何人都不能改变自行车的特定位置、状态。但是，只要违反了共享的规则，导致车辆不能"共享"而成为行为人的"独享"，仍可认为有非法占有目的，成立盗窃罪。

（三）财产犯罪可以分为对个别财产的犯罪与对整体财产的犯罪

第一，就对整体财产的犯罪而言，应当将财产的丧失与取得作为整体进行综合评价，如果没有损失，则否认犯罪的成立。即被害人经济总量没有损失，就不认为行为人构成财产犯罪。

第二，就对个别财产的犯罪而言，只要存在个别的财产丧失就认定为财产损失，成立财产犯罪。至于被害人在丧失财产的同时，是否取得了财产或是否存在整体的财产损失，则不是认定犯罪所要考虑的问题。

一般认为，盗窃罪、抢劫罪属于对个别财产的犯罪。诈骗罪是对个别财产的犯罪还是对整体财产的犯罪，存在争议，我国审判实践认为是针对整体财产的犯罪。

1. 甲在进入乙的办公室盗窃乙价值 5000 元的手机时，将自己的 5000 元现金放在乙的桌上，作为对乙的补偿，甲的行为成立盗窃罪。

理由：盗窃手机的行为违反了乙的意志，乙对手机的占有是值得刑法保护的。虽然整体上看，似乎乙没有财产损失，但盗窃罪是针对个别财产的犯罪，故只要针对个别财产的侵害违反了乙的意志，甲的行为就成立盗窃罪——有钱也不能如此"任性"

2. 甲去商店买手机时，店员不在场，甲将标价 2000 元的手机拿走，同时将自己的 2000 元现金放在柜台的，甲的行为不成立盗窃罪。

理由：甲的行为并不违反被害人的意志，因而不成立盗窃罪，即便针对这个个别财产，亦没有违反店员的意志。

3. 最高人民法院认为，诈骗罪是针对整体财产的犯罪，只要被害人整体上没有财产损失，就不成立诈骗罪。但是，理论上部分学者（张明楷等）认为，诈骗罪是针对个别财产的犯罪。

例如，甲将一个按摩椅卖给乙，过度地夸大了该按摩椅的功能，但销售价格基本上接近成本价（2 万元），乙的整体财产并没有遭受损失，虽然付出了 2 万元，但也得到了 2 万元的按摩椅，甲的行为不构成诈骗罪。其理由在于：诈骗罪中，犯罪行为人与被害人进行了"沟通"，而其他财产犯罪则没有这种"沟通"，既然"沟通"过，被害人处分财产就是"自愿"的，不宜轻易认定为诈骗罪。

最高人民法院对任梦迪案的评析指出，从理论上分析，应把诈骗罪理解为对整体财产的犯罪，即在认定诈骗数额时，应把被害人获得的财产利益从诈骗数额中扣除，以被害人实际遭受的财产损失为标准计算诈骗数额。（2008）南刑初字第 541 号。

例如，2020 年真金题：甲、乙、丙 3 人经商定后，从淘宝店购买了某品牌的最新款手机 30 部，收到手机后，3 人拆下新手机的主板，换上事先准备好的废旧主板，然后利用 7 天无理由退货的规则，将手机退货，从店主处获得全额退款 80000 元——该案中，如果认为诈骗罪是针对整体财产（财产损失）的犯罪，诈骗对象应认定为财产损失，即手机主板。如果认为诈骗罪是针对个别财产的犯罪，骗的是"那个"财产，则诈骗罪的对象是手机货款 80000 元。法考坚持了后一种观点。

二、抢劫罪

（一）普通抢劫罪（《刑法》第 263 条）

1. 抢劫罪的对象：不仅仅包括合法财产，还包括非法财产。

例如，以毒品、假币、淫秽物品等违禁品为对象，实施抢劫的，以抢劫罪定罪。如果刑法已经专门规定了抢劫相关违禁品的犯罪，按特别罪来处理：如刑法规定了抢劫枪支、弹药、爆炸物、危险物质罪，抢劫枪支的行为就不能成立抢劫罪，而是成立抢劫枪支罪。

◉ ［注意］基于抢劫罪的法定刑偏重，司法解释、审判实践中对抢劫罪的对象进行了限制解释：

（1）行为人仅以其"所输赌资"或"所赢赌债"为抢劫对象，一般不以抢劫罪论处；[1]

（2）为个人使用，抢劫其家庭成员或者近亲属财产的，一般不以抢劫罪论处；教唆或者伙同他人采取暴力、胁迫等手段劫取家庭成员或近亲属财产的，可按抢劫罪定罪；

（3）未成年人强拿硬要少量物品，情节显著轻微、危害不大的行为，可不认为构成抢劫罪。

2. 客观行为：以暴力、胁迫或者其他方法，劫取公私财物。

（1）条件一：手段行为：暴力、胁迫或者其他方法，排除被害人的反抗（侵犯人身权利）

第一，暴力。

暴力必须针对人实施（不包括对物使用暴力）。

暴力必须达到"足以抑制被害人反抗的程度"，暴力的程度是对手段的要求，不是对结果的要求，只要暴力压制了被害人的反抗即可，不要求必须达到轻伤、重伤结果。以不足以抑制对方反抗的轻微暴力取得他人财物的，应认定为敲诈勒索罪。[2]

暴力的对方不限于财物的直接持有者，也包括对有权处分财物的人以及其他妨碍劫取财物的人使用暴力。例如，乙抢劫妇女高某的财物，路人曾某前来上前制止，乙用自制火药枪打死了曾某，乙的行为成立抢劫罪（致人死亡）。[3]

在财物的交付者和暴力、胁迫的承受者不一致但处于"同一场所"的情况下，也成立抢劫罪。例如，对商场的保安实施暴力，然后从营业员手中夺取金银首饰的，也是抢劫罪。

---

① 由于赌博活动是一种违法活动，赌博参与者的赌资依法应予没收，在法律意义上属于国家所有。但是对于仅以所输赌资或所赢赌债为抢劫对象的，行为人主观上对于所输赌资或所赢赌债的性质毕竟不像抢劫罪中对于"他人财物"的性质认识得那样清晰和明确，其主观故意的内容与抢劫"他人财物"有所不同，综合考虑其主观故意和客观危害性，一般不以抢劫罪定罪处罚。最高人民法院研究室顾保华：《〈关于审理抢劫、抢夺刑事案件适用法律若干问题的意见〉的理解与适用》。

② 例如，甲经常勾引乙的老婆去其家中打麻将，一天，乙非常生气，打了甲两个耳光，"你必须赔我 5000 元，否则我打烂你家里的东西"。甲给了乙 5000 元，乙的行为成立敲诈勒索罪。

③ 但是，对于无关的第三者实施暴力的，不宜认定为抢劫罪。例如，甲误将站在摩托车旁边的乙当作车主，对乙使用暴力后取走该摩托车的，虽然甲主观上有抢劫的故意，但其客观上实施的行为实属盗窃（客观上连抢劫的可能性都没有，因为没有人妨碍甲取得财物），基于客观主义的立场（通说）应成立盗窃罪。如果对乙造成伤害，则应认定为故意伤害罪，与盗窃罪并罚。当然，主观主义的刑法观更多地强调行为人主观上想实施抢劫，而认定为抢劫罪（未遂）。

第二，胁迫。是指以"当场"对人使用暴力相威胁（如行为人将刀挂在自己的脖子上，进而以此威胁被害人），使被害人产生恐惧心理因而不敢反抗的行为。

如果行为人当着财物的所有者、保管者或者持有者的面，而对其在场的近亲属或者其他利益关系人进行暴力打击，迫使财物的所有者、保管者、持有者交出财物的，也成立抢劫罪，这种情形下的暴力对于财物的所有者、保管者、持有者而言，主要是一种胁迫。

以将来实施暴力相威胁的，以及以当场立即实现损毁名誉、毁坏财物等非暴力内容进行威胁的，由于不足以当场抑制被害人的反抗，不成立抢劫罪。

第三，其他方法。是指暴力、胁迫之外的，足以抑制被害人反抗的方法。

例如，用药物麻醉、用酒灌醉、使用催眠术或用毒药毒昏等，致使被害人处于不知反抗或不能反抗的状态。对于利用财物的所有人或者保管人在屋内并且不备之机或者将被害人骗进屋内将屋门锁上、拧住、堵住，在财物所有人或者保管人知晓的情况下，非法拿走在屋外的财物的，也应认定为抢劫罪。

但是，如果行为人仅仅利用被害人熟睡、酗醉、昏迷等不能反抗状态而秘密窃取财物的，应以盗窃罪论处，因为此种情形下其并没有实施抢劫罪的手段行为"其他方法"。

》》历年真题

甲、乙、丙、丁共谋诱骗黄某参赌。四人先约黄某到酒店吃饭，甲借机将安眠药放入黄某酒中，想在打牌时趁黄某不清醒合伙赢黄某的钱。但因甲投放的药品剂量偏大，饭后刚开牌局黄某就沉沉睡去，四人趁机将黄某的钱包掏空后离去。上述四人的行为构成何罪？[①]（2009 年·卷二·19 题）

A. 赌博罪   B. 抢劫罪

C. 盗窃罪   D. 诈骗罪

（2）条件二，目的行为：劫取财物，包括抢回欠条（财产性利益）等。

例如，抢回借条、逼迫被害人填写虚假的收条等，均可认为是劫取财物。但是，如果债务人将债权人直接杀害，并不抢回借条的，由于没有消灭债权债务关系，不构成抢劫罪，只成立故意杀人罪。

《刑事审判参考》第 1063 号指导案例：习海珠在拖欠被害人彭桂根钱款情况下，习海珠等人以暴力、胁迫手段迫使彭桂根书写 75 万元的收条，改变了原有的财产权利关系，导致彭桂根丧失 75 万元的债权，应当认定为抢劫犯罪既遂。

》》历年真题

赵某与钱某原本是好友，赵某受钱某之托，为钱某保管一幅名画（价值 800 万元）达三年之久。某日，钱某来赵某家取画时，赵某要求钱某支付 10 万元保管费，钱某不同意。赵某突然起了杀意，为使名画不被钱某取回进而据为己有，用花瓶猛砸钱某的头部，钱某头部受重伤后昏倒，不省人事，赵某以为钱某已经死亡。刚好此时，赵某的朋友孙某来访。赵某向孙某说"我摊上大事了"，要求孙某和自己一起将钱某的尸体埋在野外，孙某同意。问题：关于赵某杀害钱某以便将名画据为己有这一事实，可能存在哪几种处理意

---

① 答案：B。

见？（2016年·卷四）

可能存在两种处理意见：

其一，认定为侵占罪与故意杀人罪，实行数罪并罚（对各行为分别判断）。理由是，赵某已经占有了名画，不可能对名画实施抢劫行为，杀人行为同时使得赵某将名画据为己有，所以，赵某对名画成立（委托物）侵占罪，对钱某的死亡成立故意杀人罪。

其二，认定成立抢劫罪一罪（对前后行为进行整体判断）。理由是，赵某杀害钱某是为了使名画不被返还，钱某对名画的返还请求权是一种财产性利益，财产性利益可以成为抢劫罪的对象。

（3）条件三：因果关系——手段行为与获取财物行为之间必须具有因果关系，钱必须是你"抢"来的。

抢劫案件中，如果钱不是行为人"抢"来的，只能成立抢劫罪的未遂。

2008年卷二12. 甲持西瓜刀冲入某银行储蓄所，将刀架在储蓄所保安乙的脖子上，喝令储蓄所职员丙交出现金1万元。见丙故意拖延时间，甲便在乙的脖子上划了一刀。刚取出5万元现金的储户丁看见乙血流不止，于心不忍，就拿出1万元扔给甲，甲得款后迅速逃离——甲的行为成立抢劫罪既遂。[①]

（4）两个"当场"：要求"当场"使用暴力或者以当场使用暴力相威胁，"当场"取财。

"当场"的理解不能过于狭窄，暴力、胁迫手段或者其他方法与取得财物之间虽持续一定时间，也不属于同一场所，但从整体上看行为并无间断的，也应认定为当场强行劫取财物。

例如，甲用枪威逼在家的乙去单位给自己拿钱，尽管威胁实施的场所和取得财物的场所有一定距离，但仍是抢劫罪——"当场"即时间、空间不中断的延续。[②]

又如，2009年卷四：甲去情妇丙家抢劫，将丙杀害后得到一个保险柜，甲不知密码打不开保险柜。甲回家后想到乙会开保险柜，即套问乙开柜方法，但未提及杀丙一事。甲将丙的储蓄卡和身份证交乙保管，声称系从丙处所借。两天后甲又到丙家，按照乙的方法打开保险柜，发现柜内并无钱款——本案打开保险柜的行为属于"当场"取财，成立抢劫罪。

又如，2006年卷二53. 甲、乙、丙共谋犯罪。某日，三人拦截了丁，对丁使用暴力，然后强行抢走丁的钱包，但钱包内只有少量现金，并有一张银行借记卡。于是甲将丁的借记卡抢走，乙、丙逼迫丁说出密码。丁说出密码后，三人带着丁去附近的自动取款机上取钱。取钱时发现密码不对，三人又对丁进行殴打，丁为避免遭受更严重的伤害，说出了正

[①] 本案中，甲对保安、储蓄所职员的行为，实际上已经对储户丁产生了一种胁迫心理。因此，甲是基于胁迫手段取财，成立抢劫罪的既遂。

[②] 暴力、胁迫或者其他方法与取得财物之间虽间隔一段时间，也不属于同一场所，但从整体上看，只要取财行为仍然是在前面所实施的暴力、胁迫行为的支配下实施的，特别是行为人采取借口，当场对被害人使用暴力或以暴力相威胁，强行扣留被害人的财物或证件作"抵押"，迫使被害人在指定期限内交出财物，才将被扣押的财物或证件交还被害人的，或者采取借口，对被害人当场使用暴力后，强迫被害人在其指定的期限内交出财物的场合，由于被害人当场承诺或者以实际行动承诺交付财物，因此，也应视为"当场"取财，成立抢劫罪。也有一种观点认为这不属于"当场取财"，此种情形下应属于抢劫罪未遂与敲诈勒索罪的想象竞合。

确的密码，三人取出现金5000元——甲、乙、丙的行为成立抢劫罪既遂。

再如，为了继承遗产而杀害被继承人的其他继承人，成立故意杀人罪而非抢劫罪——谋财害命，但不是当场从被害人控制之下取得财物，而是将来获取财物或者财产性利益的，应当认定为故意杀人罪。

（二）普通抢劫罪的加重构成——10年以上有期徒刑、无期徒刑、死刑（《刑法》第263条）

《刑法》第263条对如下8种加重构成的抢劫罪，规定了较重的法定刑。刑法理论和审判实践中，为了更好地实现罪刑均衡，对抢劫罪的加重构成要件多主张进行缩小解释，防止过度扩张加重情节的适用。

1. 入户抢劫。

（1）对"户"进行缩小解释。"户"（住所、家）的特征：

首先，供他人家庭生活——功能特征（主要是考虑到户是一个涉及隐私、住宅安宁的地方）。

其次，与外界相对隔离——场所特征（被害人得到救助的可能性较小）。

根据司法解释规定，"户"包括封闭的院落、牧民的帐篷、渔民作为家庭生活场所的渔船、为生活租用的房屋等。集体宿舍、旅店宾馆、临时搭建工棚等不应认定为"户"，但在特定情况下，如果确实具有上述两个特征的，也可以认定为"户"。大学生宿舍不是供家庭生活的，不能视为户。理由：集体宿舍的人员流动性比较频繁，不宜认为是相对隔离的场所。从实质上看，在集体宿舍抢劫，被害人得到救助的可能性较大。①

对于部分时间从事经营、部分时间用于生活起居的场所，行为人在非营业时间强行入内抢劫或者以购物等为名骗开房门入内抢劫的，应认定为"入户抢劫"。对于部分用于经营、部分用于生活且之间有明确隔离的场所，行为人进入生活场所实施抢劫的，应认定为"入户抢劫"；如场所之间没有明确隔离，行为人在营业时间入内实施抢劫的，不认定为"入户抢劫"，但在非营业时间入内实施抢劫的，应认定为"入户抢劫"。魏培明抢劫案中，行为人以购物为由进入经营和生活区域缺乏隔离的商店抢劫财物，不构成入户抢劫。[参见上海市第二中级人民法院刑事裁定书，（2002）沪二中刑终字第511号]

（2）对"入"进行缩小解释。"入户"的目的必须以侵害户内人员的人身、财产为目的，入户后实施抢劫，包括入户实施盗窃、诈骗等犯罪而转化为抢劫的，应当认定为"入户抢劫"。

出于其他合法的或者不是以侵害户内人员的人身、财产为目的（如赌博、卖淫嫖娼等）进入他人住宅，临时起意当场实施抢劫行为的，一般不能认定为"入户抢劫"。例如，因访友办事等原因经户内人员允许入户后，临时起意实施抢劫，或者临时起意实施盗窃、诈骗等犯罪而转化为抢劫的，不应认定为"入户抢劫"。

（3）如果要转化为"入户抢劫"（非普通抢劫），要求全程发生在户内。即前行为（盗窃、诈骗、抢夺）与后行为（使用暴力抗拒抓捕）必须全程发生在户内。

例如，2017年卷二60.B. 乙潜入周某家盗窃，正欲离开时，周某回家，进屋将乙堵

---

① 当然，对于大学生集体宿舍是否属于"户"需要具体判断，如果在寒假期间，整栋宿舍楼就只有一两个学生在，此时进入大学生宿舍抢劫的可以认为是入户抢劫。2004年卷四第6题，案情：甲男与乙男于2004年7月28日共谋入室抢劫某中学暑假留守女教师丙的财物。该案属于入户抢劫。

在卧室内。乙掏出凶器对周某进行恐吓，迫使周某让其携带财物离开——乙构成入户抢劫，该案中，前行为"盗窃、诈骗、抢夺"及后行为"暴力、胁迫"均发生在户内。

⊙ ［**主观案例**］《刑事审判参考》第1181号指导案例，秦红抢劫案——被允许入户后临时起意盗窃，被发现后当场使用暴力的，能否认定"入户抢劫"？被告人秦红到唐从波家找唐从波，见只有唐从波的母亲苏凤兰和2个小孩在家，便要求在其家中休息，苏凤兰答应了被告人秦红的请求，被告人秦红就到唐从波家寝室休息。后被告人秦红趁苏凤兰外出之机，将其存放在枕头下的一部黑色直板手机揣进口袋。接着当被告人秦红将从箱子里窃取的1060元现金清点完毕，正欲揣进自己口袋之时，被外出回来的被害人苏凤兰发现并抓住，被告人秦红用力强行挣脱，并在唐从波家堂屋捡起一根木棒和亮出一根带黑花点的布绳，对被害人苏凤兰以进行殴打和捆绑相威胁，从而阻止被害人苏凤兰的追赶，并将现金和手机拿走逃离现场。

［**主观题考点解读**］本案被告人秦红是以访友为目的，在征得被害人同意后进入其家中，在被害人家中休息时，趁被害人外出之机实施的盗窃行为，因被发现而以暴力相威胁，转化为抢劫犯罪，但其行为不宜认定为"入户抢劫"。"入户抢劫"不等于"在户内抢劫"。

⊙ ［**延伸阅读案例**］《刑事审判参考》第1180号指导案例，韦猛抢劫案：进入无人居住的"待租房"实施抢劫，不属于"入户抢劫"。最高人民法院对该案评析指出：该房屋虽系待租，却是封闭的，需要王某某拿钥匙开启方能进入，显然是与外界相对隔离的，故符合"户"的场所特征。但该房屋不具备"户"的功能特征。该房屋既不是供受害人王某某本人或者其家人生活居住使用的，也不是有他人正在居住使用的房屋，而是等待他人租住的房屋，被告人作案时无人在此居住，因此不具有"户"的功能特征。

2. 在公共交通工具上抢劫。公共交通工具是指运营中的大、中型汽车，不包括小型出租车，① 也不包括未运营中的大、中型公共交通工具。

（1）"公共交通工具"的范围，不含小型出租车。包括从事旅客运输的各种公共汽车、大、中型出租车、火车、地铁、轻轨、轮船、飞机等。②

对于虽不具有商业营运执照，但实际从事旅客运输的大、中型交通工具，可认定为"公共交通工具"。接送职工的单位班车、接送师生的校车等大、中型交通工具，视为

---

① 刑法规定"在公共交通工具上抢劫"判处重刑的立法目的，主要是打击车匪路霸欺压旅客、抢劫财物，扰乱运输秩序的犯罪活动，以保护旅客在旅途中的财产和人身安全。从车匪路霸实施犯罪活动的特点看，一般集中在火车、长途汽车、旅游出租车、轮船等大中型公共交通工具上，而且侵犯的是不特定多数旅客的财产安全，社会影响十分恶劣。在小型出租汽车上发生的抢劫案件多是抢劫司机个人的财物，数额一般不大，受害人的范围较窄，不宜将在小型出租汽车上抢劫的行为认定为"在公共交通工具上抢劫"。参见孙军工：《〈关于审理抢劫案件具体应用法律若干问题的解释〉的理解与适用》，载最高人民法院刑事审判庭主办：《中国刑事审判指导案例——危害国家安全罪、危害公共安全罪、侵犯财产罪、危害国防利益罪》，法律出版社2009年版，第786页。

② 刑法规定"在公共交通工具上抢劫"判处重刑的立法目的，主要是打击车匪路霸欺压旅客、抢劫财物，扰乱运输秩序的犯罪活动，以保护旅客在旅途中的财产和人身安全。从车匪路霸实施犯罪活动的特点看，一般集中在火车、长途汽车、旅游出租车、轮船等大中型公共交通工具上，而且侵犯的是不特定多数旅客的财产安全，社会影响十分恶劣。在小型出租汽车上发生的抢劫案件多是抢劫司机个人的财物，数额一般不大，受害人的范围较窄，不宜将在小型出租汽车上抢劫的行为认定为"在公共交通工具上抢劫"。参见孙军工：《〈关于审理抢劫案件具体应用法律若干问题的解释〉的理解与适用》，最高人民法院刑事审判庭主办：《中国刑事审判指导案例——危害国家安全罪、危害公共安全罪、侵犯财产罪、危害国防利益罪》，法律出版社2009年版，第786页。

"公共交通工具"。

（2）是指在处于"运营状态"的公共交通工具上对旅客及司售、乘务人员实施抢劫，不包括在"未运营"的公共交通工具上针对司售、乘务人员实施抢劫。

（3）如果要转化为"在公共交通工具上抢劫"（非普通抢劫），要求前行为（盗窃、诈骗、抢夺）与后行为（暴力、胁迫手段）均发生在公共交通工具上。

2018年真金题：在公交车上，歹徒甲看中乘客乙价值5000元的手包，在公交车到站准备开门的时候，夺过手包就跑下车，乘客乙追着不放，好心的乘客丙也帮忙下车追赶甲。跑出200米后，甲拿起旁边水果摊的水果刀威胁丙："再过来我就不客气了。"丙毫不示弱，拼死抢回手包——该案中，甲前行为是抢夺（发生在公共交通工具上），后行为是使用暴力相威胁而抗拒抓捕（发生在公共交通工具外），应成立《刑法》第269条的转化型抢劫（事后抢劫），但该案不构成"在公共交通工具上抢劫"。

3. 抢劫银行或者其他金融机构。

是指抢劫银行或者其他金融机构的经营资金、有价证券和客户的资金等，即金融物资。包括抢劫ATM机、运钞车等。

4. 多次抢劫或者抢劫数额巨大。

（1）"多次"是指3次以上，应以行为人实施的每一次抢劫行为均已"构成犯罪"为前提，综合考虑犯罪故意的产生、犯罪行为实施的时间、地点等因素，客观分析、认定。

（2）"多次预备"不属于"多次"。

《刑事审判参考》第1226号指导案例：对于多次抢劫预备行为，由于行为人尚未着手实施犯罪，惯犯特征并不明显，况且"多次抢劫"的起刑点为10年有期徒刑以上的重刑，故不宜将社会危害性并不十分严重的多次抢劫预备行为纳入其中。

（3）基于"同一犯意"实施的行为，仅应认定为"一次"。

对于行为人基于一个犯意实施犯罪的，如在同一地点同时对在场的多人实施抢劫的；或基于同一犯意在同一地点实施连续抢劫犯罪的，如在同一地点连续地对途经此地的多人进行抢劫的；或在一次犯罪中对一栋居民楼房中的几户居民连续实施入户抢劫的，一般应认定为一次犯罪。

5. 抢劫致人重伤、死亡。

（1）基本原理：只要是出于更好地"劫取他人财物"的目的，即基于"抢劫"这一目的的行为而致人重伤、死亡的，或者在这类行为的直接影响下致人重伤死亡的，就属于抢劫致人重伤、死亡。

（2）抢劫行为的"附随"行为致人重伤、死亡的，也应认定为是抢劫致人重伤、死亡。

例如，抢劫后毁灭、伪造证据的行为致人死亡的，这是抢劫后的"自然延续"行为，成立抢劫致人死亡。重伤、死亡的对象包括：财物的占有者、所有者、阻止行为人取得财物的人。

（3）行为人主观上对于重伤、死亡结果既可以是故意，也可以是过失。

例如，行为人为了劫取被害人的财物，先行杀害被害人的，定抢劫罪。

但是，如果是抢劫后，为了灭口而杀害被害人的，应以抢劫罪和故意杀人罪实行并罚。

（4）抢劫实行行为影响下导致的重伤、死亡结果，也认为是抢劫致人重伤、死亡。

例如，抢劫过程中被害人试图逃离现场时不慎跌下山涧或遭遇车祸丧生的情形下，行为人的抢劫行为在逻辑上可归为被害人死亡的必要条件，也可以认定为抢劫致人死亡。

又如，为了抢劫捆绑被害人，逃走时忘了为被害人松绑，导致被害人停止血液循环或者饿死的，应认定为抢劫致人死亡。

再如，在危险的路段或场所，胁迫行为造成被害人因逃避而摔伤或者摔死的，可以认定为抢劫致人重伤、死亡。

2016年卷二16. 贾某在路边将马某打倒在地，劫取其财物。离开时贾某为报复马某之前的反抗，往其胸口轻踢了一脚，不料造成马某心脏骤停死亡。设定贾某对马某的死亡具有过失——贾某构成抢劫罪的基本犯，应与过失致人死亡罪数罪并罚。

2019年真金题23. 甲在公交车上抢夺孟某的钱包，夺下钱包后就跑下公交车。正好路过该处的民警乙看到甲在逃跑，便追赶甲。之后甲、乙两人扭打在一起，甲逃往马路对面，民警乙在追赶过程中被车辆撞身亡——甲的行为构成抢劫罪，不需要对乙的死亡结果负责。理由：谁支配风险，谁对危害结果负责。本案中，追赶者乙的风险更多地是取决于乙本人，乙本人是风险的直接掌控者。

》 历年真题

下列哪些情形可以成立抢劫致人死亡？[①]（2009年·卷二·58题）

A. 甲冬日深夜抢劫王某财物，为压制王某的反抗将其刺成重伤并取财后离去。三小时后，王某被冻死

B. 乙抢劫妇女高某财物，路人曾某上前制止，乙用自制火药枪将曾某打死

C. 丙和贺某共同抢劫严某财物，严某边呼救边激烈反抗。丙拔刀刺向严某，严某躲闪，丙将同伙贺某刺死

D. 丁盗窃邱某家财物准备驾车离开时被邱某发现，邱某站在车前阻止丁离开，丁开车将邱某撞死后逃跑

⊙ [主观案例]《刑事审判参考》第1183号指导案例：被告人郭建良为劫取财物先殴打被害人，继而捆绑被害人的手腕、脚腕和双腿，而后将被害人放置于二楼卧室的床上，并再次捆绑被害人的手脚。被害人为避免自己及家人的人身、财产遭受不法侵害而爬至二楼窗户呼救，因被告人在楼下翻找财物又不敢大声呼喊，且由于双手、双脚均被捆绑只能把头伸出窗外小声呼救，从而导致坠楼身亡。

[主观题考点解读] 根据本案的具体情况，被害人所实施的呼救行为属于通常情况下一般人都会实施的行为，或者说是在案发当时被害人不得不实施的行为，该介入行为并非异常，不能中断抢劫行为与被害人死亡之间的因果关系。郭建良的行为应认定为抢劫致人死亡。

6. 冒充军警人员抢劫。包括：无此身份的人冒充军警人员；此种军警人员身份的冒充另一军警人员的身份，如士兵冒充警察。

2006年卷二65. B选项认为，<u>真正军警人员抢劫不属于冒充军警人员抢劫</u>。最高人民

---

① 答案：ABCD。

法院在 2016 年颁布的《关于审理抢劫刑事案件适用法律若干问题的指导意见》中明确指出：军警人员利用自身的真实身份实施抢劫的，不能认定为"冒充军警人员抢劫"，应依法从重处罚。

◉ [主观案例] 仅仅是口头宣称是警察，不属于冒充军警人员抢劫。《刑事审判参考》第 1184 号指导案例：被告人肖建美在抢劫时，仅仅是口头宣称系警察，既没有穿着警察制服，也没有驾驶警用交通工具或使用警用械具等，更没有出示警察证件，以普通人的辨识能力能够轻易识破其假警察身份。案发后，被害人每天晚上去案发现场，试图抓住对其实施抢劫的两名男子，由此也可以看出，被害人在案发当时根本不相信二被告人是警察，二被告人的冒充行为明显没有达到应有的程度和效果，也没有损害警察的形象，社会危害性与一般抢劫无异，不认定"冒充军警人员抢劫"为宜。

7. 持枪抢劫。

（1）枪支必须是真枪。是否要求装有子弹，存在不同的看法，审判实务及张明楷教授持否定说。

（2）让被害人感受到了枪支的存在。即行为人必须是实际上使用了枪支，至少显示了真枪。如果行为人仅仅是携带了枪支，藏在包内，并没有让被害人发觉，而是准备待被害人反抗而使用枪支的，不能认定为是持枪抢劫。

8. 抢劫军用物资或者抢险、救灾、救济物资。

注意：8 种加重情节的犯罪既遂、未遂的认定。根据司法解释规定，除了抢劫致人重伤、死亡不存在犯罪未遂之外，其他 8 种加重情节都存在犯罪既遂、未遂的区分。[1]

>> 历年真题

甲深夜进入小超市，持枪胁迫正在椅子上睡觉的店员乙交出现金，乙说"钱在收款机里，只有购买商品才能打开收款机"。甲掏出 100 元钱给乙说"给你，随便买什么"。乙打开收款机，交出所有现金，甲一把抓跑。事实上，乙给甲的现金只有 88 元，甲"亏了"12 元。关于本案，下列哪一说法是正确的？[2]

A. 甲进入的虽是小超市，但乙已在椅子上睡觉，甲属于入户抢劫

B. 只要持枪抢劫，即使分文未取，也构成抢劫既遂

C. 对于持枪抢劫，不需要区分既遂与未遂，直接依照分则条文规定的法定刑量刑即可

D. 甲虽"亏了"12 元，未能获利，但不属于因意志以外的原因未得逞，构成抢劫罪既遂

（三）准抢劫罪——携带凶器抢夺的，以抢劫罪论处（《刑法》第 267 条第 2 款）

1. 该规定的性质：法律拟制规定。该行为本是抢夺罪，但刑法特别规定为抢劫罪。

---

[1] 2005 年最高人民法院《关于审理抢劫、抢夺刑事案件适用法律若干问题的意见》第 10 条指出，抢劫罪侵犯的是复杂客体，既侵犯财产权利又侵犯人身权利，具备劫取财物或者造成他人轻伤以上后果两者之一的，均属抢劫既遂；既未劫取财物，又未造成他人人身伤害后果的，属抢劫未遂。据此，《刑法》第 263 条规定的 8 种处罚情节中除"抢劫致人重伤、死亡"这一结果加重情节之外，其余 7 种处罚情节同样存在既遂、未遂问题，其中属抢劫未遂的，应当根据刑法关于加重情节的法定刑规定，结合未遂犯的处理原则量刑。

[2] 答案：D。

（认定抢劫罪的"绿色通道"）

2. 关于"凶器"的理解。

包括管制刀具以及其他具有杀伤力的凶器，（如铅球、浓硫酸）。但如果将凶器解释为包括"汽车"，将驾驶汽车抢夺的行为认定为是携带凶器抢夺，就属于类推解释。具体而言：

（1）凶器是用来杀伤他人的物品，即凶器是准备用来侵犯他人人身权利的。例如，为了盗窃而携带的划破他人提包的刀片，不属于该款中的凶器。

（2）凶器的种类包括性质上的凶器（国家管制刀具），也包括用法上的凶器（铅球、砖头）。

司法解释规定，"携带凶器抢夺"是指行为人随身携带枪支、爆炸物、管制刀具等<u>国家禁止个人携带的器械进行抢夺</u>或者"<u>为了实施犯罪</u>"而携带其他器械进行抢夺的行为。如何理解这一规定：

第一，携带国家禁止个人携带的器械本身就是一种违法行为，携带这些器械实施抢夺行为的，应当认定为"携带凶器抢夺"，以抢劫罪定罪。之所以这样理解，是因为国家禁止个人携带的器械，一般情形下民众是不会携带这些东西的，只要是携带这些器械，司法解释就推定行为人有实施犯罪的意图，从而认定为是携带凶器抢夺，进而认定为是抢劫罪。

第二，行为人"为了实施犯罪"而携带其他器械（国家禁止个人携带的器械之外的器械，如菜刀、铅球）进行抢夺的。<u>此种情况下，司法机关只有能够证明行为人为了实施犯罪而携带其他器械进行抢夺的行为，才能认定为抢劫罪</u>。因为在这种情况下，携带这些器械本身虽然不能反映出违法性，但如果能证实行为人有实施犯罪的意图，就可以推定携带这些器械具有作为"凶器"使用的本性。即使最终未能使用，也符合刑法规定的"携带凶器抢夺"的特征。

3. 携带。"携带" ＝ "暗藏"（备用）。如何理解"携带"应坚持从如下两方面出发：

（1）行为人主观上有随时使用凶器的想法。

如果行为人携带其他器械的本意不是为了实施犯罪，就不能认定为"携带凶器抢夺"，只能认定为是一般抢夺。例如，化学老师放学后，其背包里面放了上课用的化学试验品，临时起意抢夺，此种情形下，如果不能证明其携带化学试验品的目的是为了抢夺，就不能认定为是"携带凶器抢夺"，从而不能认定成立抢劫罪。

（2）客观上携而未（对人）用，并且没有（对人）显示（没有使用凶器对被害人实施暴力、胁迫）。

如果行为人携带管制刀具尾随他人，突然使用管制刀具将他人背着的背包等剪（划）断，取得他人背包的，应适用《刑法》第 267 条第 2 款，而不能直接适用《刑法》第 263 条的规定，因为此种情形下，凶器没有对人身产生威胁。

如果直接使用或者显示凶器，那至少对被害人造成了胁迫心理，直接认定《刑法》第 263 条的抢劫罪。

（3）包括直接携带，也包括间接携带。

携带是一种现实上的支配，行为人随时可以使用自己所携带的物品，如手持凶器、怀中藏着凶器、将凶器置于衣服口袋、将凶器置于随身的手提包等容器中的行为，使随从者实施这些行为的，也属于携带凶器。例如，甲使乙手持凶器与自己同行，即使由甲亲手抢夺丙的财物，也应认定甲的行为是携带凶器抢夺。

（四）转化型抢劫（事后抢劫）——《刑法》第269条

1. 性质：法律拟制规定。该行为不是抢劫罪，但刑法特别规定为是抢劫罪（抢劫罪的"绿色通道"）。

《刑法》第269条规定："犯盗窃、诈骗、抢夺罪，为窝藏赃物、抗拒抓捕或者毁灭罪证而当场使用暴力或者以暴力相威胁的，依照本法第二百六十三条（抢劫罪）的规定定罪处罚。"

立法理由在于：普通抢劫罪（《刑法》第263条）是先侵犯人身权利，再侵犯财产权利。而转化型抢劫是先侵犯财产权利，再侵犯人身权利。二者所侵犯的法益并无差异。

2. 条件一：前提条件：犯盗窃、诈骗、抢夺罪。

（1）包括其他具有侵犯财产性质的盗窃、诈骗、抢夺罪，如盗伐林木罪、信用卡诈骗罪。

例如，盗伐林木罪可以成为转化型抢劫的前提，因为该罪不仅仅具有破坏环境资源的性质，同时与一般的盗窃罪在侵犯财产的属性上并无差别。但是，盗窃国有档案罪则不能转化成抢劫，因为该罪根本没有侵犯财产的属性。

（2）成立《刑法》第269条的转化型抢劫，通常要求前行为达到犯罪的标准，但并不是必须要求前行为"盗窃、诈骗、抢夺"完全达到犯罪既遂的标准（只要求有盗窃、诈骗、抢夺的行为即可——《刑事审判参考》第109期案例：张红军抢劫、盗窃案）。

理由有二：第一，如果严格要求转化前的"盗窃、诈骗、抢夺"行为构成犯罪，则可能出现仅因盗窃等行为的数额未达到构罪标准，而放纵使用较强暴力拒捕的行为或者出现对造成严重犯罪后果的行为难以适当追责的情形。

第二，《刑法》第269条的转化型抢劫与《刑法》第263条的普通抢劫罪，虽然获取财物与实施暴力的前后顺序不同，但两者均以抢劫罪定罪处罚，即刑法对两种行为的否定性评价是一致的，二者的罪质是相同的。因此，既然第263条普通抢劫罪的构成要件中没有数额的要求，那么对《刑法》第269条转化型抢劫也不应该有数额的要求。

（3）如果前行为没有达到"盗窃罪、抢夺罪、诈骗罪"的定罪标准，那么，后行为要"补充"，即后行为应造成被害人轻微伤以上。（先天不足，后天补）

⊙ [主观案例]《刑事审判参考》第1246号指导案例，王艳峰抢劫案。王艳峰在ATM机拾得他人遗失的一张信用卡，遂连续取款6次，共计1.2万元。被害人（持卡人）李某收到银行账户变动短信后，意识到自己的银行卡遗失在ATM机，随即前往ATM机附近，发现了王艳峰的行为。要求王艳峰交卡还钱，王艳峰纠集附近的工友一起殴打李某致轻微伤，后逃离现场。

[主观题考点解读] 法院认定为《刑法》第269条的抢劫罪，裁判理由指出，王艳峰拾得他人信用卡并使用的行为，属于冒用他人信用卡，成立信用卡诈骗罪。信用卡诈骗具有明显的侵财性，亦符合诈骗罪的构成。那么，实施信用卡诈骗后，使用暴力抗拒抓捕的，亦应该转化为抢劫罪。

3. 条件二：主观条件：为了窝藏赃物、抗拒抓捕、毁灭罪证。

（1）为了逃避被害人或者法律的制裁而使用暴力——使用暴力具有"被动性"，不使用暴力"当时"你走不了。

（2）如果使用暴力的目的是为了取财，直接认定为《刑法》第263条的抢劫罪。如果行为人在实行盗窃、诈骗、抢夺过程中，尚未取得财物时被他人发现，为了非法取得财物，而使用暴力或者以暴力相威胁的，进而取走被害人的财物，应直接认定为《刑法》第263条的抢劫罪。

2017年卷二60. C. 丙窃取刘某汽车时被发现，驾刘某的汽车逃跑，刘某乘出租车追赶。途遇路人陈某过马路，丙也未减速，将陈某撞成重伤——丙不构成抢劫致人重伤，其前行为是盗窃，后行为单独评价为故意伤害罪。

2013年主观题：甲与余某有一面之交，知其孤身一人。某日凌晨，甲携匕首到余家盗窃，物色一段时间后，未发现可盗财物。此时，熟睡中的余某偶然大动作翻身，且口中念念有词。甲怕被余某认出，用匕首刺死余某，仓皇逃离——甲的行为应以盗窃罪与故意杀人罪并罚。此案中，并没有人"追捕"甲，甲也不认为有人追捕他，故不成立转化型抢劫。

4. 条件三：客观条件。"当场"使用暴力或者以暴力相威胁。

（1）当场：是指实施犯罪的现场，包括现场的延伸。即使行为人在被抓捕过程中乘机藏匿于一隐蔽处或者混入人群，暂时脱离了追捕人的视线，但是，追捕人立即进行搜索，并发现行为人的，仍应视为当场。

》》历年真题

李某乘正在遛狗的老妇人王某不备，抢下王某装有4000元现金的手包就跑。王某让名贵的宠物狗追咬李某。李某见状在距王某50米处转身将狗踢死后逃离。王某眼见一切，因激愤致心脏病发作而亡。关于本案，下列哪一选项是正确的？① （2015年·卷二·17题）

A. 李某将狗踢死，属事后抢劫中的暴力行为
B. 李某将狗踢死，属对王某以暴力相威胁
C. 李某的行为满足事后抢劫的当场性要件
D. 对李某的行为应整体上评价为抢劫罪

（2）暴力或暴力相威胁对象：被害人或者其他抓捕者。

行为人对自己实施暴力，如自杀，从而防止被害人的追捕的，不成立转化型抢劫。因为转化型抢劫之所以以抢劫罪论处，就是因为这种行为已经对被害人造成了再度的威胁或侵害，即又造成了新的法益侵害与威胁。

（3）暴力的程度：足以使他人不敢反抗、不能反抗的程度，即与普通抢劫罪的暴力程度相当。

首先，"暴力"是对手段、程度的要求，并不是对结果的要求，并不需要造成被害人轻伤或者轻微伤以上。

其次，以"摆脱"方式逃避抓捕，即"被动"的以"被动"方式使用暴力，必须造成"轻伤"以上，才能转化成抢劫。参见《刑事审判参考》指导案例第1186号、2016年最高人民法院《关于审理抢劫刑事案件适用法律若干问题的指导意见》。

（4）转化型抢劫罪的共同犯罪

第一，共同盗窃后，部分人使用暴力抗拒抓捕的，其余人基于一定意思联络，对实施

---

① 答案：C。

暴力或者以暴力相威胁的行为人提供帮助或实际成为帮凶的，可以抢劫共犯论处。

第二，单个人实施盗窃后，使用暴力抗拒抓捕，其他人中途加入进来，与之共同使用暴力的，亦可成立转化型抢劫的共犯。

>> **历年真题**

《刑法》第二百六十九条对转化型抢劫作出了规定，下列哪些选项不能适用该规定？①（2008年·卷二·62题）

A. 甲入室盗窃，被主人李某发现并追赶，甲进入李某厨房，拿出菜刀护在自己胸前，对李某说："你千万别过来，我胆子很小。"然后，翻窗逃跑

B. 乙抢夺王某的财物，王某让狼狗追赶乙。乙为脱身，打死了狼狗

C. 丙骗取他人财物后，刚准备离开现场，骗局就被识破。被害人追赶丙。走投无路的丙从身上摸出短刀，扎在自己手臂上，并对被害人说："你们再追，我就死在你们面前。"被害人见丙鲜血直流，一下愣住了。丙迅速逃离现场

D. 丁在一网吧里盗窃财物并往外逃跑时，被管理人员顾某发现。丁为阻止顾某的追赶，提起网吧门边的开水壶，将开水泼在顾某身上，然后逃离现场

⊙ [主观案例] 2018年1月1日，刘某单独潜入一居民小区实施入室盗窃，在窃得几百元现金后被户主发现而逃离现场，户主陈某在后紧追，在逃至楼下花园边时，刘某回头对陈某实施打击，陈某边回击边呼喊抓小偷，此时刘某的老乡王某路过，担心其老乡刘某被抓而过来一起帮忙打击陈某，将陈某打倒在地致轻微伤，帮助刘某逃离现场。（参见《刑事审判参考》第1187号指导案例）

[主观题考点解读] 该案例中，后行为人王某虽然没有犯盗窃罪，但其参与了抗拒抓捕行为，实施了转化抢劫行为，故与前行为人成立转化型抢劫。但在王某加入之前，对刘某已经造成的陈某的伤势，王某不应负责。王某应对加入之后，和刘某一起实施行为过程中造成的陈某的伤势负责。

5. 着手及既、未遂的认定。

（1）"着手"的认定：应以"转"时为着手，即实施"暴力"时为着手。

2018年真金题：犯盗窃、诈骗、抢夺罪，事后使用暴力的，转化成抢劫罪。虽然盗窃、诈骗、抢夺行为可谓事后抢劫实行行为的一部分，但盗窃、诈骗、抢夺的着手不是事后抢劫的着手。换言之，由于行为人出于窝藏赃物等特定目的使用暴力或者以暴力相威胁，才使得先前的盗窃行为成为事后抢劫行为的一部分。

（2）既、未遂的判断。

一种观点认为，转化型抢劫，一旦使用暴力，就是着手，也是既遂，认为转化型抢劫不存在未遂形态。转化型抢劫罪是一种独立的犯罪形态，作为法律拟制的转化犯，其犯罪构成要件不同于一般抢劫罪，并不存在因犯罪分子意志以外的原因而未得逞的情形，只要发生转化即应为既遂，并不存在未遂形态。

另一种观点认为（审判实践的观点），转化型抢劫也存在既、未遂的区分，只有造成被害人轻伤以上或者抢得财物，才能认定为是犯罪既遂。

---

① 答案：ABC。

⊙ ［主观案例］《刑事审判参考》第 1186 号指导案例：被告人尹林军、任文军以撬门入户的方式，从被害人陈金林家中窃取了价值一万余元的手镯、手表和现金等物，其行为已构成盗窃罪。尹林军离开前遇到返回家中的失主陈金林，陈金林随即抓住尹林军的衣领殴打其面部几拳，尹林军并未主动回击，而是想尽快摆脱被害人的抓捕。尹林军逃离途中，因被害人拉扯其衣领不放，将被害人扯至楼下；期间，被害人还踢踹尹林军，致二人摔倒，后尹林军借势脱掉外衣逃离。整个过程中，尹林军没有对被害人主动使用暴力，仅是躲闪被害人的殴打和追捕，虽致被害人摔倒，但没有造成轻伤以上的后果，尹林军的摆脱行为不应认定为转化型抢劫的暴力行为，不应以抢劫罪定罪处罚。

⊙ ［主观案例］《刑事审判参考》第 1201 号指导案例，李智豪抢劫案，李智豪抢夺他人汽车并开走后，被害人通过 GPS 定位系统于 10 公里外追上李智豪。判决认为：李智豪抢夺汽车后逃离，在距案发现场 10 多公里之外的地方为抗拒抓捕而持枪进行威胁，属于转化抢劫中所要求的"当场"使用暴力或者以暴力相威胁。

［主观题考点解读］本案的特殊之处在于，被告人始终在视线范围之内，追捕行为一直处于持续状态，那么就视为案发现场一直在延长，截获被告人的地方就可以视为"当场"。在这种情况下，被告人被堵截拦停后持枪威胁被害方的追赶人员，属于"当场"以暴力相威胁，构成转化型抢劫罪，法院判决的定性是准确的。

（五）抢劫罪认定中的其他具体问题

1. 抢劫罪的数额的认定。

（1）抢劫信用卡后使用、消费的，以行为人实际使用、消费的数额为抢劫数额。由于行为人意志以外的原因无法实际使用、消费的部分，虽不计入抢劫数额，但应作为量刑情节考虑。通过银行转账或者电子支付、手机银行等支付平台获取抢劫财物的，以行为人实际获取的财物为抢劫数额。①

（2）为抢劫其他财物，劫取机动车辆当作犯罪工具或者逃跑工具使用的，被劫取机动车辆的价值计入抢劫数额；为实施抢劫以外的其他犯罪劫取机动车辆的，以抢劫罪和实施的其他犯罪实行数罪并罚。

2. 抢劫罪与飞车抢夺。对于飞车抢夺行为，原则上以抢夺罪从重处罚。

2013 年最高人民法院、最高人民检察院《关于办理抢夺刑事案件适用法律若干问题的解释》规定，驾驶机动车、非机动车夺取他人财物，具有下列情形之一的，应当以抢劫罪定罪处罚：

（1）夺取他人财物时因被害人不放手而强行夺取的；

（2）驾驶车辆逼挤、撞击或者强行逼倒他人夺取财物的；

（3）明知会致人伤亡仍然强行夺取并放任造成财物持有人轻伤以上后果的。②

---

① 2016 年 1 月 6 日最高人民法院《关于审理抢劫刑事案件适用法律若干问题的指导意见》。

② 第（3）行为似乎是"单一"（抢夺）行为，但司法解释规定以抢劫罪论处。最高人民法院指出：在上述情况下，行为人明知其强行夺取他人财物的手段会造成他人身体伤害的后果，仍然实施抢夺并造成财物持有人轻伤以上后果的，这种暴力并不是抢夺罪中针对他人财物而实施的暴力。而是同时针对受害人人身安全的、足以抑制对方反抗的暴力，已成为劫取他人财物的手段。因此，其行为符合抢劫罪的特征，应以抢劫罪定罪处罚。如果行为人以抢夺财物为目的，实施夺取他人财物的行为，构成抢夺罪，同时因过失造成被害人重伤、死亡等后果，构成过失致人重伤罪、过失致人死亡罪的，依照处罚较重的规定定罪处罚。

上述情形之所以认定为抢劫罪，是因为侵犯了被害人的人身权利或者具有侵犯被害人人身权利的高度危险性。

3. 绑架过程中又当场劫取被害人随身携带财物的，同时触犯绑架罪和抢劫罪两罪名，应择一重罪定罪处罚。主要理由在于：

第一，绑架勒赎本身就是以获取被绑架人或其亲友财物为目的，因此，在控制被绑架人后掳走其随身携带的财物，无论数额大小，对绑架人（包括共犯）而言，是再自然不过的事；

第二，对这种情况如以抢劫罪和绑架罪并罚，实质上是将一个"暴力劫持或拘禁行为"既用作绑架罪的构成要件，又用作抢劫罪的构成要件，有违"禁止重复评价"的刑法原理；

第三，此种情况下，仅定绑架一罪，把掳财的行为作为量刑情节考虑，与定两罪相比，也不至于轻纵犯罪人。

三、盗窃罪

（一）对象

1. 对象：他人占有（非法或合法占有）的财物。自己所有的财物，只要在他人的合法占有之下，偷回来的，如果认为盗窃罪的保护法益是占有权，这种行为，也成立盗窃罪。

（1）自己所有的财物被公务机关占有或被他人合法占有时，视为他人占有的财物，是盗窃罪的对象。[①]

2003 年卷二 10. 李某花 5000 元购得摩托车一辆，半年后，其友王某提出借用摩托车，李同意。王某借用数周不还，李某碍于情面，一直未讨还。某晚，李某乘王某家无人，将摩托车推回。次日，王某将摩托车丢失之事告诉李某，并提出用 4000 元予以赔偿。李某故意隐瞒真情，称："你要赔就赔吧。"王某于是给付李某摩托车款 4000 元。后李某恐事情败露，又将摩托车偷偷卖给丁某，获得款项 3500 元——李某的行为构成盗窃罪。[②]

（2）他人非法占有的财物，也应成为财产犯罪的保护对象，当然非法占有的财物不能对抗所有权人的救济行为。

例如，甲盗窃了乙的手机，甲对该手机系非法占有，丙从甲处偷该手机的，成立盗窃罪，但所有权人乙从甲处偷回该手机的，不成立盗窃罪。

⊙ [经典案例]《刑事审判参考》第 339 号指导案例，叶文言、叶文语等盗窃案——窃取被交通管理部门扣押的自己所有的车辆后进行索赔的行为如何定性

2000 年 10 月 5 日，被告人叶文言驾驶与叶文语、林万忠共同购买的浙 CD3587 号桑塔纳轿车进行非法营运，轿车被苍南县灵溪交通管理所查扣，存放在三联汽车修理厂停车

---

① 该观点在国家法律职业资格考试中有重要地位。理论上有不同意见，"财产的所有人、保管人窃取被司法机关查封、扣押、冻结的本人财产的行为，符合非法处置、扣押冻结的财产罪的构成要件。但行为人是妨害司法活动、其主观上没有非法占有的目的，因而不构成盗窃罪。参见陈兴良：《判例刑法学》下卷，中国人民大学出版社 2009 年版，第 289 页。

② 本案之所以仅定盗窃罪一罪，其重要的原因在于，行为仅侵犯了一个法益。可能有人认为，此种情形应以盗窃罪与诈骗罪并罚，理论上亦有部分学者持此观点，但这丝毫不影响国家法律职业资格考试，命题老师会回避这一争议，该题被设置成单选题。实际上，我国刑法学界的主流观点还是认为，行为侵犯了占有，最终侵犯了他人的财产所有权，才能认定为是财产犯罪，如果仅仅是取回自己所有的财物，而没有后续索赔行为，没有侵犯被害人的财产所有权，一般不以犯罪论处。

场。后叶文言、叶文语与被告人王连科、陈先居、叶启惠合谋将该车盗走，并购置了两套与交通管理部门制服类似的服装。10 日晚，将汽车偷走，并予以销赃。2001 年 1 月 8 日，被告人叶文言、叶文语以该车被盗为由，向灵溪交通管理所申请赔偿。经多次协商，获赔 11.65 万元——判决指出，被告人取回了自己所有但被交通管理所合法占有的财物，并且进行了索赔行为，侵犯了交通管理所的财产所有权。因此，应以盗窃罪论处。

2. 具体内容

（1）包括无体物、财产性利益。实践中盗窃无形财物的，如电力、煤气、上网流量、网络域名等案件逐渐增多，财物的概念也呈现出扩张趋势。

例如，甲利用木马程序从航空公司网站、通信公司网站为自己的账户获得了很多积分。甲利用这些积分多次免费乘坐飞机，免费拨打了几十个小时的电话，如果这些服务都付费的话，甲需要支付 3 万元。甲的行为成立盗窃罪。

（2）电信码号、电信卡、上网账号、密码。（《刑法》第 265 条）

将电信卡非法充值后使用，造成电信资费损失数额较大的，定盗窃罪。

明知是非法制作的 IC 电话卡而使用或者购买并使用，造成电信资费损失数额较大的，定盗窃罪。

3. [重要争议问题解说]"机器不能成为被骗的对象"应被修正。针对机器实施的非法获取财物的行为，理论上虽然主张以盗窃罪论处，但现在也不绝对。

理论上不少学者反对"机器不能成为被骗的对象"这一观点，关于信用卡犯罪的立法及相关法律解释更是直接、明确反对这一观点。请参考如下案例，"欺骗"机器的，仍然可以成立诈骗罪。

案情介绍：北京市海淀区人民法院经公开审理查明：被告人王彩坤利用北京骏网在线电子商务有限公司网络交易平台的技术漏洞，采用虚报商品利润、自买自卖进行虚假交易的手段，欺骗骏网公司，在其账户内虚增骏网交易资金 76 万元（折合人民币 76 万元）。后王彩坤将该笔虚增资金转入张娟的私人账户。后被告人张娟将 76 万元骏币全部用于从骏网公司购买游戏点卡，再将游戏点卡出售以兑换现金。后王彩坤将人民币 53 万元用于个人挥霍。张娟分得人民币 23 万元。法院认定：被告人王彩坤犯诈骗罪，张娟犯销售赃物罪（现为掩饰、隐瞒犯罪所得罪）。

北京大学车浩教授指出：类似案件之所以能够以诈骗罪论处，不是由于人工智能系统能够成为被骗的对象，而是由于智能系统背后的人，能够成为被骗的对象。骏网公司设置了网络交易平台，通常情况下，能够满足网络平台交易条件的交易，都被推定为是真实有效的交易，因而这些满足网络平台交易条件的交易，都是得到骏网公司同意的（预设的同意），得到他人同意的行为，不可能构成盗窃罪。但是，本案中，虽然王彩坤所实施的交易满足了网络交易平台的条件，但恰恰不是一种真实的交易，而是一种虚假的自我交易，骏网公司管理者没有通过网络平台将其甄别，而是误以为其为真实有效的交易，因此仍然给予其同意，允许其获取骏币，这是陷入错误的财产处分，因而构成诈骗罪。一般认为，诈骗罪中的引起错误只能是指人的错误，也只有人能够被欺骗。随着技术进步，以往出现在人与人之间的信息交通往来，开始越来越多地出现在人机之间，按照传统的诈骗罪理论，由于欠缺欺诈和错误的要素，而无法被包含进诈骗罪中。

如果行为人冒用他人的真卡且输对密码后取钱，由于已经满足了机器设置者在机器上设定的同意条件，因而不构成盗窃。在这种情况下，从机器设置者的角度来看，只要持卡者满足了预设同意的条件，该持卡者就会被认为是有用卡权限的。但是，实际上持卡者是无权、非法地使用信用卡，机器设置者对这种真实的情况陷入错误认识，且基于错误认识而处分了财物，对此应当认定为构成信用卡诈骗罪。从根本上来讲，冒用他人信用卡在ATM机上使用与在柜台上使用是一样的，都是针对机器背后的人进行欺骗（如果一定要与以人为直接沟通对象的传统诈骗相区别，则在立法上设置为计算机诈骗就可以了）。由此可见，"机器不能被骗"的说法，只是在强调机器本身不能陷入错误判断，但是并不意味着机器背后的人不能成为诈骗罪的对象，也并不意味着所有针对机器实施的取财行为都不能构成诈骗类犯罪。

（二）客观行为

1. 理论观点一：通说的观点：秘密窃取（广义）。盗窃罪的秘密性应从三个角度来理解：

第一，特定性。是指相对于财物的所有人或保管人来说，是一种隐藏性的行为。

第二，主观性。行为人自以为采取了一种背着财物的所有人或保管人的行为。因此，这种秘密具有主观性。例如，甲进入乙家盗窃，看见乙正在睡觉，事实上乙已经发现了甲，但仍然继续假装睡觉。甲主观上自认为没有被乙发现，虽然客观上已经被乙发现，仍然认为是秘密窃取而成立盗窃罪。

第三，相对性。秘密与公然之间是相对的，秘密窃取之秘密，仅意味着行为人意图在财物所有人或保管人未觉察的情况下将财物据为己有，但这并不排除盗窃罪也可能是在光天化日之下而实施。例如，甲在公交车上趁乘客乙熟睡之际，拿走乙身上的财物。虽然公交车上其他乘客注意到了甲的行为，但甲的行为相对于乙而言是秘密的，仍不失为秘密窃取，成立盗窃罪

通说的观点认为，当着被害人的面公开拿走财物的，应该成立抢夺罪。盗窃罪、抢夺罪区分的关键在于，行为是秘密还是公开。盗窃罪的秘密性，说明犯罪行为人不想让自己的犯罪行为被被害人知悉，主观上对被害人心存"敬畏"之心；而抢夺案件中，犯罪行为人公然拿走被害人财物，对被害人、法秩序毫无敬畏之心。（参见：陈兴良：《判例刑法学》下卷，中国人民大学出版社2009年版，第345页）

有兴趣的同学可以上中国知网查找关于盗窃、抢夺的专业学术论文，发表在核心期刊以上的论文，几乎无一例外地支持该观点。如下是部分重要论文的摘要：

刘明祥教授的论文摘要：按我国传统的通说，盗窃与抢夺的区别在于是秘密窃取还是公然（或公开）夺取他人财物，这是由"盗窃"和"抢夺"的字面含义得出的当然结论，具有科学合理性。不从字面含义理解"盗窃"与"抢夺"的"新说"，认为盗窃与抢夺的区别在于对象是否属于他人紧密占有的财物，行为是否构成对物暴力。这种主张不仅无法合理说明，为何不能采取通说却要采用这样的标准来区分盗窃与抢夺，而且增添了区分的难度，在司法实践中难以掌握执行。（刘明祥：《也谈盗窃与抢夺的区分》，《国家检察官学院学报》2019年第5期）

刘之雄教授的论文摘要：主张盗窃不以秘密性为必要的"公开盗窃论"及其理由，建立在误解犯罪主客观方面的关系、定罪的思维过程、行为方式之于犯罪评价的意义等诸多刑法原理的基础上，体现出一种机械主义的认识论与方法论。包括盗窃在内的不法行为的主观罪过与客观要素，是一个相互依存且需要在相互印证中连带评价的统一体。定罪的思

维过程并非从客观到主观的线性思维，而是在事实与规范、客观与主观之间往复循环的理解过程。盗窃的秘密性并非纯客观的行为要素，而是以主观恶性评价为指向，具有主客观方面的统一性因而无关认识错误的范畴。所谓"公开盗窃"，是基于对抢夺的片面理解得出的伪命题。（刘之雄：《"公开盗窃论"的理论根基匡谬》，《法学家》2021 年第 1 期）

2. 理论观点二：近年来有一种观点认为，盗窃罪既可以是秘密的，也可以是公开的，只要是采取和平的方式（没有造成被害人伤害的可能性）取走他人财物，均成立盗窃。当然，这都是个别学者所提出的观点。我国审判实践中目前还没有出现公开取走他人财物的，以盗窃罪论处的判决。

有部分学生存在误读，认为抢夺必须公开对物使用暴力。其实，《刑法》第 267 条并没有要求抢夺必须对物使用暴力，刑法理论上的多数观点也认为抢夺是公然进行即可。

需要说明的是，刑法理论上专门就盗窃与抢夺的学术论文共有十余篇，这些学术论文都对这一问题进行了深入研究，应该说，对于盗窃罪是秘密还是公开，是最有发言权的，截至本书完成之时，学术论文中仅有个别学者赞同盗窃可以是公开的。有人认为，公开可以成立盗窃是通说的观点，这是误读、误导。有兴趣的学者可以直接上中国知网查找学术论文，切不可盲目听信谣言。

>> **历年真题**

某本刑法教科书将盗窃罪解释为包括公开盗窃情形，如何评价该种解释？[①]（2021 年全国法律硕士入学考试试题）

　A. 无权解释　　　B. 文义解释　　　C. 类推解释　　　D. 论理解释

3. 审判实务的观点：坚持盗窃罪是秘密窃取。

实践中，公然、当面取走被害人财物的案件非常多，但审判实践中无一例外地都认定为抢夺罪，个别判决书中提出了公开可以成立盗窃罪的观点。但截至本书稿完成时，未出现过将公开、当面取走他人财物成立盗窃罪的判决。退一步讲，实务中公然取走他人财物的案件，即便有个别被认定为盗窃罪，也说明这种观点有极少数案例支持。从这一意义上看，几千年来形成的"明抢暗偷"的观点在实践中是根深蒂固的，也具有实践理性。德国、日本刑法中没有规定抢夺罪，所以认为盗窃可以是公开的。但中国刑法中规定了盗窃罪、抢夺罪，不能盲目照搬照抄德国日本的做法。法律是地方性知识，脱离本土文化观念、司法实践而学习刑法，是不可取的。

---

① 答案：AC。

A 正确，司法解释曾经明确指出盗窃是秘密窃取，而某本教科书对盗窃罪的解释，属于学理解释，没有法律效力，应属无权解释。

B 错误。文义解释亦称文理解释、字面解释，根据刑法用语的文义及其通常使用方式阐述刑法意义的解释方法。因为文理解释是按照"语言最惯常用法"进行解释，通常也称为普通解释。根据字面含义，盗窃中的"窃"就解释为"私下""秘密"，如果解释为"公开"就不属于文义解释了。

C 正确。根据 B 选项，"窃"属于秘密，将其解释为"公开"，违反了该用语的通常含义，属于类推解释。

D 错误。论理解释是指按照立法精神，联系有关情况，对刑法条文从逻辑上所作的解释。论理解释与文理解释的区别在于，论理解释不完全局限于法条的字面含义，而是对法条含义进行适度的扩张或限缩，包括扩大解释、缩小解释、当然解释等。论理解释同样不能违反罪刑法定原则，而将"窃"解释为"公开"已经不仅仅是"扩大"了，明显超出了"窃"本来的含义，属于类推解释，不是论理解释。

我国台湾审判实践中，亦是绝对坚持了通说观点，尊重了传统文化，有兴趣的同学可以直接查阅台湾的相关判决书。"所谓窃取，就是乘人不觉而秘密取走他人财物，盗窃的手段必须是秘密的，如果行为人乘人不备公然夺取就构成抢夺罪，而非盗窃罪。"（参见赵琛著：《刑法分则实用》（下），第13版，第769页；韩忠谟著：《刑法各论》，第400页，台湾版，1982年）

最高人民法院指导案例第27号臧进泉案，判决书原文内容如下：<u>盗窃是指以非法占有为目的，"秘密窃取"公私财物的行为</u>；诈骗是指以非法占有为目的，采用虚构事实或者隐瞒真相的方法，骗取公私财物的行为。臧进泉、郑必玲获取财物时起决定性作用的手段是"秘密窃取"，诱骗被害人点击"1元"的虚假链接系实施盗窃的辅助手段，只是为盗窃创造条件或作掩护，被害人也没有"自愿"交付巨额财物，获取银行存款实际上是通过隐藏的事先植入的计算机程序来窃取的，符合盗窃罪的犯罪构成要件。

2014年最高人民法院的《刑事审判参考》（总第92集）李培峰抢劫、抢夺案，行为人在加油站加油后不付款逃跑的案件，法院认定了抢夺罪，并且裁判理由明确反对"公然盗窃"。可以认为，"盗窃是秘密、抢夺是公开"的通说观点更符合国民几千年来"明抢暗偷"的法律文化观念，有其合理性。

法学初学入门的学生一定要切记，不要认为自己掌握了一种所谓的"新观点"就目空一切，一种观点，能否被实践采纳，是否符合我国本土实践及文化，是需要经得起历史的检验。我国历史上对域外法律的诸多移植，如果不结合本土文化展开，最终都是"昙花一现"而以失败告终。

不少同学误以为，审判实务中有案件支持公开的可以成立盗窃罪，并列举了判决书文号，例如，广东省珠海市金湾区人民法院刑事判决书（2018）粤0404刑初289号，南通市港闸区人民法院刑事判决书（2014）港刑二初字第16号，这都是没有认真看过判决书原文后的个人猜想。这两个案件，认定盗窃罪仍然是坚持了秘密窃取，只是提及了公开也可以成立盗窃罪是一种观点。①

4. 法考观点：应掌握两种观点。2019年司法部司法考试司官方组织了命题核心专家编写《司法考试试题选编（2002-2017）》（法律出版社），原文如下：

通说认为，成立盗窃罪，行为人必须实施了秘密窃取行为。如果行为人是当着被害人的面取得财物，不是秘密窃取财物的，该行为就不是盗窃行为。通说以否认公然盗窃构成盗窃罪为前提，但是，在互联网年代，借助互联网力量，人人都可能具有通天眼，"公然盗窃"的情形将时常发生，将此一概认定为抢夺罪并不合适。当然，在法考中，不能刻意"推销"某一种学说。法考重在考查考生是否理解了某一学说，具体案件中能否具体运用该学说。

---

① 两个案件的判决书原文如下：

2017年7月起，被告人谢某、谢某均、杨某等人在珠海市、中山市、江门市等地物色被害人，谎称系香港、台湾等地的外来商人，以手机无法拨打为由，借用被害人手机拨打电话。在取得被害人信任后，被告人谢某、谢某均、杨某等人拿着被害人手机拨打事先确定好的电话号码，趁被害人不备拿着手机逃离现场。被告人的行为构成盗窃罪，带走手机被害人毫不知情，是秘密窃取。

甲、乙两被告人与被害人闻某素不相识，事发当天经过被害人家门前临时起意盗窃，虽然当时被害人家中已无人居住，但从花木所处的位置、长势以及被告人为避免户主追究选择其中价值相对较小的花木作为犯罪对象等因素分析，被告人应当知晓所窃花木属于他人支配管理的财物。甲、乙二人的行为成立盗窃罪，被害人家中没有人，但家中的财物亦归主人占有，甲、乙取走他人财物，是秘密窃取。

》 历年真题

1. 甲骑摩托车搭着乙过山路，路面崎岖泥泞，甲便下车推着摩托车前行。这时乙提出帮忙把车骑过去，甲同意，并且紧跟其后，双眼一直注视乙。不料过了山路乙骑着摩托扬长而去。乙的行为构成何罪？① （2018年真金题·4题）

A. 盗窃罪　　　　　　　　　　B. 侵占罪

C. 抢夺　　　　　　　　　　　D. 抢劫罪

2. 乙女在路上被铁丝绊倒，受伤不能动，手中钱包（内有现金5000元）摔出七八米外。路过的甲捡起钱包时，乙大喊"我的钱包不要拿"，甲说"你不要喊，我拿给你"，乙信以为真没有再喊。甲捡起钱包后立即逃走。关于本案，下列哪一选项是正确的？② （2016·卷二·18题）

A. 甲以其他方法抢劫他人财物，成立抢劫罪

B. 甲以欺骗方法使乙信以为真，成立诈骗罪

C. 甲将乙的遗忘物据为己有，成立侵占罪

D. 只能在盗窃罪或者抢夺罪中，择一定性甲的行为

3. 菜贩刘某将蔬菜装入袋中，放在居民小区路旁长条桌上，写明"每袋20元，请将钱放在铁盒内"。然后，刘某去3公里外的市场卖菜。小区理发店的店员经常好奇地出来看看是否有人偷菜。甲数次公开拿走蔬菜时假装往铁盒里放钱。关于甲的行为定性（不考虑数额），下列哪一选项是正确的？③ （2015年·卷二·19题）

A. 甲乘人不备，公然拿走刘某所有的蔬菜，构成抢夺罪

B. 蔬菜为经常出来查看的店员占有，甲构成盗窃罪

C. 甲假装放钱而实际未放钱，属诈骗行为，构成诈骗罪

D. 刘某虽距现场3公里，但仍占有蔬菜，甲构成盗窃罪

4. 甲潜入他人房间欲盗窃，忽见床上坐起一老妪，哀求其不要拿她的东西。甲不理睬而继续翻找，拿走一条银项链（价值400元）。关于本案的分析，下列哪些选项是正确的？④ （2013年·卷二·60题）

A. 甲并未采取足以压制老妪反抗的方法取得财物，不构成抢劫罪

B. 如认为区分盗窃罪与抢夺罪的关键在于是秘密取得财物还是公然取得财物，则甲的行为属于抢夺行为；如甲作案时携带了凶器，则对甲应以抢劫罪论处

C. 如采取B选项的观点，因甲作案时未携带凶器，也未秘密窃取财物，又不符合抢夺罪"数额较大"的要件，无法以侵犯财产罪追究甲的刑事责任⑤

D. 如认为盗窃行为并不限于秘密窃取，则甲的行为属于入户盗窃，可按盗窃罪追究甲的刑事责任

---

① 答案：C。如果该题设置成为多选题，可选A、C。这一问题，理论上有两种观点，但成立抢夺罪是通说的观点。

② 答案：D。

③ 答案：D。

④ 答案：ABCD。

⑤ 坚持通说的观点，甲的行为属于抢夺，又由于根据《刑法》第267条规定，成立抢夺罪应达到"数额较大"或"多次抢夺"，甲仅得400元，所以不能定抢夺罪。当然，如果抢夺金额达到4000元、40000元，当然成立抢夺罪。

5. 下列说法正确的是？① (模拟题) (财产犯罪 盗窃罪、抢夺罪)

A. 甲进入乙家盗窃，发现乙在家中，当着乙的面，直接拿走了乙家中的5000元钱。如果认为盗窃是可以公开进行的，甲的行为成立盗窃罪

B. 如果认为盗窃仅限于秘密窃取，A选项中甲的行为成立抢夺罪

C. 在火车车厢，甲使用暴力、当面夺取了乙手中的500元钱后逃离现场，甲的行为成立抢夺。抢夺罪要求数额较大才能成立，由于甲的行为没有达到数额标准，甲的行为不能认定为是抢夺罪

D. 在火车车厢，甲趁乙睡觉的时候，乙并不知情，甲取走了乙口袋中的500元钱，甲的行为是扒窃。扒窃入罪没有数额的要求，甲的行为成立盗窃罪

(三) 认定中的若干问题

1. 定罪的标准：数额较大，或者多次盗窃、入户盗窃、携带凶器盗窃、扒窃。

《刑法修正案 (八) 》规定3种新型盗窃"入户盗窃""携带凶器盗窃""扒窃"，并没有"数额"与"次数"的要求，主要是考虑到这3种新型盗窃有侵犯被害人人身权利的潜在可能。例如，"扒窃"的对象是被害人贴身的财物，很可能惊动被害人，就可能引发人身冲突。又如，入户盗窃的情形下，被害人可能随时回家，发现犯罪行为人的盗窃行为，二者之间就可能引发冲突。

(1) 数额较大。

第一，对于轻罪"数额较大"的未遂，由于情节轻微，认定为犯罪应慎重。对于重罪的未遂，如以数额巨大的财物为盗窃目标的未遂，仍然应作为犯罪处理。

第二，对于盗窃罪中所要求的"数额较大"应作主客观相统一的理解，即行为人主观上应认识到财物的数额大小。

例如，行为人主观上应认识到财物价值"数额较大"，客观上行为所针对的对象也应达到价值"数额较大"。如果行为人主观上认为财物价值非常小，并且这种认识是有依据的，即便财物的价值实际上远超"数额较大"，也不能认为是盗窃"数额较大"从而构成盗窃罪。

天价葡萄案：2003年8月，4名外地来京民工，进入北京农林科学院林业果树研究所葡萄研究园内偷摘葡萄约47斤。殊不知此葡萄系科研新品种，民工的行为导致研究所研究数据断裂。北京物价部门对被偷的葡萄评估金额为1.122万元。因各行为人主观上无法认识到该葡萄数额巨大，后各行为人被无罪释放。

天价手机案：保姆盗窃了主人的一部手机，该手机实际金额为30万元 (数额特别巨大)，但保姆不可能认识到该手机数额特别巨大，仅能认识到该手机数额较大 (价值几千元)。法院认定为盗窃罪，仅对其主观上能认识到的"数额较大"负责。

>> **历年真题**

2010年某日，甲到乙家，发现乙家徒四壁。见桌上一块玉坠，断定是不值钱的仿制品，甲便顺手拿走。后甲对丙谎称玉坠乃秦代文物，值5万元，丙以3万元买下。经鉴定

---

① 答案：ABCD。

乃清代玉坠，市值 5000 元。关于本案的分析，下列哪一选项是错误的？① （2013 年·卷二·6 题）

A. 甲断定玉坠为不值钱的仿制品具有一定根据，对"数额较大"没有认识，缺乏盗窃犯罪故意，不构成盗窃罪

B. 甲将所盗玉坠卖给丙，具有可罚性，不属于不可罚的事后行为

C. 不应追究甲盗窃玉坠的刑事责任，但应追究甲诈骗丙的刑事责任

D. 甲诈骗丙的诈骗数额为 5 万元，其中 3 万元既遂，2 万元未遂

（2）多次盗窃。2 年内盗窃 3 次以上的，应当认定为"多次盗窃"。多次盗窃的认定，不要求每次都达到"数额较大"的标准。

（3）扒窃。对象是与被害人"贴身"的财物，包括口袋内、外与被害人贴身的财物。

第一，行为发生在公共场所。不特定人可以进入的场所以及有多数人在内的场所，如公共汽车、地铁、火车、公园、影剧院、大型商场等。只要行为发生在公共场所，即使公共场所的人不是很多，也不影响扒窃的成立。

第二，所窃取的应是他人随身携带的财物，亦即他人带在身上的"贴身"的财物，扒窃的财物不限于体积微小的财物。②

（4）"携带凶器"盗窃。不要求行为人显示、暗示凶器，更不要求行为人对被害人使用凶器，否则，成立抢劫罪。

（5）入户盗窃。非法进入供他人家庭生活，与外界相对隔离的住所盗窃的，应当认定为入户盗窃。

⊙ ［延伸阅读］利用入户盗窃所得车辆钥匙在户外窃取摩托车的，应认定为是入户盗窃，车辆应认定为入户盗窃的数额。具有使用价值的物品和关联的财物共同构成了一个整体性的财产权益。通过控制具有使用价值的物品占有关联财物时（形式占有），财物和部分财产权益可能会存在地点分离。就一般认识而言，车辆之所以能安心放在户外公共场所，是因为车辆上锁后钥匙已经被权利人安全控制在户内。一旦获取钥匙，就意味着可以相对轻易的在户外实现对车辆的控制，在整体行为中，获取钥匙的行为较启动车辆的行为更为重要，据此，车钥匙应视为载体。（参见《刑事审判参考》第 1175 号指导案例）

2. 盗窃罪"犯罪成立"与犯罪既遂的区别。

（1）"犯罪成立"（进入跑道）没有数额的要求。"多次盗窃"、"入户盗窃"、"携带凶器盗窃"、"扒窃"行为成立盗窃罪，没有数额上的要求。这除了是因为这几种犯罪常

---

① 答案：D。

② 最高人民法院认为，扒窃所窃取的随身携带的财物，应当限缩解释为未离身的财物，即被害人的身体应当与财物有接触，即"贴身"，如装在衣服口袋内的手机、钱包，手提、肩背的包，坐、躺、倚靠时与身体有直接接触的行李等。胡云腾、周加海、周海洋：《〈关于办理盗窃刑事案件适用法律若干问题的解释〉的理解与适用》，《人民司法》2014 年第 15 期。

《刑法修正案（八）》增设入户盗窃、携带凶器盗窃、扒窃 3 种新型盗窃，这 3 种新型盗窃成立犯罪没有数额标准要求，从这一意义上看，立法已经极度扩张了盗窃罪的范围。我国审判实践中的刑事犯罪，盗窃罪的比例超过 20% 以上，在立法已经对盗窃罪的范围作扩张规定的情况下，刑法理论上如果还扩张解释盗窃罪，扩张解释"扒窃"，将会使司法机关不堪重负处理这些案件。从这一意义上看，最高人民法院适当限制解释"扒窃"的对象为"贴身"的财物，有其合理性。

见多发，有必要采取特别方式予以制止外，还因为其与人身有关，极易转化为抢劫等严重犯罪，社会危害性较大，认为有定罪处罚的必要。

（2）"犯罪既遂"（冲向终点），要求行为人窃取到具有一定价值的财物，仍以行为人取得了值得刑法保护的财物为"既遂"标准。如果行为人窃取到的财物极为低廉，不应认定为盗窃罪既遂，只能认定为盗窃罪未遂，如行为人扒窃得到了10元，虽然成立盗窃罪，但只能认定为是盗窃罪未遂。[①]

>> **历年真题**

关于盗窃罪的理解，下列哪一选项是正确的？[②]（2011年·卷二·16题）

A. 扒窃成立盗窃罪的，以携带凶器为前提

B. 扒窃仅限于窃取他人衣服口袋内体积较小的财物

C. 扒窃时无论窃取数额大小，即使窃得一张白纸，也成立盗窃罪既遂

D. 入户盗窃成立盗窃罪的，既不要求数额较大，也不要求多次盗窃

3. 盗窃数额的计算。

（1）有价支付凭证、有价证券：以给被害人造成的实际损失作为盗窃数额。质言之，财产凭证被盗后，对财产凭证的内容的支配权，如果还在被害人手中（如银行卡），其卡内金额就不能认定为损失金额。

例如，盗窃他人银行卡后，并不必然使用他人银行卡，且卡是以被害人名义办理的，被害人完全可以通过挂失挽回损失，所以，盗窃金额应以犯罪行为人实际使用的数额为准。

又如，盗窃他人的商场购物券的，由于购物券一般不能挂失，购物券的金额应认定为盗窃数额。

（2）盗窃后销售的，原则上仅成立盗窃罪一罪。

首先，盗窃违禁品（如枪支弹药、毒品、淫秽物品等）后销售的，要数罪并罚。

其次，如果已经超出了销赃意义上的欺诈，即销赃数额远远高于被盗窃物品价格的（不等价交换），销赃行为另成立诈骗罪。

例如，甲盗窃了一个SEIKO手表（2万元），后将该手表伪装成OMEGA手表以20万元的价格卖给他人，甲的行为成立盗窃罪、诈骗罪，并罚。此种情形下，之所以2万元的财物能够卖出20万元的价格，起主要作用的不是财物本身，而是"欺诈"行为。

（3）违禁品数额的计算。不计数额，根据情节轻重量刑。2008年最高人民法院《全国部分法院审理毒品犯罪案件工作座谈会纪要》指出：盗窃、抢夺、抢劫毒品的，应当分别以盗窃罪、抢夺罪或者抢劫罪定罪，但不计犯罪数额，根据情节轻重予以定罪量刑。

2003年卷二7. 钱某持盗来的身份证及伪造的空头支票，骗取某音像中心VCD光盘4000张，票面金额3.5万元。物价部门进行赃物估价鉴定的结论为："盗版光盘无价值"——钱某的行为构成票据诈骗罪的既遂，数额按票面金额计算。虽然通过票据骗取了

[①] 2016年卷二53. C. 丙见商场橱柜展示有几枚金锭（30万元/枚），打开玻璃门拿起一枚就跑，其实是值300元的仿制品，真金锭仍在。丙属于犯罪未遂。该案中，300元的仿制品本身在"量"上并不值得刑法保护，仅成立盗窃罪的未遂。

[②] 答案：D。

4000 张盗版的 VCD 光盘，但票据实际上是发挥了 3.5 万元的作用的。

4. 盗窃既、未遂的判断标准：采控制说。只要行为人取得（控制）了财物，就是盗窃既遂。

（1）一般来说，只要被害人丧失了对财物的控制，就应认定为行为人取得了财物。

例如，行为人以非法占有为目的，从火车上将他人财物扔到偏僻的轨道旁，打算下车后再捡回该财物。不管行为人事后是否捡回了该财物，均应认定为犯罪既遂。

又如，通过网上银行盗窃他人存款，已经将现金转入支付宝的，应认定为盗窃既遂。

再如，盗窃机动车的，应以已经发动车辆开始移动时为既遂。被害人是否对财物设置了报警系统，不影响既、未遂的认定。

（2）对具体案件中盗窃的既遂与否，应当结合财物的性质、形状、他人占有财物的状态、窃取行为的样态与社会生活的一般见解作个别考察：

第一，对容量大的财物，搬出较为困难的，一般以搬出时为既遂。他人对财物支配力较强的，例如进入他人住所、商店内盗窃体积较大的财物，将其搬出屋外为既遂；在警戒严密的工厂内，将不容易搬动的财物从仓库中拿出，并藏在院墙边准备伺机搬出院墙的，是盗窃的未遂；他人支配力较弱的，准备搬出时即为既遂，例如用车辆将他人财物加以装运，装妥就是既遂。

第二，对形状较小、容易搬动的财物而言，接触该财物并控制的就是既遂，即使行为人、被窃财物还处在被害人能够一般地加以支配的空间内也不影响既遂成立。

2013 年卷二 54. 甲在珠宝柜台偷拿一枚钻戒后迅速逃离，慌乱中在商场内摔倒。保安扶起甲后发现其盗窃行为并将其控制。甲虽然未能离开商场，但仍属于盗窃罪既遂。

第三，警方事先控制下的盗窃行为，仅成立犯罪未遂。

例如，某首饰商场近日多次被盗，警方遂加强店内监控。某日午后，警方发现店内有一顾客（申某）鬼鬼祟祟，形迹可疑，于是布置多名警员对其密切监视。待申某成功偷得一枚价值 2 万元的钻戒后，附近布线的警员才一拥而上，抓了申某一个现行。后被盗钻戒当场交还给了商场。申某的行为成立犯罪未遂。

又如，2008 年卷二 6. 甲潜入乙的住宅盗窃，将乙的皮箱（内有现金 3 万元）扔到院墙外，准备一会儿翻墙出去再捡。偶尔经过此处的丙发现皮箱无人看管，遂将其拿走，据为己有。15 分钟后，甲来到院墙外，发现皮箱已无踪影。甲成立盗窃罪（既遂），丙成立侵占罪。

◎ ［主观案例］《刑事审判参考》第 1047 号指导案例，花荣盗窃案——入户盗窃既、未遂形态如何认定以及盗窃过程中群众在户外监视是否意味着被害人未失去对财物的控制。被告人花荣实施入户盗窃时被被害人的邻居发现，但花荣并不知情，仍然进入被害人家中实施盗窃，并将窃得的财物放于口袋内并走出房门后，被人赃俱获。在肯定入户盗窃仍然应当以行为人取得他人财物为既遂标准的情况下，如何评价花荣的犯罪形态，检察机关和一审法院持不同意见。一审法院认为花荣系盗窃未遂，主要理由是：花荣在实施盗窃行为时已被周围群众发现并处于监控中，虽然之后他完成了盗窃行为，但是被害人对于被窃财物没有失去控制，且最终花荣被人赃俱获。二审认为，当花荣进入被害人家中窃得形状、体积较小的现金和香烟放于口袋内，走出房门后就已经取得对被窃财物的控制，而被害人则失去了对被窃财物的控制，财产所有权已受到实质侵害。虽然花荣在实施盗窃的过程中被群众发现，之后处于群众的监视之下，但是群众在户外的监视不能等同于被害人对财物的控制；虽然最终花荣被人赃俱获，但是并不影响之前他已经取得对被窃财物的控制。

四、诈骗罪

虚构事实、隐瞒真相的欺诈行为→→被害人陷于认识错误→→被害人"自愿处分"财物→→被告人受益→→被害人受损。

（一）如何理解"处分财产"的行为

1. 被害人应对财物有"处分权"。原则上，只要占有财产的人就有处分权，不限于财产所有权人。[①]

例如，甲来到董事长乙的家门口，欺骗董事长的妻子丙说："我是新来的董事长秘书，请把董事长的包交给我，我给他带去办公室。"丙信以为真，将该包交给甲——该案中，丙虽然不是包的所有权人，但事实上占有着该包，对包仍有处分权。甲的行为成立诈骗罪。

之所以只要占有财产的人就有处分权，而不严格限制为所有权人，主要理由：当前社会财产关系异常复杂，财物的占有人与所有权人通常是分离的，犯罪分子在诈骗他人财物的时候，根本无法判断财物的持有人是否是财物的所有权人。据此，只要占有财产的人均有处分权。再者，"处分"也并非要求处分所有权，处分"占有"即可，所以，只要占有财产的人，就有处分权。

2018 年真金题：某法院将扣押的车辆放在停车场，甲对该停车场的保管员乙谎称自己是法院的人，受法院的委托过来把车开走。保管员乙信以为真，并收取了甲给的保管费后，让甲把汽车开走——甲的行为构成诈骗罪，该案中，保管员乙对其保管、占有的车辆有处分权。

2016 年卷二 59. D. 顾客购物时将车钥匙遗忘在收银台，收银员问是谁的，丁谎称是自己的，然后持该钥匙将顾客的车开走——虽然丁对收银员实施了欺骗行为，并基于该欺骗行为取得了钥匙，但收银员并不具备处分汽车的权限与地位，也没有处分汽车的意思，故不能认为收银员处分了该汽车。无论钥匙是否遗失，汽车均为主人（顾客）占有。丁在汽车主人不知情的情况下开走了汽车，应成立盗窃罪。

2. 被害人应有"处分能力"。精神病人、小孩没有这个能力。

案例：张某发现王某夫妇外出，家中只有其 6 岁的女儿璐璐一人。张某走进王某家中，对璐璐谎称自己是其父同事，她爸爸求自己帮忙，把家中的彩电拿到公司用一下。璐璐信以为真，让张某将彩电搬走。本案中，璐璐作为无民事行为能力人，根本不具有处分财产的能力或权限。张某的行为应以盗窃罪论处。

[①] 对于部分争议案件，特定的人是否具有处分权，可能会有不同的观点。2014 年卷二 19. 乙购物后，将购物小票随手扔在超市门口。甲捡到小票，立即拦住乙说："你怎么把我购买的东西拿走了？"乙莫名其妙，甲便向乙出示小票，两人发生争执。适逢交警丙路过，乙请丙判断是非，丙让乙将商品还给甲，有口难辩的乙只好照办。该题的 A 选项指出，如认为交警丙没有处分权限，则甲的行为不成立诈骗罪。如果认定交警丙有处分权，则案件成立诈骗罪——该选项正确，当然，交警对物是否有处分权，理论上存在争议。

该案是发生在德国的真实案例，德国第二国营电视台（ZDF）播出，用以警告民众，购物后不要乱丢购物凭证。台湾刑法学者林东茂教授认为，警察并没有处分权，甲的行为不成立诈骗罪。参见林东茂：《一个知识论上的刑法学思考》，中国人民大学出版社 2009 年版，第 135 页。

3. 被害人客观上实施了"处分行为"。即被害人"自愿"放弃原占有，放弃对财物"站岗"。

（1）"处分"不等于交付，处分是将自己占有的财产交给被告人独自地、排他性地占有，脱离被害人本人的占有（控制、视线）。

例如，甲以欺骗手段借用乙的手机拨打电话，当乙交付手机给甲拨打时，乙并没有放弃对手机的占有，相反，乙双眼注视着正在使用手机的甲。不能认定乙处分了财产，甲趁乙不注意时，悄悄将手机带走，甲的行为成立盗窃罪。

又如，在商场以购物为名义欺骗售货员的案件，虽然售货员把财物交给了行为人，但售货员对财物保持高度警惕，没有处分财产（脱离占有）的行为及意思，行为人趁售货员不注意取走财物的，成立盗窃罪。

再如，2013年卷二 17. 乙驾车带甲去海边游玩。到达后，乙欲游泳。甲骗乙说："我在车里休息，把车钥匙给我。"趁乙游泳，甲将该车开往外地卖给他人——被害人乙虽然自愿"交付"了钥匙给甲，但没有自愿将汽车交给甲独自占有、脱离本人占有的意思。从这一意义上来看，被害人乙没有"处分"自己的财产。

（2）对"处分行为"应作扩张解释，可以表现为直接交付财产，承诺使行为人取得财产，或者承诺转移财产性利益，或者承诺免除行为人的债务。

（3）行为人实施欺骗行为，使他人放弃财物，行为人拾取该财物的，也宜认定为诈骗罪。

例如，2015年卷二 63. B. 甲对持有外币的乙说："你手上拿的是假币，得扔掉，否则要坐牢。"乙将外币扔掉，甲乘机将外币捡走——甲的行为成立诈骗罪。

4. 主观上：处分意识（知道自己处分的财产）。即被害人对于财物从自己占有之下转移至他人占有之下这一过程是明知的，或者，行为人与被害人就财物的转移、脱离被害人的占有进行过"沟通"。

2017年卷二 17. 郑某冒充银行客服发送短信，称张某手机银行即将失效，需重新验证。张某信以为真，按短信提示输入银行卡号、密码等信息后，又将收到的编号为135423的"验证码"输入手机页面。后张某发现，其实是将135423元汇入了郑某账户。A. 郑某将张某作为工具加以利用，实现转移张某财产的目的，应以盗窃罪论处——该选项正确，因为被害人在输入"135423"时，主观上并没有意识到自己在转移135423元财产，即主观上没有处分意识。

》》历年真题

关于诈骗罪的认定，下列哪一选项是正确的（不考虑数额）?① （2016年·卷二·17题）

A. 甲利用信息网络，诱骗他人点击虚假链接，通过预先植入的木马程序取得他人财物。即使他人不知点击链接会转移财产，甲也成立诈骗罪

B. 乙虚构可供交易的商品，欺骗他人点击付款链接，取得他人财物的，由于他人知道自己付款，故乙触犯诈骗罪

C. 丙将钱某门前停放的摩托车谎称是自己的，卖给孙某，让其骑走。丙就钱某的摩托车成立诈骗罪

---

① 答案：B。

D. 丁侵入银行计算机信息系统，将刘某存折中的 5 万元存款转入自己的账户。对丁应以诈骗罪论处

⊙ [争议问题] 关于"处分意识"的不同观点。

（1）概括（抽象）的处分意识说认为，只要行为人主观上大致认识到自己交付的财产的种类（如衣服、酒、手机），就认为行为人具有处分意识。

（2）具体的处分意识说认为，只有行为人清楚地认识到自己交付的财产的全部内容（种类、数量、质量、价格、外形等），才能认为其有处分意识。

例如，甲去商场购买西服，其将两件分别标有 1000 元、10000 元的西服的价格标签进行调换，甲仅付款 1000 元就买走了实际价格为 10000 元的西服，被害人（售货员）乙并没有发现甲调换价格标签的行为——本案中，售货员知道自己交付了西服，但对于西服的价格没有认识到，如果持概括的处分意识，可以认为售货员处分了财产，行为人的行为成立诈骗罪；如果持具体的处分意识，售货员确实没有认识清楚，其没有处分意识，行为人的行为成立盗窃罪。

2018 年主观题：王某、刘某在某酒店就餐，消费 3000 元。在王某结账时，收银员吴某偷偷调整了 POS 机上的数额，故意将 3000 元餐费改成 30000 元，交给王某结账。王某果然认错，支付了 30000 元——本案中，对于吴某盗刷他人信用卡的行为，可能存在两种处理意见：一种观点认为，成立盗窃罪。这种观点认为，被害人并不知道自己多余处分的钱款（30000—3000＝27000 元），行为人吴某拿走这部分财产的，应成立盗窃罪。另一种观点认为，成立诈骗罪。这种观点认为，对诈骗罪所要求的"处分意识"不作严格解释，持概括（抽象）的处分意识说（这种观点也称之为处分意识必要说的缓和论），只要行为人主观上大致认识到自己交付的财产的种类（如衣服、酒、手机）就可以认为有处分意识。

⊙ [主观案例] 审判实务最近更多地坚持"概括的处分意识说"，如果要求被害人要有具体的处分意识，在很多案件中并不现实。如果要求犯罪行为人与被害人进行充分沟通，被害人清楚地认识到自己处分的财产，被害人又怎么会处分财产呢？参见《刑事审判参考》第 1048 号指导案例，葛玉友等诈骗案。该案中，被告人葛玉友、姜闯在德清恒运纺织有限公司收购碎布料期间，经事先商量，采用事先偷偷在运输车辆上装入 1.5 吨重的石头，同林祥云一起给"空车"过磅，随后偷偷把石头卸掉才去装载碎布料，再同林祥云一起满载车辆过磅，然后根据两次过磅结果计算车上碎布料重量，再和林祥云进行现金交易的方法，在林祥云没有察觉的情况下，每次交易均从德清恒运纺织有限公司额外多运走 1.5 吨碎布料。自 2011 年 4 月至 2011 年 8 月，葛玉友、姜闯采用上述方法，先后 7 次骗得碎布料共计 10.5 吨，共计价值人民币 5.25 万元。该案被认定为诈骗罪，判决认为，虽然被害人没有准确认识到财物（碎布）的重量，但对于碎布的外形有大致的认识，可以认为其有处分意识，成立诈骗罪。

（二）如何理解被害人必须有财产上的损失

1. 无效债权的丧失不能视为财产损失。

例如，采取欺骗行为使妓女免收嫖资的，不成立诈骗罪，这实际上是骗"色"。当然，如果已经交付了嫖资，又从卖淫女手中骗回来的，成立诈骗罪。

2. 行为人即使提供了相当对价，但如果没有实现被害人的交换目的，能否认定为有财产损失，进而认定为诈骗罪，存在不同观点。

例如，行为人将某产品卖给被害人，夸大了产品的功效，虽然被害人交付的钱财与产品的价值相当，但由于被害人将财物买回来对被害人而言没有任何效用。较为典型的案例就是实践中经常出现的，欺骗老年人购买一些对其并没有作用的药品、保健品，行为人给付的药品、保健品与被害人交付的金钱在价值上基本相等，但这些药品、保健品对被害人并无作用。

一种观点认为，诈骗罪是针对个别财产的犯罪，上述行为实际上是侵害了被害人的财产权（金钱给付），应成立诈骗罪。

另一种观点认为（多数观点），这种案件不构成犯罪，或者已经交付的药品、保健品应从犯罪数额中扣除。这种观点认为诈骗罪是针对整体财产的犯罪，只要被害人的财产整体（总量）没有减少，就不认为存在财产损失。

3. 行为人实施欺骗行为，导致受骗者就所交付财产的用途、财产的接受者存在法益关系的认识错误时，即使受骗者没有期待相当给付，也认为存在财产损失，行为人的行为成立诈骗罪。

例如，声称将募捐的钱交给灾民，但事实上将募捐的钱交给父母的，成立诈骗罪。在捐款型诈骗案件中，捐款者本身并不图财产上获利，他就是要"放弃"自己的财产。但是，其对捐款还是具有目的性的，如期待所捐款项给予特定的人，如果这一目的落空了的话，当然属于被骗了，相对方成立诈骗罪。

又如，2015年卷二63 C. 甲为灾民募捐，一般人捐款几百元。富商经过募捐地点时，甲称："不少人都捐1、2万元，您多捐点吧。"富商信以为真，捐款2万元——甲的行为不构成犯罪。本案中，富商捐款的目的（为灾民）并没有落空。但如果这笔捐款并没有最后交付灾民，而是被甲占有，那么富商捐款的目的就落空了，甲的行为成立诈骗罪。

4. [延伸阅读] 对于偷换商家"二维码"从而获取财物的案件，如何定性？

例如，张某利用自己所学的计算机技术，偷偷将某西餐厅收款的二维码换成自己的，致使一些顾客在该西餐厅消费支付时，直接将钱款转到张某的账户内。

（1）多数观点认定为成立盗窃罪。理由：

一方面，其在本质上并不符合诈骗罪"骗取他人财物"的本质特征，缺乏成立诈骗罪所必需的处分意识和处分行为，被害人对于其财产被非法转移占有完全没有意识，根本没有想到其财产将进入行为人账户。

另一方面，虽然顾客的钱款并未首先进入商家账户而是直接进入行为人账户，但是至少在顾客扫码支付的那一瞬间，无论在社会观念上还是在所有权上，该钱款都属于商家所有和占有，行为人通过秘密手段取得对该钱款的非法占有，本质上属于秘密窃取行为，构成盗窃罪，至于其仅实施偷换二维码行为而未进一步实施其他行为，并不影响其在本质上是通过秘密窃取手段取得他人财物的事实，正是他设定了整个盗窃行为的因果流程。[1]

（2）少数观点认为成立诈骗罪。认为行为人虚构事实即偷换商家二维码的行为，致使顾客产生错误认识，基于错误认识而处分财产，导致商家产生损失，成立诈骗罪，即顾客

---

[1] 周铭川：《偷换商家支付二维码获取财物的定性分析》，载《东方法学》2017年第2期。

处分了商家的财产（商家对顾客的债权）。

（3）审判实践中，对于偷换二维码的案件，认定为盗窃罪。

例如，吴某、张某利用购买的微信账号生成微信收款二维码，打印成微信收款二维码贴纸，然后二人在临街的面包店、奶茶店、快餐店等店铺内，由张某负责跟工作人员聊天转移对方注意力，吴某趁此机会将自备的微信收款二维码粘贴覆盖在商家原有的微信收款二维码上，然后离开。顾客到商家消费后以微信付款，货款即支付到两被告人作案的微信账号中。法院认定其行为构成盗窃罪。[参见（2017）粤0604刑初550号]

（4）关联真题。

2018年真金题：甲用乙的淘宝账号从网上买了一个手机，用甲自己的银行卡付了款，留的是自己的号码。手机卖家核实信息时，按照淘宝账号信息打电话给乙，乙骗商家说手机是他买的，并告知商家更改收货地址，商家把手机发货给乙。该题有两种观点：

一种观点，乙的行为构成对商家的诈骗罪，乙并没有欺骗所有权人甲，而是欺骗了卖家。卖家对该财物当然具有处分权，而且，卖家对于将财产（手机）转移给乙是知情的，可以认为是处分了财产。

另一种观点，乙成立盗窃罪。如果整体来看这个案件，似乎最终遭受损失的是甲，而甲并没有处分财产的行为、意识，同时，该案中，甲并没有委托商家占有其财产，商家也无处分甲财产的权利，从这一意义上看，乙对甲的行为成立盗窃罪，盗窃的是债权（甲对商家的债权）。

司法实践中，对于这类案件，商家本身一般不承担责任，而且商家的做法也完全符合规范，商家没有进一步审查行为人身份信息的义务，甚至都不能认为商家"被骗"，最终损失应该由甲来承担，而甲并没有处分财产的行为及意识。从这一意义上看，乙的行为成立盗窃罪更为妥当。

（三）诈骗罪与盗窃罪的区别

诈骗罪中，犯罪分子是使用了诈术，使被害人"自愿交付"财产，即被害人对于财产的"转移"是知情的，即犯罪行为人与被害人就财物的处分、转移是进行过"沟通"的。

盗窃罪中，被害人对于自己占有的财物怎么从自己占有之下转移至犯罪分子占有之下，是不知情的，犯罪行为人与被害人就财物的处分、转移没有进行过"沟通"。

1. 三角诈骗。是指利用欺骗方法，使他人处分财物，财产处分人和被害人不同一，即行为人欺骗的是不知情的、财产所有权人以外的第三人。

（1）如果该不知情的人是有处分权利的，行为人成立诈骗罪。

2008年四川卷二59. 丙是乙的妻子。乙上班后，甲前往丙家欺骗丙说："我是乙的新任秘书，乙上班时好像忘了带提包，让我来取。"丙信以为真，甲从丙手中得到提包（价值3300元）后逃走。甲的行为成立诈骗罪。

2008年卷二14. 甲在某银行的存折上有4万元存款。某日，甲将存款全部取出，但由于银行职员乙工作失误，未将存折底卡销毁。半年后，甲又去该银行办理存储业务，乙对甲说："你的4万元存款已到期。"甲听后，灵机一动，对乙谎称存折丢失。乙为甲办理了挂失手续，甲取走4万元。甲的行为构成诈骗罪。

2015年卷二63. A. 甲对李某家的保姆说："李某现在使用的手提电脑是我的，你还给我吧。"保姆信以为真，将电脑交给甲。甲的行为成立诈骗罪。

（2）如果该不知情的人是没有处分权利的（未占有财物），行为人成立盗窃罪。

例如，洗衣店经理 A 发现 B 家的走廊上晒着西服，便欺骗本店临时工 C 说："B 要洗西服，但没有时间送来；你到 B 家去将走廊上晒的西服取来。" C 信以为真，取来西服交给 A，A 将西服据为己有。C 显然受骗了，但他只是 A 盗窃的工具而已，并不具有将 B 的西服处分给 A 占有的权限或地位，因为 C 从未占有过这些衣服——A 成立盗窃罪（间接正犯）。

2. 暗中调包的（是指调被害人的包），成立盗窃罪。理由：被害人根本不知道自己的东西被调包了，没有认识到自己处分了财产，主观上完全没有处分意识。

2009 年卷二 59. 欣欣在高某的金店选购了一条项链，高某趁欣欣接电话之际，将为其进行礼品包装的项链调换成款式相同的劣等品（两条项链差价约 3000 元）。欣欣回家后很快发现项链被"调包"，即返回该店要求退还，高某以发票与实物不符为由拒不退换。高某的行为构成盗窃罪。

2008 年四川卷二 62. 甲系某股份制电力公司所属某供电所抄表组抄表员。在一次抄表时，甲与某金属加工厂承包人乙合谋少记载该加工厂用电量，并将电表上的数字回拨，使加工厂少交 3 万元电费。事后甲从乙处索取好处费 1 万元——甲的行为构成非国家工作人员受贿罪、盗窃罪。

例如，甲从乙的柜台处购买了一条真项链，刚离开柜台不远就回去声称项链的款式不行，要求退货。在退货的时候，甲用假项链换得了货款。甲的这种行为就构成诈骗，诈骗所得的财物是退货的货款而非金项链。（参见陈兴良、陈子平：《两案刑法案例比较研究》，北京大学出版社 2010 年版，第 21 页）

3. 调虎离山的，原则上成立盗窃罪。

（1）虽然对老虎实施了欺骗行为使老虎离开了山，但由于老虎并没有处分财产，犯罪分子是在老虎不知情的情况下取走财产的，因此，仅成立盗窃罪。

（2）但如果调虎离山，不仅把老虎骗走了，而且让老虎自愿处分财产，则成立诈骗罪。

例如，A 打电话欺骗在家休息的老人 B："您的女儿在前面马路上出车祸了，您赶快去。" B 连门也没有锁便急忙赶到马路边，A 趁机取走了 B 的财物。虽然 A 实施了欺骗行为，但 B 没有因为受骗而产生处分财产的认识错误，更没有基于认识错误处分财产，只是由于外出导致对财物占有的弛缓；A 取走该财产的行为，只能成立盗窃罪。

2008 年四川卷二 15. 甲与乙一起乘火车旅行。火车在某车站仅停 2 分钟，但甲欺骗乙说："本站停车 12 分钟"，乙信以为真，下车购物。乙刚下车，火车便发车了。甲立即将乙的财物转移至另一车厢，然后在下一站下车后携物潜逃。甲的行为构成盗窃罪。

4. 以欺骗方式借用财物的处理。

（1）如果被害人没有放弃对财物的占有（站岗），行为人趁被害人不注意而取走财物的，应成立盗窃罪。

实践中出现的借他人手机打电话，然后趁被害人不知情的情况而悄悄逃走的，定盗窃罪。理由在于：

第一，借手机打电话的，被害人就在手机旁边，即使行为人在使用手机，手机也是由被害人占有，被害人并没有处分其财产，而是一直注视、控制着自己的手机。被害人虽然将手机交付给他人，却并没有终局性转移的意思，而是在其监督下有条件地使用手机。

第二，行为人之非法占有手机，还是秘密窃取的结果。如果认为该案中行为人的行为成立诈骗罪，则意味着甲接到手机时便成立诈骗既遂；即便甲打完电话后将手机返还给乙，也属于诈骗既遂后的返还行为，这恐怕难以被人接受。

（2）如果被害人自愿脱离对财物的占有（站岗），说明被害人处分了占有，应成立诈骗罪。

例如，甲以欺骗方式借用乙的手机打电话，并征得乙的同意后携该手机去远处，乙表示同意。此时，乙放弃了对手机的占有，甲的行为成立诈骗罪。

5. 先实施盗窃、侵占、抢夺行为占有他人财物后，使用欺骗手段欺骗他人的，定盗窃罪、侵占罪、抢夺罪。

理由：行为人先前实施的犯罪行为已经达到了犯罪既遂，事后的欺骗行为没有侵犯新的法益，也不能改变原行为的性质。

2005年卷二 11. 甲到乙的办公室送文件，乙不在。甲看见乙办公桌下的地上有一活期存折（该存折未设密码），便将存折捡走。乙回办公室后找不着存折，但看见桌上的文件，便找到甲问是否看见其存折，甲说没看到。甲下班后去银行将该存折中的 5000 元取走——甲的行为构成盗窃罪，事后的欺骗行为也不另成立诈骗罪。

6. 在商场实施的试穿试戴类案件。

（1）如果售货员并没有自愿处分财产，没有让财物脱离自己的占有，行为人趁售货员不注意而取走财产的，成立盗窃罪。

实践中经常出现的伪装去商场购物，让售货员拿出商品试穿试戴类的案件，被害人虽然将财物交给行为人试穿试戴，但这种交付不宜认定为是诈骗罪中的处分。因为在商场中试穿试戴的时候，商场都是进行了较为严格的监控的，有监控仪器在监视着，工作人员也一直在监督着试穿试戴的顾客。并且，根据商业惯例，试穿试戴的人也只能在特定的区域即商场工作人员所能监控的范围之内试穿试戴，而不能超出此范围。即使被害人（售货员）没有站在试衣人的旁边，而忙于接待其他客人，也不宜认为被害人处分了财产。此种情形下，行为人趁售货员不注意，带走财产的，成立盗窃罪。

（2）如果售货员自愿放弃了对财产的占有，则认为其处分了财产，行为人成立诈骗罪。

例如，倘若A穿上西服后，向售货员B说："我买西服需征得妻子的同意，我将身份证押在这里，如妻子同意，我明天来交钱；如妻子不同意，我明天还回西服。"B同意A将西服穿回家，但A使用的是假身份证，次日根本没有送钱或西服给B。那么，A的行为构成诈骗罪。因为B允许A将西服穿回家，实际上已将西服转移给A支配与控制。

7. 无钱饮食、住宿

（1）原本没有支付饮食、住宿费用的意思，而伪装具有支付费用的意思，欺骗对方，使对方提供饮食、住宿的，如果数额较大，成立诈骗罪——行为人一开始就具有欺骗的意思，就相当于骗吃骗喝、骗烟骗酒，当然成立诈骗罪，诈骗罪的对象就是消费的物品。

（2）行为人原本具有支付饮食、住宿费用的意思，但在饮食、住宿后，采取欺骗手段不支付费用的。由于被害人并没有因此而免除行为人的债务，即没有处分行为（没有免单），故对该行为难以认定为诈骗，无罪——这种行为的本质其实是"赖账"，"赖账"只是一种民事纠纷，不成立刑法上的犯罪。

》》历年真题

关于诈骗罪的理解和认定，下列哪些选项是错误的？[①]（2013年·卷二·61题）

A. 甲曾借给好友乙1万元。乙还款时未要回借条。一年后，甲故意拿借条要乙还款。乙明知但碍于情面，又给甲1万元。甲虽获得1万元，但不能认定为诈骗既遂

B. 甲发现乙出国后其房屋无人居住，便伪造房产证，将该房租给丙住了一年，收取租金2万元。甲的行为构成诈骗罪

C. 甲请客（餐费1万元）后，发现未带钱，便向餐厅经理谎称送走客人后再付款。经理信以为真，甲趁机逃走。不管怎样理解处分意识，对甲的行为都应以诈骗罪论处[②]

D. 乙花2万元向甲购买假币，后发现是一堆白纸。由于购买假币的行为是违法的，乙不是诈骗罪的受害人，甲不成立诈骗罪

8. 文物、古董买卖与诈骗罪

文物、古董的价值本身就是不确定的，同一文物、古董，在不同的地方、经不同的拍卖师，价格可能存在很大差异，其交易价格取决于买卖双方的自愿（主观价值）。

（1）标高文物、古董的价格的，不成立诈骗罪。

（2）如果对文物、古董本身的重要信息（客观属性）予以隐瞒、欺骗的，如年代、作者等，成立诈骗罪。

（3）如果文物的"价格"是比较确定的，故意压低价格欺骗他人的，可能涉嫌诈骗罪。

例如，2007年卷二62. A. 收藏家甲受托为江某的藏品进行鉴定，甲明知该藏品价值100万，但故意贬其价值后以1万元收买。甲的行为构成诈骗罪。

》》历年真题

甲将一只壶的壶底落款"民國叁年"磨去，放在自己的古玩店里出卖。某日，钱某看到这只壶，误以为是明代文物。甲见钱某询问，谎称此壶确为明代古董，钱某信以为真，按明代文物交款买走。又一日，顾客李某看上一幅标价很高的赝品，以为名家亲笔，但又心存怀疑。甲遂拿出虚假证据，证明该画为名家亲笔。李某以高价买走赝品。请回答第1~2题。

1. 关于甲对钱某是否成立诈骗罪，下列选项错误的是？[③]（2011年·卷二·86题）

A. 甲的行为完全符合诈骗罪的犯罪构成，成立诈骗罪

B. 钱某自己有过错，甲不成立诈骗罪

C. 钱某已误以为是明代古董，甲没有诈骗钱某

D. 古玩投资有风险，古玩买卖无诈骗，甲不成立诈骗罪

---

① 答案：BCD。

② 餐厅经理同意甲离开是以为甲送朋友，餐厅经理并未同意免除甲的餐费，亦未同意甲日后再来支付餐费。换言之，餐厅经理同意甲离开时，并无任何处分意识，未进行任何财产处分，故甲不构成诈骗罪。

③ 答案：BCD。

2. 关于甲对李某是否成立诈骗罪，下列选项正确的是？① （2011年·卷二·87题）

　A. 甲的行为完全符合诈骗罪的犯罪构成，成立诈骗罪

　B. 标价高不是诈骗行为，虚假证据证明该画为名家亲笔则是诈骗行为

　C. 李某已有认识错误，甲强化其认识错误的行为不是诈骗行为

　D. 甲拿出虚假证据的行为与结果之间没有因果关系，甲仅成立诈骗未遂

⊙ ［主观案例］《刑事审判参考》第1174号指导案例，丁晓君诈骗案——以借用为名取得信任后非法占有他人财物行为的定性。丁晓君穿上偷来的警服，冒充警察，以发生案件需要辨认犯罪嫌疑人、需要借手机拍照等为由，借得李某的iPhone X手机一部。并让李某在此处待着不要动，自己很快就会回来。丁晓君得手后，立即逃离现场。

　［主观题考点解读］ 该案中，行为人在借得财物后，将财物带离现场，被害人不加阻止的，则应当认为财物的占有、支配关系已发生变化，被害人实际已因受骗而对财物作出错误处分。故丁晓君的行为构成诈骗罪。

⊙ ［主观案例］ 最高人民法院指导案例第27号，臧进泉等盗窃、诈骗案。

（1）盗窃事实：2010年6月1日，被告人郑必玲骗取被害人金某195元后，获悉金某的建设银行网银账户内有305000余元存款且无每日支付限额，遂电话告知被告人臧进泉，预谋合伙作案。臧进泉赶至网吧后，以尚未看到金某付款成功的记录为由，发送给金某一个交易金额标注为1元而实际植入了支付305000元的计算机程序的虚假链接，谎称金某点击该1元支付链接后，其即可查看到付款成功的记录。金某在诱导下点击了该虚假链接，其建设银行网银账户中的305000元随即通过臧进泉预设的计算机程序，经上海快钱信息服务有限公司的平台支付到臧进泉提前在福州海都阳光信息科技有限公司注册的"kissal23"账户中。臧进泉使用其中的116863元购买大量游戏点卡，并在"小泉先生哦"的淘宝网店上出售套现。案发后，公安机关追回赃款187126.31元发还被害人。

（2）诈骗事实：2010年5月至6月间，被告人臧进泉、郑必玲、刘涛分别以虚假身份开设无货可供的淘宝网店铺，并以低价吸引买家。三被告人事先在网游网站注册一账户，并对该账户预设充值程序，充值金额为买家欲支付的金额，后将该充值程序代码植入到一个虚假淘宝网链接中。与买家商谈好商品价格后，三被告人各自以方便买家购物为由，将该虚假淘宝网链接通过阿里旺旺聊天工具发送给买家。买家误以为是淘宝网链接而点击该链接进行购物、付款，并认为所付货款会汇入支付宝公司为担保交易而设立的公用账户，但该货款实际通过预设程序转入网游网站在支付宝公司的私人账户，再转入被告人事先在网游网站注册的充值账户中。三被告人获取买家货款后，在网游网站购买游戏点卡、腾讯Q币等，然后将其按事先约定统一放在臧进泉的"小泉先生哦"的淘宝网店铺上出售套现，所得款均汇入臧进泉的工商银行卡中，由臧进泉按照获利额以约定方式分配。被告人臧进泉、郑必玲、刘涛经预谋后，先后到江苏省苏州市、无锡市、昆山市等地网吧采用上述手段作案。臧进泉诈骗22000元，获利5000余元，郑必玲诈骗获利5000余元，刘涛诈骗获利12000余元。

---

① 答案：AB。

五、抢夺罪

《刑法》第 26 条：抢夺公私财物，数额较大的，或者多次抢夺的，处三年以下有期徒刑、拘役或者管制，并处或者单处罚金；数额巨大或者有其他严重情节的，处三年以上十年以下有期徒刑，并处罚金；数额特别巨大或者有其他特别严重情节的，处十年以上有期徒刑或者无期徒刑，并处罚金或者没收财产。

携带凶器抢夺的，依照本法第二百六十三条的规定定罪处罚。

	抢夺罪	抢劫罪
暴力的对象	（1）对物使用暴力；或者（2）不对物使用暴力，但公然取走他人财物	对人使用暴力
暴力的程度	被害人来不及抗拒，不是暴力压制使被害人不能抗拒，也不是被害人受胁迫不敢抗拒（行为人使用轻微对人暴力抢夺财物，也认定为是抢夺罪）	足以抑制被害人的反抗

注意：

（1）实践中，有些人趁被害人不备，夺取被害人的财物，但造成被害人身体伤亡的，例如，直接抢走妇女的耳环，造成妇女出血；或者飞车抢夺时，造成被害人摔倒，应当认定为是抢夺罪，当然，此种情形同时触犯了过失致人重伤罪、过失致人死亡罪，应择一重罪处罚。即使被害人有了防备的，也可成立抢夺罪。2006 年卷二 60. B. 甲见乙迎面走来，担心自己的手提包被乙夺走，便紧抓手提包。乙见甲紧抓手提包，猜想包中有贵重物品，在与甲擦肩而过时，当面用力夺走甲的手提包。乙的行为成立抢夺罪。

（2）如果行为人在抢夺时，被害人顽强反抗，行为人为了获取财物，摆脱被害人的反抗而对被害人使用暴力的，成立抢劫罪。

（3）有学者认为，抢夺罪必须对物使用暴力，这仅是一种理论上的少数观点。刑法并没有要求抢夺必须对物使用暴力

>> **历年真题**

1. 根据犯罪构成理论，并结合刑法分则的规定，下列哪些说法是正确的？[1]（2003 年·卷二·35 题）

A. 甲某晚潜入胡某家中盗窃贵重物品时，被主人发现。甲夺门而逃，胡某也没有再追赶。甲就躲在胡某家墙根处的草垛里睡了一晚，第二天早上村长高某路过时，发现甲行踪诡秘，就对其盘问。甲以为高某发现了自己昨晚的盗窃行为，就对高某进行打击，致其重伤。甲构成盗窃罪、故意伤害罪，应数罪并罚

B. 乙在大街上见赵某一边行走一边打手机，即起歹意，从背后用力将其手机抢走。但因用力过猛，致使赵某绊倒摔成重伤。乙同时构成抢夺罪、过失致人重伤罪，但不应数罪并罚[2]

---

[1] 答案：ABD。
[2] 单一的抢夺行为造成被害人重伤的，不能认定为抢劫罪，因为抢劫罪是复合行为，故仅能认定为抢夺罪与过失致人重伤罪的想象竞合。

C. 丙深夜入室盗窃，被主人李某发现后追赶。当丙跨上李某家院墙，正准备往外跳时，李某抓住丙的脚，试图拉住他。但丙顺势踹了李某一脚，然后逃离现场。丙构成抢劫罪

D. 丁骑摩托车在大街上见妇女田某提着一个精致皮包在行走，即起歹意，从背后用力拉皮包带，试图将皮包抢走。田某顿时警觉，拽住皮包带不放。丁见此情景，突然对摩托车加速，并用力猛拉皮包带，田某当即被摔成重伤。丁构成抢劫罪而不构成抢夺罪

2. 关于抢夺罪，下列哪些判断是错误的？① （2010 年·卷二·59 题）

A. 甲驾驶汽车抢夺乙的提包，汽车能致人死亡属于凶器。甲的行为应认定为携带凶器抢夺罪

B. 甲与乙女因琐事相互厮打时，乙的耳环（价值 8,000 元）掉在地上。甲假装摔倒在地迅速将耳环握在手中，乙见甲摔倒便离开了现场。甲的行为成立抢夺罪②

C. 甲骑着摩托车抢夺乙的背包，乙使劲抓住背包带，甲见状便加速行驶，乙被拖行十多米后松手。甲的行为属于情节特别严重的抢夺罪

D. 甲明知行人乙的提包中装有毒品而抢夺，毒品虽然是违禁品，但也是财物。甲的行为成立抢夺罪

六、侵占罪

（一）侵占罪的对象

1. 代为保管的他人财物。

（1）对"保管"应该作广义的理解。包括：基于委托关系而占有的他人财物，委托关系发生的原因多种多样，如租赁、担保、借用、委任、寄存等。

（2）只要是没有基于明显的违法行为而控制的他人的财物，此时的财物就可以视为代为保管的财物。

例如，甲家中的衣服被风吹到了乙的家中，乙基于此而占有甲的衣服，就属于代为保管的他人财物，乙将其据为己有的，成立侵占罪。

又如，甲在给自己的手机充值时，不小心将 10000 元话费充到了乙的手机上，乙明知有人往自己手机里误充了 10000 元，多次拨打国际长途电话，马上就用完这笔话费。乙的行为成立侵占罪。

（3）如果是基于业务上的关系代为保管的财物（代表单位保管他人财物），行为人将此财物据为己有的，成立职务侵占罪。

（4）基于不法原因替他人保管财物，如保管他人用于行贿的财物、犯罪所得等，事后拒不返还的，能否以侵占罪论处，存在肯定说、否定说两种观点。

2017 年卷二 18. D. 丁分期付款购买汽车，约定车款付清前汽车由丁使用，所有权归卖方。丁在车款付清前将车另售他人。该案中，丁将并不属于自己的、"代为保管"的他人汽车处分了，成立侵占罪。

---

① 答案：ABC。

② 甲把乙掉在地上的耳环拿走，当时被害人乙也在身边，该财物属于被害人乙占有的财物。盗窃罪与抢夺罪的区分的关键在于是秘密的还是公开的，如果甲是当着乙的面，乙也发现了甲，甲拿走该耳环的，成立抢夺罪无疑。但本案中，乙并不知道财物被甲拿走的事实，甲仍然是"秘密窃取"，成立盗窃罪。

>> 历年真题

1. 不计数额，下列哪一选项构成侵占罪？① （2012年·卷二·18题）

A. 甲是个体干洗店老板，洗衣时发现衣袋内有钱，将钱藏匿

B. 乙受公司委托外出收取货款，隐匿收取的部分货款

C. 丙下飞机时发现乘客钱包掉在座位底下，捡起钱包离去

D. 丁是宾馆前台服务员，客人将礼品存于前台让朋友自取。丁见久无人取，私吞礼品

2. 在甲、乙被起诉后，甲父丙为使甲获得轻判，四处托人，得知丁的表兄刘某是法院刑庭庭长，遂托丁将15万元转交刘某。丁给刘某送15万元时，遭到刘某坚决拒绝。丁告知丙事情办不成，但仅退还丙5万元，其余10万元用于自己炒股。在甲被定罪判刑后，无论丙如何要求，丁均拒绝退还余款10万元。丁的行为是否成立侵占罪，存在两种不同的观点。② （2013年·卷四）

2. 无人占有的财产：遗忘物与埋藏物。

[问题思考：为什么刑法对侵占罪如此宽容] 我国刑法中的侵占罪属于自诉案件，且法定刑较之其他财产犯罪轻了很多。主要是考虑到：

（1）侵占罪的前提是行为人起初占有财物并没有通过非法手段，例如，通过代为保管的方式，或者拿走的是无人占有的财物，即没有破坏他人对财物的占有。事后再产生了非法据为己有的目的。即机会"到手上来了"来侵吞财产。

（2）盗窃罪、诈骗罪等其他财产犯罪，侵害的是他人占有的财物，危害性较大。即没有机会而创造机会去实施侵犯他人财产的行为。

（二）客观特征

1. 第一步：合法持有。

2. 第二步：非法占为己有。"非法占为己有"的表现形式：赠与、转让、消费、出卖、出借、交换、抵偿、加工等。

注意：如果行为人第一步就有非法占有目的，则成立其他犯罪（如盗窃、诈骗），而非侵占罪。例如，2017年卷二18.A. 张某欲向县长钱某行贿，委托甲代为将5万元贿赂款转交钱某。甲假意答应，拿到钱后据为己有。甲一开始就具有非法占有目的，通过虚假欺骗方式占有了5万元，应成立诈骗罪。

（三）侵占罪与盗窃罪、诈骗罪之间的区分——财物占有状态的类型

侵占罪与盗窃罪、诈骗罪等财产犯罪区分的关键在于，"财物是否在被害人的占有之

---

① 答案：A。

② （1）构成。理由：①丁将代为保管的他人财物非法占为己有，数额较大，拒不退还，完全符合侵占罪的犯罪构成。②无论丙对10万元是否具有返还请求权，10万元都不属于丁的财产，因此该财物属于"他人财物"。③虽然民法不保护非法的委托关系，但刑法的目的不是确认财产的所有权，而是打击侵犯财产的犯罪行为，如果不处罚侵占代为保管的非法财物的行为，将可能使大批侵占赃款、赃物的行为无罪化，这并不合适。

（2）不构成。理由：①10万元为贿赂款，丙没有返还请求权，该财物已经不属于丙，因此，丁没有侵占"他人的财物"。②该财产在丁的实际控制下，不能认为其已经属于国家财产，故该财产不属于代为保管的"他人财物"。据此，不能认为丁虽未侵占丙的财物但侵占了国家财产。③如认定为侵占罪，会得出民法上丙没有返还请求权，但刑法上认为其有返还请求权的结论，刑法和民法对相同问题会得出不同结论，法秩序的统一性会受到破坏。

下"：刑法中的其他财产犯罪的特点是将被害人占有的财物通过窃取、骗取、暴力的方式据为己有，"横刀夺爱"型，其犯罪对象是有人占有的财物；而侵占罪的对象是行为人代为保管的财物、无人占有的财物，即财物并不处于被害人的占有之下。

行为人获取财物时，财物是否处于被害人"占有"状态之下，是判断行为人是否构成侵占罪的关键。占有，不仅仅是依据物理上的占有，而且包括观念上的占有。物理上的占有，是指行为人在客观上实际控制着这个财物，行为人手握财物等。观念上的占有是指，行为人虽然没有客观上、实际上控制着财物，但社会观念一般认为财物仍处于其占有之下。例如，甲停在路边的汽车、自行车，即便甲离开了，也归甲占有，其他人取走该财物的，成立盗窃罪。之所以认为，财物即便处于客观上无人看守的状态，也认为可能处于观念上有人占有的状态，其理由在于：占有更多地是一种财产秩序，而良好财产秩序的维持，并不仅仅依靠客观上的人的"看守""站岗"，还依靠社会公众约定俗成的财产秩序观念。例如，主人的汽车停在路边，即便主人离开汽车很远，但这种财物状态必须得到较好地维持，社会一般公众也都是这样放置自己的汽车的，公众已经形成了这种观念。当然，观念上的占有在更大范围能被接受，就说明社会越有秩序，财物都不需要主人在旁边"站岗"。

一般认为，"有人占有"的东西就意味着，这个财物这样放置是比较安全的，这种财产秩序需要维持，其他人不能随意拿走，否则，成立盗窃罪。而"无人占有"的财物，意味着这个财物现处于无人支配、控制的状态，处于不安全的状态，其他人基于此而重新建立占有、支配关系的，也应返还被害人，否则成立侵占罪。用更通俗的观念来说，"无人占有"的财物，我们拿走叫"捡"（侵占）；有人占有的财物，我们拿走叫"偷"（盗窃）。在判断行为是"偷"还是"捡"，如果存在模糊，即财物是否处于"有人占有"的状态存在模糊之处时，更应倾向于认定为是"偷"，肯定财物是有人占有的，这样有助于构建整个社会的财产秩序。

1. 事实支配领域内的占有（我的地盘我做主）。只要是在他人事实支配领域内的财物，即使他人没有现实地握有或监视，也属于他人占有的财物。

例如，他人家中角落的财物、他人果园里的果实、农民地里的作物、他人鱼池中的水产品，即使没有围墙、栏杆，也属于他人占有。

又如，挂在他人门上、窗户上的财物，都由他人占有。他人住宅内、车内的财物，即使他人完全忘记其存在，也属于他人占有的财物。

又如，游人向公园水池内投掷的硬币，属于公园管理者占有的财物。

又如，即使房屋主人出差后，由他人看守房屋，但房屋内的财物仍然由房屋主人占有，而非由看守人占有，看守人充其量是占有辅助者。

再如，商场送货人员将顾客订购的家电放在其门外提前离去，该顾客虽不在家，也不妨碍其对财产享有占有权。

2. 事实支配领域外的占有。虽然处于他人支配领域之外，但存在可以推知由他人事实上支配的状态时，也属于他人占有的财物。

例如，汽车、自行车，即便主人不在身边，也推定是有人占有的，其他人取走该财物的，成立盗窃罪。

又如，大学生在校园食堂先用自己的钱包、手提电脑等占座位，然后购买饭菜时，该钱包、电脑依然由大学生占有。

又如，甲将汽车停在自家楼下，忘记拔车钥匙，匆匆上楼取文件，被恰好路过的乙发现。乙发动汽车刚要挂档开动时，甲正好下楼，将乙抓获。乙的行为构成盗窃罪（未遂）。

再如，旅客将行李放在托运柜台旁，到相距 20 余米的另一柜台问事时，机场清洁工丙将该行李拿走据为己有。丙的行为构成盗窃罪。

3. 特定场所的占有。

例如，飞机上的乘客的手提行李，不管其放在何处，都由乘客占有。

又如，乙提着行李去甲家中做客，行李是由乙占有，即使与甲一起到户外聊天、短暂离开甲家，乙放置在甲家的包也由乙占有。

又如，在教室上课，包放在桌上，即使人短暂离开，也是主人占有的财物，其他人拿走，成立盗窃罪。

又如，甲在餐馆就餐时，将提包放在座位上，付款时忘记拿提包，或者离店时忘了拿提包，但只要时间短暂，就仍应认定甲仍然占有着自己的提包。

又如，2018 年真金题：甲拿着包坐在公园长椅上，乙看着就默默坐他旁边。甲离开时忘记将自己的包拿走，乙见甲离开，迅速将包拿走。甲走出十米突然想起了自己的包，返回原处未看见包与乙——乙的行为构成盗窃罪，即便甲短暂离开，也应推定该包由甲占有。

再如，特殊事件（火灾、水灾、雪灾、车祸）不改变占有关系。大海发生沉船事故后，即使货主或者运输者离开原地，也应该认为该船舶以及船中的货物由货主或者运输者占有。2017 年卷二 18. C. 丙发现洪灾灾区的居民已全部转移，遂进入居民房屋，取走居民来不及带走的贵重财物。丙的行为成立盗窃罪。

》》历年真题

乙全家外出数月，邻居甲主动帮乙照看房屋。某日，甲谎称乙家门口的一对石狮为自家所有，将石狮卖给外地人，得款 1 万元据为己有。关于甲的行为定性，下列哪一选项是错误的？[①]（2015 年·卷二·18 题）

A. 甲同时触犯侵占罪与诈骗罪

B. 如认为购买者无财产损失，则甲仅触犯盗窃罪

C. 如认为购买者有财产损失，则甲同时触犯盗窃罪与诈骗罪

D. 不管购买者是否存在财产损失，甲都触犯盗窃罪

4. 特定动物的占有。主人饲养的具有回到原处能力或习性的宠物，不管宠物处于何处，都应认定为饲主占有。

例如，农村里家家户户都养鸡，但这个鸡肯定是要放养的，不可能放在家里，如果看到别人家的鸡在外面，自己拿走的，当然成立盗窃罪，因为社会一般观念认为，鸡是有人占有的财物，而不是无人占有的财物。

---

① 答案：A。

5. 转移占有。即使原占有者丧失了占有，但当该财物转移为建筑物的管理者或者第三者占有时，也应认定为他人占有的财物。

（1）如果某一空间是他人的家中，家是相对封闭的系统，主人对物的占有是独立的、排他性的，其他人不可能随意进入他人的家中。这类财物可以认为是由特定的空间管理者占有。

例如，在出租车上落下的物品、在宾馆房间落下的物品，属于有人占有的财物。

又如，他人遗忘在银行储蓄所内的桌上的现金等财物，由银行管理者占有。

又如，甲遗忘在乙家的财物，由乙占有。

又如，游人向公园水池内投掷的硬币，属于公园管理者占有。

再如，高尔夫运动员抛弃在高尔夫球场内的高尔夫球，属于球场管理者占有。

（2）如果是遗忘在公共场所的东西，可以认为是无人占有的财物。理由：由于公共场所人员进出比较频繁，公共场所的管理人、所有人也不可能实现对其内的他人落下的物品排他性的占有，此时财物就处于不太安全的状态。

例如，乘客下车后，其遗忘在公共汽车、地铁上的财物，不再由乘客占有，由于是公共场所，也不能认定由司机占有。尽管公交车厢是一个较为狭小的空间，但该财物的占有并不自然转归公交车的司机或者公交车公司的责任人。因为，公交车在开行过程中，客人上下频繁，难以保证放在货架上的物品不被其他人乘机拿走，因此，难说公交车司机对车厢内的财物具有排他性的支配。

6. 意识占有（气场占有）。

例如，A 不慎从阳台将钱包掉在该道路上后，一直在阳台上看守着该钱包时，该钱包仍然由 A 占有。B 当着 A 的面拿走该钱包的，属于拿走了被害人占有的财物。

7. 共同管理物，上位者占有。

（1）当数人共同管理某种财物，而且数人之间存在主从关系时，原则上应当认定为是上位者占有财物，下位者基于非法占有目的取走财物的，成立盗窃罪。一般认为，上位者为财物的所有权人，或是对财物的支配权更大的人。

例如，商店的店员拿走商店里的东西的，成立盗窃罪。因为此种情形下，推定店主（上位者）占有商店的财物，店员（下位者）只是辅助占有者，其取走该财物的，侵犯了上位者的占有，成立盗窃罪。

又如，酒店服务员甲在帮客人拎包时，将包中的手机放入自己的口袋据为己有。甲的行为构成盗窃罪。

又如，客人在小饭馆吃饭时，将手机放在收银台边上充电，请服务员乙帮忙照看。乙假意答应，却将手机据为己有。乙的行为构成盗窃罪。

再如，单位司机与单位会计一同到银行取款后，现金是会计（上位者）占有，而不是司机占有。即使会计中途短暂下车，放在车里的现金也由会计占有，司机将该财物取走的，成立盗窃罪。

（2）但如果上位者与下位者具有高度的信赖关系，下位者被授予某种程度的处分权时，就应承认下位者的占有，下位者任意处分财物的，成立侵占罪。

例如，老板叫员工乙独自去讨债，乙要债之后将财物据为己有，不交给其老板，成立侵占罪。原因在于：老板对员工乙具有高度的信赖关系，让乙一个人去讨债，乙将债要回来了，钱就一直处于乙的占有之下，乙将其据为己有的，成立侵占罪。

8. 封缄物内的财物，归主人占有，受托人取走该内容物的，成立盗窃罪。

例如，甲将自己的保险柜交给乙保管，但告知乙不能打开该保险柜，并设置了密码。乙在帮甲保管该保险柜时，打开保险柜取走里面财物的，成立盗窃罪。

又如，2017 年卷二 86. 某小区五楼刘某家的抽油烟机发生故障，王某与李某上门检测后，决定拆下搬回维修站修理。刘某同意。王某与李某搬运抽油烟机至四楼时，王某发现其中藏有一包金饰，遂暗自将之塞入衣兜——王某的行为成立盗窃罪。①

9. 死者对财物的占有：有限度地承认死者的占有。

死了很久	其身上（边）财产是无人占有的
死者刚死时	肯定占有说。多数观点认为，身上（边）的财物是有人占有的，取走该财物的，成立盗窃罪②
	否定占有说。也有观点认为，死者身上（边）的财物是无人占有的，取走该财物的成立侵占罪

2015 年卷四：高某（杀害钱某后）回到小屋时，发现了钱某的 LV 手提包（价值 5 万元），包内有 5000 元现金、身份证和一张储蓄卡，高某将现金据为己有。关于拿走钱某的手提包和 5000 元现金的行为性质：如果认为死者不能占有，则成立侵占罪；如果肯定死者占有的，则成立盗窃罪。

10. 共同占有。

（1）有观点认为，数人共同保管财物并处于对等地位时，其中 1 人未经过他人的同意，将财物归为己有的行为，成立盗窃罪。理由是：任何人的占有都值得刑法保护，任何侵害他人的占有包括对共同占有的侵害都成立盗窃罪（多数观点）。

（2）另一种观点认为，共同占有的情况下每个人都占有财物，每个人也都信赖对方的占有，其中一人取走财物显然违反了对方的信任，构成侵占罪。

》》历年真题

1. 甲的下列哪些行为属于盗窃（不考虑数额）？③（2014 年·卷二·60 题）

---

① 问题之思考：2012 年卷二 18. A. 甲是个体干洗店老板，洗衣时发现衣袋内有钱，将钱藏匿，甲的行为成立侵占罪。

可能有同学会进行对比，为什么两个相似的案件，2017 年是盗窃罪，2012 年是侵占罪。可以这样来理解，2017 年的试题中，该金饰是被害人有意放置在抽油烟机里面的，被害人并无放弃、遗忘的意思，犯罪行为人主观上对此也是这种认识，取走该财物的当然成立盗窃罪。这就好比日常生活中，被害人将车放到 4S 店修车或洗车，修理工将车内东西取走的，当然成立盗窃罪。

但是，2012 年真题中，被害人将衣服交给洗衣店，显然是忘记了该衣服里的钱，无论是被害人还是洗衣店老板，都应知道这是行为人"遗忘"的财物。并且，洗衣时，必须将钱取出，所以，钱财暂时由洗衣店老板占有。而修（洗）车时，修（洗）车工人并不需要将车内财物取出，车内财物仍然由主人占有，修（洗）车工取走车内财物的，成立盗窃罪。

② 司法解释亦肯定死者刚死，生前的占有可以延续一段时间。2005 年 6 月 8 日最高人民法院《关于审理抢劫、抢夺刑事案件适用法律若干问题的意见》第 8 条（关于抢劫罪数的认定）规定了，行为人实施故意杀人犯罪行为之后，临时起意拿走他人财物的，应以此前所实施的具体犯罪与盗窃罪实行数罪并罚。

③ 答案：ABCD。

A. 某大学的学生进食堂吃饭时习惯于用手机、钱包等物占座后，再去购买饭菜。甲将学生乙用于占座的钱包拿走

B. 乙进入面馆，将手机放在大厅 6 号桌的空位上，表示占座，然后到靠近窗户的地方看看有没有更合适的座位。在 7 号桌吃面的甲将手机拿走

C. 乙将手提箱忘在出租车的后备箱。后甲搭乘该出租车时，将自己的手提箱也放进后备箱，并在下车时将乙的手提箱一并拿走

D. 乙全家外出打工，委托邻居甲照看房屋。有人来村里购树，甲将乙家山头上的树谎称为自家的树，卖给购树人，得款 3 万元

2. 关于侵占罪的认定（不考虑数额），下列哪些选项是错误的?[①]（2011 年·卷二·62 题）

A. 甲将他人停放在车棚内未上锁的自行车骑走卖掉。甲行为构成侵占罪

B. 乙下车取自己行李时将后备厢内乘客遗忘的行李箱一并拿走变卖。乙行为构成侵占罪

C. 丙在某大学食堂将学生用于占座的手机拿走卖掉。丙行为成立侵占罪

D. 丁受托为外出邻居看房，将邻居锁在柜里的手提电脑拿走变卖。丁行为成立侵占罪

◎ ［总结］整体而言，审判实务中已经逐步扩大"占有"的范围，越来越多的案件被认定为盗窃罪。例如，车主遗忘在电动车储物槽内的财物系车主占有。田阳县人民法院（2017）桂 1021 刑初 159 号：2017 年 7 月 20 日 15 时许，被告人黄国恩路过"民乐网吧"门前时，见到蒙某 1 放置的一部 OPPO 牌 R9SK 型手机（价值 2300 元）在电动车头下的储物槽里，即趁四周无人注意之机，将该手机盗走后逃离现场。法院认定为盗窃罪。

◎ ［延伸阅读］对于银行卡内的存款，究竟是由银行占有，还是由卡的名义人占有?

被告人丁杨健以其向银行贷款需银行卡现金流转记录为由，通过章某找到被害人朱某，双方商定，由被害人朱某为丁杨健的华夏银行卡刷一千余万的现金流转记录，其向被害人朱某支付一定的好处费，并将该银行卡、其本人的身份证、安全 U 盾及相关密码等交给了被害人朱某。同日，被害人朱某开始把资金注入该银行卡进行现金流转。同年 11 月 4 日上午，被告人丁杨健通过领取临时居民身份证挂失补办银行卡的方式，私自将该银行卡内的 728900 元现金全部取走，其中 717200 元系被害人朱某所有。

一种观点认为，该银行卡内的钱由丁杨健（卡的名义人）占有，丁杨健的行为成立侵占罪。

另一种观点认为，该银行卡内的钱由银行占有，丁杨健取走该卡内的钱款的，应成立盗窃罪。判决亦持此观点，法院认为，被告人丁杨健以非法占有为目的，秘密窃取他人财物，数额特别巨大，其行为已构成盗窃罪。

（四）侵占罪认识错误的处理

1. 事实上是有人占有的财物，行为人误以为是无人占有的，将其拿走，成立侵占罪。

---

① 答案：ABCD。

例如，甲看见公园长凳上有一个手包，未发现手包的主人乙，其实乙就站在该手包旁边。甲将该手包拿走的，成立侵占罪。

2. 事实上是无人占有的财物，行为人误以为是有人占有的，由于客观上不可能侵害他人对财物的占有，亦成立侵占罪。

例如，甲看见公园长凳上有一个手包，乙站在手包旁边，甲误以为乙是手包的主人，事实上手包是他人遗忘在此处的。甲在乙未注意的情况下，将该手包拿走，甲的行为成立侵占罪。

>> 历年真题

甲乘坐长途公共汽车时，误以为司机座位后的提包为身边的乙所有（实为司机所有）；乙中途下车后，甲误以为乙忘了拿走提包。为了非法占有该提包内的财物（内有司机为他人代购的13部手机，价值2.6万元），甲提前下车，并将提包拿走。司机到站后发现自己的手提包丢失，便报案。公安人员发现甲有重大嫌疑，便询问甲，但甲拒不承认，也不交出提包。关于本案，下列说法正确的是？① （2004年·卷二·88题）

A. 由于甲误认为提包为遗忘物，所以，甲的认识错误属于事实认识错误

B. 由于甲误认为提包为遗忘物，因而没有盗窃他人财物的故意，根据主客观相统一的原则，甲的行为成立侵占罪

C. 由于提包实际上属于司机的财物，所以，甲的行为成立盗窃罪

D. 由于提包实际上属于司机的财物，而甲又没有盗窃的故意，所以，甲的行为不成立盗窃罪；又由于甲具有侵占遗忘物的故意，但提包事实上不属于遗忘物，所以，甲的行为也不成立侵占罪

2003年卷二47. A. 某游戏厅早上8点刚开门，甲就进入游戏厅玩耍，发现6号游戏机上有一个手机，甲马上装进自己口袋，然后逃离。事后查明，该手机是游戏厅老板打扫房间时顺手放在游戏机上的。甲被抓获后称其始终以为该手机是其他顾客遗忘的财物——甲的行为构成盗窃罪。

问题是：本案中，该空间属于相对封闭、人流量较少的空间，空间内的任何财物，均属有人占有的财物，甲取走财物的行为成立盗窃罪。甲被抓获后始终以为该手机是其他顾客遗忘的财物，但其他顾客遗忘在游戏厅中的财物是否属于刑法上的"遗忘物"呢？刑法上的"遗忘物"即"脱离他人占有的财物"。根据甲的主观认识，甲认为该手机是其他顾客的遗忘物，甲也知道该手机被遗忘在游戏厅，这均是甲认识到的事实。但其他顾客遗忘在游戏厅的手机是否属于法律上"脱离占有的财物"或者说"无人占有的财物"呢？这种情形下，由于游戏厅属于相对封闭的空间，基本上没有人员流动，即使事实上是其他顾

---

① 答案：AB。

解析：提包在公共汽车上，而公共汽车是人员出入比较频繁的地方，属于公共空间。甲主观上认为该包是乙遗忘在公交车上的，如果是乙遗忘在公交车上的财物，应当属于"脱离他人占有的财物"，甲基于此拿走提包的，当然成立侵占罪。但事实上，提包是属于公交车司机的，即"他人占有的财物"，甲客观上拿的是"他人占有的财物"，但由于甲主观上并没有拿走"他人占有的财物"的故意，因此，不成立盗窃罪。该案中，甲将"司机的财物"（有人占有的财物）误以为是"乘客乙遗忘在公交车上的财物"（无人占有的财物），这两种财物体现了不同的犯罪构成所保护的法益，因此，属于抽象的事实认识错误。

客遗忘的手机，仍然由游戏厅老板占有，即是属于"游戏厅老板占有的他人财物"。①

⊙ [实务案例] 杭州市拱墅区人民法院（2015）杭拱刑初字第 303 号：2015 年 1 月 11 日凌晨 5 时 27 分许，被告人洪某在拱墅区星海网吧上网时，趁被害人朱某睡着不备之机，盗窃其掉落在网吧地上的价值人民币 1715.49 元的三星 N7100 手机一部，并将涉案手机予以销赃，赃款已被其花用。被告人洪某提出其系在网吧里捡了一只手机，不是盗窃手机。

法院认为：关于被告人提出系捡手机不是盗窃手机、辩护人提出本案被告人不构成盗窃的辩护意见，经查，综合涉案手机所处的位置、被害人尚在现场睡觉的状态及案发时间，根据一般生活经验和社会观念，涉案手机应属于被害人占有，被告人洪某在公安机关的供述也予以印证。被告人洪某趁被害人睡着不备之机，将被害人占有的财物拿走的行为构成盗窃。

七、敲诈勒索罪

基本结构：行为人对他人实施威胁或要挟→→致使被害人产生恐惧心理→→被害人基于恐惧心理而处分财产→→行为人取得财产→→对方财产权受到损害。

（一）客观表现

1. 方法行为：威胁、要挟——没有达到抑制对方反抗的程度。

（1）威胁、要挟的内容不具有当场实施性，而只能以事后付诸实施为必要。恐吓的内容不一定直接针对被害人本人，告知他人要对其亲属、朋友等第三者实现恶害内容的，也是恐吓。

（2）威胁、要挟的内容不要求是真实的事情，也包括虚假的事情。

（3）威胁、要挟的内容可以是非法的，但也可以是合法的。

例如，行为人知道他人的犯罪事实，向司法机关告发是合法的，但行为人以向司法机关告发进行威胁索取财物的，也成立敲诈勒索罪。

（4）威胁的内容必须是由行为人本人或行为人所能控制的第三人来实现。即，必须让被害人对犯罪行为人本人感到害怕。行为人所告知的恶害是将由行为人自己实现，还是将由第三者实现，也在所不问；但由第三者实现时，行为人必须使被害人知道行为人能够影响第三者，或者让被害人推测到行为人能影响第三者。

2005 年卷二 19. 乙与丙因某事发生口角，甲知此事后，找到乙，谎称自己受丙所托带

---

① 试分析如下案例：

（1）游戏厅晚上 8 点刚关门，甲就破门进入游戏厅玩，看到一部手机，以为是其他顾客遗忘在这里的，实为正在睡觉的游戏厅老板的手机，甲将该手机拿走。甲的行为成立盗窃罪——本案中，虽然甲认为该东西是他人遗忘的，但他人遗忘的东西并不等同于刑法上的"遗忘物"，刑法上的"遗忘物"是无人占有的财产、不安全的财产，本案中即便是他人遗忘的财物，也不等同于刑法概念中的"遗忘物"，故不成立侵占罪。可能会有人认为，甲认为这个"安全"的手机就是其他顾客遗忘的，甲就认为是"遗忘物"，那只能说甲对法律概念"遗忘物"没有学好，这属于对法律概念的认识错误，即法律认识错误，不影响定罪量刑。需要提醒的是：生活中所谓的"遗忘的财物"，并不等同于刑法上的"遗忘物"，只有当财物遗忘在很不安全的公共空间时，才属于刑法上的"遗忘物"，如果遗忘在安全的地方，该财物仍然是有人占有的财产。也就是说，刑法上的"遗忘物"的范围，比生活概念中所理解的遗忘要小很多。

（2）毛毛家里早上 8 点刚开门，三毛就溜进毛毛家，见毛毛家客厅上的茶几上有一个手机，以为是他人遗忘的手机，将该手机拿走，实际上该手机就是毛毛本人的手机。三毛的行为成立盗窃罪——本案与前一案例完全相同，无论是毛毛本人的手机，还是他人遗忘在毛毛家的手机，该手机都处于一个封闭、安全的场所，是处于毛毛的占有之下，三毛将该手机拿走的，成立盗窃罪。

口信给乙，如果乙不拿出 2000 元给丙，丙将派人来打乙。乙害怕被打，就托甲将 2000 元带给丙。甲将钱占为已有——甲的行为构成诈骗罪，而非敲诈勒索罪，因为，乙对甲本人并不感到害怕。

2. 目的行为：非法索要财物。

◉ ［问题］正当维权与敲诈勒索罪的界限。具体而言：有理由要钱，哪怕要得过多都不构成犯罪，但别侵犯被害人的人身权利；没有理由要钱而非法索要的，原则上成立敲诈勒索罪。

（1）方式、方法正当的，即使索要过多，也不成立本罪。

例如，黄静案：2006 年，黄静购买了一台华硕电脑，在使用过程中多次出现异常现象，经过华硕售后几次检修后，发现该笔记本电脑机内原装正式版 Pentium－m7602.0GCPU 被更换为工程测试样品 ES2.13GCPU，而英特尔公司明确规定其不能用于最终用户产品。黄静发现之后，委托代理人与华硕公司进行多次和解谈判。谈判中，其代理人周成宇提出了要求华硕公司按照其年营业额 0.05% 进行惩罚性赔偿，数额为 500 万美元。此后，华硕公司向警方报案称其受到敲诈勒索。海淀检察院以证据不足为由，对黄静作出不起诉决定。

（2）索要的数额合理，但方式、方法违法的，也不成立敲诈勒索罪，但是不排除行为人因其方式方法本身成立其他犯罪。例如，采取故意伤害、非法拘禁的方式维权的，应成立故意伤害罪、非法拘禁罪。

（3）明显超出了据以维权事由的范围，以暴力或毁损他人名誉相威胁，索要巨额财物的，可以认定为敲诈勒索罪。

（二）敲诈勒索罪与相关犯罪的区别

1. 敲诈勒索罪与抢劫罪。

	敲诈勒索罪	抢劫罪
暴力的程度不同	（1）原则上不对人使用暴力； （2）即便对人使用暴力，程度也较为轻微，不足以抑制被害人的反抗	（1）暴力或暴力威胁的对象针对人； （2）暴力的程度应达到足以抑制被害人反抗的程度
威胁的方式	可以当着被害人的面发出，也可以通过书信、电话或者第三者传达	当着被害人的面直接发出的
胁迫的内容不同	威胁的内容包括实施暴力、揭发隐私、毁坏财物、阻止正当权利的行使、不让对方实现某种正当要求等等	是以当场实施暴力相威胁
暴力、威胁内容的实现时间	如果不满足行为人的要求，暴力、威胁的内容会在将来的某个时间实现	如果要求得不到满足，便会当场实施
暴力和取财的时间	不要求两个当场，包括： （1）以当场对人使用暴力相威胁，要求被害人日后交付财物； （2）以对被害人日后使用暴力相威胁，要求被害人日后交付财物	要求两个当场： （1）当场使用暴力，或者以当场使用暴力相威胁； （2）当场取得财物

敲诈勒索罪中的处分自由，是一种不充分的、有瑕疵的自由：面对行为人的压迫，被害人仍有保卫财产的可能。相对于抢劫罪是反抗无用且不敢反抗，敲诈勒索罪就是反抗有用且应能反抗①

>> **历年真题**

张某乘坐出租车到达目的地后，故意拿出面值100元的假币给司机钱某，钱某发现是假币，便让张某给10元零钱，张某声称没有零钱，并执意让钱某找零钱。钱某便将假币退还张某，并说："算了，我也不要出租车钱了"。于是，张某对钱某的头部猛击几拳，还吼道："你不找钱我就让你死在车里"。钱某只好收下100元假币，找给张某90元人民币。张某的行为构成何罪？②（2002年·卷二·12题）

A. 使用假币罪　　　　　　　　B. 敲诈勒索罪

C. 抢劫罪　　　　　　　　　　D. 强迫交易罪

2. 敲诈勒索罪与绑架罪。

	敲诈勒索罪	绑架罪 = 非法拘禁 + 敲诈勒索等（不法目的）
使用的方法	使用扣押人质以外的方式勒索财物，不侵犯人身权利	实施了控制人质的行为
索取财物的对象	向敲诈的对象本人勒索财物（只存在一方受害人）	向第三人索要财物或实现其他目的（存在两方受害人：人质、第三人）

2003年卷二50. 甲、乙合谋勒索丙的钱财。甲与丙及丙的儿子丁（17岁）相识。某日下午，甲将丁邀到一家游乐场游玩，然后由乙向丙打电话。乙称丁被绑架，令丙赶快送3万元现金到约定地点，不许报警，否则杀害丁。丙担心儿子的生命而没有报警，下午7点左右准备了3万元后送往约定地点。乙取得钱后通知甲，甲随后与丁分手回家——甲、乙的行为构成敲诈勒索罪（与诈骗罪存在竞合）。审判实践中亦有相应的案例，例如，被告人言某某在被害人汪某某上学的路上，以汪某某父亲出车祸为由，将汪某某骗至医院，后又以汪某某父亲在做手术为由，将汪某某骗至网吧上网等候。在此期间，言某某不停地通过手机短信匿名以汪某某的人身安全来要挟汪某某的父亲，索要赎金30万元。法院认定其行为构成敲诈勒索罪。参见湖南省株洲市石峰区人民法院刑事判决书，（2014）株石法刑初字第30号。

2007年卷二63. A. 甲将王某杀害后，又以王某被绑架为由，向其亲属索要钱财。甲除构成故意杀人罪外，还构成敲诈勒索罪与诈骗罪的想象竞合犯——该案来源于《刑事审判参考》指导案例第259号，被告人杀害被害人后，又以被害人被绑架为由向其家属索要财物，家属为被害人的人身安危进行了担忧，精神上受到了强制，应以敲诈勒索罪论处。可以认为，最高人民法院更多地强调，如果"骗局"对被害人的精神强制较为明显的，应以敲诈勒索罪论处，因为被害人主要是基于害怕而交付财产。但法考真题亦承认该案存在

---

① 车浩：《抢劫罪与敲诈勒索罪之界分：基于被害人的处分自由》，载《中国法学》2017年第6期。

② 答案：C。

与诈骗罪的竞合。

2017年卷四：乙将赵某的孩子杀害之后，打电话给赵某，威胁赵某赶快向指定账号打款30万元，不许报警，否则撕票——乙的后续打电话给赵某的行为成立诈骗罪与敲诈勒索罪的想象竞合。

2011年卷四：陈某在手机中查到李某丈夫赵某手机号，以李某被绑架为名，发短信要求赵某交20万元"安全费"。由于赵某及时报案，陈某未得逞——陈某的行为成立敲诈勒索罪（未遂）与诈骗罪（未遂）的想象竞合。

2010年卷四：赵某将恐吓信置于钱某家门口，谎称钱某被绑架，让钱某之妻孙某（某国有企业出纳）拿20万元到某大桥赎人，如报警将杀死钱某——赵某的行为成立诈骗罪与敲诈勒索罪的想象竞合。

3. 绑架罪与抢劫罪。

	绑架罪	抢劫罪
暴力和取财的时间不同	绑架人质后，并不当场取得财物	暴力胁迫和取财行为均在当场
针对的对象	三面关系：绑架人质后，利用第三人对被绑架人安危的担忧，向第三人索要财物（挟天子以令诸侯，诸侯很担心）。人质和第三人一般处于"不同场所"	两面关系：直接向暴力胁迫的对象（被害人本人）索要财物。在财物的交付者和暴力、胁迫的承受者不一致但处于"同一场所"的情况下，本罪的成立也不受影响。 例如，对商场的保安实施暴力，然后从营业员手中夺取金银首饰的，也是抢劫罪

通说及司法解释观点认为，抢劫罪是两面关系，犯罪行为人与被害人；绑架罪是三面关系，犯罪行为人、被挟持的人质、人质的亲友等。如果在抢劫的过程中，加入了第三方当事人的出现，则视犯罪行为人主观上是否想将其控制人质的事实告诉第三方当事人，而认定为绑架罪或抢劫罪。

（1）例如，甲控制乙后，抢劫乙的财物，但乙身上的钱并不多，甲要求乙给妻子丙打电话打钱过来，并要求乙将"甲、乙之间的故事，即乙被甲控制"告诉丙，甲的行为成立绑架罪。

（2）又如，甲控制乙后，抢劫乙的财物，但乙身上的钱并不多，甲要求乙给妻子丙打电话打钱过来，并要求乙不要将"甲、乙之间的故事，即乙被甲控制"告诉丙，甲的行为成立抢劫罪。

质言之：绑架罪是抢劫罪的"升级版"。在甲对乙实施抢劫的过程中，如果甲想将甲控制乙的事实告诉乙的妻子丙，让丙基于担忧而转账给甲，即让事态升级，甲的行为成立绑架罪；但如果甲并不想将甲控制乙的事实告诉丙，只是想让乙通知丙转账，甲的行为仍成立抢劫罪。

2006年卷二14. 甲使用暴力将乙扣押在某废弃的建筑物内，强行从乙身上搜出现金3000元和1张只有少量金额的信用卡，甲逼迫乙向该信用卡中打入人民币10万元。乙便给其妻子打电话，谎称自己开车撞伤他人，让其立即向自己的信用卡打入10万元救治伤员并赔偿。乙妻信以为真，便向乙的信用卡中打入10万元，被甲取走，甲在得款后将乙释放——甲的行为构成抢劫罪。本案中，甲并没有让乙的妻子对乙人身安全产生忧虑，乙只是欺骗了其妻子，将财物打入信用卡。此种情形下，仍然是甲使用暴力向乙要钱，只是乙采取了向第三人要钱的方式给予甲财物。

2010年卷二16. 甲持刀将乙逼入山中，让乙通知其母送钱赎人。乙担心其母心脏病发作，遂谎称开车撞人，需付五万元治疗费，其母信以为真——甲的行为构成绑架罪。[①]

4. [知识提升] 抢劫罪与绑架罪是对立还是竞合关系？

(1) 通说及司法解释观点认为，抢劫罪与绑架罪是对立的（非此即彼，不能是亦此亦彼）。

抢劫罪是两面关系，犯罪行为人与被害人；绑架罪是三面关系，犯罪行为人、被挟持的人质、人质的亲友等。这种观点认为，如果行为人在银行里挟持顾客，同时喝令银行工作人员给钱，应成立抢劫罪。顾客与行员是共同被挟持的对象，一起遭到控制，因此没有三面关系。

例如，2017年卷二15. B. 乙闯入银行营业厅挟持客户王某，以杀害王某相要挟，迫使银行职员交给自己20万元。根据通说及司法解释的观点，该案是两面关系，应成立抢劫罪，不构成绑架罪。

(2) 有学者认为，抢劫罪与绑架罪是竞合关系（可能亦此亦彼）。这种观点认为，既然三面关系的都成立绑架罪，两面关系的更应成立绑架罪，亦构成抢劫罪，二者存在竞合。或者说，抢劫是现场型的绑架罪。

例如，甲以勒索财物为目的绑架乙后，打电话威胁远在外地的乙的亲属丙说，"如果不交付赎金便杀害乙"，甲的行为成立绑架罪。但是，如果丙来到甲、乙所在的现场，甲将丙控制住，则更应该成立绑架罪，同时亦触犯了抢劫罪。

2017年卷二15. B. 乙闯入银行营业厅挟持客户王某，以杀害王某相要挟，迫使银行职员交给自己20万元——根据绑架罪与抢劫罪的竞合论的观点，既然绑架人质后，劫取财物不具有当场性的，应认定为绑架罪。那么，绑架人质后，当场劫取财物的，认定为绑架罪也未尝不可，但这可能与抢劫罪存在竞合。

>> 历年真题

下列哪种行为构成敲诈勒索罪？[②]（2006年·卷二·15题）

A. 甲到乙的餐馆吃饭，在食物中发现一只苍蝇，遂以向消费者协会投诉为由进行威胁，索要精神损失费3000元。乙迫于无奈付给甲3000元

B. 甲到乙的餐馆吃饭，偷偷在食物中投放一只事先准备好的苍蝇，然后以砸烂桌椅进行威胁，索要精神损失费3000元。乙迫于无奈付给甲3000元

C. 甲捡到乙的手机及身份证等财物后，给乙打电话，索要3000元，并称若不付钱就不还手机及身份证等物。乙迫于无奈付给甲3000元现金赎回手机及身份证等财物

D. 甲妻与乙通奸，甲获知后十分生气，将乙暴打一顿，乙主动写下一张赔偿精神损

---

① 行为人一开始就具有勒索乙母亲财物的目的，乙在本案中只是作为一个人质，从此意义上而言，甲的行为应该成立绑架罪（既遂）。绑架罪较之抢劫罪是重罪，即便事后乙并没有告诉其母亲自己被控制的事实，也不否认绑架罪的成立，绑架罪既遂后更不可能转化为抢劫罪。

② 答案：B。

失费 2 万元的欠条。事后，甲持乙的欠条向其索要 2 万元，并称若乙不从，就向法院起诉乙

⊙ ［总结］不同财产犯罪的区别（抢劫、敲诈勒索、盗窃、诈骗、抢夺、侵占）

长期以来，不少同学在学具体财产犯罪时，总是通过公式化的记忆来掌握各个财产犯罪的构成要件及其特征，例如，认为抢劫罪要使用暴力、突出两个当场（当场对人使用暴力或以当场对人使用暴力相威胁，当场取得财物），而没有深刻领悟为什么抢劫罪要具备这些特征。透过现象看本质：不同财产犯罪，其共同点在于取走了被害人的财产，而其区别在于，对被害人的影响各不相同：

1. 抢劫罪与敲诈勒索罪。抢劫罪对被害人的控制程度是 100%，使被害人不知反抗、不敢反抗、不能反抗、反抗无用，必须交付财产。抢劫罪所要求的对人使用严重暴力、胁迫，两个当场，就是"对被害人的控制程度是 100%"的具体展开。而敲诈勒索罪，对被害人的控制程度没有达到 100%，被害人不是"必须"交付财产，被害人保卫自己的财产仍有可能，被害人可以反抗、反抗有用。敲诈勒索罪所要求的不对人使用严重暴力、不需要两个当场，其实就是"对被害人的控制程度没有达到 100%"的具体展开；

2. 盗窃与诈骗。盗窃的实质在于（通说观点），取走被害人的财物没有和被害人进行沟通，被害人并不知道自己财产被犯罪行为人取走，犯罪分子取走财物是秘密的。诈骗的实质在于，被害人知道自己处分财产，犯罪行为人与被害人就财物的转移进行过沟通；

3. 盗窃与抢夺。盗窃是秘密的（通说观点），其秘密性是相对被害人而言的，犯罪行为人主观上并不想让被害人知道财物转移的事实，说明犯罪行为人对被害人心存"敬畏"之心。而抢夺是公开的，相对被害人而言是公开的，那么犯罪分子对被害人毫无"敬畏"之心，而是"藐视"被害人；

4. 侵占罪与其他财产犯罪。侵占罪的对象是行为人代为保管的财物、无人占有的财物，即财物并不处于被害人的占有之下。其他财产犯罪（盗窃罪、诈骗罪、抢夺罪、抢劫罪）的对象是他人占有的财物。

八、职务侵占罪

《刑法》第 271 条：公司、企业或者其他单位的工作人员，利用职务上的便利，将本单位财物非法占为己有，数额较大的，处三年以下有期徒刑或者拘役；数额巨大的，处三年以上十年以下有期徒刑，并处罚金；数额特别巨大的，处十年以上有期徒刑或者无期徒刑，并处罚金。

国有公司、企业或者其他国有单位中从事公务的人员和国有公司、企业或者其他国有单位委派到非国有公司、企业以及其他单位从事公务的人员有前款行为的，依照本法第三百八十二条、第三百八十三条的规定定罪处罚。

（一）客观表现：利用职务上的便利，窃取、骗取、侵吞单位财产

1. 职务侵占罪中的"职务"，既包括管理性工作，也包括单纯劳务性工作。

（1）将"在从事单纯劳务性工作过程中侵吞单位财物"的行为作为职务侵占罪，而不以盗窃罪来论处，并不是对这种行为的放纵。

因为，从事单纯劳务性事务的普通员工和公司、企业单位之间，存在一种高度的人身

信赖关系，对侵犯高度信赖关系的场合处罚较轻，乃是因为其以人身信任为基础，委托者在委托时负有谨慎注意义务，其对自己选人、用人不当，未尽必要的注意义务，须就此承担一定责任；同时，考虑到在经手财物时，偶怀觊觎之心而侵吞财物，与一般的"没有条件而拼命创造条件"的盗窃犯罪相比，无论是在主观恶性上还是在人身危险性方面来看，都要轻一点。正是基于上述两方面的考虑，立法者对作为受托一方的普通劳务人员由此获得一定程度的刑事豁免，是完全符合刑法正义原则的。

（2）职务本身的"非法性"并不影响职务侵占罪的成立。

例如，甲所在的公司安排其从事的业务是到乙公司收取走私货物的销售款，业务本身具有违法性，但并不丧失业务的性质，甲将此货款占为己有的，仍然构成本罪。

2. 本单位管理、使用或者运输中的私人财物，应以单位财物论。

例如，公司、企业对他人交来的遗忘物、埋藏物有保管义务，单位成员对其加以不法占为己有的，构成职务侵占罪。

》》历年真题

甲系私营速递公司卸货员，主要任务是将公司收取的货物从汽车上卸下，再按送达地重新装车。某晚，乘公司监督人员上厕所之机，甲将客户托运的一台价值一万元的摄像机夹带出公司大院，藏在门外沟渠里，并伪造被盗现场。关于甲的行为，下列哪一选项是正确的？[①]（2009 年·卷二·18 题）

A. 诈骗罪　　　　B. 职务侵占罪　　　　C. 盗窃罪　　　　D. 侵占罪

3. 应对"利用职务上的便利"进行限制解释。

我国刑法中盗窃罪的最低立案标准为 1000 元，职务侵占罪为 60000 元，区分行为人是否利用了职务上的便利，将会带来重大差异，审判实践中的做法并不完全统一。鉴于职务侵占罪的立案标准过高，刑法理论与审判实务主张限制解释"利用职务上的便利"，进而限制适用职务侵占罪。只有行为人对所掌握的财物，具有实际支配权时，才宜认定为是利用了职务上的便利。如果仅仅是"过手"，没有现实地掌握、支配财物，不能认为利用了职务上的便利。[②]

2018 年真金题：某快递公司快递员甲在分拣包裹的过程中，把不属于自己负责的传送带上的包裹，放入自己的快递车内，然后离开公司送货途中，拆开包裹，据为己有——本案中，甲拿走的是公司专门的监督人员保管的财物，即他人保管的财物，不认为其利用了职务上的便利，仅成立盗窃罪。

2018 年真金题：甲销售公司的司机徐某负责把货物运送到乙公司之后，乙公司就将货款当面交付甲公司的司机带回交给甲公司的老板。后来，徐某从甲公司辞职了，甲公司遂聘请 A 为新的司机。但甲公司老板对新司机 A 不太放心，就对 A 说："你把货物运到乙公

① 答案：C。

② 《刑法修正案（十一）》将职务侵占罪的法定最高刑提升至无期徒刑，增设了罚金刑。其立法理由在于加强对非公有制经济的保护：随着近年来非公有制经济的快速发展，职务侵占的涉案数额有几万到上亿元不等，个别案件造成的社会影响较为恶劣，也确实存在加大打击侵害非公有制经济犯罪行为的需求。立法机构经研究认为，出于加大对非公有制经济刑法保护力度的考虑，可以适当调整法定刑尤其是最高法定刑的范围，同时增加罚金刑，作为经济犯罪的财产惩罚措施。

180

司之后，就不要带货款回来了，我让乙公司直接把货款汇到咱们公司的账户来。"。但甲公司的老板忘了和乙公司的老板说明这一情况。A 将货物运到乙公司后，就主动和乙公司的老板说："我们老板让我把货款带回去。"由于以前一直是这样操作的，乙公司老板信以为真，将 8 万元货款交给了 A，A 拿到这 8 万元之后逃跑。后案发。问：A 的行为该如何认定——行为人是否具有代理权以及是否构成表见代理，对于行为人占有、处分被害人所交付的财物，是构成诈骗罪还是职务侵占罪，没有刑法上的意义。判断行为人占有、处分被害人财物的行为性质，必须看该财产是否处于行为人所在单位的占有和控制下。如果是，那么行为人的行为性质属于职务侵占；如果不是，那么行为人的行为性质属于诈骗。本案中，A 事实上并没有收取货款的职权，成立诈骗罪是妥当的。

◉ ［主观案例］《刑事审判参考》第 1218 号指导案例。2013 年至 2015 年，被告人杨涛在担任湖北省武汉统建城市开发有限公司东方雅园项目售楼部销售经理期间，为骗取他人财物，明知公司并未决定对外销售东方雅园项目二期商铺，对到项目部咨询的杨小莉等 9 人虚构了商铺即将对外销售的事实，要求被害人将订购商铺的款项汇入其个人银行账户，其还利用保管的购房合同、房屋销售专用章、副总经理印章与被害人签订房屋买卖合同，骗取共计 1011 万元用于赌博等挥霍。

（二）主体：公司、企业或者其他单位的工作人员，但国家工作人员除外

即使是通过不正当手段成为公司、企业或者其他单位的工作人员，或者是单位临时请来处理事务的人员，也可以成为本罪的主体。此外，还包括临时雇用的工作人员。只要行为人事实上在从事公司、企业或者其他单位的员工所从事的事务，原则上就应认定为本罪的行为主体。

2008 年四川卷二 18. 甲在某公司招聘司机时，用假身份证应聘并被录用。甲在按照公司安排独自一人将价值 7 万元的货物从北京运往山东途中，在天津将该货物变卖后潜逃，得款 2 万元。甲的行为构成职务侵占罪。

专题十三

侵犯人身权利罪（侵犯个人法益犯罪）

■ 知识体系

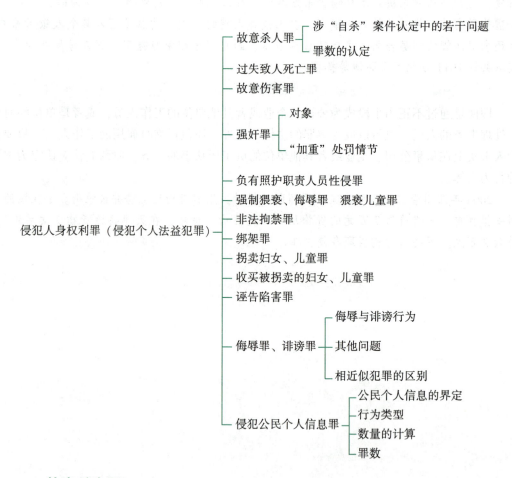

一、故意杀人罪

⊙ [主观题命题点拨]

1. 自杀关联问题。生命是非常重大的法益，他人的教唆、帮助、相约自杀等，对于自杀人的自杀行为一般来说，起不到决定性的作用，即便被害人最终自杀，也认为是其自由意志选择的结果，所以，教唆、帮助、相约自杀等不宜以犯罪论处。除非行为人对他人的"自杀"选择起到了决定性的影响，如逼迫、欺骗他人自杀，也宜以故意杀人罪论处。这种情形，实际上已经达到了"间接正犯"的效果。

2. 行为人实施伤害行为后，被害人介入异常行为导致死亡的，不能认定为故意伤害致死。例如，甲的暴力行为导致乙的鼻骨骨折（轻伤），但同时引起乙的心脏病发作进而造成死亡结果。倘若行为人对死亡有过失，就只能认定为故意伤害罪（轻伤）与过失致人死亡罪的想象竞合。理由在于：故意伤害致人死亡这一结果加重犯，强调伤害行为具有致人死亡的高度危险性，而故意伤害鼻骨并不具有造成死亡结果的高度危险，即便造成死亡结果，也不宜认定为是结果加重犯。

（一）涉"自杀"案件认定中的若干问题

法理解读："自杀"行为本身并不构成犯罪，自杀是被害人对重大利益"生命"的放弃。那么，与"自杀"相关联的行为，如教唆、帮助、相约、欺骗、逼迫他人自杀的行为，能否成立故意杀人罪，关键是看这些行为是否达到了可以支配、决定被害人自杀的程度。

1. 安乐死。

（1）积极安乐死。是指医务人员为解除身患不治之症的临终患者死亡过程的痛苦而采取某种措施促使病人死亡，即加速被害人死亡。一般认为，成立故意杀人罪。[1]

（2）消极安乐死。是指医务人员对身患绝症而濒临死亡的患者，为解除其痛苦，中止维持其生命的医治措施，不积极救治，也不加速被害人死亡。一般认为，不构成犯罪。

2. 教唆他人自杀，是指故意采用引诱、怂恿等方法，使他人产生自杀意图并进而实行自杀的行为，不成立故意杀人罪。

之所以教唆他人自杀的，不成立故意杀人罪，其理由在于："自杀"与否的决定权在自杀者自己手中，而不在教唆者手中，故教唆者不成立故意杀人罪。

2012年卷二5.A. 他人欲跳楼自杀，围观者大喊"怎么还不跳"，他人跳楼而亡。围观者的行为不成立故意杀人罪。

3. 帮助自杀，是在他人已有自杀意图的情况下，实施了帮助行为（非实行行为），不成立故意杀人罪。

（1）例如，行为人提供针剂、药物或者其他自杀工具，帮助他人自杀。在这种情况下，尽管帮助行为与自杀之间具有因果关系，也不能按照故意杀人罪处理，自杀与否的决定权在自杀者本人手中。

（2）但是，行为人对自杀者实施了具体的杀人"实行行为"，应定故意杀人罪。

例如，乙希望甲帮助自己自杀，向甲借来菜刀一把，但乙没有勇气自杀，要求甲将自己砍死，甲遂将乙砍死，甲的行为成立故意杀人罪。

4. 相约自杀（两个人都想死）。两人以上相互约定自愿共同自杀的行为，各行为人对自己的自杀行为负责，不成立故意杀人罪。

---

[1] 我国第一起安乐死案：1986年6月23日，54岁的妇女夏素文因患肝硬化、肝脑综合症而住进汉中市医院；6月27日晚，患者出现烦躁不安症状，时发惊叫，经安定处理后入睡。第二天，夏素文的儿子王明成在得知母亲已经再也无法康复后，向该院院长请求为免除其母的痛苦，结束其母的生命，但遭到了院长的拒绝。随后，其子及小女儿又转向住院部肝炎部主任濮连生反复提出同样请求，并愿意承担一切责任。在濮开具处方并注射之后，患者于6月29日凌晨5时死亡。濮连生被认定为故意杀人罪。

理由：相约自杀的情形下，自杀的意愿是自己就有的，而且自杀行为是本人亲自实施的，他人不对此负责。

例如，甲、乙二人均有自杀的想法，二人相约跳江后，甲被他人救起，乙溺亡，甲的行为不构成犯罪。

5. 欺骗他人自杀的，使被害人对"生命"这一法益存在错误认识，应成立故意杀人罪。

（1）欺骗不能理解死亡意义的儿童或者精神病患者等人，使其自杀的，属于故意杀人罪的间接正犯。

（2）行为人的欺骗行为使被害人对法益的有无、程度、情况等产生错误认识，其对死亡的同意无效时，也应认定为故意杀人罪。

例如，医生欺骗可能治愈的患者说："你得了癌症，只能活两周了。"进而使其自杀的，对医生应认定为故意杀人罪。

6. 逼迫他人自杀的，使被害人无自由选择权，应成立故意杀人罪。

例如，凭借某种权势或者利用某种特殊关系，以暴力、威胁或者其他心理强制方法，使他人自杀身亡的，成立故意杀人的间接正犯。

7. 引起他人自杀，即行为人所实施的某种行为引起他人自杀身亡，引起者原则上不成立故意杀人罪。但是：

（1）严重不法行为引起他人自杀身亡，将严重不法行为与引起他人自杀身亡的后果进行综合评价，其法益侵害达到犯罪程度时，应以相关犯罪论处；

例如，诽谤他人，行为本身的情节并不严重，但引起他人自杀身亡，便可综合起来认定行为的情节严重，将该行为以诽谤罪论处。

（2）犯罪行为引起他人自杀身亡，不符合故意杀人罪构成要件的，应按该犯罪行为定罪并可从重处罚；

例如，强奸妇女引起被害妇女自杀的，应以强奸罪从重处罚。

（3）极少数犯罪的结果加重犯，刑法特别规定包括了"自杀"的，应按结果加重犯的法定刑处罚。

例如，暴力干涉婚姻自由引起被害人自杀的，长期虐待导致被害人不堪忍受而自杀的，均应认定为结果加重犯。

◉ ［总结］

第一，教唆、帮助、相约自杀（伤）行为，不构成故意杀人（伤害）罪。因为这些行为并不能直接决定被害人是否自杀，是否自杀的决定权、选择权仍然在自杀者本人。生命是非常重大的法益，受外界的影响相对较小，自杀的决定权主要取决于自杀者本人。

第二，逼迫、欺骗他人自杀，或亲手杀害被害人的，成立故意杀人罪。理由在于：逼迫、欺骗、亲手杀人的，导致被害人（自杀者）别无选择，则应以故意杀人罪论处。

质言之，谁在决定、选择自杀，谁对死亡结果负责。

▶▶ 历年真题

关于自伤，下列哪一选项是错误的？[1]（2011年·卷二·13题）

---

[1] 答案：C。

A. 军人在战时自伤身体、逃避军事义务的，成立战时自伤罪

B. 帮助有责任能力成年人自伤的，不成立故意伤害罪

C. 受益人唆使60周岁的被保险人自伤、骗取保险金的，成立故意伤害罪与保险诈骗罪

D. 父母故意不救助自伤的12周岁儿子而致其死亡的，视具体情形成立故意杀人罪或者遗弃罪

（二）罪数的认定

实施了刑法中的其他犯罪，同时又故意致人死亡的，有如下三种情形：

1. 将故意杀人行为作为其他犯罪的手段，认定为结果加重犯；

例如，以杀人为手段劫取他人财物的，应认定为抢劫致人死亡的结果加重犯。

2. 转化犯（想象竞合）；

例如，刑讯逼供罪、暴力取证罪、虐待被监管人罪、聚众斗殴罪、非法拘禁罪中，杀害被害人的，转化为故意杀人罪一罪。

3. 数罪并罚。行为人在实施其他犯罪行为完毕之后，为了杀人灭口的，将原罪与故意杀人罪并罚。

例如，抢劫、强奸后，再实施杀人行为的，应以前行为与之后的故意杀人罪并罚。

例外的是，《刑法》第239条规定，绑架后杀害被绑架人的，仅定绑架罪一罪。

》》历年真题

下列哪些行为构成故意杀人罪？① （2000年·卷二·71题）

A. 甲在实施抢劫之后，为了灭口，将被害人杀死

B. 乙强奸某女，引起某女自杀

C. 丙与丁通奸多年，某日，丙要丁杀死其夫，丁不同意。丙毒打丁，并砸毁其家中物品，扬言如果丁2日内不能杀死其夫，就要丁自杀，丁因不忍心杀夫而自杀身亡

D. 某男与某女相约自杀，欺骗某女先自杀后，该男逃走

⊙ ［主观案例］《刑事审判参考》第1045号指导案例，张静故意杀人案——玩"危险游戏"致人死亡案件中行为人主观心态的认定。被告人张静与被害人张丽敏均在浙江省慈溪市务工，二人共同租住于慈溪市周巷镇城中村傅家兴二弄14号102室。2012年8月13日1时许，张静用手机上网时发现一条"用绳子勒脖子会让人产生快感"的信息，决定与张丽敏尝试一下，并准备了裙带作为勒颈工具。随后，张静与张丽敏面对面躺在床上，张静将裙带缠系在张丽敏的颈部，用双手牵拉裙带的两端勒颈。其间，张丽敏挣扎、呼救。两人的亲友、邻居等人闻声而至，在外敲窗询问，张静答称张丽敏在说梦话。后张静发现张丽敏已窒息死亡，遂割腕自杀，未果。当日8时许，张静苏醒后报警求救，经民警询问，其交代了自己的犯罪事实。

［主观题考点解读］法院认定其行为构成故意杀人罪，系"亲手杀了人"。张静作为成年人，理应对勒颈可致人死亡的常识有所认识，且当被害人被勒颈时反应激烈，伴有脚

---

① 答案：ACD。

踢床板，喊叫救命等行为时，其更应明知其行为可能会产生致人死亡的结果，但其仍放任被害人死亡结果的发生，其行为符合故意杀人罪的特征，应当以（间接）故意杀人罪对其定罪处罚。

二、过失致人死亡罪

1. 注意过失致人死亡罪与故意伤害致人死亡的区别。

（1）相同点：行为人主观上对他人死亡均是出于过失。

（2）不同点：行为人是否有伤害的故意。在故意伤害致人死亡中，行为人主观上还具有伤害他人的故意，过失致人死亡罪中则没有致人伤害的故意。

生活中的"殴打"故意不能简单等同于刑法上的"伤害"故意。行为人只具有一般殴打的意图，并无刑法上"伤害"的故意，由于某种原因或条件引起了被害人死亡的，不能认定为故意伤害致死，如果行为人对死亡结果具有过失，就应认定为过失致人死亡罪。司法实践中，经常出现推人一把或者打人一拳，他人倒地因头部磕在石块或者其他硬物上而导致死亡的情形，应以过失致人死亡罪论处。总之，刑法中的伤害、杀害，较之生活中的伤害、杀害范围要更小，程度更严重。

》》历年真题

1. 张某和赵某长期一起赌博。某日两人在工地发生争执，张某推了赵某一把，赵某倒地后后脑勺正好碰到石头上，导致颅脑损伤，经抢救无效死亡。关于张某的行为，下列哪一选项是正确的？[①]（2007·卷二·14题）

A. 构成故意杀人罪

B. 构成过失致人死亡罪

C. 构成故意伤害罪

D. 属于意外事件

2. 甲与素不相识的崔某发生口角，推了他肩部一下，踢了他屁股一脚。崔某忽觉胸部不适继而倒地，在医院就医时死亡。经鉴定，崔某因患冠状粥样硬化性心脏病，致急性心力衰竭死亡。关于本案，下列哪一选项是正确的？[②]（2012年·卷二·6题）

A. 甲成立故意伤害罪，属于故意伤害致人死亡

B. 甲的行为既不能认定为故意犯罪，也不能认定为意外事件

C. 甲的行为与崔某死亡结果之间有因果关系，这是客观事实

D. 甲主观上对崔某死亡具有预见可能性，成立过失致人死亡罪

三、故意伤害罪

《刑法》第234条：故意伤害他人身体的，处三年以下有期徒刑、拘役或者管制。

犯前款罪，致人重伤的，处三年以上十年以下有期徒刑；致人死亡或者以特别残忍手段致人重伤造成严重残疾的，处十年以上有期徒刑、无期徒刑或者死刑。本法另有规定

---

① 答案：B。

② 答案：C。

的，依照规定。

1. 保护法益：他人生理机能的健全。包括：

（1）破坏他人身体组织的完整性，如砍掉手指、刺破肝脏；

（2）使身体器官机能受到损害或者丧失，如视力、听力降低或者丧失、精神错乱等；

（3）伤害行为不限于有形力，包括无形力，如装神弄鬼吓唬人，造成被害人精神失常。

剃除他人的毛发、剪掉他人的指甲的行为，不成立故意伤害罪。如果剃除他人毛发情节严重的，可以以侮辱罪定罪。

2. 定罪标准——原则上必须达到"轻伤"以上。[①]

（1）"轻微伤"是指各种致伤因素所致的原发性损伤，造成组织器官结构轻微损害或者轻微功能障碍。

（2）"轻伤"是指使人肢体或者容貌损害，听觉、视觉或者其他器官功能部分障碍或者其他对于人身健康有中度伤害的损伤，包括轻伤一级和轻伤二级。

（3）"重伤"是指使人肢体残废、毁人容貌、丧失听觉、丧失视觉、丧失其他器官功能或者其他对于人身健康有重大伤害的损伤，包括重伤一级和重伤二级。

重伤害的未遂应以犯罪未遂论处，轻伤害的未遂，一般不以犯罪论处。如果行为人有致人重伤的故意，客观上所使用的工具、方法也足以致人重伤，但实际上连轻伤害也没有达到，一般也按故意伤害罪（未遂）处理。行为人主观上只想造成轻伤结果，而实际上未造成轻伤结果的，不以犯罪论处，这种情形下实际上是轻罪的未遂，危害性较小，一般不以犯罪论处。

3. 故意伤害（致人死亡）罪与故意杀人罪的区别。

（1）故意伤害（致人死亡）罪，行为人主观上具有伤害他人的故意，对于造成被害人死亡是出于过失。

（2）故意杀人罪中，行为人具有致人死亡的故意，无论实际上是否造成被害人死亡。

要正确地判断行为人的故意内容是伤害故意还是杀人故意，必须查明犯罪的起因、经过和结果，犯罪的手段、工具，打击部位和强度，犯罪的时间、地点、环境与条件，犯罪人犯罪前后的表现，犯罪人与被害人之间的关系等案件事实，全面分析，综合判断。

（3）故意杀人罪与故意伤害（致人死亡）罪存在竞合。故意杀人罪包容了故意伤害（致人死亡）罪，前者的故意程度更重，二者存在竞合关系。

>> 历年真题

1. 甲以伤害故意砍乙两刀，随即心生杀意又砍两刀，但四刀中只有一刀砍中乙并致其死亡，且无法查明由前后四刀中的哪一刀造成死亡。关于本案，下列哪一选项是正确的？[②]（2015年·卷二·16题）

A. 不管是哪一刀造成致命伤，都应认定为一个故意杀人罪既遂

B. 不管是哪一刀造成致命伤，只能分别认定为故意伤害罪既遂与故意杀人罪未遂

---

① 伤残等级参见2014年最高人民法院、最高人民检察院、公安部、国家安全部、司法部《人体损伤程度鉴定标准》。

② 答案：D。

C. 根据日常生活经验，应推定是后两刀中的一刀造成致命伤，故应认定为故意伤害罪未遂与故意杀人罪既遂

D. 根据存疑时有利于被告人的原则，虽可分别认定为故意伤害罪未遂与故意杀人罪未遂，但杀人与伤害不是对立关系，故可按故意伤害（致死）罪处理本案

2. 关于法条关系，下列哪一选项是正确的（不考虑数额）？① （2016 年·卷二·11 题）

A. 即使认为盗窃与诈骗是对立关系，一行为针对同一具体对象（同一具体结果）也完全可能同时触犯盗窃罪与诈骗罪

B. 即使认为故意杀人与故意伤害是对立关系，故意杀人罪与故意伤害罪也存在法条竞合关系

C. 如认为法条竞合仅限于侵害一犯罪客体的情形，冒充警察骗取数额巨大的财物时，就会形成招摇撞骗罪与诈骗罪的法条竞合

D. 即便认为贪污罪和挪用公款罪是对立关系，若行为人使用公款赌博，在不能查明其是否具有归还公款的意思时，也能认定构成挪用公款罪

4. 故意伤害（致人死亡）罪这一结果加重犯，要求伤害行为本身是具有造成他人死亡的高度可能性，即该伤害是"严重伤害"。

（1）法理依据：构成故意伤害（致人死亡）罪的行为，应当在客观上具有高度的致死危险性。既然加重结果发生有着"客观的预见可能性"，则意味着基本行为应当具有引发严重伤害甚至可能导致死亡结果发生的高度危险性。从立法上看，刑法对故意伤害致死行为规定了"有期徒刑十年以上、无期徒刑或者死刑"这样严厉的法定刑，其处罚的对象也理应是在客观上具有高度危险性的暴力行为，而不可能是轻微的暴力行为。

（2）实务案例：《刑事审判参考》第 1080 号指导案例：2013 年 5 月 13 日 14 时许，被告人张润博在北京市西城区白纸坊东街十字路口东北角，因骑电动自行车自南向北险些与自西向东骑自行车的被害人甘永龙（男，殁年 53 岁）相撞，两人为此发生口角。其间，甘永龙先动手击打张润博，张润博使用拳头还击，打到甘永龙面部致其倒地摔伤头部。甘永龙于同月 27 日在医院经抢救无效死亡。经鉴定，甘永龙系重度颅脑损伤死亡。判决认为，殴打他人面部，不具有致人死亡的高度可能性，不成立结果加重犯，并且，殴打他人面部也不是刑法意义上的伤害行为，最终认定张润博的行为成立过失致人死亡罪。

⊙ [主观案例]《刑事审判参考》第 1274 号指导案例，周天武故意伤害案——明知自己感染艾滋病病毒，故意不采取保护措施与他人发生性关系，致使他人感染艾滋病病毒的，如何定罪处罚？

2013 年 1 月 16 日，被告人周天武因母亲住院去献血，被攀枝花市疾病预防控制中心检测出是艾滋病患者。2013 年 7 月，周天武与吴某某在四川省会东县相识并确立了恋爱关系。2013 年 8 月至 2014 年 6 月间，周天武与吴某某以男女朋友关系同居。其间，周天武为达到与吴某某长期交往的目的，不但没有告诉吴某某自己患有艾滋病，还在明知自己系艾滋病患者以及该病的传播途径的情况下，故意不采取任何保护措施与吴某某发生性关系，致吴某某于 2014 年 6 月 20 日被确诊为艾滋病患者。法院认定其行为构成故意伤害

---

① 答案：D。

罪。(2017 年最高人民法院、最高人民检察院《关于办理组织、强迫、引诱、容留、介绍卖淫刑事案件适用法律若干问题的解释》第 12 条第 2 款规定，明知自己感染艾滋病病毒，故意不采取措施而与他人发生性关系，致使他人感染艾滋病病毒的，认定为重伤，以故意伤害罪定罪处罚)

四、强奸罪

◉ [主观题命题点拨]

1. 对强奸罪的加重情节的理解，应结合相关司法解释的规定，从保护女性的角度，进行适度扩张化的解释。

2. 注意强奸过程中，造成被害人死亡的案件，能否认定为结果加重犯，要看是否基于强奸的目的造成了加重结果。

3. 《刑法修正案（十一）》修改了强奸罪，加强了对"幼女"的保护。

（一）对象

1. 强奸妇女：违背"妇女"意志与其发生性行为。包括暴力、胁迫和其他手段。①

（1）胁迫：<u>可以是暴力胁迫，也可以是精神胁迫</u>。包括以扬言行凶报复、揭发隐私、加害亲属等相威胁，利用迷信进行恐吓、欺骗，利用教养关系、从属关系、职权以及孤立无援的环境条件，进行挟制、迫害等。

　　例如，恋爱关系存续期间，男方以女方的裸照相威胁，企图发生性关系，属违背妇女意志的胁迫行为，应认定为存在强奸故意。

　　但是，以对行为人自身的利益造成侵害为内容进行胁迫的，不是强奸罪中的胁迫。例如，甲男对乙女说："如果你不让我强奸你，我就自杀。"甲的行为不属于强奸罪中的胁迫。

（2）其他手段：是指利用暴力、胁迫以外的，使被害妇女不知抗拒或者无法抗拒的手段。

　　例如，利用妇女患重病、熟睡之机进行奸淫；以醉酒、药物麻醉，以及利用或者假冒治病，利用催眠术使妇女不知反抗等方法对妇女进行奸淫。

（3）对于无性防护能力的妇女应特别保护：明知妇女是精神病患者或者痴呆者（程度严重的）而与其发生性行为的，不管犯罪分子采取什么手段，都应以强奸罪论处。

（4）手段行为：必须达到使妇女明显难以反抗的程度。

　　例如，当女子将要离开男子住宅时，男子以轻微力量拉住女子的手，要求发生性关系的，不能认定为暴力手段；

　　又如，当考生感觉可能不及格，而要求考官关照时，考官说"如果不和我发生性关系，就不给你及格"的，不能认定为胁迫手段；

　　再如，男子对女子说"我是警察"，进而要求发生性关系的，不能认定为其他手段。行为人利用职权引诱女方，女方基于互相利用与之发生性行为的，不定为强奸罪。

---

　　① 从刑法条文的表述看，强奸罪的对象"妇女"并没有排除妻子，因此，至少从文理解释上看，强奸罪的对象是包括妻子的。当然，审判实践中，对于强奸罪的对象妇女进行了适度的限制解释，一般认为，丈夫"强奸"妻子的，不构成强奸罪，除非夫妻关系已经名存实亡。

2. 奸淫幼女。

（1）无论被害幼女是否同意，只要行为人知道或者应当知道其为幼女并且与之发生性行为的，以强奸罪论处。

（2）已满14周岁不满16周岁的人偶尔与幼女发生性关系，情节轻微、未造成严重后果的，不认为是犯罪。

（3）行为人确实不知对方是不满14周岁的幼女，双方自愿发生性关系，未造成严重后果，情节显著轻微的，不认为是犯罪。

（4）奸淫幼女的，从重处罚。

3. 婚内强奸。

（1）原则上：不以强奸罪论处。

（2）例外：审判实践中，只有在婚姻关系处于非正常存续期间，婚内强奸才有限度地被认定为构成强奸罪。

例如，离婚诉讼期间、婚姻关系已经进入法定的解除程序等。并且，这些作有罪判决的案件均是发生在比较发达的城市，如上海、北京等，且造成了被害人轻伤甚至重伤结果。

（二）"加重"处罚情节

1. 强奸妇女、奸淫幼女情节恶劣的。

2. 强奸妇女、奸淫幼女多人的。

3. 在公共场所"当众"强奸妇女、奸淫幼女的。

只要在不特定或者众人可能看到、感觉到的公共场所强奸妇女，就属于在公共场所"当众"强奸妇女。

司法解释规定：在校园、游泳馆、儿童游乐场等公共场所对未成年人实施强奸、猥亵犯罪，只要有其他多人在场，不论在场人员是否实际看到，均可以认定为在公共场所"当众"强奸妇女，强制猥亵、侮辱妇女，猥亵儿童。（参见2013年最高人民法院、最高人民检察院、公安部、司法部：《关于依法惩治性侵害未成年人犯罪的意见》。）

4. 二人以上轮奸的。只要在客观上二人共同强奸，就属于轮奸，至于行为人是否达到刑事责任年龄，并不影响轮奸的成立。

例如，一个16周岁的人与一个12周岁的人轮奸妇女的，成立轮奸。

5. 奸淫不满10周岁的幼女或者造成幼女伤害的——此为《刑法修正案（十一）》增设。[1]

注意："奸淫幼女"不是加重情节，14周岁以下都属于幼女，只是从重情节。而奸淫不满10周岁的幼女或者造成幼女伤害的，才属于加重情节。

6. 致使被害人重伤、死亡或者造成其他严重后果的。

（1）"致人重伤、死亡"：是指强奸行为本身导致被害人性器官严重损伤，或者造成

---

[1] 立法背景：根据《未成年人检察工作白皮书（2014—2019）》，2017年至2019年检察机关共起诉性侵害未成年人犯罪4.34万人。其中起诉成年人强奸未成年人犯罪分别为7550人、9267人、12912人，2018年、2019年同比分别上升22.74%、39.33%，起诉猥亵儿童犯罪分别为2388人、3282人、5124人，同比分别上升37.44%、56.12%，起诉强制猥亵、侮辱未成年人犯罪665人、896人、1302人，同比分别上升34.74%、45.31%。与2017年相比，2019年检察机关起诉上述三类犯罪人数占侵害未成年人犯罪总人数的比例也由22.34%上升到30.72%。

其他严重伤害，甚至当场死亡或者经抢救无效死亡（原则上不包括被害人事后自杀身亡）。

（2）对于强奸犯出于报复、灭口等动机，在实施强奸的过程中或强奸后，杀死或者伤害被害人的，应分别认定为强奸罪、故意杀人罪或故意伤害罪，实行数罪并罚。

（3）明知是"痴呆女"而与之发生性关系导致被害人怀孕的情形，认定为强奸"造成其他严重后果"。

一般认为，强奸导致被害妇女怀孕的，不认为是"造成严重后果"。但是，造成无性防卫能力的人（如精神病人、痴呆女）怀孕的，是否属于造成严重后果存在不同观点，法考答案持肯定说，审判实务亦有不同看法。（2014）南刑初字第123号，（2014）泉刑终字第542号。

>> 历年真题

关于强奸罪及相关犯罪的判断，下列选项是正确的是？① （2007年·卷二·12题）

A. 甲欲强奸某妇女遭到激烈反抗，一怒之下卡住该妇女喉咙，致其死亡后实施奸淫行为。甲的行为构成强奸罪的结果加重犯②

B. 乙为迫使妇女王某卖淫而将王某强奸，对乙的行为应以强奸罪与强迫卖淫罪实行数罪并罚

C. 丙在组织他人偷越国（边）境过程中，强奸了被组织的妇女李某。丙的行为虽然触犯了组织他人偷越国（边）境罪与强奸罪，但只能以组织他人偷越国（边）境罪定罪量刑

D. 丁在拐卖妇女的过程中，强行奸淫了该妇女。丁的行为虽然触犯了拐卖妇女罪与强奸罪，但根据刑法规定，只能以拐卖妇女罪定罪量刑

⊙ ［主观案例］为抢劫、强奸同一被害人，穿插实施多种多次暴力犯罪行为，致使被害人跳楼逃离过程中造成重伤以上后果的，应认定为结果加重犯。《刑事审判参考》第814号指导案例：刘某抢劫、强奸案。

在抢劫、强奸等暴力犯罪中，行为人实施的暴力行为通常会引起被害人的反抗或者逃离行为。本案中，被害人唐某作为一名女性，独自面对身体素质远强于自己的刘某，在刘某不停地穿插对其实施一系列殴打、强奸等暴力行为的情况下，其跳楼逃离的行为符合常识、常情。我们认为，唐某在刘某已将房门反锁的情况下为躲避侵害只有跳楼逃跑一条途径。换言之，在此情况下，刘某的暴力侵害行为与唐某的介入行为（跳楼逃离行为）之间存在必然关联性，由此造成的被害人重伤后果与刘某的暴力行为之间存在必然、直接的联系，刘某的暴力行为能够合乎规律地引发唐某的跳楼逃跑行为，唐某的跳楼逃离行为未中断刘某的暴力行为与唐某重伤后果之间刑法上的因果关系。因此，刘某应当对唐某逃离过程中造成的重伤结果承担刑事责任。

⊙ ［主观案例］男工宋某与本车间女工霍某相处较好，二人在工作中互相帮助。某日，

① 答案：BD。
② A错误，行为人的暴力（一怒之下卡住该妇女喉咙）并不是为了排斥妇女的反抗，进而强奸妇女，而是出于报复，即该行为不是强奸罪的手段行为，因此，不成立强奸致人重伤的结果加重犯。
B正确，原《刑法》第358条规定，组织、强迫卖淫，又奸淫被害对象的，仅作为一加重情节。根据2015年《刑法修正案（九）》的规定，组织、强迫卖淫并强奸妇女的，应数罪并罚。

宋某将霍某邀请到自己家中，向其提出性交的要求。霍某拒不同意，认为那样会对不起自己的丈夫。宋某声称对霍某爱慕已久，如果被拒绝，活在世上就没什么意义，并拿出一瓶早已准备好的"敌敌畏"，说："你不同意，我就把药喝下去了"。霍某无奈遂与其发生了性关系。霍某回家之后向丈夫诉说了此事，其丈夫向公安机关告发宋某强奸了其妻子。宋某的行为不构成强奸罪。

⊙ [主观案例] 被告人江某（男）于酒店回宿舍的途中，想到与其有近10年通奸关系的杨某（女）的丈夫不在家，顿生与杨某通奸之念。当晚9时许，江某用私配的钥匙打开杨某平时所睡的西房门，进房后仅摸到一双女人鞋，便认为杨某是一个人睡在床上，于是对床上的女人进行奸淫。该妇女惊醒用力推开江某，打开电灯，呼其父过来抓人，江某才知道被奸淫的是杨某的大女儿（22岁），江某尽管实施了奸淫杨某大女儿的行为，但主观上并没有强奸的故意，不构成强奸罪。

五、负有照护职责人员性侵罪

《刑法》第236条之一：对已满十四周岁不满十六周岁的未成年女性负有监护、收养、看护、教育、医疗等特殊职责的人员，与该未成年女性发生性关系的，处三年以下有期徒刑；情节恶劣的，处三年以上十年以下有期徒刑。（《刑法修正案（十一）》增设）

有前款行为，同时又构成本法第二百三十六条（强奸罪）规定之罪的，依照处罚较重的规定定罪处罚。

1. 性质：与14—16周岁的被监护者，利用优势地位，"自愿"发生性关系。如果是"强行"与该类对象发生性关系，直接认定为强奸罪。

该罪的手段：不需要采用暴力、胁迫，而是利用优势地位。从实际情况看，这种利用特定身份奸淫未成年女性的行为，无需使用暴力手段，由于收养、监护等特定关系，对于未成年女性而言，往往会由于恐惧、不知所措等而不敢反抗。

该规定的实质在于：将"性同意年龄"在特定情形下，提升至16周岁以上，负有照护职责的人员，与14—16周岁的人，自愿发生性关系的，也构成犯罪。

2. 立法背景：主要是考虑到，"为人师表"，作为负有监护、收养、看护、教育、医疗等特殊职责的人员，其本职工作就是"照顾"好未成年人，应具有更大的责任感，即便是自愿与其发生性关系的，也应该认定为是犯罪。

近年来发生的一系列性侵害未成年人案件激起社会各界强烈愤慨，也亟需法律给予更强有力的严惩。针对监护、收养等人员伸向孩子的"黑手"，《刑法修正案（十一）》专门增加负有照护职责人员性侵罪。监护、收养等特殊职责人员利用其优势地位实施性侵，社会危害严重，被害人面临的风险更高，由刑法作出针对性规定很有必要。14—16周岁女性的社会阅历尚浅，"性同意能力"仍然有限，规定充分考虑了她们的心智发育情况。①

---

① 立法背景：有学者做出统计，在2016年有明确表述熟人关系的300起案件中，教师（含辅导班等）作为加害人的占27.33%、邻里作为加害人的占24.33%、亲戚（含父母朋友）作为加害人的占12%、家庭成员作为加害人的占10%。在2017年明确人际关系的209起熟人作案案例中，占比从高到低依次为师生（含辅导班等）72起，占比34.45%；邻里（含同村）51起，占比24.40%；家庭成员（父亲、哥哥、继父、祖父等）32起，占比15.31%；亲戚（含父母朋友）10起，占比4.78%；另有其他生活接触关系的占比21.05%（参见兰跃军：《性侵未成年被害人的立法与司法保护》，《贵州民族大学学报》（哲学社会科学版），2019年第4期。

六、强制猥亵、侮辱罪 猥亵儿童罪

《刑法》第 237 条：以暴力、胁迫或者其他方法强制猥亵他人或者侮辱妇女的，处五年以下有期徒刑或者拘役。

聚众或者在公共场所当众犯前款罪的，或者有其他恶劣情节的，处五年以上有期徒刑。

猥亵儿童的，处五年以下有期徒刑；有下列情形之一的，处五年以上有期徒刑：①

（一）猥亵儿童多人或者多次的；

（二）聚众猥亵儿童的，或者在公共场所当众猥亵儿童，情节恶劣的；

（三）造成儿童伤害或者其他严重后果的；

（四）猥亵手段恶劣或者有其他恶劣情节的。

1. 对象。

（1）强制猥亵罪的对象是他人，包括男性、女性（年满 14 周岁）。

（2）强制侮辱罪的对象是妇女，即年满 14 周岁的女性。

（3）猥亵儿童罪的对象：不满 14 周岁的儿童（男童、女童）。

2. 猥亵、侮辱行为。

（1）只要侵犯了对方的性意义上的决定权即可，不要求有满足性欲的目的。

例如，甲（女）基于愤怒在超市剥光了乙（女）的衣服，引起群众围观，甲主观上虽然没有（也不可能有）满足性欲的目的，但侵犯了乙（女）的性羞耻心，其行为仍然属于猥亵。

（2）通过网络形式猥亵、侮辱的，构成本罪。行为人以满足性刺激为目的，以诱骗、强迫或者其他方法要求儿童拍摄裸体、敏感部位照片、视频等供其观看，严重侵害儿童人格尊严和心理健康的，构成猥亵儿童罪。[参见骆某猥亵儿童案（检例第 43 号）]

（3）不以公然实施为前提，即使在非公开场所也可以。

刑法理论上多数学者主张，该罪中的"猥亵"、"侮辱"内容是相同的，行为具有同一性。猥亵行为包括了侵害他人性决定权的一切行为，而侮辱行为不可能超出这一范围。猥亵和侮辱都是性交以外的侵害妇女的性的自由、伤害妇女的性羞耻心的行为，二者之间没有本质上的区别。（张明楷、黎宏）

3. "在公共场所当众"的理解。

行为人在教室、集体宿舍等场所实施猥亵行为，只要当时有多人在场，即使在场人员未实际看到，也应当认定犯罪行为是在"公共场所当众"实施。参见齐某强奸、猥亵儿童案。（检例第 42 号）

---

① 《刑法修正案（十一）》对猥亵儿童罪增设了加重情节处"五年以上有期徒刑"，突出了对儿童的特别保护。经典案例：王振华猥亵儿童案。2020 年 6 月 16 日，上海市普陀区人民法院依法不公开开庭审理被告人王振华、周燕芬猥亵儿童案。法院根据两名被告人的犯罪事实、性质、情节及社会危害程度等，经合议庭评议，于 6 月 17 日当庭对被告人王振华、周燕芬作出判决，以猥亵儿童罪分别判处被告人王振华有期徒刑 5 年，被告人周燕芬有期徒刑 4 年。王振华猥亵女童的行为发生于 6 月 29 日下午，地点为上海万航渡路一家五星级酒店。被猥亵女童事后向在江苏的母亲打电话哭诉，母亲即赴上海报警，王振华随即被采取强制措施。女童已验伤情，构成轻伤。

该案发生在《刑法修正案（十一）》出台之前，按当时的《刑法》规定，法定最高刑为 5 年有期徒刑，法院判处了最高刑。

4. 猥亵与强奸不是对立关系，而是竞合关系。即，强奸是程度更为严重的"猥亵"。

（1）女性强奸男性儿童的，不能认定为强奸罪，可以成立猥亵儿童罪。

（2）女性强奸男性（非儿童）的，不能认定为强奸罪，可以成立强制猥亵罪。

2016 年卷二 58. D. 丁和朋友为寻求刺激，在大街上追逐、拦截两位女生。丁的行为构成强制侮辱罪——错误，丁的行为应成立寻衅滋事罪。

》》历年真题

关于侮辱罪与诽谤罪的论述，下列哪一选项是正确的？① （2013 年·卷二·16 题）

A. 为寻求刺激在车站扒光妇女衣服，引起他人围观的，触犯强制猥亵、侮辱妇女罪，未触犯侮辱罪

B. 为报复妇女，在大街上边打妇女边骂"狐狸精"，情节严重的，应以侮辱罪论处，不以诽谤罪论处

C. 捏造他人强奸妇女的犯罪事实，向公安局和媒体告发，意图使他人受刑事追究，情节严重的，触犯诬告陷害罪，未触犯诽谤罪

D. 侮辱罪、诽谤罪属于亲告罪，未经当事人告诉，一律不得追究被告人的刑事责任

⊙ ［主观案例］《刑事审判参考》指导案例第 1260 号，于书祥猥亵儿童案。于书祥是东莞市某公园保安队长，在上班时，乘张某某、吴某某、李某某等儿童不敢进入娱乐设施"恐怖城"，便假意提出带领他们进入"恐怖城"内游玩。在"恐怖城"内抚摸被害人。法院一审认定为是"在公共场所当众猥亵"，二审对此予以否认。

［主观题考点解读］二审判决指出：本案主要发生在游乐场恐怖屋内，空间相对封闭，现场除于书祥和被害人外，缺乏充分证据证实有多人在场；且于书祥系在带被害人进入恐怖城、帮忙系安全带的过程中，乘机短暂猥亵被害人，其作案手段、危害程度并非十分恶劣、严重，原判认定于书祥属"在公共场所当众猥亵儿童"不当。

⊙ ［主观案例］最高人民检察院指导案例，检例第 42 号。2011 年夏天至 2012 年 10 月，被告人齐某在担任班主任期间，利用午休、晚自习及宿舍查寝等机会，在学校办公室、教室、洗澡堂、男生宿舍等处多次对被害女童 A（10 岁）、B（10 岁）实施奸淫、猥亵，并以带 A 女童外出看病为由，将其带回家中强奸。齐某还在女生集体宿舍等地多次猥亵被害女童 C（11 岁）、D（11 岁）、E（10 岁），猥亵被害女童 F（11 岁）、G（11 岁）各一次。

［主观题考点解读］裁判要旨指出：行为人在教室、集体宿舍等场所实施猥亵行为，只要当时有多人在场，即使在场人员未实际看到，也应当认定犯罪行为是在"公共场所当众"实施。

⊙ ［主观案例］强迫情侣当面发生性行为成立强制猥亵、侮辱罪。犯罪嫌疑人张某、李某、王某预谋抢劫，三人于某日深夜在公园中寻找作案目标，遇到正在此处谈恋爱的钱某（女）和谭某（男），张某、李某、王某持刀对谭某进行威胁，并从钱某、谭某二人身上抢走现金及手机等物品。后张某见二人并未反抗，就要求二人将衣服脱光并发生性关系，谭某、钱某不从。张某对谭某说："你要是不和她发生性关系，我就把她干了。"李某、王某二人也上前对钱某进行扯拽，谭某、钱某无奈之下，只得脱下衣服在三人面前发生了性

---

① 答案：B。

关系。本案还同时构成强奸罪的间接正犯，与强制猥亵、侮辱罪存在竞合。

七、非法拘禁罪

◉ ［主观题命题点拨］

非法拘禁罪的结果加重犯，法定刑偏低。在非法拘禁过程中，只要是基于故意造成被害人重伤、死亡的，应认定为故意伤害罪、故意杀人罪。

1. 保护法益：人身自由。

（1）一种观点认为（国家法律职业资格考试持此观点），是"现实的人身自由"。换言之，如果某人没有认识到自己被剥夺自由，就表明行为没有妨害其意思活动，因而没有侵犯其人身自由。

（2）另一种观点认为（通说），是"可能的人身自由"。

例如，甲在房间睡觉期间，乙将房间门反锁，又在甲醒来之前将房间门打开，乙虽然没有实际上侵犯甲的人身自由，但可能会侵犯被害人的人身自由，如果持"可能的人身自由"说，乙的行为成立非法拘禁罪。

2. 行为方式：拘禁。只要限制了他人的人身自由，都属于拘禁行为。包括：

（1）直接拘束他人的身体，如捆绑他人四肢，使用手铐拘束他人双手。

（2）间接拘束他人的身体，如将他人监禁于一定场所，使其不能或明显难以离开、逃出），又如，在被害人周围放上狼狗、把被害人放上高速行驶的汽车等。

3. 非法拘禁过程中致人重伤、死亡的定性。

（1）非法拘禁罪的转化犯——转化为故意杀人罪、故意伤害罪。非法拘禁过程中，使用暴力致人伤残、死亡的，转化为故意伤害罪、故意杀人罪（第238条第2款后半段）。

（2）结果加重犯。非法拘禁过程中"拘禁行为本身"过失致人重伤、死亡的，仅定非法拘禁罪一罪，作为该罪的结果加重犯（第238条第2款前半段）。

第一，致人重伤，是指在非法拘禁过程中，由于捆绑过紧，长期囚禁、进行虐待等致使被害人身体健康受到重大伤害的；被害人在被非法拘禁期间不堪忍受，自伤自残的。

第二，致人死亡，是指在非法拘禁过程中，由于捆绑过紧、用东西堵住嘴导致窒息等，致使被害人死亡的，以及被害人在被非法拘禁期间"不堪忍受"而自杀身亡的。

第三，非法拘禁会引起警方的解救行为，故正常的解救行为造成被害人伤亡的，具备直接性要件，应将伤亡结果归责于非法拘禁者，成立结果加重犯。

2017年卷四：丙非法拘禁小孩后，小孩哭闹不止要离开，丙恐被人发觉，用手捂住小孩口、鼻，然后用胶带捆绑其双手并将嘴缠住，致其机械性窒息死亡。丙的行为成立故意杀人罪（或过失致人死亡罪），该行为已经超出了"拘禁"行为，没有认定为非法拘禁罪的加重犯。但该题答案当年存在一定的争议，也有观点认为，捆绑并将被害人嘴缠住，就是为了更好地拘禁，造成被害人死亡的，可以认定为是结果加重犯。

4. 为索取债务而非法扣押、拘禁他人的，以非法拘禁罪论处。

（1）债务的性质：不仅仅限于合法债务，还包括非法债务，如赌债、高利贷等法律不予保护的债务。

2000年最高人民法院《关于对为索取法律不予保护的债务，非法拘禁他人行为如何定罪问题的解释》规定："行为人为索取高利贷、赌债等法律不予保护的债务，非法扣押、拘禁他人的，依照刑法第二百三十八条的规定定罪处罚。"

司法解释之所以将此种行为解释为"索债"而认定为非法拘禁罪，主要是基于中国刑法中的绑架罪的法定刑过重，限制绑架罪的范围。只要找到一定的理由拘禁他人，如索取非法债务，也以非法拘禁罪论处。

（2）行为人索取的数额如果超过债务部分数额很大，则应将超出部分以绑架罪论处。

（3）索债时，扣押与债务人没有共同财产关系、扶养、抚养关系的第三者作为人质的，成立绑架罪。之所以认定为绑架罪，重要原因在于，此种情形下的索债行为危害性特别严重，已经超出了一般的索债。即索债（非法债务）行为太"过火"了，成立绑架罪

2014年卷二59. 甲为要回30万元赌债，将乙扣押，但2天后乙仍无还款意思。甲等5人将乙押到一处山崖上，对乙说："3天内让你家人送钱来，如今大不答应，就摔死你。"乙勉强说只有能力还5万元。甲刚说完"一分都不能少"，乙便跳崖。众人慌忙下山找乙，发现乙已坠亡——甲的行为成立非法拘禁，但不属于非法拘禁致人死亡。

>> 历年真题

《刑法》第二百三十八条第一款与第二款分别规定："非法拘禁他人或者以其他方法非法剥夺他人人身自由的，处三年以下有期徒刑、拘役、管制或者剥夺政治权利。具有殴打、侮辱情节的，从重处罚。""犯前款罪，致人重伤的，处三年以上十年以下有期徒刑；致人死亡的，处十年以上有期徒刑。使用暴力致人伤残、死亡的，依照本法第二百三十四条、第二百三十二条的规定定罪处罚。"关于该条款的理解，下列哪些选项是正确的?①（2011年·卷二·60题）

A. 第一款所称"殴打、侮辱"属于法定量刑情节

B. 第二款所称"犯前款罪，致人重伤"属于结果加重犯

C. 非法拘禁致人重伤并具有侮辱情节的，适用第二款的规定，侮辱情节不再是法定的从重处罚情节

D. 第二款规定的"使用暴力致人伤残、死亡"，是指非法拘禁行为之外的暴力致人伤残、死亡

⊙ [延伸阅读] 对"索债"范围进行扩张解释，以扩张非法拘禁罪、限制绑架罪的适用。

如果不是基于索债目的，而是为了非法勒索财物的目的而拘禁他人，并向第三人索要金钱的，成立绑架罪。从这一意义上看，行为人如果是有理由（如索债）而扣押他人的，当然不成立绑架罪，而成立非法拘禁罪。但是，审判实践中，对于"索债"的范围进行了过度扩张的解释，即过度扩张解释了非法拘禁罪的范围，限制了绑架罪的范围。这主要是考虑到绑架罪的法定刑畸重，需要适当限制绑架罪的范围。审判实践中，如下情形均认为是索债，进而认定为非法拘禁罪：

（1）给付定金方违约后为索回定金而非法扣押对方当事人子女，索要违约后无理要回

---

① 答案：ABD。

的定金的。

（2）男女朋友分手后，拘禁对方索要分手费的。

（3）被骗传销后关押"上线"索要"入伙费"。

（4）索要不确定状态或毫无理由的债，例如，合伙经营失败后还未结算，关押其他合伙人索要财物或出资款。

（5）债的数额未定的情况下索要明显超出应有债务的也被认为是索债，如被他人殴打后关押他人索要巨额医药费。

（6）在无法查清被害人是否存在债务的情况下，行为人自以为被害人欠其债务，进而拘禁他人"索债"的。

（7）委托银行客服经理理财，亏损了，关押客服经理索要损失的。[①]

2018年主观题：王某发现多付了钱以后，与刘某去找吴某还钱，吴某拒不返还。王某、刘某恼羞成怒，准备劫持吴某让其还钱。在捆绑吴某过程中，不慎将吴某摔成重伤，因为担心酒店其他人员报警，故放弃挟持，离开酒店——本案中，王某、刘某对被吴某诈骗（盗窃）的财物享有财产返还请求权，故要求吴某返还钱款不具有非法占有目的。拘禁吴某的行为应成立非法拘禁罪，王某、刘某对拘禁行为本身导致的被害人重伤，应成立非法拘禁罪的结果加重犯。

⊙ ［主观案例］因分赃不均意图拘禁他人"讨债"，构成非法拘禁罪。

吴某等原与被害人李某合谋，通过劫持、拘禁等犯罪手段向他人勒索钱财。其间，吴某等人约定由李某出面接收所勒索的全部钱款，再以"安家费"等名目分给吴某等人。因李某私自扣留部分赃款，引发吴某不满，吴某等人遂以"讨债"的名义，纠集朱某等人，商定通过暴力劫持并拘禁李某的手段"讨债"500万元。2017年10月14日，吴某等4人携带匕首、辣椒水、电击棍等工具，至李某居住的小区地下车库守候，拟控制李某后将其带至事先确定的偏僻地点拘禁"讨债"。后因李某反抗、呼救惊动他人，吴某等人纷纷逃离现场。法院认定吴某等人是基于"索债"目的而拘禁、扣押他人，成立非法拘禁罪。

⊙ ［主观案例］徐振涛因与被害人李玉涛赌博时输钱（输了8000元），便怀疑李玉涛在其中使诈，遂伙同其他被告人张维一、李飞等人，于当日找到李玉涛并用车拉到杨雪峰家中，期间，徐振涛等人多次对李玉涛进行殴打，并向李玉涛索要8000元用以偿还徐振涛在赌博中输的钱。李玉涛被迫给徐振涛打了一张8000元的欠条，并给朋友打电话筹集现金交给徐振涛。徐振涛犯非法拘禁罪。（案例来源：《人民法院案例选》）

⊙ ［主观案例］《刑事审判参考》第1276号指导案例。被害人王某生前通过QQ聊天和宋某某相识并发生性关系后，又以公开宋某某裸照胁迫宋某某与其继续发生性关系。被告人宋某胜得知后，纠集被告人宋某群、宋某学、宋某山、宋某柱、李某英将王某拘禁，使用暴力致被害人王某死亡，6被告人的行为均构成故意伤害罪。判决指出：事出有因将他人非法拘禁，后向其家人索要赔偿金的行为应定非法拘禁罪。

---

① 徐光华：《"以刑制罪"视阈下绑架罪的定性与量刑——对大样本绑架释放人质案件的实证考察》，载《政法论坛》2018年第5期。

八、绑架罪

《刑法》第 239 条：以勒索财物为目的绑架他人的，或者绑架他人作为人质的，处十年以上有期徒刑或者无期徒刑，并处罚金或者没收财产；情节较轻的，处五年以上十年以下有期徒刑，并处罚金。

犯前款罪，杀害被绑架人的，或者故意伤害被绑架人，致人重伤、死亡的，处无期徒刑或者死刑，并处没收财产。①

以勒索财物为目的的偷盗婴幼儿的，依照前两款的规定处罚。

1. 绑架罪的类型。

（1）以勒索财物为目的绑架他人。

（2）出于政治性和其他目的绑架他人作为人质。

（3）以勒索财物为目的的偷盗婴幼儿。

2. 绑架行为的认定。

（1）实力控制人质即可，不要求必须转移场所。

（2）使被害人滞留在本来的生活场所但使其丧失行动自由的绑架案件，也可以成立绑架罪（既遂）。

（3）既遂标准：只要完成绑架行为即为既遂，而不以是否实现勒索财物的目的或者其他目的作为未遂与既遂的区分标准。

（4）绑架罪可以包容：故意杀人、故意伤害致人重伤。绑架后杀害被绑架人的，或者故意伤害被绑架人，致人重伤、死亡的，处无期徒刑或者死刑，并处没收财产。

3. 如何理解"杀害被绑架人"这一加重情节？

第一，主观上必须是"故意"杀害被害人。

第二，"杀害"行为必须存在于绑架过程之中。脱离于绑架之外的杀害行为，应独立评价为故意杀人罪，不能认定为是绑架罪的加重犯。

第三，"杀害"行为不要求必须造成被害人死亡结果。可以造成被害人死亡结果，也可以是没有造成死亡结果。主要是考虑到，"杀害被绑架人"与"故意伤害被绑架人，致人重伤、死亡的"并列适用相同法定刑。根据刑法规定，绑架过程中，即便故意伤害被害人仅造成重伤结果的，也应适用加重法定刑。那么，绑架过程中，"杀害被绑架人的"就不必解释为必须造成被害人死亡。

4. 绑错人的，应成立犯罪未遂。绑架过程中，误将无关的人当作人质进行了错误绑架，即便控制了人质，但不可能实现勒索的目的，也仅能认定为绑架罪未遂。

2017 年卷四：甲、乙欲绑架钱某的小孩，向钱某勒索财物。误将赵某的小孩当作钱某的小孩进行绑架，后乙给钱某打电话："你的儿子在我们手上，赶快交 50 万元赎人，否则撕票！"钱某看了一眼身旁的儿子，回了句："骗子！"便挂断电话，不再理睬。乙感觉异常，将情况告诉甲。甲来到丙处发现这个孩子不是钱某的小孩而是赵某的小孩。甲、乙的

---

① 2015 年《刑法修正案（九）》将加重情节由"致使被绑架人死亡或者杀害被绑架人"修改为"杀害被绑架人的，或者故意伤害被绑架人，致人重伤、死亡的"，也即适用条件更为严格，更注重强调行为人的主观恶性（故意）。同时，将该加重情节的刑罚由"处死刑，并处没收财产"修改为"处无期徒刑或者死刑，并处没收财产"，适度降低了刑罚。

行为成立绑架罪未遂。

>> **历年真题**

下列哪项构成了绑架罪中的"杀害被绑架人"?①（2020 年真金题·26 题）

A. 以勒索财物为目的控制被害人之后，故意伤害被害人，被害人因重伤而死亡

B. 绑架被害人之后，为防止被害人出声，用毛巾塞住其嘴后离开，被害人窒息死亡

C. 为勒索财物而着手绑架被害人，遭到被害人的激烈反抗，用绳子直接勒死被害人

D. 取得赎金后，已经释放被害人，因担心被害人报警，开车追了 3 公里，杀死被害人

九、拐卖妇女、儿童罪

1. 对象。

（1）年满 14 周岁的妇女、不满 14 周岁的儿童。

（2）年满 14 周岁的男性不能成为本罪的对象。

2. 行为方式。

（1）只要是以出卖为目的，有拐骗、绑架、收买、贩卖、接送、中转、窝藏妇女、儿童的行为之一的，不论拐卖人数多少，是否获利，均以拐卖妇女、儿童罪追究刑事责任，并且是犯罪既遂。上述行为即便没有将妇女、儿童卖出，也认为是侵犯了妇女、儿童的人身自由，应以犯罪既遂论处。

（2）但是，出卖拾拾儿童的，出卖亲生子女的，收买被拐卖的妇女、儿童后才产生出卖犯意进行出卖妇女、儿童的，应以出卖了被害人为既遂标准。因为此种情形下，儿童早就处于行为人的控制之下，只有实际卖出才能认定为是犯罪既遂。

3. 加重处罚情形。

（1）拐卖妇女、儿童集团的首要分子；

（2）拐卖妇女、儿童三人以上的；

（3）奸淫被拐卖的妇女的；

（4）诱骗、强迫被拐卖的妇女卖淫或者将被拐卖的妇女卖给他人迫使其卖淫的；

（5）以出卖为目的，使用暴力、胁迫或者麻醉方法绑架妇女、儿童的；

（6）以出卖为目的，偷盗婴幼儿的；②

（7）造成被拐卖的妇女、儿童或者其亲属重伤、死亡或者其他严重后果的。包括直接、间接地造成被拐卖的妇女、儿童或者其亲属重伤、死亡或者其他严重后果。

例如，由于犯罪分子采取拘禁、捆绑、虐待等手段，致使被拐卖妇女、儿童重伤、死亡或者其他严重后果；由于犯罪分子的拐卖行为和拐卖过程中的侮辱、殴打等行为引起被拐卖妇女、儿童或者其亲属自杀、精神失常或者其他严重后果等。

质言之，拐卖妇女、儿童致人重伤、死亡这一结果加重犯，包括：

---

① 答案：C。

② 对婴幼儿采取"欺骗、利诱"等手段使其脱离监护人或者看护人的，视为"偷盗婴幼儿"。2016 年最高人民法院《关于审理拐卖妇女儿童犯罪案件具体应用法律若干问题的解释》第 1 条。

第一，在拐卖过程中，由于拐卖行为本身过失导致妇女重伤；

第二，在拐卖过程中，为了实现拐卖目的，故意造成妇女重伤。例如，妇女反抗时，为了制服妇女而对其实施暴力，致其重伤。

（8）将妇女、儿童卖往境外的。

4. 认定中的几个问题。

（1）介绍婚姻：通过介绍婚姻、介绍他人收养儿童索取财物的，不成立本罪。

理由：介绍婚姻索取钱财，虽然行为人也有获利行为，但其是在明知男女双方自愿及地位平等的基础上，为促成婚姻的缔结而居间介绍、联系，没有违反妇女的意志。

（2）任何人都无权出卖儿童。父母出卖亲生子女，医疗机构、社会福利机构等单位的工作人员以非法获利为目的，将所诊疗、护理、抚养的儿童贩卖给他人的，以拐卖儿童罪论处。

（3）具有抚养义务的主体（如父母）出卖儿童的，同时也触犯了遗弃罪，与拐卖儿童罪存在竞合。

（4）经妇女同意的拐卖行为，能否成立拐卖妇女罪？

一种观点认为，不成立拐卖妇女罪。认为本罪是侵犯妇女、儿童人身自由与身体安全的犯罪，如果行为得到了妇女的同意，不应以犯罪论处。

另一种观点认为，拐卖妇女罪是侵犯社会利益的犯罪，即便被害妇女同意将自己拐卖，也不阻却拐卖行为的犯罪性。2016 年最高人民法院《关于审理拐卖妇女儿童犯罪案件具体应用法律若干问题的解释》更多地强调尊重妇女的自愿，对于妇女自愿同意的拐卖行为，不宜以拐卖妇女罪追究行为人的刑事责任。

⊙ ［主观案例］2002 年 8 月 25 日，汪某以给亲戚抱养为由，从湖北省某乡医院的一位产妇手中将一女婴抱走，并支付 500 元的营养费。后汪某经他人联系，欲以 1800 元的价格将女婴卖给河南省南阳市某乡的秦某夫妇（无子女）抚养。同年 8 月 30 日，汪某抱着女婴乘汽车赶往南阳市，在南阳市汽车站门前与来接女婴的买主交易时被公安机关抓获。汪某的行为构成犯罪既遂。本案中的汪某已实施了收买行为，在贩卖过程中被抓获，应构成拐卖儿童的既遂。①

十、收买被拐卖的妇女、儿童罪

1. 主观：出于收买的目的，并且不具有出卖的目的。

（1）如果以出卖为目的而收买的，构成拐卖妇女、儿童罪。

（2）"出卖目的"不同于"营利目的"。

2017 年卷二 15. C. 丙为报复周某，花 5000 元路费将周某 12 岁的孩子带至外地，以 2000 元的价格卖给他人。丙虽无获利目的，也构成拐卖儿童罪

2. 罪数问题。

（1）收买被拐卖的妇女、儿童后，又实施了强奸、非法拘禁、故意伤害、侮辱等行为，构成犯罪的，应当数罪并罚。

---

① 章剑、黄立照：《汪某的行为构成拐卖儿童罪》，http://www.chinacourt.org/article/detail/2003/05/id/56111.shtml，最后访问日期：2014 年 11 月 20 日。

（2）收买被拐卖的妇女、儿童后，事后又另起犯意出卖的，也只定拐卖妇女、儿童罪一罪（《刑法》第241条明文规定）——实质：犯意提升，仅定拐卖妇女、儿童罪一罪。

（3）行为人收买被拐卖的妇女、儿童后，对其实施了强奸、非法拘禁等行为，后来又将其出卖的，应当认定拐卖妇女罪一罪。

3. 从宽处罚的情形。

（1）对被买儿童没有虐待行为，不阻碍对其进行解救的，可以从轻处罚。

（2）按照被买妇女的意愿，不阻碍其返回原居住地的，可以从轻或者减轻处罚。

收买被拐卖的妇女，业已形成稳定的婚姻家庭关系，解救时被买妇女自愿继续留在当地共同生活的，可以视为"按照被买妇女的意愿，不阻碍其返回原居住地"。（参见2016年最高人民法院《关于审理拐卖妇女儿童犯罪案件具体应用法律若干问题的解释》第5条）

4. 如何区分收买被拐卖的妇女、儿童罪与拐卖妇女、儿童罪的共犯？

（1）如果行为人既教唆他人拐卖妇女，又收买该妇女的，应以拐卖妇女罪（教唆犯）与收买被拐卖的妇女罪并罚。

（2）行为人并没有教唆他人拐卖妇女，仅具有收买的故意，仅定收买被拐卖的妇女罪一罪。

十一、诬告陷害罪

⊙ ［主观题命题点拨］

国家应该是鼓励公民检举揭发违法犯罪行为，而不是限制公民的这项权利。普通公民在检举揭发犯罪行为时，基于其法律专业知识水平有限、对事实的认识可能并不全面，不可避免地出现检举的事实与真实的情况存在出入，只要他主观上是想"让坏人坐牢"，就不应该以犯罪论处。否则，如果检举失实的话就以诬告陷害罪论处，谁还敢去检举揭发违法犯罪行为。

1. 保护法益：人身权利。

（1）基于被害人承诺的诬告，不成立诬告陷害罪，因为人身自由可以得到被害人承诺。

（2）得到被害人承诺的诬告行为，可能妨害了司法活动的正常进行，成立妨害司法类的犯罪。

2. 对象。

（1）特定的自然人——必须"指名道姓"

2016年卷二20. 甲杀丙后潜逃。为干扰侦查，甲打电话让乙将一把未留有指纹的斧头粘上丙的鲜血放到现场。乙照办后报案称，自己看到"凶手"杀害了丙，并描述了与甲相貌特征完全不同的"凶手"情况，导致公安机关长期未将甲列为嫌疑人——乙只是诬告了凶手的类型特征，没有针对特定的人，不成立诬告陷害罪。

（2）诬告单位犯罪，将使单位的直接责任人员承担刑事责任，如果行为人对此存在故意，也成立诬告陷害罪。

（3）诬告没有刑事责任能力的人，也成立诬告陷害罪。因为对这些人进行诬告，虽然司法机关查明真相后不会对这些人科处刑罚，但将他人作为侦查的对象，使他人卷入刑事诉讼，就侵犯了其人身权利。

3. 客观要件。

（1）捏造他人犯罪事实。

首先，"捏造"，是无中生有。如果被告发者存在较轻微的犯罪事实，或者对此种犯罪事实，告发者因为认识错误而不是基于诬告陷害的意思，向有关机关指控为较重的犯罪事实、其他犯罪事实的，都不属于捏造事实。例如，发现他人猥亵妇女而向司法机关指控为强奸的，不是捏造事实。

其次，"犯罪事实"不包括嫖娼、包二奶、吸毒等行为，这类行为不是刑法上的犯罪，故捏造他人的这类行为，不应以诬告陷害罪论处。不限于写举报信，还包括伪造自己被强奸的现场等。

再次，还必须是自发（主动）诬告。在公安、司法机关调查取证时，作虚假陈述的，并不成立诬告陷害罪，可能成立包庇罪或者伪证罪。

（2）向司法机关及相关机关告发。告发的机关通常是公安、司法机关，或其他足以引起刑事追诉的机构，如向监察、纪检部门告发他人有贪污贿赂的犯罪事实。

例如，甲在候车室候车时发现自己的钱包不见了，怀疑邻座的乙偷了，但是没有证据，于是甲又偷偷的把自己的手机放在乙的包里并报警，警察到了之后在乙包里发现甲的手机，但并没有钱包，甲知道自己弄错了，但害怕说出真相对自己不利，就没有说明事实，后乙被判一年的缓刑。甲的行为构成诬告陷害罪（2020年真金题）

4. 主观目的：意图使他人受刑事追究。

诬告的本质在于行为人主观上认为被害人是无罪的，还要捏造他人犯罪事实而进行告发。只要在这一目的的支配下实施了诬告陷害行为，足以使他人面临刑事追诉的风险，即构成本罪的既遂。被诬陷的人实际上是否受到刑事追究，并不影响既遂的成立。

（1）不是有意诬告，而是错告，或者检举失实，没有"捏造事实"的，不构成诬告陷害罪。例如，甲怀疑他人实施犯罪行为而向司法机关告发的，但没有捏造事实，后司法机关查实没有犯罪行为，甲不成立诬告陷害罪。

（2）真实告发，但存在瑕疵时，不成立诬告陷害罪。

2013年卷二59. C. 乙盗窃甲价值4000余元财物，甲向派出所报案被拒后，向县公安局告发乙抢劫价值4000余元财物。公安局立案后查明了乙的盗窃事实。对甲的行为不应以诬告陷害罪论处。

5. 诬告陷害罪为什么必须要"捏造事实"？

向司法机关告发他人的犯罪行为，更多地是向司法机关提供了一种犯罪线索，司法机关不可能因为行为人的告发而直接对他人进行刑事拘留、逮捕，也不可能直接将行为人的"告发"作为犯罪事实、证据予以认定。司法机关会在听取行为人的告发基础之上，认真地调查相关人证、物证，固定相关证据，从而决定是否追究"被告发者"的刑事责任以及刑事责任的大小。从这一意义上看，最终认定是否构成犯罪、罪轻罪重的事实、证据，才是追究"被告发者"刑事责任的关键。

行为人告发时如果没有"捏造事实"，没有提供具体的事实、证据，难以使"被告发者"被错误地追究刑事责任，所以，不构成诬告陷害罪。但是，如果告发者"捏造事实"

去告发，这种"捏造的事实"很可能会作为司法机关认定犯罪事实的依据，从而错误地追究"被告发者"的刑事责任，因此，应以诬告陷害罪论处。此外，如果告发者就案件事实造假（捏造他人的犯罪事实），或者明知是虚假的事实而告发，表明其主观上有"恶意"，狐狸尾巴露出来了。

（1）甲向司法机关告发单位领导乙贪污了救灾款 50 万元，司法机关查清后，发现乙仅贪污了 5 万元，甲的行为不构成诬告陷害罪。

理由：甲的告发行为只是向司法机关提供线索，至于乙是否贪污、贪污数额是多少，司法机关不可能以甲的"告发数额"作为依据，而是会直接去调查相关账本、证据、证人等，所以，无论甲告发的金额是多少，都不重要。

（2）甲向司法机关告发单位领导乙贪污了救灾款 50 万元，并捏造了相关的账本、伪造乙签名的一些报销发票等书证材料，司法机关查清后，发现乙仅贪污了 5 万元，甲的行为构成诬告陷害罪。

理由：甲的告发行为不仅仅是向司法机关提供线索，而且还向司法机关提供了"捏造的事实"，这种"捏造的事实"很可能成为司法机关认定乙贪污罪的证据，极有可能使乙面临错误的追诉，应成立诬告陷害罪。即便司法机关后来发现了这些材料是甲捏造的，也不否认甲的行为构成诬告陷害罪。

（3）甲向司法机关告发甲本人向乙行贿的事实，但故意将行贿金额 5000 元说成是500 万元，甲属于捏造事实，甲的行为成立诬告陷害罪。

理由：甲的告发行为不仅是向司法机关提供甲行贿、乙受贿的犯罪线索，而且是提供"捏造的事实和证据"。行贿、受贿犯罪不同于贪污罪，贪污罪的事实、证据主要不是依赖口供，而是依赖账本，而行贿、受贿犯罪的认定，在很大程度上是依赖于行贿人、受贿人的口供作为定案的事实、证据。本案中，甲的口供就不仅仅是提供犯罪线索的意义，而且是提供错误的事实、证据，应成立诬告陷害罪。

（4）甲被乙殴打后，没有达到轻伤标准，但故意伪造虚假的验伤报告（重伤）给司法机关，告发乙对其实施了重伤行为。但司法机关问及甲身体现在是否有不舒服的情况时，甲说："我身体非常棒，被乙殴打后没有什么不舒服。"甲的行为依然构成诬告陷害罪。

理由：甲捏造了事实（验伤报告），当然成立诬告陷害罪。虽然甲告知司法机关"我身体非常棒，被乙殴打后没有什么不舒服"，但司法机关认定乙的刑事责任不是取决于甲的这句话，"验伤报告"才是认定乙刑事责任的依据。

>> 历年真题

关于诬告陷害罪的认定，下列哪一选项是正确的（不考虑情节）?[①]（2017 年·卷二·16 题）

A. 意图使他人受刑事追究，向司法机关诬告他人介绍卖淫的，不仅触犯诬告陷害罪，而且触犯侮辱罪

B. 法官明知被告人系被诬告，仍判决被告人有罪的，法官不仅触犯徇私枉法罪，而

---

① 答案：C。

且触犯诬告陷害罪

C. 诬告陷害罪虽是侵犯公民人身权利的犯罪，但诬告企业犯逃税罪的，也能追究其诬告陷害罪的刑事责任

D. 15 周岁的人不对盗窃负刑事责任，故诬告 15 周岁的人犯盗窃罪的，不能追究行为人诬告陷害罪的刑事责任

十二、侮辱罪、诽谤罪

（一）侮辱与诽谤行为

1. 侮辱行为：以暴力或者其他方法，公然贬低、损害他人人格。侮辱的本质在于揭短、露丑。

（1）侮辱可以通过言语的方式，但这种情形下，言语揭发的一般是他人的"真实事实"，如揭发他人嫖娼、包二奶、有性病等事实，这些事实虽然真实存在，但涉及被害人的隐私权，因此，也构成侮辱罪。

（2）侮辱还可以通过暴力的方式实施。例如，强行剃光女性的头发等。

2017 年卷二 16. A. 意图使他人受刑事追究，向司法机关诬告他人介绍卖淫的，不仅触犯诬告陷害罪，而且触犯侮辱罪——该选项错误，没有触犯侮辱罪，侮辱罪针对的是他人的真实事实。

2. 诽谤行为：故意捏造并散布虚构的事实，损害他人人格、破坏他人名誉。诽谤的本质在于说假话，即造谣。

所散布的事实不足以使人信以为真的，即便是行为人本人都不相信这可能是真实的，即太过"天真"的假话，就不是诽谤，属于侮辱。

例如，说某人长着"猪脑袋"的，骂一家数人均为妓女所生的，均属于侮辱行为。2013 年卷二 16. B. 为报复妇女，在大街上边打妇女边骂"狐狸精"，情节严重的，应以侮辱罪论处，不以诽谤罪论处。

3. 侮辱、诽谤与寻衅滋事罪的竞合。

最高人民法院、最高人民检察院《关于办理利用信息网络实施诽谤等刑事案件适用法律若干问题的解释》第 5 条规定："利用信息网络辱骂、恐吓他人，情节恶劣，破坏社会秩序的，依照刑法第二百九十三条第一款第（二）项的规定，以寻衅滋事罪定罪处罚。编造虚假信息，或者明知是编造的虚假信息，在信息网络上散布，或者组织、指使人员在信息网络上散布，起哄闹事，造成公共秩序严重混乱的，依照刑法第二百九十三条第一款第（四）项的规定，以寻衅滋事罪定罪处罚。"

（二）其他问题

1. 本罪的性质：告诉的才处理。但是，严重危害社会秩序和国家利益的除外。

2. 侮辱罪、诽谤罪没有结果加重犯。侮辱、诽谤他人导致他人自杀的，不定故意杀人罪，也不成立侮辱罪、诽谤罪的结果加重犯。

（三）相近似犯罪的区别

1. 侮辱罪与诽谤罪。

	侮辱罪	诽谤罪
行为方式	（1）口头、文字； （2）暴力手段。如用暴力给人剃光头	口头或者文字方式进行，不能使用暴力手段
行为内容	（1）可以不用具体事实（如扒光他人衣服）； （2）使用真实的事实（如他人有婚外性行为的事实，这主要是侵犯了他人的隐私）	捏造的事实（这主要是侵犯了他人的名誉），即造谣，（想）使听者信以为真
实施的场合	往往当着被害人的面进行	可以当众或当第三者散布，也可以当被害人的面

二者的区别：

（1）侮辱罪通常情况下是"说真话"，揭露他人真实的隐私事实；诽谤罪通常是造谣，即说假话；

（2）侮辱罪还可以使用暴力，例如，将粪便泼到他人脸上；诽谤罪则不能使用暴力；

（3）说太过天真的假话（如骂他人是狐狸精、猪脑袋），不是造谣，不可能使他人信以为真的，成立侮辱罪

2. 诽谤罪与诬告陷害罪——竞合关系，诬告陷害罪是程度更为严重的诽谤。

	诽谤罪	诬告陷害罪（来狠的）
保护法益	他人人格、名誉	他人的人身权利
主观方面	损害他人人格、名誉	使他人受到刑事追究
行为方式	散布捏造的事实，但并没有向国家机关或者有关部门单位告发	捏造犯罪事实，并且向国家机关或者其他部门告发，足以引起司法机关追究活动
内容	犯罪事实与非犯罪事实	犯罪事实
性质	亲告罪。但严重危害社会秩序和国家利益的除外	公诉案件

3. 侮辱罪与强制猥亵、侮辱罪——二者是竞合关系。

	侮辱罪	强制猥亵、侮辱罪
行为方式	可以用口头、文字、暴力诸手段	使用了强制的手段
主观内容	没有侵犯妇女的性的自己决定权。行为人的目的在于败坏妇女的名誉，贬低其人格，动机多出于私愤报复、发泄不满	严重侵犯了被害人的性的自己决定权。例如，男性将"精液"泼到女性脸上

4. 侵害英雄烈士名誉、荣誉罪。 《刑法修正案（十一）》增设第299条之一，侮辱、诽谤或者以其他方式侵害英雄烈士的名誉、荣誉，损害社会公共利益，情节严重的，处3

年以下有期徒刑、拘役、管制或者剥夺政治权利。

侮辱罪、诽谤罪，其对象都是活人。而侵害英雄烈士名誉、荣誉罪的对象是英雄烈士，该罪是扰乱公共秩序的犯罪，而非侵犯公民人身权利的犯罪。实际上每个国家在发展过程当中都需要有英雄烈士来鼓舞一代一代的人，所以对英雄烈士要有足够的尊重、敬仰，尊重他就是尊重每个人自己。

例如，2013年8月27日，广州一网民发微博污辱"狼牙山五壮士"，肆意抹黑侮辱抗日英雄，把凶残的日寇说成"正义之师"，把抗日的八路军说成土匪，引起社会各界强烈愤慨。广州市越秀区公安局根据群众举报依法查获造谣网民，并对其处以行政拘留7日（当时还没有侵害英雄烈士名誉、荣誉罪）。

十三、侵犯公民个人信息罪

⊙ ［主观题命题点拨］

侵犯公民个人信息罪的保护对象，不限于个人隐私，还包括其他信息。即便是公开的个人信息，亦有公开程度的问题，不当地扩大对他人信息的公开程度，亦构成侵犯公民个人信息罪。

（一）公民个人信息的界定

1. "个人信息"的范围。

（1）要有载体。

（2）能识别自然人身份，或者反映自然人活动情况。

对于企业工商登记等信息中所包含的手机、电话号码等信息，"手机、电话号码等由公司购买，归公司使用"，不属于个人信息。

"公司经办人在工商登记等活动中登记的个人电话、手机号码"属于个人信息。

（3）公民个人信息的范围扩张化趋势。

以往，我们认识到的公民个人信息，都是静态的个人信息，例如，公民的身份证号、手机号、就诊经历等。近年来，随着人工智能、大数据的不断发展进步，可以对公民个人的动态信息进行挖掘、发现，这亦属于公民个人信息，典型的如人物画像。用户画像是将用户的线上行为数据化，例如，通过你在京东商城中购买商品种类、价格、频次等一系列活动，每一个活动代表一个或多个标签，通过对标签的汇总、分析、分类来深化对个人或群体的认知。其中包括基本属性、购买能力、行为特征、社交网络、心理特征、兴趣爱好。

2017年最高人民法院、最高人民检察院《关于办理侵犯公民个人信息刑事案件适用法律若干问题的解释》第1条规定："公民个人信息"，是指以电子或者其他方式记录的（要有载体）能够单独或者与其他信息结合识别特定自然人身份或者反映特定自然人活动情况的各种信息，包括姓名、身份证件号码、通信通讯联系方式、住址、账号密码、财产状况、行踪轨迹等。

2. 公民个人信息的范围远大于隐私的范畴。即便相关信息已经公开，不属于个人隐私的范畴，但仍有可能成为"公民个人信息"。

对于权利人非自愿公开或者非主动公开的公民个人信息，行为人获取相关信息后出售、提供的行为，可以根据情况以侵犯公民个人信息罪论处。实践中，有些公开信息并非权利人自愿公开，如个人信息被他人通过信息网络或者其他途径发布；有些信息并非权利人主动公开，如有关部门为救济、救助或者奖励而公示的公民个人信息；有些信息的扩散并非权利人的意愿，如权利人发现个人信息被收集后主动要求行为人删除。上述情形中，获取相关信息的行为可以认定为合法，但后续的出售或者提供行为明显违背了权利人意愿，对其个人隐私和生活安宁造成侵犯，对其中情节严重的行为完全可以适用侵犯公民个人信息罪予以惩治。

（二）行为类型

1. 出售或提供。向特定人提供公民个人信息，以及通过信息网络或者其他途径发布公民个人信息的。

2. 将履行职责或者提供服务过程中获得的公民个人信息，出售或者提供给他人的。

3. 窃取或者以其他方法非法获取公民个人信息的。

4. 违反国家有关规定，通过购买、收受、交换等方式获取公民个人信息，或者在履行职责、提供服务过程中收集公民个人信息的，属于"以其他方法非法获取公民个人信息"。

实质：非法获取信息，或者合法获取信息后非法扩散信息。

（三）数量的计算

1. 非法获取公民个人信息后又出售或者提供的，公民个人信息的条数不重复计算。

2. 向不同单位或者个人分别出售、提供同一公民个人信息的，公民个人信息的条数累计计算。

（四）罪数

非法获取"大量"公民个人信息后又实施诈骗等犯罪的，应数罪并罚。

>> **历年真题**

1. 下列哪些行为构成侵犯公民个人信息罪（不考虑情节）?[①]（2017 年·卷二·59 题）

A. 甲长期用高倍望远镜偷窥邻居的日常生活

B. 乙将单位数据库中病人的姓名、血型、DNA 等资料，卖给某生物制药公司

C. 丙将捡到的几本通讯簿在网上卖给他人，通讯簿被他人用于电信诈骗犯罪

D. 丁将收藏的多封 50 年代的信封（上有收件人姓名、单位或住址等信息）高价转让他人

2. 甲（A 公司股东）、乙（A 公司总经理）为男女朋友，分手后，甲怀恨在心，经自己研究发现，A 公司生产的保健品毫无保健作用。甲抛售股票后紧接着在网上公布该研究结果，并写明乙是公司总经理。该报告导致公司股价狂跌——甲的行为不构成犯罪。该案中，甲并没有侵犯乙的个人信息。再者，乙作为上市公司的总经理这一事实，本身就是向社会完全公开的。（2018 年真金题）

---

① 答案：BC。

专题十四

危害公共安全罪（侵犯社会法益犯罪）

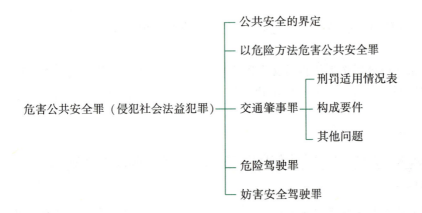

1. 近年来，危害公共安全的事件引发了社会的高度关注，如何在刑法上对之规制，是应对法考必须面临的问题。例如，公交车上的乘客与司机之间的一些打斗而引发的事故。又如，2020 年初的新型冠状病毒，部分人不服从相关的管理，导致他人感染等。

2. 以危险方法危害公共安全罪、交通肇事罪、危险驾驶罪、妨害安全驾驶罪关系的界定。

3.《刑法修正案（十一）》增设妨害安全驾驶罪、高空抛物罪以及相关高空抛物、盗窃窨井盖的司法解释，如何进一步正确厘清相关行为的定性。

一、公共安全的界定

危害公共安全犯罪是侵犯社会利益的犯罪，具体为人身权利、财产权利。危害公共安全犯罪与侵犯财产罪、侵犯人身权利罪的区别在于是否危害了"公共安全"。"公共安全"是指不特定或者多数人的生命、身体或者财产安全。

所谓"不特定"，是指犯罪行为可能侵犯的对象和可能造成的结果事先无法确定，行为人对此既无法具体预料也难以实际控制，行为的危险或行为造成的危害结果可能随时扩大或增加，随时有向"多数"发展的现实可能性，会使社会多数成员遭受危险和侵害。①

所谓"多数人"，则难以用具体数字表述，行为使较多的人（即使是特定的多数人）感受到生命、健康或者财产受到威胁时，应认为危害了公共安全。

需要说明的是，危害公共安全罪并非一定要造成多人伤亡、重大财产损失，而是看行为本身是否有造成不特定或者多数人伤亡、财产损失的可能性。例如，交通肇事罪是危害公共安全的犯罪，实践中的交通肇事罪也可能是仅造成了一人死亡，但因为肇事行为发生在道路上（公共交通管制的领域），有可能会侵犯不特定或者多数人的生命、健康、财产安全，故属于危害公共安全的犯罪。

二、以危险方法危害公共安全罪

1. "危险方法"的种类：对于以危险方法危害公共安全罪中的"危险方法"应进行缩小解释、体系解释，只有危险性与放火、爆炸、决水、投放危险物质性质相当的，才能认定为危险方法。实践中较为典型的情况：

（1）以驾驶机动车的方式撞人，放任他人死亡结果，危害公共安全的；

（2）在公共场所私设电网，危害公共安全的；

（3）故意传播"突发性"传染病病原体，危害公共安全的；②

（4）故意破坏矿井下的通风装置；

（5）在高速公路上逆行；

（6）研制、生产、销售"瘦肉精"。此类行为，审判实践中早期的做法是认定为非法经营罪或者生产、销售有毒、有害食品罪，近年来，有部分案件被认定为以危险方法危害公共安全罪；

（7）无故殴打公交车司机、抢夺司机方向盘，严重危及公共安全的；

（8）盗窃、破坏人员密集往来的非机动车道、人行道以及车站、码头、公园、广场、学校、商业中心、厂区、社区、院落等生产生活、人员聚集场所的窨井盖；③

（9）故意从高空抛弃物品，足以危害公共安全的。

---

① 不特定有以下几种情况：

（1）针对不特定的对象，实际危害了不特定多数人的生命、健康和重大公私财产安全，如姚锦云驾车在天安门广场撞人案；

（2）针对不特定的对象，没有实际造成不特定多数人的生命、健康和重大公私财产安全的损害后果，但有造成不特定多数人的生命、健康和重大公私财产安全损害的危险或者可能；

（3）针对特定的对象，但实际上造成了不特定多数人的生命、健康和重大公私财产安全的损害后果；

（4）针对特定的对象，没有实际造成不特定多数人的生命、健康和重大公私财产安全的损害后果，但有造成不特定多数人的生命、健康和重大公私财产安全损害的危险或者可能。

② 2003年5月14日最高人民法院、最高人民检察院《关于办理妨害预防、控制突发传染病疫情等灾害的刑事案件具体应用法律若干问题的解释》第1条。该解释主要是针对2003年的"非典"病毒事件。

③ 对于盗窃窨井盖的行为，通常会危害公共安全。破坏交通设施罪、以危险方法危害公共安全罪这两罪均是危害公共安全类的犯罪，其中，破坏交通设施罪系特别法。当盗窃的窨井盖属于"交通设施"时，应优先适用破坏交通设施罪。2020年最高人民法院、最高人民检察院、公安部《关于办理涉窨井盖相关刑事案件的指导意见》规定：（1）盗窃、破坏正在使用中的社会机动车通行道路上的窨井盖，足以使汽车、电车发生倾覆、毁坏危险，以破坏交通设施罪定罪处罚。（2）盗窃、破坏人员密集往来的非机动车道、人行道以及车站、码头、公园、广场、学校、商业中心、厂区、社区、院落等生产生活、人员聚集场所的窨井盖，足以危害公共安全，以以危险方法危害公共安全罪定罪处罚。

2. 对本罪应限制适用。

本罪是危害公共安全的犯罪，但并不意味着，行为只要达到"危害公共安全"的程度，就成立本罪。《刑法》对以危险方法危害公共安全罪规定的法定刑较重，如果行为对公共安全的侵害程度相对有限，则不应该认定为本罪。

例如，高空抛物，危害性相对相小的，可以认定为高空抛物罪。

又如，妨害安全驾驶行为，即便危害公共安全，但如果危害性相对较小，可以认定为妨害安全驾驶罪。

⊙ [解题技巧] 以危险方法危害公共安全罪是故意犯罪，考题中，行为人对于危害公共安全的结果究竟是故意还是过失是判断的难点，尤其是开车撞死人，究竟是定交通肇事罪还是以危险方法危害公共安全罪，一般认为，行为人干了一件"超级危险的事情"，就可以推定其主观上对结果（他人生命、财产）至少是一种放任的心态，成立以危险方法危害公共安全罪。2014年卷二51C.将重度醉酒后在高速公路超速驾驶机动车的行为，认定为以危险方法危害公共安全罪。实践中，醉酒驾车的人，如果第一次撞人，定交通肇事罪。如果撞人后继续乱开，撞死人的，可以考虑定以危险方法危害公共安全罪。

≫ 历年真题

1. 下列哪些行为构成以危险方法危害公共安全罪① （2020年真金题·28题）

A. 甲把蜂窝煤点燃从高处扔向人群，引发火灾，导致多人伤亡

B. 乘客乙在乘坐公交车时，与司机徐某发生争吵，在车辆行驶过程中，抢夺司机徐某手中的方向盘，导致车辆失控而撞死多人

C. 公交车司机丙与乘客孟某发生争吵，在遭受孟某的辱骂后，丙置行驶中的车辆于不顾，离开方向盘和乘客孟某扭打，导致交通事故，致多人伤亡

D. 丁把马路（机动车道）上的窨井盖偷走，路过车辆与其他车辆相撞，发生严重交通事故，导致多人伤亡

2. 下列哪一行为成立以危险方法危害公共安全罪?② （2012年·卷二·15题）

A. 甲驾车在公路转弯处高速行驶，撞翻相向行驶车辆，致2人死亡

B. 乙驾驶越野车在道路上横冲直撞，撞翻数辆他人所驾汽车，致2人死亡

C. 丙醉酒后驾车，刚开出10米就撞死2人

D. 丁在繁华路段飙车，2名老妇受到惊吓致心脏病发作死亡

⊙ [主观案例] 2010年3月15日21时58分，被告人杨奇彬驾车从福建莆田涵江收费站上高速往福州方向行驶，中途在沈海高速A道上逆行几十公里。23时30分，被告人杨奇彬逆行至沈海高速A道2095公里处案发现场，致使在沈海高速A道上正常驾驶的"闽A16623/闽A1173挂"半挂车发现险情后刹车减速，而紧随其后的"浙C12576/浙C0498挂"半挂车变更到超车道行驶，并要超越前面货车时，发现杨奇彬逆行的轿车也变更到超车道，便紧急刹车，而在后面跟随的闽J13682中型厢式货车的前右部先与"闽A16623/闽A1173挂"半挂车所载钢管的后左部及挂车的后左部发生撞刮，继而，闽J13682车左打

---

① 答案：ABC。
② 答案：B。

方向避让，其前左部又与"浙 C12576/浙 C0498 挂"半挂车的后右部发生碰撞、碰刮，致一人死亡，一人轻伤。其行为已构成以危险方法危害公共安全罪。

三、交通肇事罪

⊙ ［主观题命题点拨］

司法实践中，不少法官在处理该类案件时，往往以交警认定的责任（行政法上的责任）作为认定行为人刑事责任的依据，这种做法是不可取的，应该纠正这一做法，这也是国家法律职业资格考试出这类题目的原因，就是想纠正司法实践中的错误做法。刑法上在认定相关责任时，应进行较为独立的思考，而不应将行政法上的责任直接等同于刑法上的责任。

（一）刑罚适用情况表

三年以下有期徒刑或者拘役（罪与非罪的界限）	三年以上七年以下有期徒刑	七年以上有期徒刑
1. 死亡 1 人或者重伤 3 人以上，负事故全部或者主要责任。 2. 死亡 3 人以上，负事故同等责任 3. 造成公共财产或者他人财产直接损失，负事故全部或者主要责任，无能力赔偿数额在 30 万元以上。 4. 致 1 人以上重伤，负事故全部或者主要责任，并且下列情形之一的：（1）酒后、吸食毒品后驾驶机动车辆的；（2）无驾驶资格驾驶机动车辆的；（3）明知是安全装置不全或者安全机件失灵的机动车辆而驾驶的；（4）明知是无牌证或者已报废的机动车辆而驾驶的；（5）严重超载驾驶的；（6）为逃避法律追究逃离事故现场的	1. 交通肇事后逃逸：交通肇事后为逃避法律追究而逃跑（符合三年以下有期徒刑或者拘役的条件，并且逃跑的） 2. 其他特别恶劣情节：（1）死亡 2 人以上或者重伤 5 人以上，负事故全部或者主要责任的；（2）死亡 6 人以上，负事故同等责任的；（3）造成公共财产或者他人财产直接损失，负事故全部或者主要责任，无能力赔偿数额在 60 万元以上的	因逃逸致人死亡：指行为人在交通肇事后为逃避法律追究而逃跑，致使被害人因得不到救助而死亡的情形

如何认定"责任"：交通行政管理上的"责任"不能等同于认定交通肇事罪的"责任"。

在发生交通事故的场合，通常由交通管理部门认定行为人的责任，而交通管理部门只是根据交通运输管理法规认定责任，这种认定常常是出于交通管理的需要，并不是刑法上的责任。

例如，行为人白天将货车停在马路边后下车小便，后面的小客车飞速驶来，撞到货车尾部，司机当场死亡。行为人拨打"110"后迅速逃离。《道路交通安全法实施条例》第92 条规定："发生交通事故后当事人逃逸的，逃逸的当事人承担全部责任。"但这里的全部责任只是行政责任，司法机关不能据此认定行为人构成交通肇事罪。

2013 年卷四：甲于某晚 9 时驾驶货车在县城主干道超车时，逆行进入对向车道，撞上乙驾驶的小轿车，乙被卡在车内无法动弹，乙车内黄某当场死亡、胡某受重伤。后查明，乙无驾驶资格，事发时略有超速，且未采取有效制动措施——本案中，乙无证驾驶，根据《道路交通安全法实施条例》，应负全部或主要责任，但这种责任并不是刑法上的责任。换言之，乙无证驾驶对造成此次事故的原因并不是太大，乙不构成交通肇事罪。

（二）构成要件

1. 主体：一般主体，包括从事交通运输人员或者非交通运输人员。

（1）单位主管人员、机动车辆所有人或者承包人等"指使、强令"他人违章驾驶，造成重大交通事故，以交通肇事罪定罪处罚。（不定共犯，事故前瞎指挥）

但是，"纵容"他人违章驾驶的，不成立交通肇事罪。对"纵容他人在道路上醉酒驾驶机动车造成重大交通事故"的，不宜以交通肇事罪追究刑事责任。主要理由：将机动车交由醉酒者驾驶与指使、强令他人违章驾驶相比，行为人的主观故意明显不同，以交通肇事罪追究将机动车交由醉酒者驾驶的人的刑事责任，不符合共同犯罪原理，当事人之间对危害后果不存在共同罪过。[①]

2019年真金题：甲女和乙男相约喝酒，聚会结束后，甲女请求乙男醉酒开甲的车送自己回家，乙男拒绝，甲女反复请求后，乙男遂送甲女回家。乙在驾驶途中，在路口闯红灯撞死行人丙。甲、乙均构成交通肇事罪。

（2）司机交通肇事后，机动车辆所有人、承包人等指使行为人逃逸，致使被害人因得不到救助而死亡的，以交通肇事罪的"共同犯罪"论处。（事故后指使逃逸）

最高人民法院《关于审理交通肇事刑事案件具体应用法律若干问题的解释》之所以承认交通肇事罪的共同犯罪。理由在于：

第一，车辆驾驶人员肇事引发交通事故虽是过失的，但在交通肇事后的逃逸行为却是故意的。尽管前后在主观方面发生变化，有所不同，但刑法并未因此对故意逃逸的行为单独定罪，而是将"交通肇事后逃逸"以及"因逃逸致人死亡的行为"规定为交通肇事罪的加重处罚情节，以一罪论处；

第二，指使者虽未帮助或教唆实施肇事行为，但在明知肇事已发生的情况下，仍指使、教唆肇事人实施逃逸行为。最终，肇事行为与共同逃逸行为造成了被害人死亡的后果，指使者和肇事者对肇事后的逃逸具有共同的故意，故指使者应与肇事者共同对这一后果承担刑事责任，并且只能以交通肇事罪的共犯论处。

当然，理论上有学者对此司法解释提出了反对意见，认为在刑法明文否认过失共同犯罪的立法例之下，这一解释结论及其理由值得进一步研究。对于司法解释所规定的这种情形，宜视行为性质与情节，认定为窝藏罪或者遗弃罪。换言之，上述行为要么属于帮助犯罪人逃逸的行为，要么属于遗弃行为；

（3）道路上通行的车辆、行人、乘车人以及在道路上进行与交通有关活动的人员，均可构成本罪的主体。

例如，在高速公路上实施拉车乞讨等行为，引起交通事故的，也可能成立交通肇事罪。在城区或其他行人较多、有机动车来往的道路上违章骑三轮车，造成重大事故的，成立交通肇事罪。实务中，2017年成都锦江法院审结首例行人交通肇事罪案件。

2. 保护法益：交通运输安全。

（1）空间范围：公共交通管理的范围内，其实质在于，可以承载公共安全，可以通过汽车等大型运输工具，且非私人场所。

[①] 2014年11月最高人民法院研究室《关于纵容他人醉酒驾驶造成重大交通事故定性问题的研究意见解读》。

2011年修订的《道路交通安全法》，实行公共交通管理以外的非公用性质的道路和地点，如厂矿、农场、林场自建的不通行社会车辆的专用道路和用于田间耕作、供农机具行走的机耕路以及机关、学校、单位大院、火车站、汽车站、货场、渡口、封闭式住宅小区内的大路和楼群前后幢之外的大路上发生的交通事故，由于不在公共交通管理范围内，因此，不可能构成本罪。

一般小区内道路属于"道路"。因为即便小区不让社会车辆进来，但大部分小区本身就是一个公共大区域，居住的人也比较多，不将它列为"道路"也不符合实际。但是，封闭式管理，即在小区进出口设卡拦截，非业主车辆一律不允许通行，或者征得受访业主同意后，来访车辆停放在小区指定区域，可以不认为属于"道路"。（参见《刑事审判参考》第891号孙林海危险驾驶案、第760号谢忠德危险驾驶案）

（2）在公共交通管理的范围外，例如工厂厂区、乡村路上，驾驶机动车辆或者使用其他交通工具致人伤亡或者致使公共财产或者他人财产遭受重大损失，构成犯罪的，分别依照《刑法》第134条（重大责任事故罪）、第135条（重大劳动安全事故罪）、第233条（过失致人死亡罪）等规定定罪处罚。

（三）其他问题

1. 结果加重犯：交通肇事"因逃逸致人死亡"——原风险继续。

一般认为，"因逃逸致人死亡"是消极的、不作为的方式致人死亡。如果是交通肇事后为逃避法律追究，将被害人带离事故现场后隐匿或者遗弃，致使被害人无法得到救助而死亡或者严重残疾的，即加剧了被害人的死亡，定故意杀人罪、故意伤害罪。"因逃逸致人死亡"需要具备两个要件：

（1）主观上：行为人为逃避法律追究而逃跑。如果不是为逃避法律追究，而是害怕受害方或者其他围观群众对其进行殴打而躲避，但及时报警等待司法机关处理，不得视为"逃逸"；

（2）客观上：逃逸行为导致被害人得不到及时救助而死亡。即，逃逸行为与死亡结果之间具有因果关系。行为人主观上对逃逸行为与被害人得不到救助而死亡之间的关联性有认知，即至少有过失。

2. 认定"交通肇事因逃逸致人死亡"，是否需要逃逸之前的交通肇事行为符合交通肇事罪的基本罪？

（1）一种观点，要求之前的肇事行为应符合交通肇事罪的基本罪。

（2）另一种观点，不要求前行为成立交通肇事罪的基本罪。

最高人民法院支持后一种观点，因为前行为是否满足交通肇事罪的成立条件（至少造成重伤以上），实践中根本没有办法判断。被害人被撞后，行为人逃逸，导致被害人得不到救助而死亡的，实践中根本无法判断第一次撞击时，被害人被撞击的程度究竟是轻伤还是重伤。最高人民法院的指导案例指出：其他犯罪的加重犯，也不要求前行为必须符合基本罪的构成要件，例如，非法拘禁致人死亡的，即使行为人的拘禁行为不构成基本犯（不符合时间、方式等要求），但只要与死亡结果存在相当的因果关系，即可成立。（参见《刑事审判参考》第1118号指导案例）

>> 历年真题

1. 根据刑法规定与相关司法解释，下列哪一选项符合交通肇事罪中的"因逃逸致人死亡"？① （2007 年·卷二·9 题）

A. 交通肇事后因害怕被现场群众殴打，逃往公安机关自首，被害人因得不到救助而死亡

B. 交通肇事致使被害人当场死亡，但肇事者误以为被害人没有死亡，为逃避法律责任而逃逸

C. 交通肇事致人重伤后误以为被害人已经死亡，为逃避法律责任而逃逸，导致被害人得不到及时救助而死亡

D. 交通肇事后，将被害人转移至隐蔽处，导致其得不到救助而死亡

2. 甲将私家车借给无驾照的乙使用。乙夜间驾车与其叔丙出行，途中遇刘某过马路，不慎将其撞成重伤，车辆亦受损。丙下车查看情况，对乙谎称自己留下打电话叫救护车，让乙赶紧将车开走。乙离去后，丙将刘某藏匿在草丛中离开。刘某因错过抢救时机身亡——乙构成交通肇事罪，但乙对丙后续的情况完全不知情，丙将刘某藏匿致使其错过抢救时机身亡，构成故意杀人罪。（2016 年·卷二·86 题）

---

3. 交通肇事后，积极移置被害人，加剧风险的，成立新罪——风险升级。

（1）交通肇事当场致人死亡，但被告人误以为其没有死亡，将尸体转移并予以遗弃，因主观认识错误而构成故意杀人罪的未遂。

（2）交通肇事当场没有死亡，但被告人误以为已经死亡，将被害人转移并予以遗弃，最终致被害人死亡的，应当将后行为认定为过失致人死亡罪。

（3）交通肇事当场没有死亡，被告人将被害人带离事故现场后隐藏或者遗弃，致使被害人死亡的，构成故意杀人罪。

4. 交通肇事的结果必须由违反规范保护目的的行为所引起。

例如，交通运输管理法规禁止酒后驾驶的目的，是为了防止驾驶者因为饮酒而导致驾驶能力减退或者丧失进而造成交通事故。如果酒后驾驶并未导致驾驶能力减退或者丧失，而是由于车辆出现了驾驶者不能预见的刹车故障而造成交通事故，对驾驶者不能以交通肇事罪论处。

又如，禁止驾驶没有经过年检的车辆的目的，是为了防止因车辆故障导致交通事故。如果行为人驾驶没有年检的车辆，但该车并无故障，而是由于被害人横穿高速公路造成了交通事故，对行为人也不以交通肇事罪论处。

5. 公交车肇事案件中司机与乘客责任的认定。

近年来，发生在公交车上的乘客与司机的冲突，引发车辆事故而造成人员伤亡的案件，如何认定乘客和司机的责任，需要结合行为人的主观罪过（故意、过失）而认定为以危险方法危害公共安全罪、交通肇事罪。（参见 2019 年 1 月 8 日最高人民法院、最高人民检察院、公安部《关于依法惩治妨害公共交通工具安全驾驶违法犯罪行为的指导意见》）具体而言，需要从如下方面理解：

（1）一般认为，司机作为车辆的直接操控人，对车辆撞人危险负有更为直接的责任。

---

① 答案：C。

因此，对司机所科以的注意义务、责任应该更大。

第一，司机只要实施了"中度"以上的危险行为，就可以认为其是故意、放任危害结果发生，应认定为以危险方法危害公共安全罪。

例如，司机在面对乘客的殴打之后，为了反击乘客，置行驶中的车辆不顾，离开座位与乘客扭打，造成车辆失控而撞死行人的，可以认为其主观上是故意，应成立以危险方法危害公共安全罪。司法解释规定，驾驶人员在公共交通工具行驶过程中，与乘客发生纷争后违规操作或者擅离职守，与乘客厮打、互殴，危害公共安全，成立以危险方法危害公共安全罪。

第二，司机实施了"重度"危险行为，更应认定为是故意的，成立以危险方法危害公共安全罪。

例如，司机遭受乘客的辱骂后，置行驶中的车辆不顾，离开座位与乘客扭打，造成车辆失控而撞死行人的，更应成立以危险方法危害公共安全罪。

第三，司机实施了"轻度"危险行为，进而造成事故的，应成立交通肇事罪。例如，司机在遭受乘客的殴打之后，出于赌气，猛地甩了一下方向盘，车辆撞死行人，司机的行为可以考虑成立交通肇事罪。

（2）对于乘客的注意义务、责任，比司机相对要小，毕竟乘客不是专业驾驶人员，并且没有直接操控风险（方向盘）。

第一，只有乘客实施了"重度"危险行为，才可能成立以危险方法危害公共安全罪。

例如，乘客用手机连续多次、猛敲司机，并与司机争抢方向盘，导致车辆失控撞死行人的，可以认为其主观上是故意的，成立以危险方法危害公共安全罪。司法解释规定，乘客在公共交通工具行驶过程中，抢夺方向盘、变速杆等操纵装置，殴打、拉拽驾驶人员，或者有其他妨害安全驾驶行为，危害公共安全，成立以危险方法危害公共安全罪。

第二，乘客实施了"中度"危险行为的，一般认为是过失，成立交通肇事罪。

例如，乘客殴打了司机几下，司机置行驶中的车辆不顾，离开座位和乘客打斗，导致车辆失控撞死行人的，乘客成立交通肇事罪，司机成立以危险方法危害公共安全罪。

第三，乘客实施了"轻度"危险行为，一般可以认为不构成犯罪，或最多成立交通肇事罪（或寻衅滋事罪）。

例如，乘客辱骂了司机，或者对司机轻微殴打了一下，司机置行驶中的车辆不顾，离开座位和乘客打斗，导致车辆失控撞死行人的，乘客的行为不构成犯罪，司机成立以危险方法危害公共安全罪。

	司机	乘客
重度危险行为	以危险方法危害公共安全罪	以危险方法危害公共安全罪
中度危险行为	以危险方法危害公共安全罪	交通肇事罪
轻度危险行为	交通肇事罪	交通肇事罪（或不构成犯罪）

[总结] 只要是直接针对"方向盘"的，原则上成立以危险方法危害公共安全罪。司机置行驶中的车辆于不顾，离开方向盘的；或者，乘客抢夺方向盘的，成立以危险方法危害公共安全罪。

当然，针对"方向盘"等驾驶操纵装置所实施的行为，成立以危险方法危害公共安全罪，还要求对行为的危害性进行实质判断，只有事实上严重危及公共安全的，才成立以危险方法危害公共安全罪，对公共安全危害较小的，可以考虑成立妨害安全驾驶罪

>> 历年真题

乘客甲和公交车司机乙发生争吵，狠狠地殴打司机乙的头部，并抢夺方向盘。乙非常气愤，后把车停到路边，让客人下来，将车门打开。骑自行车的丙正好经过此地，撞上打开的车门而当场身亡。下列说法正确的是？① （2019年真金题·17题）

    A. 甲、乙的行为均成立交通肇事罪

    B. 甲构成以危险方法危害公共安全罪，乙成立交通肇事罪

    C. 甲构成交通肇事罪，乙成立以危险方法危害公共安全罪

    D. 甲构成寻衅滋事罪，乙成立交通肇事罪

◉ ［延伸阅读］苗有水：《"交通肇事后逃逸致人死亡"与"故意杀人"的界限？》，载《人民法院报》2018年6月27日。

1. 行为人在交通肇事后为逃避法律追究而逃跑，放任被害人死亡结果发生的，应适用"因逃逸致人死亡"的规定。

◉ ［案例］2015年8月5日0时许，被告人杨振兴在未取得机动车驾驶证的情况下，驾驶一辆小型汽车沿长沙县东八路由南往北行驶，将驾驶无牌电动车同向行驶的周某撞倒。事发后，杨振兴倒车回到事发路段下车查看，<u>发现周某躺在机动车道内不能动弹，嘴部流血</u>。杨振兴未报警施救，调转车头沿东八路由北往南逃逸。后周某又被途经该处的杨再兴驾驶的小型汽车碾压。最终死亡。

杨振兴虽然只顾自己逃跑而将被害人置于危险境地，但其主观上并无追求被害人死亡的直接故意，客观上亦无造成被害人死亡的积极作为。杨振兴的行为符合（间接）故意杀人罪的构成要件，《刑法》第133条规定的"交通肇事后逃逸致人死亡"是一种结果加重犯的立法方式，处罚上包含间接故意杀人的情形。<u>虽然交通肇事后逃逸行为在一定条件下符合间接故意杀人的构成要件，但相对于《刑法》第232条（故意杀人罪）而言，《刑法》第133条规定的"交通肇事后逃逸致人死亡"是特别法，应优先适用。</u>

2. 行为人遗弃伤者，但能够排除其主观上具有积极追求被害人死亡结果发生的故意的，应当适用"因逃逸致人死亡"的规定。

◉ ［案例］2012年1月24日晚8时许，被告人赵某驾驶小轿车沿深圳市宝安区某路行驶时，将行人宋某撞倒。事故发生后，赵某及同车人员王某将宋某拉上车，准备将其送往深圳市人民医院松岗分院救治，但途中考虑到赔偿及承担法律责任等问题，又将宋某从车上抬下，放在燕罗路与沙江路路口处。随后赵某让王某拨打120急救电话，并让王某待在现场等救护车过来，他则先行离开。十几分钟后，120救护车到达路口，将宋某送至医院抢救，站在附近观看的王某随后离开。当晚，宋某因伤势过重经医院抢救无效死亡。经鉴定，宋某符合钝性物体作用于头部致颅脑损伤死亡。另经交警部门认定，被告人赵某承担此事故的全部责任。

宝安区法院认为，被告人赵某害怕法律追究而逃跑属实，但其安排王某打120实施救援，并达到目的，据此，对其送被害人去医院途中放下被害人的行为，不应认定为遗弃行为。指控的故意杀人罪名不成立。<u>但其逃逸行为，客观上延误了被害人治疗时间，致使被</u>

---

① 答案：B。

害人因得不到及时救助而死亡，符合因逃逸致人死亡的规定。因此，该院以交通肇事罪判处赵某有期徒刑七年。从赵某安排王某拨打 120 的情节可以推断，赵某至少主观上不希望宋某死亡，能够排除赵某具有积极追求被害人死亡结果发生的直接故意，对其行为不应认定故意杀人罪。

3. 行为人不以救治为目的将被害人带离事故现场，造成被害人死亡，并将被害人遗弃的，应当认定为故意杀人罪

◎ [案例] 姜某于 2013 年 10 月 30 日 8 时许驾驶一辆吉普车沿某市郊区公路由西向东行驶，将同向骑自行车行驶的徐某（男，殁年 66 岁）撞倒。姜下车发现徐还有生命迹象，遂以送医院救治为由，在他人的帮助下将徐抬至汽车上离开事故现场。途中，姜某发现徐没有呼吸和脉搏，认为徐已经死亡，为了逃避法律追究而将徐抛弃在某村玉米地内。当日下午 1 时许，徐的尸体被发现。<u>经法医鉴定，被害人徐某系头部受到钝性外力作用，造成重度颅脑损伤而死亡</u>。另经交警部门认定，姜某承担事故全部责任。

笔者倾向于认为，此案中姜某的行为宜认定为故意杀人罪。值得注意的是本案的三个重要情节，一是事故发生时徐某并未死亡，二是姜某将徐某带离事故现场并非以救治为目的，三是姜某最终将徐某遗弃在玉米地里。在肇事者本人拒绝救治且阻止他人救治的情况下，等待伤者的唯一可能性就是死亡。当死亡是唯一结果时，不存在放任故意，只能成立希望故意。因而，此案定性为故意杀人罪或许更准确些。

◎ [主观案例]《刑事审判参考》第 1271 号指导案例。2013 年 9 月 23 日晚，被告人李彬与李某一起饮酒后，李某驾驶李彬的速腾轿车送李彬回家。到家后李彬不听劝阻，又驾车接上他人向延庆县第七中学方向行驶。21 时 10 分许，李彬超速行驶到该中学门口处时未避让行人，在人行横道处将步行通过路口的中学生张某撞飞，李彬发现自己肇事后，驾车从道路前方断口处返回，停车后拨打"120"，公安人员赶到现场后李彬承认系其酒后驾车撞人。张某因闭合性颅脑损伤经抢救无效于当日死亡。经鉴定，李彬案发时血液酒精含量为 227.1 mg/100ml，负此次交通事故的全部责任。延庆县人民法院认为，被告人李彬违反交通管理法规，在道路上醉酒超速驾驶机动车，遇行人通过人行横道未采取措施避让，致一人死亡，负事故全部责任，其行为已构成交通肇事罪。

◎ [主观案例]《刑事审判参考》第 1283 号指导案例。2018 年 1 月 24 日 17 时许，被告人张维文驾驶 508 路公交车从綦江城区世纪花城出发沿 210 国道往石角方向行驶，车上搭载 40 余名乘客。当车行驶至綦江区三江街道黄荆村路段时，被告人张维文因避让同向行驶的车辆往左打方向，车上乘客被告人冯太平感觉颠簸，因此与被告人张维文发生争吵，相互对骂。被告人张维文遂将车辆停靠路边，与冯太平发生扭打，后车上乘客将二被告人劝开，被告人张维文又继续驾驶车辆行驶。在行驶过程中，二被告人不顾行车安全，又相互对骂，且发生扭打，致使公交车失控，撞击横跨渝黔高速的 210 国道线三江雷神殿大桥的护栏上，造成大桥护栏及公交车受损的事故。事故发生后，被告人张维文和冯太平再次发生扭打，随后被告人张维文打开车门让乘客下车，被告人冯太平也离开现场。2018 年 1 月 25 日，被告人张维文、冯太平经公安机关电话通知后到案，并如实供述上述犯罪事实。法院认为，被告人张维文、冯太平因纠纷发生矛盾，在行驶中的公交车车厢内争吵并扭打，致使公交车撞击护栏，发生事故，尚未造成严重后果，其行为已构成以危险方法危害公共安全罪。

四、危险驾驶罪

《刑法》第130条之一：在道路上驾驶机动车，有下列情形之一的，处拘役，并处罚金：

（一）追逐竞驶，情节恶劣的；

（二）醉酒驾驶机动车的；

（三）从事校车业务或者旅客运输，严重超过额定乘员载客，或者严重超过规定时速行驶的；

（四）违反危险化学品安全管理规定运输危险化学品，危及公共安全的。

机动车所有人、管理人对前款第三项、第四项行为负有直接责任的，依照前款的规定处罚。

有前两款行为，同时构成其他犯罪的，依照处罚较重的规定定罪处罚。

1. 行为方式。

（1）追逐竞驶型的，要求"情节恶劣"。

"追逐竞驶"是指，机动车驾驶人员出于竞技、追求刺激、斗气或者其他动机，在道路上曲折穿行、快速追赶行驶的行为。追逐竞驶虽未造成人员伤亡或财产损失，但综合考虑超过限速、闯红灯、强行超车、抗拒交通执法等严重违反道路交通安全法的行为，足以威胁他人生命、财产安全的，属于危险驾驶罪中"情节恶劣"的情形。（参见最高人民法院指导案例第32号，张某某、金某危险驾驶案）

（2）醉酒驾车型的，不要求情节恶劣，仅要求血液酒精含量达到80毫克/100毫升以上。

（3）从事校车业务或者旅客运输，严重超过额定乘员载客，或者严重超过规定时速行驶的。

（4）违反危险化学品安全管理规定运输危险化学品，危及公共安全的。并对此规定了车辆所有人、管理者的责任。

⊙ [延伸阅读] 审判实务中，以往对危险驾驶罪的认定较为宽泛，只要达到醉酒的程度而驾驶机动车，原则上应成立危险驾驶罪，判决缓刑的都不多。近年来，对该罪的认定相对宽容。地方司法机关对于部分即便形式上符合危险驾驶罪的构成要件，如血液中酒精含量达到80毫克每100毫升，检察机关也可能作相对不起诉处理。值得注意的是，2019年10月8日浙江省高级人民法院、省人民检察院、公安厅《关于办理"醉驾"案件若干问题的会议纪要》的通知规定，对于醉酒在广场、公共停车场等公众通行的场所挪动车位的，或者由他人驾驶至居民小区门口后接替驾驶进入居民小区的，或者驾驶出公共停车场、居民小区后即交由他人驾驶的，不属于《刑法》第133条之一规定的"在道路上醉酒驾驶机动车"，不构成危险驾驶罪。当然，这仅仅是地方性的规定，能否在全国范围内普遍适用，是否违反了刑法规定，还值得商榷。

2. "机动车"的范围。包括各类汽车（拖拉机）、摩托车和轻便摩托车。

⊙ [主观案例] 实践中，超标电动车在交通肇事等刑事案件中，根据鉴定被认定为机动车标准的系绝大多数，鉴定也有相关的依据，争议不是很大。但醉酒驾驶此类非典型的机动车，处理方面跟一般的机动车会有所不同，会适当从宽处理。《刑事审判参考》第894

号指导案例，林某危险驾驶案。林某驾驶的是超标电动自行车，法院认定为危险驾驶罪。但最高人民法院对该案的评析存在不同意见，认为不宜将超标电动自行车认定为"机动车"，在道路上醉酒驾驶超标电动自行车的，不构成危险驾驶罪。

3. 危险驾驶罪与交通肇事罪、以危险方法危害公共安全罪存在竞合。危险驾驶罪是轻度危险，交通肇事罪是中度危险，以危险方法危害公共安全罪是重度危险。

例如，驾驶行为超级危险，在高速公路上逆行，可以认为同时触犯了危险驾驶罪与以危险方法危害公共安全罪。

又如，危险驾驶行为造成事故，导致他人死亡的，成立交通肇事罪，当然也触犯了危险驾驶罪。2017年卷二8.B.乙在道路上醉酒驾驶机动车，行驶20公里后，不慎撞死路人张某。乙的行为既触犯了危险驾驶罪，也触犯了交通肇事罪。

	危险驾驶罪	交通肇事罪	以危险方法危害公共安全罪
危险系数	轻度危险	中度危险	重度危险
罪过形式	故意（对危险驾驶行为）	过失（对严重后果）	故意
是否要求严重后果	不要求，该罪是行为犯	必须造成严重后果	只要造成具体危险，就是犯罪既遂；造成严重后果，属于结果加重犯
法定刑	6个月以下拘役	3年以下有期徒刑；3年以上7年以下有期徒刑；7年以上15年以下有期徒刑	3年以上10年以下有期徒刑；10年以上有期徒刑至死刑

司法实践中，对于驾驶机动车行为，可能涉及上述三罪。上述三罪的危害性是递增关系，一般认为，车辆驾驶过程中，客观危险性越高、造成危害结果的可能性越大、违章程度越严重，越有理由定重罪。例如，行为人在驾驶过程中伴有严重醉酒、超速、随意变道、长时间逆行、无证驾驶等多种严重违章行为的，无论是否造成严重后果，都应认定为以危险方法危害公共安全罪

》》历年真题

下列哪一行为应以危险驾驶罪论处？①（2015年·卷二·13题）

A. 醉酒驾驶机动车，误将红灯看成绿灯，撞死2名行人

B. 吸毒后驾驶机动车，未造成人员伤亡，但危及交通安全

C. 在驾驶汽车前吃了大量荔枝，被交警以呼气式酒精检测仪测试到酒精含量达到醉酒程度

D. 将汽车误停在大型商场地下固定卸货车位，后在醉酒时将汽车从地下三层开到地下一层的停车位

---

① 答案：D。

◎ [延伸阅读案例] 因饮用藿香正气水导致醉驾的，构成危险驾驶罪。2015 年 9 月 16 日 21 时许，被告人吴卫东酒后驾驶普通二轮摩托车，沿东台市富安镇米市北路由南向北行驶至北环路十字路口处时，被民警查获。经江苏省公安厅物证鉴定中心检测，被告人吴卫东的血样中检出乙醇，含量为每百毫升 121 毫克。因被告人吴卫东对该检测结果有异议，经司法鉴定科学技术研究所司法鉴定中心重新检测，被告人吴卫东的血样中检出乙醇，含量为每百毫升 106 毫克，且对血样进行 DNA 同一性认定，检测结果为司法鉴定中心的检测血样来源于被告人吴卫东。法院认为，被告人饮用含有酒精的藿香正气液药水，或者饮用白酒后又服用含有酒精的藿香正气液药水，致血液酒精含量达到 80 毫克/100 毫升以上的，不影响对其以危险驾驶罪定罪处罚。

◎ [主观案例] 最高人民法院指导案例第 32 号。机动车驾驶人员出于竞技、追求刺激、斗气或者其他动机，在道路上曲折穿行、快速追赶行驶的，属于"追逐竞驶"型的危险驾驶罪。2012 年 2 月 3 日 20 时 20 分许，被告人张某某、金某相约驾驶摩托车出去享受大功率摩托车的刺激感，约定"陆家浜路、河南南路路口是目的地，谁先到谁就等谁"。随后，由张某某驾驶无牌的本田大功率二轮摩托车（经过改装），金某驾驶套牌的雅马哈大功率二轮摩托车（经过改装），从上海市浦东新区乐园路 99 号车行出发，行至杨高路、巨峰路路口掉头沿杨高路由北向南行驶，经南浦大桥到陆家浜路下桥，后沿河南南路经复兴东路隧道、张杨路回到张某某住所。全程 28.5 公里，沿途经过多个公交站点、居民小区、学校和大型超市。在行驶途中，二被告人驾车在密集车流中反复并线、曲折穿插、多次闯红灯、大幅度超速行驶。当行驶至陆家浜路、河南南路路口时，张某某、金某遇执勤民警检查，遂驾车沿河南南路经复兴东路隧道、张杨路逃离。其中，在杨高南路浦建路立交（限速 60km/h）张某某行驶速度 115km/h、金某行驶速度 98km/h；在南浦大桥桥面（限速 60km/h）张某某行驶速度 108km/h、金某行驶速度 108km/h；在南浦大桥陆家浜路引桥下匝道（限速 40km/h）张某某行驶速度大于 59km/h、金某行驶速度大于 68km/h；在复兴东路隧道（限速 60km/h）张某某行驶速度 102km/h、金某行驶速度 99km/h。

五、妨害安全驾驶罪

《刑法》第 133 条之二：对行驶中的公共交通工具的驾驶人员使用暴力或者抢控驾驶操纵装置，干扰公共交通工具正常行驶，危及公共安全的，处一年以下有期徒刑、拘役或者管制，并处或者单处罚金。

前款规定的驾驶人员在行驶的公共交通工具上擅离职守，与他人互殴或者殴打他人，危及公共安全的，依照前款的规定处罚。

有前两款行为，同时构成其他犯罪的，依照处罚较重的规定定罪处罚。（《刑法修正案（十一）》增设）

1. 主体。一般主体，既包括驾驶人员，也包括乘客等其他妨害驾驶安全的人员。

2. 本罪的性质：针对公共交通工具，没有严重危害公共安全。本罪的法定刑偏低，行为对公共安全的影响程度相对有限。

3. 本罪与以危险方法危害公共安全罪、交通肇事罪的区别：对公共安全的危害大小不同。

注意：该规定与原 2019 年 1 月 8 日最高人民法院、最高人民检察院、公安部《关于依法惩治妨害公共交通工具安全驾驶违法犯罪行为的指导意见》的区别在于：妨害驾驶行为，对公共安全危害程度较小的，定本罪；危害程度较大的，应成立以危险方法危害公共安全罪。

以往审判实践中，过于扩大了以危险方法危害公共安全罪的适用，部分在公共交通工具上的司乘冲突，对公共安全危害相对较小的，也被认定为以危险方法危害公共安全罪，应予以纠正。

专题十五

破坏金融管理秩序犯罪（侵犯社会法益犯罪）

■ 知识体系

破坏金融管理秩序犯罪（侵犯社会法益犯罪）

- 伪造货币罪
- 持有、使用假币罪
- 出售、购买、运输假币罪
- 变造货币罪
- 假币犯罪的罪数
- 非法吸收公众存款罪
- 高利转贷罪
- 妨害信用卡管理罪
- 洗钱罪

一、伪造货币罪

1. 对象：国内、外流通的货币。

（1）中国人民银行发行的普通纪念币和贵金属纪念币。①

（2）境外流通的货币，无论其是否能在我国流通、兑换。

理由：对境外货币予以同等保护，符合当前各国刑事立法的发展方向，有利于国际合作共同打击假币犯罪。一方面，在我国刑法已经明确外币可以成为货币犯罪的对象的情况下，就不应再狭隘地在一国之内来理解假币犯罪的侵害客体；另一方面，不可兑换的假外币在边境地区、境内外国人聚居区或者通过走私出境进行流通使用，已成客观事实，这与主要采取欺骗的手段使用停止流通的人民币获取利益的情形存在明显不同。

（3）以使用为目的，伪造停止流通的货币（包括古代的货币），不成立伪造货币罪，定诈骗罪。

（4）争议问题：伪造货币罪中的伪造的货币是否要有与其相对应的真实货币，例如，伪造若干 30 元一张的人民币是否成立伪造货币罪？

一种观点认为，伪造货币罪中伪造的对象应是真实的货币，伪造并不存在的货币（如

---

① 贵金属纪念币尽管没有流通性，但是具有法偿性，即货币发行机构对贵金属纪念币的面额负有法偿义务，制售假贵金属币的行为符合货币犯罪的侵害客体。此类行为同样侵害了国家货币的发行权和货币的公共信用。

30 元一张的货币），不成立伪造货币罪，使用该类"货币"的，成立诈骗罪。司法解释也持此观点，2010 年 10 月 20 日最高人民法院《关于审理伪造货币等案件具体应用法律若干问题的解释（二）》第 1 条规定，仿照真货币的图案、形状、色彩等特征非法制造假币，冒充真币的行为，应当认定为《刑法》第 170 条规定的"伪造货币"。[1]

另一种观点认为，此种行为仍然可以成立伪造货币罪。这种观点认为，即使没有以真货币为伪造的对象，但伪造出来的结果使得人们足以认为这是真货币的话，也基本上是以真货币为蓝本，侵犯了货币的公共信用，成立伪造货币罪。

2. "伪造"的界定：所伪造的及可能伪造出来的货币应在外观上足以使一般人误认为是真货币。

（1）如果制造出来的物品完全不可能被人们误认为是货币的，不成立伪造货币罪，可能成立诈骗罪。

（2）如果行为人不是非法制作与真货币相似的货币，而是采用其他方法，如从画册上剪下货币的图案，然后再冒充真货币骗取他人钱财，不构成本罪，可以定诈骗罪。

3. 伪造与变造的区别。一般认为，变造需要具备两个特征：

（1）用材全真，即完全以真币为材料来制作；

（2）没有改变原真货币的基本模样。例如，将原真币的个别数字进行细微改动（给真币做"小手术"）。

>> **历年真题**

关于货币犯罪的认定，下列哪些选项是正确的？[2]（2011 年·卷二·59 题）

A. 以使用为目的，大量印制停止流通的第三版人民币的，不成立伪造货币罪

B. 伪造正在流通但在我国尚无法兑换的境外货币的，成立伪造货币罪

C. 将白纸冒充假币卖给他人的，构成诈骗罪，不成立出售假币罪

D. 将一半真币与一半假币拼接，制造大量半真半假面额 100 元纸币的，成立变造货币罪

二、持有、使用假币罪

1. 持有：指将假币随身携带或者存放在家中、亲友等处保管。

（1）行为人主观上不需要具有"以使用为目的"。假币属于违禁品，禁止个人收藏，行为人收藏数额较大的假币也会侵犯货币的公共信用，原则上以持有假币罪论处。

（2）持有型犯罪，包括持有假币罪在内，是一个兜底性罪名，只有无法以其他类型的假币类犯罪定罪处罚，才定持有假币罪。如果有证据证明其持有的假币已构成其他假币犯罪的，应当以其他假币犯罪定罪处罚。

---

[1] 司法解释坚持伪造货币需以仿照真货币为前提条件，主要考虑是从字面而言"伪"相对于"真"而存在，在真实货币不存在的情况下，难言伪造货币，从行为实质而言，伪造货币罪不仅侵犯了货币发行权，同时还侵犯了货币的公共信用和流通秩序。不以真实货币为样本，行为人仅凭主观臆想而制造出来的货币、臆造币，不至于破坏货币的公共信用和流通秩序。从使用方式而言，伪造币侧重于正常使用，臆造币侧重于虚构事实，骗取他人钱财，对于后者以诈骗罪处理更为妥当。

[2] 答案：ABC。

2. 使用：指以假币当真币使用，履行货币职能。

使用假币是指将假币作为真货币置于流通的行为，既可以是以外表合法的方式使用假币，如购买商品、存入银行、赠与他人，或将假币用于交纳罚金、罚款等，也可以是以非法的方式使用假币，如将假币用于赌博、购买毒品等。此外，向自动售货机投入假币以得到商品的，也属于使用假币。"使用"应具备两个条件：

（1）按面值用（包括用于非法的用途）；

（2）投入流通，或者说使用人与假币之间脱手了。（包括暂时"脱手"，如用于质押、验资）

但是，在签订经济合同等场合，将假币作为证明自己信用能力的担保财物出示的，或者委托他人保管假币或者贩卖假币标本的，都不是以行使为目的而将货币置于流通的使用行为，不成立使用假币罪，必要时，可以持有假币等罪处理。

3. 使用假币罪与相关犯罪的区别：

（1）使用假币罪与诈骗罪。

通常情况下，二者是竞合关系。即使用假币是一种特殊形态的诈骗。

但是，如果没有非法占有目的的使用假币，与诈骗罪不存在竞合。例如，将假币赠送给他人，构成使用假币罪，但不构成诈骗罪，因为对方没有财产损失。

（2）使用假币罪与出售假币罪的区别：

第一，是否按票面价值交换：如果是，成立使用假币罪；

第二，是否有人被骗：有人被骗的，使用假币罪；没有人被骗的，出售假币罪。或者说在出售假币罪中，出售方与购买方对于假币均是知情的，不存在受害人。（使用假币：以假充真；出售假币：以假售假）

>> **历年真题**

甲发现某银行的 ATM 机能够存入编号以"HD"开头的假币，于是窃取了三张借记卡，先后两次采取存入假币取出真币的方法，共从 ATM 机内获取 6,000 元人民币。甲的行为构成何罪？[①]（2009 年·卷二·61 题）

A. 使用假币罪   B. 信用卡诈骗罪

C. 盗窃罪   D. 以假币换取货币罪

⊙ ［案例］ 2008 年 8 月起，被告人都某组织韦某、李某、杨某等 3 名妇女在四川省简阳市某大街招揽嫖客，然后带至都某事先布置好的出租房内从事卖淫嫖娼活动，都某则趁机潜入室内用假币调换嫖客衣服内的现金。都某用此手段组织上述卖淫妇女多次进行卖淫活动，调换嫖客真币 5000 余元，与上述卖淫妇女将赃款平分。司法机关将此案认定为使用假币罪，有学者对此提出反对意见，认为应成立盗窃罪。理由：第一，都某的行为明显属于违反被害人意志，将他人占有的现金转移给自己占有的盗窃行为。至于向被害人的衣服口袋装入假币，只是掩盖盗窃事实的行为而已，根本不影响盗窃罪的成立。第二，使用假币是指将假币作为真货币置于流通的行为。从形式上看，他人总会使用其口袋里的货币，

---

① 答案：AC。在 ATM 机中存入假币的行为，成立使用假币罪。盗窃信用卡并使用的行为，成立盗窃罪。从这一意义上看，行为人应构成使用假币罪、盗窃罪。但是，由于行为人仅仅侵犯了一个法益，故最终仅能定一罪。

暗中将假币置于他人口袋，与店员将假币找给他人，似乎没有区别，都是将假币给不知情的对方。诚然，使用假币的实质是将假币作为真货币置于流通。但法条所规定的"使用"行为，并不是指任何"利用"货币的行为，而是只限于像货币的通常使用方法那样的使用行为。或者说，只有像使用真货币那样使用假币的行为，才能认定为使用假币罪。[①] 我认为，该案应以盗窃罪论处。

三、出售、购买、运输假币罪

《刑法》第 171 条第 1 款： 出售、购买伪造的货币或者明知是伪造的货币而运输，数额较大的，处三年以下有期徒刑或者拘役，并处二万元以上二十万元以下罚金；数额巨大的，处三年以上十年以下有期徒刑，并处五万元以上五十万元以下罚金；数额特别巨大的，处十年以上有期徒刑或者无期徒刑，并处五万元以上五十万元以下罚金或者没收财产。

◉ [问题] 为什么《刑法》第 171 条要在"运输"前加"明知是伪造的货币"，而对"出售、购买"则无此要求？那么，出售、购买假币罪是否需要行为人主观上"明知是伪造的货币"？

出售、购买、运输假币罪均是故意犯罪，根据犯罪故意的一般理论，原则上行为人主观上应该认识到对象是假币，这似乎是不言自明的问题。出售、购买假币罪中，出售方与购买方是不按假币罪的面值进行交易的，例如，甲以 1000 元真币购买乙 10000 元假币，交易双方当然明知对象是假币，刑法没有必要再明确指出。但是，运输假币案件中，实践中确实存在客观上运输的是假币，但行为人主观上不知情的情况，这种情况就不能作为犯罪处理，故立法上明确指出，运输假币罪，需要行为人主观明知对象是假币。

四、变造货币罪

1. 注意变造与伪造的区别。变造是对真正的货币本身进行各种形式的加工，改变其面值、含量的行为。

（1）"变造"而成的假币与真实的货币之间有"同一性"，其特点是"由少变多"；"伪造"而成的假币与真实的货币之间不具有同一性，其特点是"从无到有""无中生有"。

（2）变造的行为方式：剪贴、挖补、揭层、涂改、移位、重印。

2. 使用变造的货币的行为如何定性——诈骗罪。

（1）刑法中的所有假币犯罪（除了变造货币罪），如使用假币罪、持有假币罪、运输假币罪等，针对的对象都是"伪造"的货币。

（2）之所以不包括"变造的货币"，主要在于，变造的货币对社会的危害性较小，变造货币就是在真币的基础上稍微修改，危害性也不是太大。因此，使用变造的货币的行为不应该认定为是使用假币罪，如果数额较大符合诈骗罪的构成要件的，可以成立诈骗罪。

2016 年卷二 54. A. 甲使用变造的货币购买商品，触犯使用假币罪与诈骗罪，构成想象竞合犯——错误，仅构成诈骗罪，不触犯使用假币罪。

---

① 张明楷：《使用假币罪与相关犯罪的关系》，载《政治与法律》2012 年第 6 期。

五、假币犯罪的罪数

1. 伪造货币之后又出售或者运输、使用伪造的货币，直接以伪造货币罪从重处罚（《刑法》第171条第3款）；伪造货币并持有的，持有行为被伪造行为吸收——伪造货币之后通常会出售、运输。

2. 购买假币后又使用的，以购买假币罪定罪，并从重处罚——购买假币通常都会使用。

3. 购买假币后又出售、运输的，以出售、购买、运输假币罪论处（《刑法》第171条）。

4. 出售、运输假币，同时又使用假币的，以出售、运输假币罪与使用假币罪数罪并罚（此种情况下根本不存在牵连关系）。

5. 持有假币罪与运输、出售、购买假币罪，伪造货币罪之间存在吸收关系时，即持有假币行为是运输、出售、购买、伪造行为的结果行为，应按后罪而不按持有假币罪定罪。

6. 行为人误收数额较大假币，不向公安司法部门报告或交由金融机构等单位处理，故意持有或使用，应以持有、使用假币罪论。[1]

7. 持有假币罪与运输假币罪区别在于前罪无运输假币故意，而后罪有运输假币故意，不以运输为目的而携带假币应定持有假币罪。

⊙ [总结] 类似于假货（假币、假发票、假冒注册商标的商品）的犯罪，行为人可能会实施一连串的行为，原则上，这些行为之间如果具有连贯性、必然性，则定一罪。如果数行为之间不具有必然性，则应该数罪并罚。

例如，伪造货币后，通常会持有、使用、出售、运输，那么，伪造货币后，实施了后续行为的，仅定伪造货币罪一罪。

又如，购买假币后，通常会使用，因此，购买假币后使用的，仅定购买假币罪一罪。

再如，运输假币后，并不必然使用假币，运输假币后又使用的，应以运输假币罪、使用假币罪，并罚。

>> 历年真题

1. 关于货币犯罪，下列哪一选项是错误的？[2]（2013年·卷二·14题）

A. 伪造货币罪中的"货币"，包括在国内流通的人民币、在国内可兑换的境外货币，以及正在流通的境外货币

B. 根据《刑法》规定，伪造货币并出售或者运输伪造的货币的，依照伪造货币罪从重处罚。据此，行为人伪造美元，并运输他人伪造的欧元的，应按伪造货币罪从重处罚

C. 将低额美元的纸币加工成高额英镑的纸币的，属于伪造货币

D. 对人民币真币加工处理，使100元面额变为50元面额的，属于变造货币

2. 关于货币犯罪，下列哪一选项是正确的？[3]（2010年·卷二·13题）

A. 以货币碎片为材料，加入其他纸张，制作成假币的，属于变造货币

B. 将金属货币熔化后，制作成较薄的、更多的金属货币的，属于变造货币

---

[1] 此种情形下，由于行为人是为了避免自己的损失而使用假币，在量刑时应酌情考虑。

[2] 答案：B。

[3] 答案：C。

C. 将伪造的货币赠与他人的，属于使用假币

D. 运输假币并使用假币的，按运输假币罪从重处罚

六、非法吸收公众存款罪

1. 行为特征。

（1）该行为的本质在于，吸收公众存款之后再将所吸款项进行放贷，赚取其中的利息差。这种行为（吸收存款再放贷）只有银行可以实施，如果任由公民个人实施的话，则一旦所放贷款收不回来，容易造成金融秩序、社会秩序的混乱。

（2）本罪中行为人不具有非法占有的目的。在吸收公众存款后，经过一定时间有偿还的意思，即使最终客观上不能归还，也并非是其主观上不愿意归还。而集资诈骗罪是行为人以集资为形式，目的是为了骗取当事人的钱财，有非法占有的目的。

注意：非法吸收公众存款，即便事后及时归还，也应该定罪。该罪惩罚的是"无资格"的主体吸收公众存款。当然，根据《刑法修正案（十一）》的规定：在提起公诉前积极退赃退赔，减少损害结果发生的，可以从轻或者减轻处罚。

审判实务中，单位或个人假借开展网络借贷信息中介业务之名，未经依法批准，归集不特定公众的资金设立资金池，控制、支配资金池中的资金，并承诺还本付息的，构成非法吸收公众存款罪。网络借贷信息中介机构依法只能从事信息中介业务，为借款人与出借人实现直接借贷提供信息搜集、信息公布、资信评估、信息交互、借贷撮合等服务。信息中介机构不得提供增信服务，不得直接或间接归集资金，包括设立资金池控制、支配资金或者为自己控制的公司融资。（参见最高人民检察院第64号指导案例，杨卫国等人非法吸收公众存款案）

2. 对象：是"公众"，即社会上不特定的人，不包括自己的亲朋好友。包括直接向公众吸收，也包括通过下线向公众吸收存款，换言之，只要吸收的款项中有"公众"的钱，且行为人知道，就构成本罪。

之所以要求是公众，就是因为该类行为的影响范围广，扰乱了金融管理秩序。因为公众与犯罪行为人之间不存在亲属、朋友关系，行为人一旦资金链断裂而无法收回资金偿还公众，公众就很可能会"闹事"，引发社会秩序、经济秩序的混乱。而如果向亲朋好友吸收存款，即便资金链断裂无法归还，由于存在亲友关系，亲朋好友一般也不可能"闹事"。

2014年卷二14. D. 为项目筹集资金，向亲戚宣称有高息理财产品，以委托理财方式吸收10名亲戚300万元资金的。该案不构成非法吸收公众存款罪。

3. 以自有资金高息放贷的，原则上不成立犯罪。

（1）2021年1月最高人民法院《关于审理民间借贷案件适用法律若干问题的规定》，民间借贷利率的司法保护上限，以2020年12月21日发布的一年期贷款市场报价利率3.85%的4倍计算，民间借贷利率的司法保护上限为15.4%。根据该规定，15.4%以内的利率是受法律保护，本金更是受法律保护。如果说这种行为是犯罪的话，那本金都属于犯罪工具了，这显然是不妥当的。

（2）职业放贷，情节严重的，应以非法经营罪论处。2019年最高人民法院、最高人民检察院、公安部、司法部《关于办理非法放贷刑事案件若干问题的意见》（以下简称

《意见》）明确规定：违反国家规定，未经监管部门批准，或者超越经营范围，以营利为目的，经常性地向社会不特定对象发放贷款，扰乱金融市场秩序，情节严重的，以非法经营罪定罪处罚。其中，"经常性地向社会不特定对象发放贷款"，是指2年内向不特定多人（包括单位和个人）以借款或其他名义出借资金10次以上。

注意：原2012年最高人民法院《关于被告人何伟光、张勇泉等非法经营案的批复》指出：以发放高利贷为业的行为不宜以非法经营罪定罪处罚。而2019年的《意见》认定，职业放贷，情节严重的，应以非法经营罪论处，主要是考虑到这类行为在实践中有愈演愈烈的趋势，造成的危害性越来越大。

4. 行为方式。

2010年最高人民法院《关于审理非法集资刑事案件具体应用法律若干问题的解释》，如下情形应当认定为"非法吸收公众存款或者变相吸收公众存款"：

（1）未经有关部门依法批准或者借用合法经营的形式吸收资金；

（2）通过媒体、推介会、传单、手机短信等途径向社会公开宣传；

（3）承诺在一定期限内以货币、实物、股权等方式还本付息或者给付回报；

（4）向社会公众即社会不特定对象吸收资金。

未向社会公开宣传，在亲友或者单位内部针对特定对象吸收资金的，不属于非法吸收或者变相吸收公众存款。

>> 历年真题

甲以银行定期存款4倍的高息放贷，很快赚了钱。随后，四处散发宣传单，声称为加盟店筹资，承诺3个月后还款并支付银行定期存款2倍的利息。甲从社会上筹得资金1000万，高利贷出，赚取息差。（事实五）

甲资金链断裂无法归还借款，但仍继续扩大宣传，又吸纳社会资金2000万，以后期借款归还前期借款。后因亏空巨大，甲将余款500万元交给其子，跳楼自杀。（事实六）

1. 关于事实五的定性，下列选项正确的是？① （2012年·卷二·90题）

A. 以同期银行定期存款4倍的高息放贷，构成非法经营罪

B. 甲虽然虚构事实吸纳巨额资金，但不构成诈骗罪

C. 甲非法吸纳资金，构成非法吸收公众存款罪

D. 对甲应以非法经营罪和非法吸收公众存款罪进行数罪并罚

2. 关于事实六的定性，下列选项正确的是？② （2012年·卷二·91题）

A. 甲以非法占有为目的，非法吸纳资金，构成集资诈骗罪

B. 甲集资诈骗的数额为2000万

C. 根据《刑法》规定，集资诈骗数额特别巨大的，可判处死刑③

D. 甲已死亡，导致刑罚消灭，法院对余款500万元不能进行追缴

---

① 答案：BC。

② 答案：AB。

③ 2012年，集资诈骗罪仍保留了死刑。但是，2015年通过的《刑法修正案（九）》废除了集资诈骗罪的死刑。按现在的《刑法》规定，C选项错误。

七、高利转贷罪

1. 主观目的：行为人一开始套取银行贷款的时候，就具有转贷他人获取利益的目的，即赚银行的利息差。

如果行为人开始不具有此目的，申请贷款后，因为公司经营不善才将贷款来的资金转贷给他人的，不成立本罪。

2003 年卷二 48.B. 乙为发展公司业务而正常申请贷款 100 万元。取得贷款不久，公司业务停滞，乙便将贷款转贷牟利，不构成高利转贷罪——乙的行为之所以不构成犯罪，其主要原因还在于，最初向银行贷款的时候，并没有转贷牟利的目的。贷款到手后，其实属于乙的合法财产，此时，乙将其放贷，实际上属于将自有资金放贷，不成立高利转贷罪。试想，如果此种情形下，乙将自己的这 100 万元放贷都构成犯罪，而原计划的正常业务又不能顺利进行，那这 100 万元乙该怎么办呢？显然，这种情形下放贷的危害性较小，不宜以犯罪论处。

2. 本罪与非法吸收公众存款的区别：资金来源不同。

（1）本罪是针对金融机构信贷资金；

（2）非法吸收公众存款罪是"公众资金"。

3. 高利转贷罪、贷款诈骗罪、骗取贷款罪的区分：

（1）高利转贷罪：一开始就具有赚取银行利息差的目的；

（2）贷款诈骗罪：通过欺骗方式卷银行钱跑人，行为人主观上有非法占有目的；（目的上的"欺诈"）

（3）骗取贷款罪：不符合要求还要弄虚作假去贷款，但主观上既无赚取利息差的想法，更无非法占有目的。（手段上的"欺诈"）

《刑法修正案（十一）》对骗取贷款罪进行了修正，将其定罪标准从"造成重大损失，或者有其他严重情节"，修改为"造成重大损失"，对该罪的认定进行了限制适用。强调只有造成银行或者其他金融机构资金损失的，才能认定为是骗取贷款罪。[①]

2016 年卷二 14. 甲急需 20 万元从事养殖，向农村信用社贷款时被信用社主任乙告知，一个身份证只能贷款 5 万元，再借几个身份证可多贷。甲用自己的名义贷款 5 万元，另借用 4 个身份证贷款 20 万元，但由于经营不善，不能归还本息——甲不构成骗取贷款罪，乙构成违法发放贷款罪。构成骗取贷款罪必须对金融机构工作人员实施欺骗行为。换言之，如果金融机构中具有发放贷款、出具金融票证权限的工作人员知道真相，甚至唆使行为人提供虚假材料，使行为人取得金融机构贷款，不能认定行为人采取了欺骗手段，因而不得认定行为人构成骗取贷款罪。相反，应认定金融机构工作人员构成违法发放贷款罪。

---

① 非常遗憾的是，本人代理了应某某骗取贷款案，该案中，应某某在向银行贷款时，隐瞒了用途，申请贷款时是拟计划用于 A 用途，但事实上用于 B 用途。贷款时，担保公司对该贷款进行了担保，应某某所在的公司亦向担保公司提供了担保、抵押，担保公司亦偿还了银行贷款。本人亲自写了长达 50 页的辩护词，对该类型案件的审判现状及背后的法理、最高司法机关的相关意见进行了充分说明，也请张明楷、谢望原、付立庆三位专家出具了不构成骗取贷款罪的专家意见书，并指出了诸多类似案例都宣告了无罪，但仍然未得到法院的认定。最后经反复沟通，并且被告人认罪认罚，判处有期徒刑 10 个月，罚金共计 80 万元。参见江西省抚州市临川区人民法院刑事判决书，（2020）赣 1002 刑初 211 号。

八、妨害信用卡管理罪

《刑法》第 177 条之一：（妨害信用卡管理罪）有下列情形之一，妨害信用卡管理的，处三年以下有期徒刑或者拘役，并处或者单处一万元以上十万元以下罚金；数量巨大或者有其他严重情节的，处三年以上十年以下有期徒刑，并处二万元以上二十万元以下罚金：

（一）明知是伪造的信用卡而持有、运输的，或者明知是伪造的空白信用卡而持有、运输，数量较大的；

（二）非法持有他人信用卡，数量较大的；

（三）使用虚假的身份证明骗领信用卡的；

（四）出售、购买、为他人提供伪造的信用卡或者以虚假的身份证明骗领的信用卡的。

（窃取、收买、非法提供信用卡信息罪）窃取、收买或者非法提供他人信用卡信息资料的，依照前款规定处罚。

银行或者其他金融机构的工作人员利用职务上的便利，犯第二款罪的，从重处罚。

1. 立法背景。

本条是《刑法修正案（五）》增加的罪名。随着信用卡的应用与普及，信用卡犯罪呈现出跨境化、规模化、分工细密化等特点。为规避打击，信用卡犯罪组织之间形成了细密的分工，从空白信用卡的印制、运输，到写入磁条信息完成假卡制作或者骗领到信用卡，到出售、购买或者为他人提供，再到使用伪造的信用卡取现或者骗取财物，各个环节往往由不同犯罪组织的人承担。除了在伪造和使用环节查获的案件外，对其他环节查获的人员，如果不能查明该信用卡系其本人伪造或目的用于实施诈骗，根据现行刑法的规定无法定罪处罚。如果按照伪造、变造金融票证罪或者信用卡诈骗罪的共犯追究，不但行为人之间共同犯罪的故意很难查证，而且也很难查获伪造者和使用者。现行刑法显然已无法对新型信用卡犯罪进行有效规制。《刑法修正案（五）》正是在这一背景下出台的。

2. "信用卡"应作广义的理解。是指由商业银行或者其他金融机构发行的具有消费支付、信用贷款、转账结算、存取现金等全部功能或者部分功能的电子支付卡。[①]

3. 本罪与信用卡诈骗罪之间的关系：本罪本是信用卡诈骗罪的预备行为，但刑法将该行为规定为独立的犯罪。通过虚假身份证明骗领信用卡后再使用的，系牵连关系，成立信用卡诈骗罪一罪。

4. 如何理解"使用虚假的身份证明骗领信用卡"？

（1）包括："身份证明"本身是虚假的，使用伪造、变造的身份证明申领信用卡。

（2）包括：违背他人意愿，使用他人真实身份证明冒领信用卡。

（3）不包括：使用"虚假资信证明"申请信用卡的行为。根据有关规定，申请人向银行申请信用卡时需要提交个人真实的身份证明和资信证明，身份证明是用于证明申请人主体资格的身份信息，资信证明是用于证明申请人还款能力和还款意愿等信用程度的信息，资信证明不属身份证明。

[①] 2004 年 12 月 29 日《全国人民代表大会常务委员会关于〈中华人民共和国刑法〉有关信用卡规定的解释》。

九、洗钱罪

1. 洗钱罪的上游犯罪。

（1）走私犯罪；

（2）毒品犯罪；

（3）黑社会性质组织犯罪；

（4）恐怖活动犯罪；

（5）贪污贿赂犯罪；

（6）破坏金融管理秩序犯罪；

（7）金融诈骗犯罪。

注意：洗钱罪的对象不仅仅限于"他人的犯罪所得"，而且包括"自己的犯罪所得"。意即，"自洗钱"的也构成洗钱罪。

2. 关于上游犯罪的几个理解。

（1）上游犯罪的人已经死亡，不影响洗钱罪的成立。换言之，上游犯罪的人虽然已经死亡，但上游犯罪所产生的所得及其收益，当然也应该追缴，通过洗钱的方式予以掩盖的，当然成立洗钱罪。

（2）上游犯罪事实可以认定，但罪名变化的，不影响洗钱罪的成立。主要是考虑到实践中存在一些吸收犯、牵连犯，法院虽然认可了某一上游犯罪，但因被其他更重的犯罪所吸收。此种情形虽然在最后的量刑上未将上游犯罪作为一个单独的犯罪来评价，但不影响上游犯罪的性质认定以及相关洗钱犯罪的处理。

（3）对上游犯罪的认识错误。例如，将贪污贿赂犯罪所得误认为是毒品犯罪所得而进行洗钱行为的，成立洗钱罪。

（4）上游犯罪不是指具体的罪名，而是指犯罪类型。换言之，黑社会性质组织的抢劫所得，也是黑社会性质组织犯罪，属于洗钱罪的上游犯罪。

（5）上游犯罪所得包括直接所得、间接所得。犯罪所得包括犯罪行为的直接所得与间接所得，还包括犯罪行为所取得的报酬。例如，帮助他人实施金融诈骗犯罪所获得的报酬，也是犯罪所得。

（6）洗钱犯罪的审判不以上游犯罪已经进行刑事判决为前提。上游犯罪事实是否存在，可以在洗钱犯罪的审判中一并予以审查，而不必依赖于上游犯罪的有罪判决。[①]

---

① 主要理由：（1）上游犯罪与洗钱犯罪的侦查、审查起诉以及审判活动很难做到同步进行，此外，实践中还存在一些因上游犯罪人在境外、死亡等客观原因而难以对上游犯罪人诉诸刑事程序的情形，一律要求上游犯罪经定罪判刑后才能审判洗钱犯罪，既不符合立法精神，也不利于实践打击。

（2）是否存在上游犯罪，完全可以作为洗钱犯罪的案内事实来审查，这已经成为司法实践中的一般处理原则。例如，在汪照洗钱案中，"洗钱罪"和其上游犯罪——毒品犯罪的判决由人民法院分别作出，而在洗钱罪判决前，毒品犯罪尚未审结；在潘儒民等洗钱案中，虽然上游犯罪人"阿元"未被抓获归案，但是根据被害人的陈述、被告人的供述以及有关书证材料，足以认定上游犯罪成立，故审理法院直接判处潘儒民等构成洗钱罪。类似做法也常见于立功等量刑情节以及其他一些犯罪的认定处理。比如，对于签订、履行合同失职被骗罪的认定，相关文件明确提出，"司法机关在办理案件过程中，只要认定对方当事人的行为已经涉嫌构成诈骗犯罪，就可依法认定行为人构成签订、履行合同失职被骗罪或国家机关工作人员签订、履行合同失职被骗罪，而不需要搁置或者中止审理，直至对方当事人被人民法院审理并判决构成诈骗犯罪。"

（3）金融行动特别工作组"反洗钱40条建议"明确要求将洗钱犯罪在程序上作为一个独立自足的犯罪来处理。

3. 洗钱罪与掩饰、隐瞒犯罪所得、犯罪所得收益罪（《刑法》第 312 条）的区别——特别法与一般法

（1）行为方式不同。洗钱罪主要是通过"金融方式"，其本质在于，逃避金融监管。而掩饰、隐瞒犯罪所得、犯罪所得收益罪的行为方式包括各种方式。①

（2）上游犯罪不同（主要区别）。洗钱罪的上游犯罪仅限于刑法所规定的上述 7 大类，而掩饰、隐瞒犯罪所得、犯罪所得收益罪的上游犯罪则没有限定。并且，洗钱罪的对象，既可以是他人的犯罪所得，亦可以是自己的犯罪所得；而掩饰、隐瞒犯罪所得罪的对象，是他人的犯罪所得。

（3）审判实践中，对于洗钱罪的认定，更强调其上游犯罪的特定性，而非洗钱的行为方式。通过金融机构以外的其他途径实施的转换、转移、掩饰、隐瞒犯罪所得及其收益的行为，应当以洗钱罪还是掩饰、隐瞒犯罪所得、犯罪所得收益罪追究刑事责任，理论上和实践上均存在严重分歧。经研究，从公约文件规定看，基于掩饰、隐瞒财产非法来源或者帮助上游犯罪人逃避刑事追究之目的而转换或者转移犯罪所得的行为，以及掩饰、隐瞒上游犯罪所得的真实性质、来源等的行为，均属于洗钱行为，具体行为方式上的差异不影响行为性质的认定；从国外洗钱犯罪的立法例看，多数国家都存在不断修订增补和多法条并存的现象，都涉及对既有法律条文重新解释和整合的问题，在这一问题的处理上，重行为性质轻行为方式，是一个普遍趋势。②

4. 洗钱的具体方式。

（1）提供资金帐户的；

（2）将财产转换为现金、金融票据、有价证券的；

（3）通过转帐或者其他支付结算方式转移资金的；

（4）跨境转移资产的；

（5）以其他方法掩饰、隐瞒犯罪所得及其收益的来源和性质的。③

---

① 2012 年 2 月，姜某明知是其丈夫黄某乙（已判刑）受贿所得的现金 40 万元、银行卡等物品，而将其藏匿在青岛市城阳区某社区别墅家中。同年 3 月 8 日，黄某乙案发后，姜某将上述 40 万元、银行卡 51 张及黄某乙收受孙某贿赂的港币 10 万元等物品从家中取走，后交给黄某甲（另案处理）。经查，其中 30 张银行卡系黄某乙收受他人贿赂的赃款，共计 32.2 万元。姜某的行为被认定为掩饰、隐瞒犯罪所得罪。《姜某掩饰、隐瞒犯罪所得案——如何区分掩饰、隐瞒犯罪所得罪与洗钱罪》，《刑事审判参考》第 1103 号指导案例。

② 刘为波：《〈关于审理洗钱等刑事案件具体应用法律若干问题的解释〉的理解与适用》。

③ 2009 年最高人民法院《关于审理洗钱等刑事案件具体应用法律若干问题的解释》规定，主要包括：

（一）通过典当、租赁、买卖、投资等方式，协助转移、转换犯罪所得及其收益的；

（二）通过与商场、饭店、娱乐场所等现金密集型场所的经营收入相混合的方式，协助转移、转换犯罪所得及其收益的；

（三）通过虚构交易、虚设债权债务、虚假担保、虚报收入等方式，协助将犯罪所得及其收益转换为"合法"财物的；

（四）通过买卖彩票、奖券等方式，协助转换犯罪所得及其收益的；

（五）通过赌博方式，协助将犯罪所得及其收益转换为赌博收益的；

（六）协助将犯罪所得及其收益携带、运输或者邮寄出入境的；

（七）通过前述规定以外的方式协助转移、转换犯罪所得及其收益的。

为逃避金融监测、监管，通过人体、所携行李或者交通工具偷运犯罪所得出入境，或者利用国际邮件夹带现金将赃款邮寄出入境，正日益成为重要的洗钱手段。

>> **历年真题**

关于洗钱罪的认定，下列哪一选项是错误的？[①]（2011年·卷二·12题）

A.《刑法》第一百九十一条虽未明文规定侵犯财产罪是洗钱罪的上游犯罪，但是，黑社会性质组织实施的侵犯财产罪，依然是洗钱罪的上游犯罪

B. 将上游的毒品犯罪所得误认为是贪污犯罪所得而实施洗钱行为的，不影响洗钱罪的成立

C. 上游犯罪事实上可以确认，因上游犯罪人死亡依法不能追究刑事责任的，不影响洗钱罪的认定

D. 单位贷款诈骗应以合同诈骗罪论处，合同诈骗罪不是洗钱罪的上游犯罪。为单位贷款诈骗所得实施洗钱行为的，不成立洗钱罪

[①] 答案：D。

专题十六

信用卡诈骗罪（侵犯社会法益犯罪）

■ 知识体系

信用卡诈骗罪
（侵犯社会法益犯罪）
- 重要争议问题
- 信用卡诈骗罪的客观表现形式（《刑法》第 196 条）
- "恶意透支"型信用卡诈骗罪中如何认定"非法占有目的"
- 罪数

一、重要争议问题提示：信用卡犯罪不要区分对机器、对人使用

理论上有一种观点认为，信用卡犯罪，如果是针对机器使用（在 ATM 机上取款），由于机器不能成为被骗的对象，成立盗窃罪；如果是针对人使用（在银行柜台取款、商场柜台消费），成立信用卡诈骗罪。大陆法系国家刑法理论与审判实践的"机器不能被骗"理论认为，只有对自然人实施欺骗行为，才可能构成诈骗罪。在德、日刑法学中对此亦有不少反对意见。日本学者平野龙一指出："诈骗罪以欺骗行为使他人陷入'错误'为要件。因此，采用吸铁石从老虎机中吸出并取得弹子时，或者以铁片取代硬币从自动贩卖机中取得香烟时，由于不存在错误，所以不是诈骗，而是盗窃。"德国刑法理论也明确指出：《刑法》第 263 条的诈骗罪，"以欺骗与错误为前提，符合这一要素的无疑是人的错误而不是机器的'错误'。"

但我国立法例与此不同，日本刑法规定了独立的计算机诈骗罪，欺骗计算机的，就没有必要再认定为诈骗罪。当然，作为 种理论观点，我国有学者建议区分对机器、对人使用成立不同的犯罪，有其一定的意义，对未来的立法修改亦有参考意义。

信用卡诈骗罪之所以不区分对机器、对人使用，主要理由如下：

第一，从立法、司法解释、审判实践中的做法来看，从未规定要区别对待。《刑法》第 196 条关于信用卡诈骗罪的规定中，对行为人用卡的方式未作任何规定，更未规定必须对人使用。相反，为了纠正"对机器使用成立盗窃罪"的观点，最高司法机关专门出台批复。2008 年最高人民检察院《关于拾得他人信用卡并在自动柜员机（ATM 机）上使用的行为如何定性问题的批复》指出：拾得他人信用卡并在自动柜员机（ATM 机）上使用的行为，以信用卡诈骗罪追究刑事责任。如果捡拾信用卡后对人使用，当然也成立信用卡诈骗罪。

第二，信用卡诈骗罪，在司法实务中的常见形态就是"恶意透支"型。稍有实务常识的都可以知道，审判实践中认定恶意透支型信用卡诈骗罪，不可能会调查行为人使用信用卡的方式是对机器还是对人使用，只要以非法占有为目的，恶意透支信用卡达到一定的数额，符合相关条件，就成立信用卡诈骗罪。试想，如果甲在国内捡拾一张信用卡后，持卡在国外消费，后又回中国。难道我们要派国际刑警去国外调查一下，他是对机器还是对人使用该卡。显然这是不现实的。有兴趣的同学可以自行上中国裁判文书网查找相关案例，无数涉信用卡犯罪的案件，中国审判实践中无一例外地不作区分！

第三，我国刑法、司法解释对盗窃罪、信用卡诈骗罪规定了不同数额的定罪标准，将信用卡犯罪区分对机器使用成立盗窃罪，对人使用成立信用卡诈骗罪，将导致严重的罪刑失衡。如果区分将会导致拾得他人信用卡在银行或特约商户取款消费的以信用卡诈骗罪（最低立案标准为 5000 元）定性，而拾得他人信用卡在 ATM 机上使用的以盗窃罪（最低立案标准为 1000 元）定性的情况，两种行为从客观行为到主观罪过都相差无几，而处理上后者却要重于前者，这也不符合罪刑相适应原则。此外，如果行为人拾得他人信用卡后，既在银行或特约商户取款消费，又在 ATM 机上使用，前者按信用卡诈骗罪定罪，后者按盗窃罪定罪，则还需要实行数罪并罚，必然加大司法机关的工作难度，也不利于贯彻罪刑相适应原则。[参见最高人民检察院研究室韩耀元、吴峤滨：《〈最高人民检察院关于拾得他人信用卡并在自动柜员机（ATM 机）上使用的行为如何定性问题的批复〉的理解与适用》]

第四，人工智能时代的到来，意味着很多由人完成的工作，都将由人的代表"机器"来完成，固守"机器不能成为被骗的对象"是否合适，值得进一步思考。退一步讲，机器不能被骗，那机器背后的人呢，难道也不能被骗吗？将信用卡对人使用，如在商场柜台消费、结账时，服务员也不对持卡人进行实质审查，只要密码正确被 POS 机接受就可以了，何来的"骗人"呢？

近年来，我本人接触了不下 20 件信用卡犯罪的案件，与司法人员、银行工作人员进行了不下 50 次的沟通，从未发现他们有这样的疑惑。相反，如何论证行为人是否"恶意透支"，有非法占有目的，才是认定行为人是否构成信用卡诈骗罪的关键。审判实务的重心是结合行为人的透支数额、还款情况、消费情况、资产状况、银行流水等，综合判断行为人是否有非法占有目的，进而认定信用卡诈骗罪。所谓的区分对机器对人使用，真的是"不是问题"的"问题"。法考真题，从未要求区分对机器、对人使用而构成不同的犯罪。

二、信用卡诈骗罪的客观表现形式（《刑法》第 196 条）

1. 使用伪造的信用卡，或者使用以虚假的身份证明骗领的信用卡的。

2. 使用作废的信用卡的。

3. 冒用他人信用卡的。根据 2018 年最高人民法院、最高人民检察院《关于办理妨害信用卡管理刑事案件具体应用法律若干问题的解释》，"冒用他人信用卡"主要包括如下形式：

（1）拾得他人信用卡并使用的；

（2）骗取他人信用卡并使用的；

（3）窃取、收买、骗取或者以其他非法方式获取他人信用卡信息资料，并通过互联网、通讯终端等使用的；

（4）其他冒用他人信用卡的情形。

4. 恶意透支。持卡人以非法占有为目的，超过规定限额或者规定期限透支，经发卡银行两次有效催收后超过 3 个月仍不归还的。

⊙ ［总结］（1）信用卡诈骗罪的表现形式，其本质在于用的不是自己真实的信用卡，除非是恶意透支的情形。根据刑法规定，并无区分对机器、对人使用进而成立不同犯罪——这是立法的明确规定。

（2）理论上有一种观点认为，信用卡犯罪，如果是针对机器使用信用卡，由于机器不能成为被骗的对象，成立盗窃罪；如果是针对人使用非本人的信用卡，成立信用卡诈骗罪。

三、"恶意透支"型信用卡诈骗罪，如何认定行为人是"恶意"透支，从而认定其有"非法占有目的"

1. 对于是否以非法占有为目的，应当综合持卡人信用记录、还款能力和意愿、申领和透支信用卡的状况、透支资金的用途、透支后的表现、未按规定还款的原因等情节作出判断。

不得单纯依据持卡人未按规定还款的事实认定非法占有目的。具有以下情形之一的，应当认定为《刑法》第 196 条第 2 款规定的"以非法占有为目的"，但有证据证明持卡人确实不具有非法占有目的的除外——如下情形推定为有"非法占有目的"：

（1）明知没有还款能力而大量透支，无法归还的；

（2）使用虚假资信证明申领信用卡后透支，无法归还的；

（3）透支后通过逃匿、改变联系方式等手段，逃避银行催收的；

（4）抽逃、转移资金，隐匿财产，逃避还款的；

（5）使用透支的资金进行犯罪活动的；

（6）其他非法占有资金，拒不归还的情形。

2. 司法解释对"以非法占有为目的"的推定情形作进一步完善。

（1）不再将"肆意挥霍透支的资金，无法归还的"作为认定以非法占有为目的的情形之一。司法实践普通反映，"肆意挥霍"的认定存在较大弹性，受持卡人自身情况和消费时间、地点等因素影响较大，且难以准确把握与信用卡"透支消费"这一最重要功能的界限，不利于信用卡功能的正常发挥和持卡人合法权益的有效维护。

（2）将"使用虚假资信证明申领信用卡后透支，无法归还的"增设为认定非法占有目的的情形之一。实践中，一些持卡人通过提供虚假的财产状况、收入、职务等资信证明材料的方式，骗领信用卡或者提高信用卡的授信额度后透支，导致无法归还的情况时有出现。此种情形，反映出持卡人具有相当的主观恶性，且往往是实施信用卡套现、信用卡诈骗的前提和基础，危害较大，有必要加以规制。基于此，将此种情形纳入认定非法占有目的的情形。

（3）增加但书规定。鉴于司法实践的情况比较复杂，应当允许对具有本款规定推定"以非法占有为目的"的情形提出反证，即"有证据证明持卡人确实不具有非法占有目的的除外"。

3. 司法解释强调了经过两次"有效催收"。并且，对"有效催收"作了明确规定。

包括：在透支超过规定限额或者规定期限后进行；催收应当采用能够确认持卡人收悉的方式，但持卡人故意逃避催收的除外；两次催收至少间隔 30 日；符合催收的有关规定或者约定。对于是否属于有效催收，应当根据发卡银行提供的电话录音、信息送达记录、信函送达回执、电子邮件送达记录、持卡人或者其家属签字以及其他催收原始证据材料作出判断。

4. 使用"真人真卡"即本人真实信用卡进行"恶意透支"的，定罪标准为 5 万元，普通信用卡诈骗罪的定罪标准为 5000 元。

恶意透支的数额，是指公安机关刑事立案时尚未归还的实际透支的本金数额，不包括利息、复利、滞纳金、手续费等发卡银行收取的费用。归还或者支付的数额，应当认定为归还实际透支的本金。

5. 发卡银行违规以信用卡透支形式变相发放贷款，持卡人未按规定归还的，不适用《刑法》第 196 条'恶意透支'的规定。构成其他犯罪的（如骗取贷款罪、贷款诈骗罪等），以其他犯罪论处。

四、罪数

信用卡就相当于通向财富的钥匙，行为人欲实施信用卡犯罪，需要两个步骤：

第一，获取信用卡（相当于获取他人家中的钥匙）；

第二，使用信用卡（用钥匙开他人家门）。

其中，第一个行为并没有实质上侵犯他人的财产权利，原则上不应该以犯罪论处。第二个行为是获取财物的核心步骤，原则上应该以第二个行为作为认定犯罪的依据，应认定为信用卡诈骗罪。这就好比，无论是通过何种方式获取他人家中的钥匙，后续使用该钥匙开门取走财物的，应以后行为（盗窃罪）定性。从这一意义上看，无论是通过何种方式获取他人信用卡，后续使用的行为，都应该认定为信用卡诈骗罪（以后行为定罪），除非刑法有特别规定。具体如下：

1. 无论是以合法还是非法的方式获取信用卡，如果没有使用该卡的，原则上不认定为犯罪；

（1）这就相当于盗窃、诈骗、捡拾他人的家中钥匙、汽车钥匙，如果没有使用的，由于钥匙、信用卡本身不值钱，不宜以犯罪论处。

（2）但是，以虚假的方式骗领信用卡的行为，刑法有专门规定，成立妨害信用卡管理罪。

2. 以合法或非法方式获取信用卡后，再使用该卡的，使用行为是获取财产的关键，应认定为信用卡诈骗罪；

例如，捡拾、抢夺、骗取、敲诈勒索、通过虚假的方式骗领信用卡后，再使用该卡的，成立信用卡诈骗罪。

2008 年最高人民检察院《关于拾得他人信用卡并在自动柜员机（ATM 机）上使用的行为如何定性问题的批复》指出：拾得他人信用卡并在自动柜员机（ATM 机）上使用的行为，以信用卡诈骗罪追究刑事责任。如果捡拾信用卡后对人使用，当然也成立信用卡诈骗罪。

3. 盗窃、抢劫他人"真实"的信用卡后再使用的，应成立盗窃罪、抢劫罪。

这是《刑法》及司法解释的明文规定，《刑法》第 196 条第 3 款规定：盗窃信用卡并使用的，成立盗窃罪。最高人民法院《关于审理抢劫、抢夺刑事案件适用法律若干问题的意见》规定：抢劫信用卡并使用的，成立抢劫罪。还有人主张，盗窃、抢劫信用卡之后再使用的，应区分当场还是事后使用。如果当场使用的，可以认为是抢劫、盗窃行为的延伸，成立抢劫罪、盗窃罪；如果是事后使用的，使用行为另成立信用卡诈骗罪。这种观点并不合理，其实，当场还是事后使用，并没有本质区别。

（1）如果本人盗窃信用卡，他人明知是盗窃的信用卡而使用的，对他人应以盗窃罪的共犯论处。这种情况可以解释为盗窃行为还没有完全结束，行为人中途加入进来的可以成立共同犯罪。

（2）如果他人不知是盗窃的信用卡而冒名使用的，对他人应定信用卡诈骗罪。

例如，甲偷了一张信用卡，欺骗乙说："这是我捡到的信用卡，我们一起去取钱吧！"随后，甲、乙二人一起持卡取钱。甲是盗窃信用卡并使用，成立盗窃罪；乙是捡拾信用卡并使用，成立信用卡诈骗罪。

（3）但是，盗窃、抢劫伪造、作废的信用卡，并在知道是伪造、作废信用卡后而使用的，应认定为信用卡诈骗罪。这种信用卡并不是通往财富的钥匙，本身就是不能用的，后续使用伪造、作废的信用卡本身应该单独评价，不能认为是盗窃、抢劫行为的必然延伸。

4. 用 POS 机套现的，POS 机主成立非法经营罪。持卡人如没有非法占有目的，不构成犯罪，否则，成立信用卡诈骗罪。

例如，甲是经销商，有 POS 机，顾客乙到甲处购买 100 元的东西，甲刷了乙 1000 元的信用卡，然后甲找给乙 900 元现金，即套现 900 元，乙事后支付甲 50 元"手续费"。根据信用卡管理办法，信用卡原则上是不能取现的，国家出台信用卡的目的就是为了刺激消费，而不是为了放贷。如果要通过信用卡取现，银行是要收取很高的利息的。本案中，行为人通过虚假交易（或者说虚开高价）的方式套现，显然是违反信用卡管理的规定的，甲成立非法经营罪。实际上甲这是在非法经营金融业务。

◎ [总结] 1. 根据立法、司法解释，凡涉使用信用卡的犯罪，犯罪分子用的不是本人真实的信用卡，成立信用卡诈骗罪。例外：盗窃、抢劫真实信用卡后再使用的，成立盗窃罪、抢劫罪——做题时以法律的规定为标准。

2. 理论上有一种观点：信用卡对机器使用的，成立盗窃罪；对人使用的，成立信用卡诈骗罪。

2018 年真金题：甲、乙共谋盗窃丙的银行卡，乙偷窥到丙的密码，甲盗窃了丙的卡。甲去 ATM 取钱，乙帮忙望风掩护，显示余额有 7 万，甲取出了 2 万，但骗乙说卡里只有 1 万，并分了 5000 元给乙。后甲又自己取了 5 万——甲成立盗窃罪，金额是 7 万；乙成立盗窃罪，金额 2 万。

2013 年卷二 15. 甲、乙为朋友。乙出国前，将自己的借记卡（背面写有密码）交甲保管。后甲持卡购物，将卡中 1.3 万元用完。乙回国后发现卡里没钱，便问甲是否用过此卡，甲否认——甲的行为成立信用卡诈骗罪

2010 年卷二 14. 张某窃得同事一张银行借记卡及身份证，向丈夫何某谎称路上所拾。张某与何某根据身份证号码试出了借记卡密码，持卡消费 5,000 元——张某构成盗窃罪，何某构成信用卡诈骗罪。

1. 关于信用卡诈骗罪，下列哪些选项是错误的？① （2017 年·卷二·58 题）

A. 以非法占有目的，用虚假身份证明骗领信用卡后又使用该卡的，应以妨害信用卡管理罪与信用卡诈骗罪并罚

B. 根据司法解释，在自动柜员机（ATM 机）上擅自使用他人信用卡的，属于冒用他人信用卡的行为，构成信用卡诈骗罪

C. 透支时具有归还意思，透支后经发卡银行两次催收，超过 3 个月仍不归还的，属于恶意透支，成立信用卡诈骗罪

D. 《刑法》规定，盗窃信用卡并使用的，以盗窃罪论处。与此相应，拾得信用卡并使用的，就应以侵占罪论处

2. 高某（杀害钱某后）回到小屋时，发现了钱某的 LV 手提包（价值 5 万元），包内有 5000 元现金、身份证和一张储蓄卡，高某将现金据为己有。三天后，高某将 LV 提包送给前女友尹某，尹某发现提包不是新的，也没有包装，问："是偷来的还是骗来的"，高某说："不要问包从哪里来。我这里还有一张储蓄卡和身份证，身份证上的人很像你，你拿着卡和身份证到银行柜台取钱后，钱全部归你。"尹某虽然不知道全部真相，但能猜到包与卡都可能是高某犯罪所得，但由于爱财还是收下了手提包，并冒充钱某从银行柜台取出了该储蓄卡中的 2 万元——高某将钱某的储蓄卡与身份证交给尹某取款 2 万元的行为性质：如果认为死者占有信用卡，则高某、尹某属于盗窃信用卡并使用，成立盗窃罪；如果认为死者不占有信用卡，则高某、尹某属于"捡拾"无人占有的信用卡再使用，成立信用卡诈骗罪。（2015 年·卷四）

3. 被告人江某与被害人郑某是同一家电脑公司的工作人员，二人同住一间集体宿舍。某日，郑某将自己的信用卡交江某保管，3 天之后索回。一周后，郑某发现自己的信用卡丢失，到银行挂失时，得知卡上 1.5 万元已被人取走。郑某报案后，司法机关找到了江某。江承认是其所为，但对作案事实前后供述不一。第一次供述称，在郑某将信用卡交其保管时，利用以前与郑某一起取款时偷记下的郑某信用卡上的密码，私下在取款机上取款；第二次供述称，是仿制了一张信用卡后，用所获取的郑某信用卡上的有关信息取款；第三次供述却称，是拾得郑某的信用卡后，用该卡取款。但被害人郑某怀疑是江某盗窃其信用卡后取走卡上所存的钱款。请回答以下 (1) – (4) 题。

(1) 如果郑某将信用卡交江某保管时，江某私下用来取走了现金，下列说法正确的是？② （2003 年·卷二·85 题）

A. 江某构成侵占罪　　　　B. 江某构成信用卡诈骗罪
C. 江某构成盗窃罪　　　　D. 江某不构成犯罪

(2) 如果江某用自己仿制的信用卡在自动取款机上提取了现金，下列说法正确的是？③ （2003 年·卷二·86 题）

A. 江某构成伪造金融票证罪　　B. 江某构成伪造信用卡罪

---

① 答案：ACD。
② 答案：B。
③ 答案：C。

C. 江某构成信用卡诈骗罪　　　　　D. 应该实行数罪并罚

（3）如果江某拾得信用卡后，用该信用卡在自动取款机上提取了现金，下列说法错误的是？①（2003 年·卷二·87 题）

A. 江某构成侵占罪　　　　　　　　B. 江某构成信用卡诈骗罪

C. 江某构成侵占遗失物罪　　　　　D. 江某不构成犯罪，其行为属不当得利

（4）如果江某盗窃信用卡后，用该信用卡在自动取款机上提取了现金，下列说法正确的是？②（2003 年·卷二·88 题）

A. 江某构成盗窃信用卡罪

B. 江某构成信用卡诈骗罪

C. 江某既构成盗窃罪又构成信用卡诈骗罪，应实行数罪并罚

D. 江某构成盗窃罪

4. 关于《刑法》分则条文的理解，下列哪些选项是错误的？③（2019 年真金题·25 题）

A. 即使没有《刑法》第二百六十九条的规定，对于犯盗窃罪，为毁灭罪证而当场使用暴力的行为，也要认定为抢劫罪

B. 即使没有《刑法》第二百六十七条第二款的规定，对于携带凶器抢夺的行为也应认定为抢劫罪

C. 即使没有《刑法》第一百九十六条第三款的规定，对于盗窃信用卡并在 ATM 取款的行为，也能认定为盗窃罪（内容正确)④

D. 即使没有《刑法》第一百九十八条第四款的规定，对于保险事故的鉴定人故意提供虚假的证明文件为他人实施保险诈骗提供条件的，也应当认定为保险诈骗罪的共犯

5. 甲捡到乙的手机，猜出了支付宝密码，用支付宝蚂蚁花呗（第三方支付平台）在网上向商家购买了价值 3 万元的商品。请问下列选项中哪些是正确的？⑤（2019 年真金题·25 题）

A. 甲导致乙向第三方支付平台借款后，又使用该款项，构成盗窃罪

B. 因商家没有被骗，故对商家不构成诈骗罪

C. 因没有欺骗乙，故对乙不构成诈骗罪

---

① 答案：ACD。

② 答案：D。

③ 答案：AB。

④ AB。《刑法》第 196 条第 3 款明确规定："盗窃信用卡并使用的，成立盗窃罪"。该规定将盗窃信用卡、使用信用卡的两个行为综合评价为盗窃罪。根据《刑法》第 196 条第 3 款的规定，对于如何使用信用卡并没有细分，盗窃信用卡后，无论是在机器上使用，还是对人使用，均成立盗窃罪一罪。如果没有《刑法》第 196 条第 3 款的规定，如何评价盗窃信用卡后再使用的行为，刑法并无其他规定。理论上可能存在不同的观点，如可以将盗窃信用卡后的使用行为认定为事后不可罚行为，仅认定为盗窃罪一罪，无论是后续对机器使用还是对人使用。也有观点认为，盗窃信用卡后对机器使用的，应成立盗窃罪；对人使用的，成立信用卡诈骗罪。还有观点认为，盗窃信用卡后对机器使用的，因为信用卡本身并不值钱，盗窃信用卡的行为没有必要作为犯罪处理，惩罚的重点还是后续使用信用卡，使用信用卡的行为（对机器使用）也成立信用卡诈骗罪。所以，如果没有《刑法》第 196 条第 3 款的规定，盗窃信用卡并在 ATM 机上取钱的行为，可能会存在不同的意见，成立盗窃罪，或者信用卡诈骗罪。因此，本选项"即使没有《刑法》第一百九十六条第三款的规定，对于盗窃信用卡并在 ATM 取款的行为，也能认定为盗窃罪"，并没有下绝对的结论，只是认为也"能"认定为盗窃罪，即在众多观点中，也"能"认定是盗窃罪，是方案之一。请注意该选项与本题 A 选项"也要"、B 选项"也应"、D 选项"也应当"在表述上的差异。

⑤ 答案：ABCD。

D. 虽然蚂蚁花呗具有借贷功能，但其不属于信用卡，故甲的行为不构成信用卡诈骗

6. 洪某潜入某机关办公室，发现办公桌内有一个装有现金的信封，便将信封和现金一起盗走。次日，洪某取出信封中的现金（共8000元）时，意外发现信封里还有一张背面写着密码的银行卡。于是，洪某就对其妻青某说："我捡了一张银行卡，你到商场给自己买点衣服去吧！"青某没有去商场购买衣服，而是用银行卡从自动取款机里取出了4万元现金，但没有将此真相告诉洪某——本案中，洪某从某机关办公室的办公桌内拿走他人的信用卡与现金，成立盗窃罪。其妻青某以为是捡拾的信用卡，其妻使用该卡的行为，属于冒用他人信用卡。根据《刑法》第196条的规定，成立信用卡诈骗罪。（2019年主观题）

7. 陈某因没有收入来源，以虚假身份证明骗领了一张信用卡，使用该卡从商场购物10余次，金额达3万余元，从未还款——本案中，陈某的行为成立信用卡诈骗罪。（2020年主观题）

◉ ［延伸阅读案例］扫描付款二维码转移财产构成盗窃罪。

2017年4月，被告人段君华以非法占有为目的，利用其本人及他人的身份信息，在"VV商户"（随行付）微信公众号平台注册段君华等5个资金账户，并绑定相关银行卡账户。同月14日至17日，被告人段君华在非法获得他人"银联钱包"APP内设定的付款二维码信息后，利用"VV商户"账户的扫码功能，采用扫描付款二维码的方法，将他人在"银联钱包"APP所绑定的银行卡账户内资金转至其控制的个人银行账户，骗取资金共计7万余元。法院认定为盗窃罪。

法院认为，本案中被告人段君华的转账是小额免密的转账，无需被害人一方作出任何辨认或者判断，是没有被害人财产处分这一环节的，因此和信用卡诈骗罪中的信用卡诈骗行为所要求的同时具有冒用信息和被害人处分的行为特征不符。而被告人段君华直接用本人的手机扫取他人付款二维码的行为与盗窃行为所要求的直接夺取性相一致，符合盗窃罪的构成要件。

对于本案定性持不同意见者认为被告人的行为可以适用《刑法》第196条第1款第（3）项冒用他人信用卡的情形，即符合窃取、收买、骗取或者以其他非法方式获取他人信用卡信息资料，并通过互联网、通讯终端等使用的行为特征，构成信用卡诈骗罪。但是，本案中的二维码信息不可以直接等同于信用卡信息资料。付款二维码信息虽然是在支付账户基础上建立起来的条码信息，但是根据2017年12月中国人民银行《条码支付业务规范（试行）》的相关规定，可以推断出付款二维码信息不能等同于信用卡账户信息。该规范第18条指出，条码信息仅限包含当次支付相关信息，不应包含任何与客户及其账户相关的敏感信息；移动终端显示的条码，不得包含未经加密处理的客户本人账户信息。从上述条文至少可以推断，付款二维码信息是包含当次支付有关的商户信息、受理终端类型和代码，交易时间、地点、金额、类型、渠道、发起方式等信息的条码信息，具有单次性；同时信用卡账户信息和二维码信息是有加密系统隔断的，不能说被告人获取了被害人的付款二维码信息即获得了被害人的信用卡账户信息。

专题十七

妨害司法罪（侵犯社会法益犯罪）

知识体系

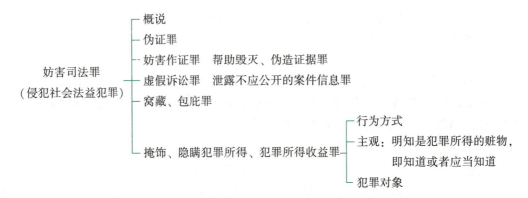

一、概说

1. 几个前提性的问题。任何案件，无论是刑事、民事、行政案件发生后，司法机关都想努力弄清案情，实现公正司法。本节的犯罪在相当程度上可以说是司法机关活动的相对面，妨害司法活动的顺利进行。在学习本节犯罪之前，需要明白几个前提性的问题：

（1）本节的犯罪行为原则上是积极行为，单纯知情不举无罪。例如伪证罪、妨害作证罪等，都要求行为人实施了积极的行为，单纯的知情不举或以消极的方式不配合司法机关的工作，不成立妨害司法罪。在我国司法实践中，证人知悉案情但不作证的现象普遍存在，这种行为不可能作为犯罪处理；

（2）妨害司法类犯罪，刑法规定较为详尽，诸多行为被规定为独立的罪名。例如，证人作伪证的，成立伪证罪；他人妨害证人作证的，构成妨害作证罪。基于此，国家法律职业资格考试真题中经常出现"甲成立伪证罪的教唆犯"、"乙成立帮助毁灭证据罪的帮助犯"之类的选项，一般认为是错误的，因为，每个人都有独立的罪名；

（3）本犯原则上不成立本节当中的犯罪。即任何人犯罪之后，妨害司法都是基于人的本能的行为，犯罪分子犯罪之后实施的妨害司法的行为，一般认为是属于事后不可罚的行为，没有必要作为妨害司法罪处理。同样，共同犯罪中，部分犯罪人毁灭、伪造共同犯罪的证据，包括同案犯的证据，也是出于保护自己的本能，不宜以犯罪论处。

2. 妨害司法类犯罪的基本结构。

正常的司法 活动步骤	弄清案情	抓获犯罪嫌疑人	追赃	追究犯罪行为人 刑事责任（坐牢）
妨害司法的犯罪	伪证罪； 妨害作证罪，帮助毁灭、伪造证据罪； 辩护人、诉讼代理人毁灭、伪造证据、妨害作证罪； 虚假诉讼罪	窝藏罪，包庇罪	掩饰、隐瞒犯罪所得、犯罪所得收益罪	脱逃罪

二、伪证罪——自己说假话

《刑法》第 305 条 在刑事诉讼中，证人、鉴定人、记录人、翻译人对与案件有重要关系的情节，故意作虚假证明、鉴定、记录、翻译，意图陷害他人或者隐匿罪证的，处三年以下有期徒刑或者拘役；情节严重的，处三年以上七年以下有期徒刑。

1. 主体：证人（包括刑事诉讼中的被害人）、鉴定人、记录人、翻译人。

2. 发生的阶段：刑事诉讼过程中。

民事案件的证人作伪证的，一般不以犯罪论处。主要原因在于：民事诉讼中，一般而言，败诉方的证人很多都是在作伪证，实践中也不会以犯罪论处，其危害性不如刑事案件的证人作伪证那么大。再者，民事诉讼中，基于诉讼策略的考虑，证人作证也会讲究一些技术，可能不会一次性将真实情况说出。

3. 定罪的标准：只要实施了虚假陈述的行为即可，并不要求造成严重结果。

（1）"虚假陈述"应当以证人的主观记忆为标准，与自己的体验、观察、确信相反的陈述就是虚假陈述。证人根据自己的记忆作出诚实的陈述，即使该陈述与客观事实相反也不构成伪证罪。

（2）"虚假陈述"的内容：对与案件有重要关系的情节。

4. 伪证罪与诬告陷害罪。

（1）主体：前者是特殊主体（证人、鉴定人、记录人、翻译人）；后者是一般主体。

（2）内容：前者是就关键事实作假（局部）；后者是就整个事实造假（全面）。

（3）发生的过程：前者发生在刑事诉讼过程中；后者发生在立案侦查前（主动告发）。

（4）主观意图不同：前者主观上既可能是陷害他人，也可能是为他人开脱罪责；而后者是意图使他人受刑事追究。

三、妨害作证罪 帮助毁灭、伪造证据罪

（一）妨害作证罪——不让"证人"说真话

1. 行为性质：是指以暴力、威胁、贿买等方法阻止"证人"作证，或者指使他人作伪证的行为。

（1）该罪针对的是证人证言，即针对的是言词证据。

（2）证人，不是刑事诉讼中狭义的证人，而是包括被害人、鉴定人在内。刑事诉讼法与刑法的目的不同，刑事诉讼法区分证人、被害人、鉴定人并不排除刑法将被害人、鉴定人视为证人。

2. 存在阶段：刑事、民事、行政诉讼阶段。

妨害作证罪与帮助毁灭、伪造证据罪，存在于各类诉讼阶段，而不仅仅存在于刑事诉讼阶段，其主要理由在于：

（1）妨害作证罪的行为方式是"妨害"他人作证，性质较伪证罪更为恶劣，不仅仅是自己说假话，还不让别人说真话，所以，惩罚的范围更大；

（2）帮助毁灭、伪造证据罪是针对实物证据，实物证据一旦被毁灭、伪造，很难还原，所以，惩罚范围要广。而伪证罪是说假话，假话说错了，还可以再说还原。

（二）帮助毁灭、伪造证据罪

1. 帮助的对象和内容：实物证据。

帮助毁灭、伪造证据罪针对的是实物证据。行为人所毁灭、伪造的证据，应限于物证、书证、鉴定结论、勘验、检查笔录与视听资料，物体化（转化为书面或者视听资料）的证人证言、被害人陈述、犯罪嫌疑人、被告人供述和辩解等。

2. "帮助""毁灭"行为的理解。

（1）帮助。本罪中的"帮助"与共犯中的帮助犯的"帮助"不同。本罪的"帮助"是一种实行行为，既包括行为人单独为当事人毁灭、伪造证据的，也包括行为人与当事人共同毁灭、伪造证据，又包括行为人为当事人毁灭、伪造证据提供各种便利条件，还包括行为人唆使当事人毁灭、伪造证据（行为人不是教唆犯，而是实行犯）。

（2）"毁灭"。帮助毁灭证据罪中的"毁灭"与故意毁坏财物罪中的"毁坏"不同，前者是使犯罪证据不被司法机关发现的一切行为，属于妨害司法的行为；后者是使财物丧失效用的行为，是侵犯财产罪。

3. 经当事人同意，帮助当事人毁灭有利于当事人的证据时，是否成立本罪？

第一，刑事诉讼中，成立本罪。理由：在刑事诉讼中，由于举证责任在公诉一方，而公诉方也负有收集被告人无罪、罪轻的证据。因此，即使经过犯罪嫌疑人同意，帮助其毁灭无罪证据（有利于被告人的证据），也妨害了刑事司法的客观公正性。应当认定为帮助毁灭证据罪。

第二，民事诉讼、行政诉讼中，不构成本罪。在民事诉讼、行政诉讼中，由于举证责任在当事人，当事人放弃自己的利益，法院作出了不利于当事人的判决裁定时，法院的判决裁定也是客观公正的。所以，在民事诉讼、行政诉讼中，帮助当事人毁灭有利证据，或者伪造不利证据的，不宜认定为帮助毁灭、伪造证据罪。

第三，民事诉讼、行政诉讼中，如果伪造对己方有利的证据，相当于侵害了对方（他人）的民事权利，应以本罪论处。

》》历年真题

甲的下列哪些行为成立帮助毁灭证据罪（不考虑情节）？①（2014年·卷二·61题）

---

① 答案：CD。

A. 甲、乙共同盗窃了丙的财物。为防止公安人员提取指纹，甲在丙报案前擦掉了两人留在现场的指纹

B. 甲、乙是好友。乙的重大贪污罪行被丙发现。甲是丙的上司，为防止丙作证，将丙派往境外工作

C. 甲得知乙放火致人死亡后未清理现场痕迹，便劝说乙回到现场毁灭证据

D. 甲经过犯罪嫌疑人乙的同意，毁灭了对乙有利的无罪证据

四、虚假诉讼罪　泄露不应公开的案件信息罪

《刑法》第 307 条之一：（虚假诉讼罪）以捏造的事实提起民事诉讼，妨害司法秩序或者严重侵害他人合法权益的，处三年以下有期徒刑、拘役或者管制，并处或者单处罚金；情节严重的，处三年以上七年以下有期徒刑，并处罚金。

单位犯前款罪的，对单位判处罚金，并对其直接负责的主管人员和其他直接责任人员，依照前款的规定处罚。

有第一款行为，非法占有他人财产或者逃避合法债务，又构成其他犯罪的，依照处罚较重的规定定罪从重处罚。

司法工作人员利用职权，与他人共同实施前三款行为的，从重处罚；同时构成其他犯罪的，依照处罚较重的规定定罪从重处罚。

《刑法》第 308 条之一：（泄露不应公开的案件信息罪）司法工作人员、辩护人、诉讼代理人或者其他诉讼参与人，泄露依法不公开审理的案件中不应当公开的信息，造成信息公开传播或者其他严重后果的，处三年以下有期徒刑、拘役或者管制，并处或者单处罚金。

（故意泄露国家秘密罪）（过失泄露国家秘密罪）有前款行为，泄露国家秘密的，依照本法第三百九十八条的规定定罪处罚。

（披露、报道不应公开的案件信息罪）公开披露、报道第一款规定的案件信息，情节严重的，依照第一款的规定处罚。

单位犯前款罪的，对单位判处罚金，并对其直接负责的主管人员和其他直接责任人员，依照第一款的规定处罚"。

1. 虚假诉讼罪限于"无中生有型"的虚假诉讼行为。

（1）行为类型：以积极、消极的方式捏造事实。

2018 年最高人民法院、最高人民检察院《关于办理虚假诉讼刑事案件适用法律若干问题的解释》明确了刑法规定的"以捏造的事实提起民事诉讼"是指捏造民事法律关系，虚构民事纠纷，向人民法院提起民事诉讼的行为。消极的捏造事实行为也包括在内，例如，司法实践中存在的隐瞒债务已获全部清偿、仍然起诉要求原债务人履行债务的情况，属于消极的捏造事实行为。

（2）"部分篡改型"虚假诉讼，不属于《刑法》规定的虚假诉讼罪的范畴，不应以虚假诉讼罪定罪处罚。其具体手段可能构成其他犯罪，如行为人伪造证据时伪造了某单位的印章或者行为人有指使他人作伪证的行为，对此可以依照《刑法》第 280 条、第 307 条等规定以伪造公司、企业、事业单位、人民团体印章罪，妨害作证罪等定罪处罚。

"部分篡改型"虚假诉讼行为一般不宜以诈骗罪、职务侵占罪等侵财类犯罪定性处理。主要考虑：一是民事诉讼中一般采取高度盖然性的证明标准以及"谁主张谁举证"的证明责任分配方式，原告在民事诉讼过程中实施虚构诉讼标的额、篡改履行方式、履行期限等行为的具体情况比较复杂，有的是对法律规定内容理解不当，有的是出于诉讼策略的考虑，不能一概认定其主观上具有非法占有他人财产的目的；二是诚实信用原则是民事诉讼法的基本原则，要求当事人依法行使诉讼权利，履行诉讼义务，遵守诉讼秩序，自觉履行生效法律裁判。但实践中，在民事诉讼过程中违反诚实信用原则的原因也比较复杂，对"部分篡改型"虚假诉讼行为一般可以通过承担败诉后果、给予司法处罚使其受到制裁。

2. 存在的范围：民事审判与民事执行程序。

向人民法院申请执行基于捏造的事实作出的仲裁裁决、公证债权文书，或者在民事执行过程中以捏造的事实对执行标的提出异议、申请参与执行财产分配的，属于"以捏造的事实提起民事诉讼"。

3. 罪数。

（1）实施虚假诉讼行为，非法占有他人财产或者逃避合法债务，又构成诈骗罪，职务侵占罪，拒不执行判决、裁定罪，贪污罪等犯罪的，依照处罚较重的规定定罪从重处罚。

（2）即便没有提起虚假诉讼，但在债权人提起民事诉讼后，使用虚假证据使法官作出免除自己债务的判决的，也可能成立诈骗罪。

◉ [延伸阅读：身份公开，难言诈骗] 信用卡诈骗罪的立案标准是 5000 元，但是，司法解释规定，如果使用本人真实的信用卡恶意透支的，构成信用卡诈骗罪的立案标准是 5 万元。为什么呢？

民事欺诈行为与诈骗罪的界限考查。实践中，诸多欺诈行为，即便非法获取了财物，又能否以诈骗罪论处？例如，甲是副教授，在晋升教授期间，虚报了一项科研成果，顺利评上了教授。成为教授之后，工资比副教授高出一档。那么，对于多出的工资，能否认定为是诈骗罪呢？又如，近年来，内地保障性住房、经济适用房的申请过程中，部分人虚报材料，骗取保障性住房、经济适用房，能否认定为诈骗罪呢？内地审判实践中，对于这类行为，一经发现，更多的是取消相关资格，很少以诈骗罪论处。这是什么原因呢？为什么"骗了"，并且获得了利益，还不是诈骗罪呢？

类似的道理是，诈骗罪的处罚比特殊类型的诈骗罪如保险诈骗罪、信用卡诈骗罪要处罚重很多，这是为什么呢？实际上，问题背后的本质可能在于，犯罪行为人的身份信息的公开，在一定程度上会使其刑事处罚更轻。或者说，犯罪分子的身份信息的公开，决定了司法机关对于行为人的追责、损失的追偿会更便捷。例如，普通诈骗罪，行为人诈骗之后，被害人根本没有明确线索找回犯罪分子。而行为人是副教授，虚报论文，骗取教授职称，在很大程度上，行为人的个人身份信息已经在大学里面，他不可能逃跑，一经发现，必然被追究。保障性住房的申请者，虚报相关材料骗取保障性住房，也是如此，申请者的个人信息已经非常详尽的登记在案，不存在逃跑的可能性。信用卡诈骗罪的立案数额明显高于诈骗罪，也在于，行为人在使用信用卡诈骗时，如果在 ATM 机上冒用他人信用卡，其个人身份信息也是在银行的监控下。尤其值得一提的是，2018 年最高人民法院司法解释指出，使用本人信用卡恶意透支型的信用卡诈骗罪，其入罪的标准为 5 万元，其原因在于，这种信用卡诈骗是用了犯罪行为人本人真实的信用卡，较之其他类型的诸多冒用他人信用卡、使用伪造的信用卡型的信用卡诈骗罪，犯罪行为人的真实身份信息已经暴露，对其追究责任、追偿损失更为便捷，更宜从宽处理。

同样的道理是，在保险诈骗罪的情况下，犯罪行为人是投保人、被保险人、受益人，他们的个人信息已经在保险公司的掌控之下，较之普通诈骗罪，行为人被追责的可能性是很高的。此外，对于金融诈骗犯罪，如保险诈骗、信用卡诈骗，刑法之所以对其处罚会比普通诈骗罪轻，原因在于，金融工具本身就是一把双刃剑，在加速资本流通、金融交易的同时，对其所存在的风险就要适度宽容。就好比，交通工具给我们生活带来便捷的同时，也会制造风险，但我们不能因为存在风险就禁止开车，相反，应适度容忍交通工具带来的风险。我国刑法中，作为道路交通领域的过失致人死亡行为——交通肇事罪，其法定刑比过失致人死亡罪的法定刑要低，其主要理由恐怕就在于，对交通工具带来的风险要适度容忍。同时，交通肇事发生在公开的道路上，并且机动车驾驶人的身份信息也是较为公开、方便查询的，从这一意义上看，对交通肇事罪从宽处理是必要的。

罪名	时空条件	主体	行为方式
伪证罪（第305条）	刑事诉讼	证人、鉴定人、记录人、翻译人	对与案件有重要关系的情节，作假证明、鉴定、记录、翻译
妨害作证罪（第307条第1款）	各类诉讼	一般主体	（1）以暴力、威胁、贿买等方法阻止证人作证； （2）指使他人作伪证
帮助毁灭、伪造证据罪（第307条第2款）	各类诉讼	一般主体	帮助当事人毁灭、伪造证据，情节严重
辩护人、诉讼代理人毁灭证据、伪造证据、妨害作证罪（第306条）	刑事诉讼	辩护人、诉讼代理人（不限于律师）	（1）毁灭、伪造证据； （2）帮助毁灭、伪造证据； （3）威胁、引诱"证人"违背事实改变证言或者作伪证

注意：上表中的不同罪名，其实质在于，让司法机关无法弄清案情。

五、窝藏、包庇罪

1. 对象："犯罪的人"。

（1）"犯罪的人"应作扩大解释，只要是客观上实施了犯罪行为的人即可。

例如，13周岁的杀人犯也属于"犯罪的人"，应成为窝藏罪的对象。

又如，暂时没有被司法机关列为犯罪嫌疑人，但实施了犯罪行为，将被公安、司法机关列为犯罪嫌疑人、被告人而成为侦查、起诉对象的人，属于"犯罪的人"。

（2）特殊情形下，包括"违法行为人"，即卖淫、嫖娼的人。

《刑法》第362条规定，旅馆业、饮食服务业、文化娱乐业、出租汽车业等单位的人员，在公安机关查处卖淫、嫖娼活动时，为"违法犯罪分子"通风报信，情节严重的，依包庇罪定罪处罚。根据该规定，本罪的对象可以包括"违法行为人"。

（3）共同犯罪者之间互相窝藏、包庇的，不构成犯罪。由于对其他共犯人的窝藏、包庇也是行为人自我防御的手段，因此不构成犯罪。

2. 与犯罪分子事前通谋的，以共犯论处。

（1）"通谋"：是指在犯罪活动之前，就谋划或合谋，答应犯罪分子作案后给以窝藏或者包庇，这样会从心理上增强犯罪分子的信心，当然以共同犯罪论处。

既然事前已经通谋，成立共同犯罪，那么，事后相互窝藏、包庇，或者掩饰、隐瞒犯罪所得的，属于事后不可罚行为，也不成立窝藏、包庇罪或掩饰、隐瞒犯罪所得罪。

（2）"通谋"不同于"明知"。如果只是知道作案人员要去实施犯罪，事后予以窝藏、包庇的，不应以共同犯罪论处，仅成立窝藏罪、包庇罪。

>> 历年真题

《刑法》第 310 条第 1 款规定了窝藏、包庇罪，第 2 款规定："犯前款罪，事前通谋的，以共同犯罪论处。"《刑法》第 312 条规定了掩饰、隐瞒犯罪所得罪，但没有规定"事前通谋的，以共同犯罪论处"。关于上述规定，下列哪一说法是正确的？[①]（2017 年·卷二·19 题）

A. 若事前通谋之罪的法定刑低于窝藏、包庇罪的法定刑，即使事前通谋的，也应以窝藏、包庇罪论处

B. 即使《刑法》第 310 条没有第 2 款的规定，对于事前通谋事后窝藏、包庇的，也应以共同犯罪论处

C. 因缺乏明文规定，事前通谋事后掩饰、隐瞒犯罪所得的，不能以共同犯罪论处

D. 事前通谋事后掩饰、隐瞒犯罪所得的，属于想象竞合，应从一重罪处罚

3. 窝藏与包庇的区分：窝藏、包庇罪的对象都是针对犯罪的人。

（1）窝藏主要是发生在行为人与罪犯之间，针对的是犯罪的人。窝藏可以形象地理解为找个"窝"把人给藏起来了，窝藏罪中，必须是帮助当事人逃匿的心理。即为犯罪人提供隐藏处所、财物，帮助犯罪人逃匿。

窝藏行为的特点是"妨害公安、司法机关发现犯罪的人"，除提供隐藏处所、财物外，向犯罪的人通报侦查或追捕的动静，向犯罪的人提供化装的用具等等，也属于帮助其逃匿的行为。窝藏的方式主要有：

第一，有形的方式。为被告人化装、换衣服，提供逃走的资金、伪造的身份证、逃匿必需的工具（如地图、伪造的身份证、指南针等），假扮本犯站在司法机关追捕罪犯所必经的场所等；

第二，无形的方式。向犯罪的人通报侦查或者追捕的动向、劝告犯罪人逃避、将搜查的形式告知逃避中的犯罪者、对欲告发、告诉犯罪的第三人施加压力、为犯罪的人指使逃跑线路。发现现行犯的警察故意放走现行犯，属于不作为的窝藏行为。因此，在理论上，有必要将窝藏扩大解释为一切帮助罪犯逃匿的方法。

（2）包庇发生在包庇者与司法机关之间，针对犯罪事实。即向司法机关提供虚假的证明材料，为犯罪分子掩盖罪行或者开脱、减轻罪责。包庇主要是：

第一，不具有证人身份的人，假冒证人对与案件有重要关系的情节作虚伪陈述的；

第二，顶包。在司法机关追捕的过程中，行为人出于某种特殊原因为了使犯罪人逃匿，而

---

① 答案：B。

自己冒充犯罪的人向司法机关投案或者实施其他使司法机关误认为自己为犯罪人的行为的。

>> 历年真题

　　甲杀丙后潜逃。为干扰侦查，甲打电话让乙将一把未留有指纹的斧头粘上丙的鲜血放到现场。乙照办后报案称，自己看到"凶手"杀害了丙，并描述了与甲相貌特征完全不同的"凶手"情况，导致公安机关长期未将甲列为嫌疑人。关于本案，下列哪一选项是错误的？[①]（2016 年·卷二·20 题）

　　A. 乙将未留有指纹的斧头放到现场，成立帮助伪造证据罪

　　B. 对乙伪造证据的行为，甲不负刑事责任

　　C. 乙捏造事实诬告陷害他人，成立诬告陷害罪

　　D. 乙向公安机关虚假描述"凶手"的相貌特征，成立包庇罪

　　4. 包庇罪与伪证罪：伪证是特定主体实施的包庇，伪证罪与包庇罪存在竞合关系。

　　（1）二者的区别在于：是否以证人身份作伪证。包庇罪中行为人也可能涉及向司法机关作虚假证明，但包庇行为中的伪证是以"非证人"身份作伪证；而伪证罪中，行为人是以"证人、鉴定人、记录人、翻译人"身份作伪证。

　　（2）二者亦存在竞合：不具有"证人"身份的人，向司法机关作假证明的，构成包庇罪；具有证人身份的人，向司法机关作假证明的，更应该构成包庇罪，同时亦触犯了伪证罪。从这一意义上看，伪证罪是特定主体（证人）实施的包庇行为，伪证罪与包庇罪之间存在竞合关系。

　　5. 刑法中关于包庇类犯罪的特别规定。

　　（1）其他特殊类型的包庇罪：

　　《刑法》第 294 条第 3 款（包庇、纵容黑社会性质组织罪）

　　《刑法》第 349 条（包庇毒品犯罪分子罪，窝藏、转移、隐瞒毒品、毒赃罪）。

　　（2）单纯知情不举，不成立窝藏、包庇罪。但是：

　　明知他人有间谍行为、恐怖主义行为、极端主义行为，安全机关向其调查有关情况、收集有关证据时，拒绝提供，情节严重，构成拒绝提供间谍犯罪、恐怖主义犯罪、极端主义犯罪证据罪（《刑法》第 311 条）；

　　负有查禁违法犯罪行为职责的人员，明知他人是犯罪人或有犯罪行为发生而不依法履行查禁职责的，可能构成玩忽职守罪或帮助犯罪分子逃避处罚罪。

六、掩饰、隐瞒犯罪所得、犯罪所得收益罪

（一）行为方式

　　1. 窝藏、转移、收购或者代为销售。

　　2. "其他方法"。

　　范围非常宽泛，只要行为人的行为给司法机关在查找赃物的过程中增添了障碍的，如采用任何方法，使司法机关难以发现赃物或者难以分辨赃物性质的，均属于掩饰、隐瞒犯罪所得罪，包括接受犯罪分子赠送的赃物。

---

　　① 答案：C。

司法解释对涉机动车的赃物犯罪的行为方式作了如下列举式规定，但不限于如下这些规定：明知是盗窃、抢劫、诈骗等犯罪所得的机动车而予以窝藏、转移、买卖、介绍买卖、典当、拍卖、抵押、用其抵债的，或者拆解、拼装、组装的，或者修改发动机号、车辆识别代号的，或者更改车身颜色或者车辆外形的，或者提供或出售机动车来历凭证、整车合格证、号牌以及有关机动车的其他证明和凭证的，或者提供或出售伪造、变造的机动车来历凭证、整车合格证、号牌以及有关机动车的其他证明和凭证的，应以本罪论处。（参见 2007 年 5 月 9 日最高人民法院、最高人民检察院《关于办理与盗窃、抢劫、诈骗、抢夺机动车相关刑事案件具体应用法律若干问题的解释》）

⊙ ［主观案例］李涛、曹某某明知加工的原油系非法收购所得，但仍采用将原油炼制为土柴油的方式出售获利，该行为使犯罪所得的原油性质发生了改变，妨碍了司法机关对窃取原油犯罪行为的有效追诉，成立掩饰、隐瞒犯罪所得罪。（参见《刑事审判参考》第 1111 号指导案例）此外，审判实践中，帮助更换被盗电动车锁的行为、明知是他人盗窃所得的农用车而帮助他人拆解后出售的行为，也被认定为掩饰隐瞒犯罪所得罪中的"其他方法"，（参见《刑事审判参考》第 1112、1113 号指导案例）

》》历年真题

下列哪一选项的行为应以掩饰、隐瞒犯罪所得罪论处？①（2011 年·卷二·17 题）

A. 甲用受贿所得 1000 万元购买了一处别墅

B. 乙明知是他人用于抢劫的汽车而更改车身颜色

C. 丙与抢劫犯事前通谋后代为销售抢劫财物

D. 丁明知是他人盗窃的汽车而为其提供伪造的机动车来历凭证

（二）主观：明知是犯罪所得的赃物，即知道或者应当知道

如何认定行为人主观上"明知"是犯罪所得的赃物，既要考虑行为人自身的认知能力，又要考察案件的具体情况，从财物的来源、数量与价值，本犯提供财物的时间、地点、方法，行为人与本犯之间的关系等方面来综合判断行为人是否明知。

如下司法解释规定了在一定情形下，可以"推定"行为人主观上"明知"对象是赃物，供参考。

1. 1998 年最高人民法院、最高人民检察院、公安部、国家工商行政管理局《关于依法查处盗窃、抢劫机动车案件的规定》第 17 条规定，有下列情形之一的，可视为应当知道，但有证据证明属被蒙骗的除外：

（1）在非法的机动车交易场所和销售单位购买的；

（2）机动车证件手续不全或者明显违反规定的；

（3）机动车发动机号或者车架号有更改痕迹，没有合法证明的；

（4）以明显低于市场价格购买机动车的。

2. 2007 年最高人民法院、最高人民检察院《关于办理与盗窃、抢劫、诈骗、抢夺机动车相关刑事案件具体应用法律若干问题解释》第 6 条规定，涉及机动车的，有下列情形之一的，应当认定行为人主观上"明知"该机动车属于犯罪所得：

---

① 答案：D。

（1）没有合法有效的来历凭证；

（2）发动机号、车辆识别代号有明显更改痕迹，没有合法证明的。

⊙ ［总结］行为人实施了以上的行为方式，可以"推定"其主观上明知财物是"赃物"，因为上述行为方式不符合正常的交易规则。当然，推定不是确定，如果行为人可以提出反证的，也可以否认主观上的"明知"。

（三）犯罪对象

1. 只要是他人"客观上的犯罪所得"，均可以成为本罪的对象。

并不意味着本犯的行为完全符合犯罪成立条件，在本犯是无刑事责任能力的精神病人或者年幼者而不具有可谴责性的场合，对其利用盗窃、抢劫、抢夺等方法所获得的财物仍然应当认为是赃物，可以成为本罪对象。

2. 掩饰、隐瞒犯罪所得及其产生的收益的数额，应当以实施掩饰、隐瞒行为时为准。收购或者代为销售财物的价格高于其实际价值的，以收购或者代为销售的价格计算——2021年4月15日最高人民法院《关于审理掩饰、隐瞒犯罪所得、犯罪所得收益刑事案件适用法律若干问题的解释》第4条第1款。

专题十八

毒品犯罪（侵犯社会法益犯罪）

知识体系

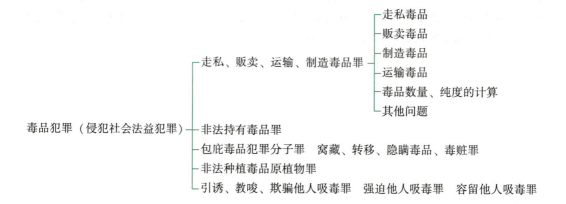

一、走私、贩卖、运输、制造毒品罪

（一）走私毒品

1. 直接向走私人非法收购走私进口的毒品。

2. 在内海、领海运输、收购、贩卖毒品的。

（二）贩卖毒品

1. 犯罪既遂的标准：

（1）理论观点：交付说。以毒品实际上转移给买方为既遂，转移毒品后行为人是否已经获取了利益，并不影响既遂的成立。2020年真金题：甲在网上预定了毒品，甲、乙二人交付时被警察当场抓获。二人构成贩卖毒品罪既遂

（2）实务观点：进入交易环节说。《刑事审判参考》第1290号指导案例，唐立新、蔡立兵贩卖毒品案，应以毒品是否进入交易环节为准，至于是否实际交付毒品，均不影响犯罪既遂的成立。唐立新与蔡立兵进入毒品交易现场，谈妥了交易价格，对带到现场的毒品进行了查验和称重，虽然还没交付毒资和毒品，亦可以认定为犯罪既遂。

2. 毒品的来源没有限制。既可能是自己所购买的毒品，也可能是自己制造的毒品，还可能是捡拾到的毒品、家中祖传的毒品。

3. 贩卖行为：只要有毒品和钱、财（包括非法的财物）之间的交易，都是贩卖毒品。

任何对毒品和钱的交易起了促进作用的人，都属于贩卖毒品罪的共犯。例外：纯粹为了吸毒所作的购买，不构成贩卖毒品罪。

（1）吸毒的人购买毒品供自己吸食的，不构成贩卖毒品罪。理由：既然"吸毒"行为在中国刑法中无罪，那么，维持吸毒所必须的一些行为，如吸毒的人购买毒品、购买毒品后从购买地带回自己的家中，就不应该作为犯罪处理。这种行为也不是"卖"，而是"买"，故不成立贩卖毒品罪。

但是，吸毒者购买、持有的毒品数量较大的，成立非法持有毒品罪、运输毒品罪。

或者，如果吸食毒品者"以贩养吸"的，即购买毒品不仅仅是为了供自己吸食，部分还是为了贩卖，则成立贩卖毒品罪。

（2）帮吸毒的人"代购"毒品并且没有赚取差价的，不构成贩卖毒品罪。①

理由：这种情况下，代购者只是充当了吸毒者购买毒品行为的代理人，吸毒者和代购者的目的均在于吸食和消费毒品，而不是促进毒品流通和贩卖。因此，对于为吸毒者代购毒品的行为应当结合具体情况作出处理，为他人代购仅供吸食的毒品且未牟利的，不应认定为贩卖毒品罪。这种行为，究其实质，还是属于"购买"这一角色。

但是，如果代购者从中牟利，变相加价贩卖毒品的，对代购者应以贩卖毒品罪定罪。代购者在交通、食宿等必要开销之外收取"介绍费"、"劳务费"以及其他费用的，或者从中截留、获取部分毒品的，应视为从中牟利，以贩卖毒品罪论处。这种赚取中间"差价"的行为，实质上是"二道贩子"，属于贩卖毒品罪。

质言之，"贩卖"是指："卖"以及"为卖而买"。单纯的购买，不是贩卖毒品罪。

>> **历年真题**

甲、乙通过丙向丁购买毒品，甲购买的目的是为自己吸食，乙购买的目的是为贩卖，丙则通过介绍毒品买卖，从丁处获得一定的好处费。对于本案，下列哪些选项是正确的？②（2006年·卷二·62题）

A. 甲的行为构成贩卖毒品罪

B. 乙的行为构成贩卖毒品罪

C. 丙的行为构成贩卖毒品罪③

D. 丁的行为构成贩卖毒品罪

（三）制造毒品

1. "制造"：使用毒品原植物而制作成毒品，或者是提炼毒品——质言之，制造毒品罪之"制造"行为，必须是有技术含量的行为。

---

① 代购者必须是帮吸毒的人代购，如果代购者主要是帮贩毒的人贩卖，则可成立贩卖毒品罪。另外，一定要弄清什么叫"代购"，代购，是指你这里没货，你从其他地方帮买方购进。如果你自己有货，以成本价卖给买方，就不属于代购了，依然成立贩卖毒品罪。

审判实务中，对于行为人将毒品卖给他人，是否属于帮他人代购，代购者应当如实供述毒品来源、价格、食宿地点、交通路线、交通方式及具体开支等，提供相关材料，以供核查。

② 答案：BCD。

③ 即便丙在本案中没有收取任何的好处费，也成立贩卖毒品罪。因为丙不仅仅是帮助吸毒的人，还帮助贩毒的人，对丁的贩卖毒品起了帮助作用，成立贩卖毒品罪。

（1）为什么要对"制造"进行限制解释?《刑法》第 347 条将走私、贩卖、制造、运输毒品罪规定在同一个条文中，4 种行为方式的法定刑也完全相同。但从司法实践的情况看，走私、贩卖毒品的危害性明显要重于制造、运输毒品，基于此，刑法理论上主张对制造毒品罪、运输毒品罪中的"制造""运输"进行限制解释。

（2）"制造"是有技术含量的工作。"制造"毒品不仅包括非法用毒品原植物直接提炼和用化学方法加工、配制毒品的行为，也包括以改变毒品成分和效用为目的，用混合等物理方法加工、配制毒品的行为，如将甲基苯丙胺或者其他苯丙胺类毒品与其他毒品混合成麻古或者摇头丸。

2. 为便于隐蔽运输、销售、使用、欺骗购买者，或者为了增重，对毒品掺杂使假，添加或者去除其他非毒品物质，不属于制造毒品的行为。

⊙ ［案例］ 行为人将"摇头丸""Y 仔""K 粉"等与袋装咖啡混合，其主观目的不是制造出一种新类型的毒品，而是通过混合的形式掩人耳目，不构成制造毒品罪。（参见《刑事审判参考》第 800 号指导案例）

›› 历年真题

甲拿出 40 克冰毒（系甲盗窃所得），让乙将 40 克冰毒和 80 克其他物质混合，冒充 120 克纯冰毒卖出（事实三）。关于事实三的判断，下列选项正确的是?[①]（2014 年·卷二·91 题）

A. 甲让乙卖出冰毒应定性为甲事后处理所盗赃物，对此不应追究甲的刑事责任

B. 乙将 40 克冰毒掺杂、冒充 120 克纯冰毒卖出的行为，符合诈骗罪的构成要件

C. 甲、乙既成立诈骗罪的共犯，又成立贩卖毒品罪的共犯

D. 乙在冰毒中掺杂使假，不构成制造毒品罪

（四）运输毒品

1. "运输"行为：只要实施了运输的行为即可，不要求到达目的地，就属犯罪既遂。行为人先将毒品从 A 地运到 B 地，后来又将其从 B 地运回 A 地的，虽然从结局上看毒品还在 A 地，但仍然属于运输毒品。

⊙ ［案例］ 龚某采用人体携带 91 克毒品，从云南省瑞丽市转移运送到了云南省芒市机场且购买了机票，已经进入运输毒品的环节、状态；在其欲乘飞机接受检查时被挡获。法院认定其行为构成运输毒品罪（既遂）。（参见邓维聪：《运输毒品罪既、未遂的认定》，载《人民法院报》2016 年 1 月 3 日）

2017 年卷二 61. C. 丙乘广州至北京的火车运输毒品，快到武汉时被查获，构成运输毒品罪既遂。

2. 对"运输"的限制解释：刑法理论上多数学者认为，<u>只有与走私、贩卖、制造有关联的运输行为时，才宜认定为运输毒品罪</u>。例如，行为人仅仅是购买毒品供自己吸食，从甲地带到乙地的，不属于运输。

理由：刑法将运输毒品罪作为一个独立的罪名，并与走私、贩卖、制造毒品罪同作为

---

① 答案：BCD。

选择性罪名置于同一法条下，具有相同的量刑幅度，其危害性并非仅仅是使毒品"流动"，其更大的危害性在于它是走私、贩卖或者制造毒品犯罪中的一个必要环节，行为人对毒品的去向和来源是有一定了解的。运输仅以吸食为目的的毒品既不是毒品犯罪的源头行为，也不可能造成毒品向社会公众扩散，因而社会危害性不大，对其不宜按运输毒品罪定罪处罚。

（1）为个人吸食目的，运输"少量"毒品的，不成立运输毒品罪。

（2）为个人吸食目的，运输"数量较大"的毒品的，成立运输毒品罪。2015 年最高人民法院《全国法院毒品犯罪审判工作座谈会纪要》规定，吸食者在运输毒品过程中，数量较大的，以运输毒品罪论处。

该规定之所以将出于"吸食"目的而运输毒品的，也认定为运输毒品罪，主要是考虑到，运输的"数量较大"，可以推定行为人主观上不仅仅是出于吸食目的，而可能是基于其他毒品犯罪的故意。换言之，基于合理的吸食而少量运输毒品的，可以不认为是犯罪。

（3）非出于个人吸食目的，无论数量多少，均成立运输毒品罪。

（五）毒品数量、纯度的计算

1. 定罪的数量要求。

（1）走私、贩卖、运输、制造毒品罪，无论数量多少，均构成犯罪。当然，数量越多，刑罚越重。

（2）以未成年人作为犯罪对象的，直接规定为入罪情节，对数量没有要求。最高人民法院《关于审理毒品犯罪案件适用法律若干问题的解释》第 12 条规定，容留未成年人吸食、注射毒品的，即构成容留他人吸毒罪，在容留人数、次数、后果方面不需要再达到其他要求。

（3）其他毒品犯罪，必须达到一定的数量才能定罪，如非法持有毒品罪等毒品犯罪。

2. 纯度：不以纯度折算。但对于查获的毒品有证据证明大量掺假，经鉴定查明毒品含量极少，确有大量掺假成分的，在处刑时应酌情考虑。特别是掺假之后毒品的数量才达到判处死刑的标准的，对被告人可不判处死刑立即执行。

理由：不同纯度的毒品，其中真毒品的含量不同，纯度高的毒品比纯度低的毒品危害更大，对犯罪分子的吸引力也更大。但是，犯罪分子不是以毒品的含量作为单位交易的，况且所有毒品都必须掺入添加剂方可吸食，如果强调对毒品纯度折算后再确定毒品的数量，就忽视了毒品犯罪的危害性和犯罪分子的人身危险性。在我国，司法机关缴获的毒品几乎全是几经转手，纯度较低，尤其是依民间土法加工合成的毒品，由于技术落后，掺杂使假，不但纯度低，而且杂质很多。在这种情况下再对毒品纯度进行折算，人为地改变毒品数量，并以此为根据进行定罪量刑，有悖罪刑相适应原则。

3. 针对不同类型（品种）的毒品，应统一折算。

2006 年最高人民法院刑一庭《关于审理若干新型毒品案件定罪量刑的指导意见》指出，对新型混合毒品的量刑应以其主要毒品成分为依据。将危害较大的主要几类毒品成分按其比例折算成海洛因后，再确定数量量刑。

>> **历年真题**

王某贩卖海洛因 50 克，运输甲基苯丙胺 30 克，走私鸦片 500 克。下列说法正确的是？[①]（2019 年真金题·8 题）

    A. 无论是否需要转化为海洛因定罪，都以 580 克计算毒品重量

    B. 如果被判十年以上有期徒刑或无期徒刑，则不得假释

    C. 应将鸦片和甲基苯丙胺转化为海洛因后定罪

    D. 不以贩卖、运输、走私毒品罪数罪并罚

（六）其他问题

1. 从重处罚的情形：利用、教唆未成年人走私、贩卖、运输、制造毒品，或者向未成年人出售毒品的。

2. 误将面粉当作毒品进行贩卖的，存在两种观点：

（1）一种观点认为不构成犯罪；

（2）另一种观点认为成立贩卖毒品罪（未遂）[②] ——司法解释、审判实务持此观点。

3. 《刑法》第 355 条（非法提供麻醉药品、精神药品罪）与贩卖毒品罪的关系。

前者的主体是：依法从事生产、运输、管理、使用国家管制的麻醉药品、精神药品的人员。该类人员：

（1）违反国家规定，向吸食、注射毒品的人提供国家规定管制的能够使人形成瘾癖的麻醉药品、精神药品的——非法提供麻醉药品、精神药品罪。

（2）向走私、贩卖毒品的犯罪分子或者以牟利为目的，向吸食、注射毒品的人提供国家规定管制的能够使人形成瘾癖的麻醉药品、精神药品的——贩卖毒品罪。

注意：《刑法修正案（十一）》对于非法提供兴奋剂的，也规定了独立的罪名——妨害兴奋剂管理罪，作为第 355 条之一：

引诱、教唆、欺骗运动员使用兴奋剂参加国内、国际重大体育竞赛，或者明知运动员参加上述竞赛而向其提供兴奋剂，情节严重的，处三年以下有期徒刑或者拘役，并处罚金。

组织、强迫运动员使用兴奋剂参加国内、国际重大体育竞赛的，依照前款的规定从重处罚。[③]

4. 认定任何毒品犯罪，都不需要犯罪行为人是毒品的所有者，也不需要其主观上知

---

① 答案：CD。

② 刑法理论上持极端的结果无价值论的学者认为，误将面粉当作毒品出售的，由于没有贩卖毒品的具体危险，因此，可以考虑无罪。但是，审判实践中以往的观点，更多地是从行为无价值的立场出发，认为此种行为应认定为贩卖毒品罪（未遂）。原最高人民法院 1994 年《关于执行<全国人民代表大会常务委员会关于禁毒的决定>的若干问题的解释》第 17 条，亦持此观点。

现今的审判实践亦支持此观点，如《刑事审判参考》第 37 号指导案例——误认尸块为毒品而予以运输的行为，被认定为运输毒品罪（未遂）；黄某诈骗、潘某等贩卖毒品案中，黄某明知是假毒品而让潘某、宋某误以为真毒品去贩卖，黄某构成诈骗罪，潘某、宋某构成贩卖毒品罪（未遂）。（参见广东省珠海市中级人民法院刑事裁定书，（2015）珠中法刑一终字第 477 号）

③ 有关兴奋剂违规行为严重损害国家形象，破坏体育竞赛公平竞争，严重损害运动员身心健康，建议将组织、强迫运动员使用兴奋剂，以及引诱、教唆、欺骗运动员使用兴奋剂参加国内、国际重大体育竞赛，或者向其提供兴奋剂等严重情形规定为犯罪。

道所有者是谁。

理由：毒品属于违禁品，任何人均不得实施持有、贩卖、走私等行为，否则，应成立非法持有毒品罪、贩卖毒品罪等。

>> **历年真题**

关于毒品犯罪的论述，下列哪些选项是错误的？[①]（2012年·卷二·62题）

A. 非法买卖制毒物品的，无论数量多少，都应追究刑事责任

B. 缉毒警察掩护、包庇走私毒品的犯罪分子的，构成放纵走私罪

C. 强行给他人注射毒品，使人形成毒瘾的，应以故意伤害罪论处

D. 窝藏毒品犯罪所得的财物的，属于窝藏毒赃罪与掩饰、隐瞒犯罪所得罪的法条竞合，应以窝藏毒赃罪定罪处刑

二、非法持有毒品罪

1. 认定。

（1）只有在其他毒品犯罪如走私、贩卖、运输、制造毒品罪等无法查证的情形下，才能以本罪论处。

（2）因实施其他毒品犯罪（如走私、贩卖毒品罪）而持有毒品的，不另定非法持有毒品罪。

（3）本罪定罪必须达到一定数量，持有少量毒品的不能认定为本罪。

（4）持有的方式：包括直接持有、间接持有。例如，行为人认为自己管理毒品不安全，将毒品委托给第三者保管时，行为人与第三者均持有该毒品。第三者为直接持有，行为人为间接持有。

2. 对吸食毒品者的处罚。

（1）吸食毒品不构成犯罪，但吸食者持有的毒品数量大的，成立非法持有毒品罪。

（2）对"以贩养吸"的，行为人本身就是贩毒者，被查获的毒品数量应当认定为其贩卖毒品的数量，认定为贩卖毒品罪，但量刑时应当考虑被告人吸食毒品的情节。[②]

3. 非法持有毒品罪与窝藏毒品罪。

（1）非法持有毒品罪的主观故意是明知是毒品而非法持有；

（2）窝藏、转移、隐瞒毒品、毒赃罪的主观故意是为毒品犯罪分子窝藏、转移、隐瞒毒品、毒赃，达到逃避司法机关法律制裁的目的，行为人持有毒品的目的是"为他人"转移、藏匿毒品。

4. 罪数。

（1）盗窃、抢夺、抢劫毒品的（明知是毒品），应当分别以盗窃罪、抢夺罪或者抢劫罪定罪（但不计犯罪数额，根据情节轻重予以定罪量刑），不另认定为非法持有毒品罪。

---

① 答案：ABC。

② 《全国法院毒品犯罪审判工作座谈会纪要》规定："对于有吸毒情节的贩毒人员，一般应当按照其购买的毒品数量认定其贩卖毒品的数量，量刑时酌情考虑其吸食毒品的情节……确有证据证明其购买的部分毒品并非用于贩卖的，不应计入其贩卖数量。"根据该《会议纪要》，如果吸毒者本身是贩毒人员，其购买毒品的数量直接认定为贩卖毒品的数量，除非有证据证明部分毒品是吸毒的，该部分可以扣除。亦可参见《刑事审判参考》第105号指导案例：张敏贩卖毒品案——如何正确认定非法持有毒品罪。

（2）行为人盗窃财物的同时盗窃了毒品后（不明知是毒品），非法持有毒品的，应当以盗窃罪与非法持有毒品罪实行并罚。

2013 年卷二 91. 王某第二天用该款购买 100 克海洛因藏在家中，用于自己吸食——王某的行为不成立窝藏毒品罪，仅成立非法持有毒品罪。

2005 年卷二 12. 毒贩甲得知公安机关近来要开展"严打"斗争，遂将尚未卖掉的 50 多克海洛因和贩毒所得赃款 8 万多元拿到家住偏远农村的亲戚乙处隐藏。公安机关得到消息后找乙调查此事，乙矢口否认。乙当晚将上述毒品、赃款带到后山山洞隐藏时被跟踪而至的公安人员当场抓获。乙的上述行为应当以窝藏、转移、隐瞒毒品、毒赃罪论处。

》》历年真题

关于非法持有毒品罪，下列哪一选项是正确的？① （2011 年·卷二·18 题）

A. 非法持有毒品的，无论数量多少都应当追究刑事责任

B. 持有毒品不限于本人持有，包括通过他人持有

C. 持有毒品者而非所有者时，必须知道谁是所有者

D. 因贩卖而持有毒品的，应当实行数罪并罚

三、包庇毒品犯罪分子罪　窝藏、转移、隐瞒毒品、毒赃罪

《刑法》第 349 条：（包庇毒品犯罪分子罪）（窝藏、转移、隐瞒毒品、毒赃罪）包庇走私、贩卖、运输、制造毒品的犯罪分子的，为犯罪分子窝藏、转移、隐瞒毒品或者犯罪所得的财物的，处三年以下有期徒刑、拘役或者管制；情节严重的，处三年以上十年以下有期徒刑。

缉毒人员或者其他国家机关工作人员掩护、包庇走私、贩卖、运输、制造毒品的犯罪分子的，依照前款的规定从重处罚。

犯前两款罪，事先通谋的，以走私、贩卖、运输、制造毒品罪的共犯论处。

四、非法种植毒品原植物罪

《刑法》第 351 条：非法种植罂粟、大麻等毒品原植物的，一律强制铲除。有下列情形之一的，处五年以下有期徒刑、拘役或者管制，并处罚金：

（一）种植罂粟五百株以上不满三千株或者其他毒品原植物数量较大的；

（二）经公安机关处理后又种植的；

（三）抗拒铲除的。

非法种植罂粟三千株以上或者其他毒品原植物数量大的，处五年以上有期徒刑，并处罚金或者没收财产。

非法种植罂粟或者其他毒品原植物，在收获前自动铲除的，可以免除处罚。

五、引诱、教唆、欺骗他人吸毒罪　强迫他人吸毒罪　容留他人吸毒罪

《刑法》第 353 条：（引诱、教唆、欺骗他人吸毒罪）引诱、教唆、欺骗他人吸食、注射毒品的，处三年以下有期徒刑、拘役或者管制，并处罚金；情节严重的，处三年以上

---

① 答案：B。

七年以下有期徒刑，并处罚金。

（强迫他人吸毒罪）强迫他人吸食、注射毒品的，处三年以上十年以下有期徒刑，并处罚金。

引诱、教唆、欺骗或者强迫未成年人吸食、注射毒品的，从重处罚。

《刑法》第 354 条：（容留他人吸毒罪）容留他人吸食、注射毒品的，处三年以下有期徒刑、拘役或者管制，并处罚金。

1. "容留"：是指<u>允许他人在自己管理的场所吸食、注射毒品或者为他人吸食、注射毒品提供场所的行为。</u>

例如，《刑事审判参考》第 1032 号指导案例，聂凯凯容留他人吸毒案中，<u>旅馆经营者发现客人在房间内吸毒不予制止，其行为属于放任他人吸毒，旅馆经营者对此有义务制止或者向公安机关报告，对旅馆经营者应以容留他人吸毒罪论处。</u>

又如，审判实务中，行为人未经他人允许，让吸食毒品人员在合居套间中归他人单独使用的卧室内吸食毒品，属于容留他人吸毒罪中的"容留"。[参见西藏自治区拉萨中级人民法院刑事判决书，（2017）藏 01 刑终 1 号]

2. 经典案例。

（1）甲在宾馆开房吸毒时，乙、丙打电话给甲，要求一起前往甲所在的宾馆房间吸毒，甲的行为成立容留他人吸毒罪。但如果乙、丙二人仅是借用甲的身份证另开一个房间吸毒，甲的行为不成立容留他人吸毒罪。

（2）甲将某地有无人看守的空闲房屋的信息告诉吸毒者乙，乙带领两名小弟前往该处吸毒的，甲的行为不成立容留他人吸毒罪。

》》 历年真题

陈某向王某声称要购买 80 克海洛因，王某便从外地购买了 80 克海洛因。到达约定交货地点后，陈某掏出仿真手枪威胁王某，从王某手中夺取了 80 克海洛因。此后半年内，因没有找到买主，陈某一直持有 80 克海洛因。半年后，陈某将 80 克海洛因送给其毒瘾很大的朋友刘某，刘某因过量吸食海洛因而死亡。关于本案，下列哪一选项是错误的?[①]（2007 年·卷二·16 题）

A. 王某虽然是陈某抢劫的被害人，但其行为仍成立贩卖毒品罪

B. 陈某持仿真手枪取得毒品的行为构成抢劫罪，但不属于持枪抢劫

C. 陈某抢劫毒品后持有该毒品的行为，被抢劫罪吸收，不另成立非法持有毒品罪[②]

D. 陈某将毒品送给刘某导致其过量吸食进而死亡的行为，成立过失致人死亡罪

⊙ [主观案例] 庄木根、刘平平、郑斌非法买卖枪支、贩卖毒品案——非法买卖枪支时以毒品冲抵部分价款行为如何定性[③]

对毒品犯罪，我国历来采取的是严厉打击的刑事政策，贩卖毒品罪作为流通领域内的

---

① 答案：D。

② 抢劫罪的对象既包括普通财物，也包括毒品，刑法中并无抢劫毒品罪这一罪名。既然抢劫罪的对象本身包括毒品，那么，抢劫毒品后非法持有毒品的行为，可以被抢劫罪吸收，仅定抢劫罪一罪。而且，本案中，行为人抢劫时主观上已经知道对象是毒品，没有超出其故意的范围，后续持有毒品的行为被抢劫罪吸收，仅定抢劫罪一罪。

③ 《刑事审判参考》第 463 号指导案例。

毒品犯罪，其危害主要表现在生产出的毒品经贩卖后流入社会现实扩散，严重妨害了国家对麻醉药品和精神药品的管制，对不特定多数人的身体健康造成损害，败坏社会风气。从实质上而言，贩卖的本质就是一种有偿的转让行为，即毒品的交易存在对价，但这种对价的体现形式，不应仅仅局限于金钱，也可以是以毒品易货，或是以毒品抵债等，因为这些转让形式实质上都属于有偿转让，转让人都通过国家法律禁止的不法行为取得了经济上的利益，毒品都流入了社会，其社会危害与典型的换取金钱的贩卖行为在法益侵害上没有本质的区别，应当成立贩卖毒品罪……在本案中，被告人刘平平将1把自制手枪、1发子弹以人民币3500元出售给被告人郑斌，被告人郑斌除支付2100元现金外，剩余1400元以1.7克左右的冰毒作价支付。可以看出，这1.7克左右的冰毒是以1400元有偿转让给刘平平的，因此，以毒品冲抵部分买卖枪支价款应属于实质意义上的贩卖行为，被告人郑斌应构成贩卖毒品罪。

⊙ [主观案例] "以毒易毒"构成贩卖毒品罪吗①

2012年2月，被告人王某（吸毒人员）在个旧市云锡宾馆附近用0.4克"纯冰"（毒品，高纯度甲基苯丙胺）与吸毒人员张某（另案处理）交换了1.85克"小马"（低纯度甲基苯丙胺），并将部分"小马"贩卖给他人吸食。同月，被告人王某还在个旧市人民路"盛世英皇"酒吧附近，用0.4克"纯冰"抵去其欠他人的人民币700元。刑法对于毒品犯罪更为注重的是防止毒品在市场上的流通，并通过刑事制裁的方式来遏制。就单方行为来看，王某购买毒品供自己吸食不构成犯罪，但王某同样也是将自己的毒品卖给他人，成立贩卖毒品罪。故本案中，交易双方均成立贩卖毒品罪。

⊙ [主观案例]《刑事审判参考》第1197号指导案例，章远贩卖毒品、容留他人吸毒案。章远实施了贩卖毒品行为，但是，被告人章远与邵辉均供述涉案毒品系对方所有，证人李箓恩、潘魏根据推测判断查获的毒品系章远所有；由于缺少宾馆监控视频、指纹痕迹鉴定等客观证据，根据本案现有证据难以确定查获的毒品究竟是章远的还是邵辉的。根据2015年最高人民法院《全国法院毒品犯罪审判工作座谈会纪要》的规定，对于从贩毒人员住所查获的毒品，一般均应认定为其贩卖的毒品。基于章远、邵辉具有共同贩卖毒品的主观故意和客观行为，即便不能确认涉案毒品的所有人，也不影响章远的行为构成贩卖毒品罪。当然，在量刑时可结合毒品数量与情节予以适当考虑。

---

① 苏力、孙亮：《"以毒易毒"构成贩卖毒品罪吗》，载《检察日报》2012年11月11日，第3版。

专题十九

贪污贿赂罪（侵犯国家法益犯罪）

知识体系

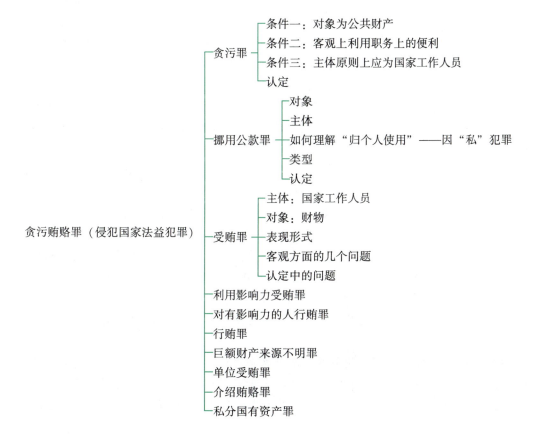

贪污贿赂罪（侵犯国家法益犯罪）
- 贪污罪
  - 条件一：对象为公共财产
  - 条件二：客观上利用职务上的便利
  - 条件三：主体原则上应为国家工作人员
  - 认定
- 挪用公款罪
  - 对象
  - 主体
  - 如何理解"归个人使用"——因"私"犯罪
  - 类型
  - 认定
- 受贿罪
  - 主体：国家工作人员
  - 对象：财物
  - 表现形式
  - 客观方面的几个问题
  - 认定中的问题
- 利用影响力受贿罪
- 对有影响力的人行贿罪
- 行贿罪
- 巨额财产来源不明罪
- 单位受贿罪
- 介绍贿赂罪
- 私分国有资产罪

一、贪污罪

（一）条件一：对象为公共财产

1. 国有财产。

2. 劳动群众集体所有的财产。

3. 用于扶贫和其他公益事业的社会捐助或者专项基金的财产。

4. 在国家机关、国有公司、企业、集体企业和人民团体管理、使用或者运输中的私人财产，以公共财产论。

5. 国家机关、国有公司、企业、事业单位委派到非国有公司、企业、事业单位、社会团体从事公务的人员，利用职务上的便利，非法占有所在非国有性质单位的财产的构成贪污罪——这类案件，最终受损失的是国家

⊙ ［总结］（1）对象是公共财产，如果非法获取的不是公共财产，则可能涉嫌盗窃、诈骗、侵占等犯罪。

（2）公共财产的范围，包括财产性利益、债权、股权等。例如，土地使用权具有财产性利益，属于《刑法》第 382 条第 1 款规定中的"公共财物"，可以成为贪污的对象。（参见：最高人民法院指导案例 11 号，杨延虎等贪污案）

（3）违规存放的公共财产，亦是公共财产。部分国有单位非法设置小金库，虽然设置小金库本身也是非法的，但也属于公共财产，可以成为贪污罪的对象。

（4）变相侵吞公共财产的，成立贪污罪。即，不是直接拿走公共财产，而是通过间接方式，借经他人之手取走公共财产的，也成立贪污罪。例如，A 国有公司工作人员甲经单位同意以明显高于市场的价格向自己的亲友乙经营管理的单位采购商品，但事前约定货款中的一部分必须返还给 A 公司作小金库收入的，如甲将返还款非法占为己有，仍然可能成立贪污罪。

⊙ ［案例］甲是某地法院执行庭的法官，在负责一起执行案中，法院判决败诉方要支付胜诉方人民币 60 万元，该案的败诉方完全具有支付 60 万元的能力。但是，甲却对胜诉方说："败诉方没有能力支付 60 万元。我可以帮你联系一家公司，让他们出 10 万元将你的判决书买下来。这样的话，你至少还得到了 10 万元，否则就会一分钱也拿不回来。"胜诉方信以为真，就将自己的胜诉判决书以 10 万元的价格卖给了甲办的公司。甲最后拿着该胜诉判决书，从败诉方那里得到了 60 万元——甲的行为成立诈骗罪，诈骗的对象是胜诉方的债权，公共财产并没有遭受实际损失。

2018 年真金题：村民甲为了多获土地补偿款，找到负责核定土地面积的国家机关工作人员乙，让其核定面积时多写面积，并且送了 10 万元感谢费给乙。乙答应照办，甲因此多获了 40 万的土地补偿款。该案中，国家工作人员乙的行为构成受贿罪、贪污罪，应并罚。乙在从事公务活动中，滥用权力，与甲共同侵吞公共财产计 40 万元，应以贪污罪的共犯论处。[①]

2017 年卷二 21. 国有甲公司领导王某与私企乙公司签订采购合同，以 10 万元的价格向乙公司采购一批设备。后王某发现，丙公司销售的相同设备仅为 6 万元。王某虽有权取消合同，但却与乙公司老总刘某商议，由王某花 6 万元从丙公司购置设备交给乙公司，再由乙公司以 10 万元的价格卖给甲公司。经王某签字批准，甲公司将 10 万元货款支付给乙公司后，刘某再将 10 万元返给王某。刘某为方便以后参与甲公司采购业务，完全照办——王某、刘某属于变相侵吞公共财产，成立贪污罪的共犯，金额为 4 万元。本案中，其实甲公司事实上是向丙公司购买设备，但却增设了中间环节（通过乙公司），以掩盖其

[①] 该案来源于《刑事审判参考》指导案例第 1138 号，该案的裁判要旨指出：村民委员会等村基层组织人员在协助人民政府从事土地征收、征用补偿费用的管理等行政管理工作中，具体主要是指协助政府开展核准、测算以及向土地征用受损方发放补偿费用等管理活动。如果村民小组组长在协助政府从事上述公务活动过程中，利用职务便利，弄虚作假、虚报冒领套取超额土地补偿款，则应构成贪污罪。

贪污行为。近年来，法考真题中的贪污案件，行为人变相侵吞公共财产，大多都是通过增设中间环节掩人耳目，进而达到侵吞公共财产的目的。

2014年卷四：国有化工厂车间主任甲与副厂长乙（均为国家工作人员）共谋，在车间的某贵重零件仍能使用时，利用职务之便，制造该零件报废、需向五金厂（非国有企业）购买的假象（该零件价格26万元），以便非法占有货款。甲将实情告知五金厂负责人丙，嘱丙接到订单后，只向化工厂寄出供货单、发票而不需要实际供货，等五金厂收到化工厂的货款后，丙再将26万元货款汇至乙的个人账户——本案中，甲、乙属于变相侵吞公共财产，应成立贪污罪。

（二）条件二：客观上利用职务上的便利

1. 利用职务上的便利。

（1）利用本人职务上主管、管理公共财物的职务便利。

（2）利用职务上有隶属关系的其他国家工作人员的职务便利。

⊙ [案例] 张某是某民办学校教师，2010年9月，学校安排其负责该校学生国家奖学金的申报工作。张某用曾任辅导员时持有的已经毕业的王某等7名学生的身份证复印件未经公示即申请奖学金，并向教育主管部门报批。经过审批，下发了王某等7人每人5000元奖学金的银行卡。后来，冒领骗取奖学金一事被该校发现，张某即将这7张银行卡里的3.5万元交到学校财务部。张某骗取的财物是国家奖学金，而不是该学校的财物，不是本人管理、控制之下的公共财产，不能认为"利用了职务上的便利"，成立诈骗罪。（参见刘广生：《民办教师造假学生名单骗取国家奖学金如何定性》，载《检察日报》2011年6月12日）

⊙ [疑难问题] 国家工作人员谎报出差费用或者多报出差费用骗取公款的，通说及审判实践的观点认为成立贪污罪，例如，贾智在担任白城市保平乡农业经营管理站站长期间，采取伪造领导签字将虚假票据入账核销、多开多报及个人差旅费入账核销之手段，侵吞公款人民币6403.52元，其行为已构成贪污罪。[参见吉林省高级人民法院刑事判决书，(2013) 吉刑再终字第11号] 部分学者认为，定诈骗罪更合适，因为，出差报销并不是国家工作人员职务。

之所以会存在两种不同的观点，主要原因在于，以往的实践中，国家工作人员的职权范围并不是特别清晰，行为人是否利用了职务上的便利，审判实践中并不进行精确化的思考，只要是国家工作人员的犯罪行为，均认为是利用了职务上的便利，从而认定为贪污罪。现今，国家工作人员的职权范围更为清晰地被界定，刑法理论上也以职务上的便利进行了更精确化的思考。从应对国家法律职业资格考试的角度看，这两种观点都需要掌握。

≫ 历年真题

某国有公司出纳甲意图非法占有本人保管的公共财物，但不使用自己手中的钥匙和所知道的密码，而是使用铁棍将自己保管的保险柜打开并取走现金3万元。之后，甲伪造作案现场，声称失窃。关于本案，下列哪一选项是正确的？[①]（2008年·卷二·18题）

A. 甲虽然是国家工作人员，但没有利用职务上的便利，故应认定为盗窃罪

---

① 答案：C。

B. 甲虽然没有利用职务上的便利，但也不属于将他人占有的财物转移为自己占有，故应认定为侵占罪

C. 甲将自己基于职务保管的财物据为己有，应成立贪污罪

D. 甲实际上是通过欺骗手段获得财物的，应认定为诈骗罪

2019 年真金题：国家工作人员王某是国有银行网上银行系统管理员，掌握客户网上银行账号和密码的权限。王某为了给朋友李某公司获取资金，让李某以高息存款为由，吸引多名客户到王某银行存款，王某在客户存款时调换客户 U 盾，通过客户 U 盾将客户网上银行存款转移到李某账户名下，使李某非法占有——王某的行为没有利用职务上的便利，成立盗窃罪。保管、调换客户 U 盾的行为，并不是其职务行为。

2. 行为方式：侵吞、窃取、骗取、其他手段。

即使行为人利用了职务上的便利，但非法占有的财产并非其主管、管理、经营、经手的公共财物，也不成立贪污罪，可能涉嫌盗窃罪、诈骗罪。例如，在甲单位征用土地的过程中，土地管理局的工作人员乙与被征用土地的农民丙相勾结，由丙多报土地上的庄稼数，乙加盖土地管理局的印章予以证实，进而从甲单位多领补偿款的，不成立贪污罪，仅成立诈骗罪。因为拿的不是公共财产，而是开发商的钱。

（1）侵吞：监守自盗。即将完全属于自己保管的财物，据为己有，属于侵吞。

（2）窃取。只有当行为人与他人共同占有公共财物时，行为人利用职务上的便利窃取该财物的，才属于贪污罪中的"窃取"。即利用职务上的便利，取走了他人占有的财物。

例如，当单位保险柜需要同时使用钥匙与密码才能打开，而钥匙与密码由甲、乙二人分别掌握时，甲利用自己掌握的钥匙并猜中密码取得保险柜中的现金的，或者乙利用自己掌握的密码和私自配制的钥匙取得保险柜中的现金的，可以认为利用职务上的便利窃取。[①] 意即，利用部分的职务上的便利，也认为是利用了职务上的便利。（该内容亦是 2019 年真金题）

⊙ [延伸阅读案例] 审判实践中，近年来，一些村（居）委会干部在协助乡镇政府落实农村（城市）居民低保政策过程中，弄虚作假，隐瞒不贫困的真相，将其家庭成员甚至本人确定、申报为低保对象，骗领城乡贫困居民最低生活保障资金（"低保"）。也被认定为贪污罪。从表面上看，村（居）委会干部仅仅只具有申报权，但实际上由于这个权力基本受不到监督制约，在绝大多数情况下，村（居）委会干部的申报都会被上级机关认可。因为当前我国的扶贫资金规模大、名目多，且扶贫对象人数众多、居住分散，扶贫主管部门限于人力、精力，不可能逐一核实，只有委托村（居）委会干部去落实相关情况。加之，低保贫困标准相对模糊，群众对扶贫政策也不是很了解，所以，扶贫对象的确定、扶贫资金的发放基本上是由村（居）委会干部决定的。故这类行为可以认定为是贪污罪，即可以认为这类案件中，村委会干部是利用了职务上的便利。

2017 年卷二 89. 某地政府为村民发放扶贫补贴，由各村村委会主任审核本村申请材料并分发补贴款。某村村委会主任王某、会计刘某以及村民陈某合谋伪造申请材料，企图每人套取 5 万元补贴款——王某等人属于协助政府从事公务，是国家工作人员，成立贪污罪。

---

① 张明楷：《刑法学》，法律出版社 2016 年版，第 1184 页。

（三）条件三：主体原则上应为国家工作人员

1. 国家工作人员。

（1）国家机关工作人员：指国家机关中从事公务的人员。

（2）国有公司、企业、事业单位、人民团体中从事公务的人员。（纯国有，100%国有）

（3）国家机关、国有公司、企业、事业单位委派①到非国有公司、企业、事业单位、社会团体从事公务的人员。

（4）其他依照法律从事公务的人员，如从事公务活动的村委会成员。

村民委员会成员从事的"公务"，一般应理解为上级政府部门的事情，委托下级村委会做，如防汛、抢险、计划生育等，这都是上级部门的工作。但如果村委会出租集体所有的土地的，则属于村民委员会内部的事情，不属于公务。

2. 受委托管理、经营国有财产的人员（《刑法》第382条第2款）——非国家工作人员。

是指以承包、租赁等方式，管理、经营国有公司、企业，或者其中的某个部门，以承包人、租赁人的身份，在承包、租赁合同约定的时间、权限范围内，管理、经营国有财产的人员。

这类主体本身不是国家工作人员，但《刑法》第382条第2款将其特别规定为贪污罪的主体，是法律拟制规定（绿色通道）。即刑法对于贪污罪的主体"扩容"至该类非国家工作人员，但对于受贿罪、挪用公款罪等，刑法对其主体严格限制为"国家工作人员"，并没有扩容至该类"非国家工作人员"，如果该类主体（受委托管理、经营国有财产的人员）收受他人财物或者挪用单位财产的，应成立非国家工作人员受贿罪、挪用资金罪。

注意：通过伪造国家机关公文、证件获得了国家工作人员身份的，也能成为贪污罪的主体。其中，伪造国家机关公文、证件罪和贪污罪，不具有牵连关系，应数罪并罚。这种场合，尽管行为人获得身份的手段是不合法的，但其所取得的国家工作人员的身份却是货真价实的；同时，以伪造证件等方式获得国家工作人员身份，和通过行贿或者假装进步等手段，获得国家工作人员身份之间，并没有本质上的差别。二者都通过了录用或者任命程序，至少在形式上没有瑕疵。

（四）认定

1. 既遂的标准：行为人是否实际控制财物。行为人控制公共财物后，是否将财物据为己有，不影响既遂的认定。

对于行为人利用职务上的便利，实施了虚假平账等贪污行为，但公共财物尚未实际转移，或者尚未被行为人控制就被查获的，应当认定为贪污未遂。（参见2003年11月13日最高人民法院《全国法院审理经济犯罪案件工作座谈会纪要》）

2. 公务活动、经济往来中收受礼物的定性。

（1）受贿罪：《刑法》第385条第2款规定，国家工作人员在经济往来中，违反国家

---

① 2010年11月最高人民法院、最高人民检察院《关于办理国家出资企业中职务犯罪案件具体应用法律若干问题的意见》第6条规定："经国家机关、国有公司、企业、事业单位提名、推荐、任命、批准等，在国有控股、参股公司及其分支机构中从事公务的人员，应当认定为国家工作人员。具体的任命机构和程序，不影响国家工作人员的认定。经国家出资企业中负有管理、监督国有资产职责的组织批准或者研究决定，代表其在国有控股、参股公司及其分支机构中从事组织、领导、监督、经营、管理工作的人员，应当认定为国家工作人员。"

规定，收受各种名义的回扣、手续费，归个人所有的，以受贿论处。

（2）贪污罪：《刑法》第 394 条规定，国家工作人员在国内公务活动或者对外交往中接受礼物，依照国家规定应当交公而不交公，数额较大的，以贪污罪论处。

3. 贪污罪与非法经营同类营业罪的区别。

（1）贪污罪，是国家工作人员利用职务上的便利，侵吞了公共财产。贪污罪中，行为人是直接或者变相拿走了公共财产，是必然获利的——直接或间接侵吞了国有单位的钱。

（2）非法经营同类营业罪（兼职），是国家工作人员利用其职务上的便利，经营同类营业，利用了国家工作人员、国有公司的关系、资源，最终还是通过市场经营行为获利。最终是否能够获利，还是取决于市场，或者说行为人并不必然获利——从市场要钱。

>> 历年真题

国有 A 公司总经理甲发现 A 公司将从 B 公司购进的货物转手卖给某公司时，A 公司即可赚取 300 万元。甲便让其妻乙注册成立 C 公司，并利用其特殊身份，让 B 公司与 A 公司解除合同后，再将货物卖给 C 公司。C 公司由此获得 300 万元利润。关于甲的行为定性，下列哪一选项是正确的？[①]（2013 年·卷二·20 题）

A. 贪污罪

B. 为亲友非法牟利罪

C. 诈骗罪

D. 非法经营同类营业罪

4. 从宽及从严规定。

（1）特别从宽规定。犯贪污罪，在提起公诉前如实供述自己罪行、真诚悔罪、积极退赃，避免、减少损害结果的发生，可以从轻、减轻或者免除处罚。

（2）从严规定（终身监禁）。贪污数额特别巨大，并使国家和人民利益遭受特别重大损失，被判处死刑缓期执行的，人民法院根据犯罪情节等情况可以同时决定在其死刑缓期执行 2 年期满依法减为无期徒刑后，终身监禁，不得减刑、假释。

◎ [主观案例]《刑事审判参考》第 1233 号指导案例，朱思亮非国家工作人员受贿案。2006 年，湖北省农村信用社管理体制进行改革，省政府组建省联社，履行省政府对全省农村信用社的管理、指导、协调和服务职能。省联社由省内 90 家市县区农村信用社共同认购、共同出资。市联社由自然人股本金和法人股本金构成注册资本，从市县联社到省联社均无国有资产成分。根据中共湖北省委组织部、省联社党委相关文件，各市县联社理事长、副理事长、主任、副主任、监事长、党委书记、副书记、纪委书记、党委委员属省联社党委管理的干部，由省联社党委进行考察和任免。2009 年 12 月，省联社党委明确被告人朱思亮为湖北省天门市联社党委委员，提名主任人选。2010 年 1 月，天门联社理事会聘任朱思亮为联社主任，2010 年 11 月，省银监局核准朱思亮天门联社主任的任职资格。2010 年 7 月至 2011 年 1 月，朱思亮在担任天门联社主任、贷款审查委员会主任委员期间，利用职务上的便利，为天门双赢置业投资有限公司申请贷款提供帮助，先后 3 次收受贿赂 100 余万元。

① 答案：A。

[主观题考点解读] 该案认定朱思亮为非国家工作人员，裁判要旨指出，省联社受国家机关委托对辖区内信用社进行管理，省联社虽然受委托但本身不能视为国家机关。如果在省级联社工作的人员代为行使政府行政管理职权过程中有职务犯罪行为的，属于直接受政府委派从事公务，应当视为国家工作人员。但省联社本身仍然不能视为国家机关，其仍然为企业法人的性质，那么由省联社考察任免的下属联社管理干部，就不能算是政府委派从事公务了。

二、挪用公款罪

《刑法》第 384 条：国家工作人员利用职务上的便利，挪用公款归个人使用，进行非法活动的，或者挪用公款数额较大、进行营利活动的，或者挪用公款数额较大、超过三个月未还的，是挪用公款罪，处五年以下有期徒刑或者拘役；情节严重的，处五年以上有期徒刑。挪用公款数额巨大不退还的，处十年以上有期徒刑或者无期徒刑。

挪用用于救灾、抢险、防汛、优抚、扶贫、移民、救济款物归个人使用的，从重处罚。

（一）对象

1. 原则上仅指"公款"。

（1）公款的范围可以扩大至：公有国库券、失业保险基金、下岗职工基本生活保障资金，但其实质还是"款"。

（2）公款不要求一定是行为人所在单位的公款，国有单位的领导利用职务上的便利指令具有法人资格的下级单位将公款供个人使用的，属于挪用公款行为，构成犯罪的，应以挪用公款罪定罪处罚。

（3）挪用公物的，原则上不成立挪用公款罪。例如，挪用公车的，即公车私用，不构成犯罪。

2. 特定情形下指"公物"：挪用用于救灾、抢险、防汛、优抚、扶贫、移民、救济款物归个人使用的，从重处罚。

（二）主体

1. 严格限制为国家工作人员，不包括受委托经营、管理国有财产的人员。

2. 受委托经营、管理国有财产的人员，不是国家工作人员，其挪用公款的，成立挪用资金罪。

2000 年最高人民法院《关于对受委托管理、经营国有财产人员挪用国有资金行为如何定罪问题的批复》规定："对于受国家机关、国有公司、企业、事业单位、人民团体委托，管理、经营国有财产的非国家工作人员，利用职务上的便利，挪用国有资金归个人使用构成犯罪的，应当依照挪用资金罪定罪处罚。"

（三）如何理解"归个人使用"——因"私"犯罪

挪用公款罪要求将公款"归个人使用"①。即：公款的使用者为个人的，或者以个人

---

① "个人"并不限于一个人，而是相对于单位、集体而言。例如，没有经过单位领导集体研究，只是由其中的少数领导违反决策程序决定将公款供其他单位使用的，属于"个人决定"；同样，为单位少数人谋取利益的，也属于"谋取个人利益"。"以个人名义"是相对于单位名义而言的，如果单位负责人或者其他责任人员超出职权范围或者逃避财务监管，将公款借出给他人使用，或者明确与公款使用人约定以个人名义，擅自将公款借给其他单位或者个人使用的，都可以认定为以个人名义。

名义借出的，均属于归个人使用。如下两种情形特别注意：

（1）形式上"公对公"，但实质上是"个人私下决定"的，属于"归个人使用"。即，以单位的名义借出给其他单位使用的，但个人决定，且谋取个人利益——因私；

（2）因"公"需要而将公款挪归"个人"使用的，不属于"归个人使用"。即，经单位领导集体研究决定将公款给个人使用，或者单位负责人为了单位的利益，决定将公款给个人使用的——因公。

（四）类型

1. 进行非法活动的。

挪用时对他人使用公款的方式并不知情，但在案发前已明知他人用公款进行营利活动或者非法活动的，应视为挪用人挪用公款进行营利活动或非法活动，从而成立挪用公款罪。

2. 进行营利活动，数额较大。

营利活动，是指挪用公款存入银行、用于集资、购买股票、国债等，还包括挪用金融凭证、有价证券用于质押。挪用公款存入银行、用于集资、购买股票、国债等，属于挪用公款进行营利活动；所获取的利息、收益等违法所得，应当追缴，但不计入挪用公款的数额。

"营利活动"应理解为以合法手段谋取合法经济利益的整个过程，包括生产、经营、交换等各个环节的再生物质和资金的营利活动。例如，将公款用于生产领域扩大再生产、将公款用于经营和交换环节以促进资金周转等。但不包括以非法手段谋取经济利益和谋取非法经济利益的行为。实践中挪用公款用于注册公司和用于偿还公司经营过程中债务，是进行营利活动的一个环节，应当认定为进行营利活动。（参见张学强：《对挪用公款进行非法活动或者营利活动不应僵化理解》，载《检察日报》2011年4月14日）

3. 从事其他活动，数额较大、超过三个月未还的。

行为人使公款脱离单位后，即使尚未使用该公款的，也属于挪用。例如，行为人将公款转出，准备日后购买个人住房，即使尚未使用该公款购买住房，也属于挪用。

◉ [注意]"非法活动""营利活动""其他活动"存在竞合关系，即以营利为目的的"非法活动"，完全可以解释为属于"营利活动"。

实践中存在挪用公款部分进行非法活动，部分进行营利活动或者超过3个月未还，分别均未达到《关于办理贪污贿赂刑事案件适用法律若干问题的解释》规定的相应入罪数额标准的情形。对此，可以按照"轻行为吸收重行为"的原则合并计算挪用数额，即将"进行非法活动"数额计入"进行营利活动或者超过3个月未还"的数额，如合并计算后达到后者入罪，应当依法定罪处罚。

例如，A挪用公款4000元用于非法活动，挪用公款5000元进行营利活动，挪用公款6000元进行其他活动，而且均超过3个月未还，假设这3项都未达到相应的入罪标准。对此，应认定A挪用公款15000元进行"其他活动"，成立挪用公款罪。（参见裴显鼎等：《〈关于办理贪污贿赂刑事案件适用法律若干问题的解释〉的理解与适用》）

注意：刑法规定挪用公款罪的本质在于，公款被挪用后就存在收不回的风险。如果这种风险完全不存在，就不宜认定为挪用公款罪。例如，某国有公司的公款原来是在中国工商银行，后该公司总经理甲决定在中国农业银行开设公司账户，把所有的款项转至农业银行。甲的行为没有造成公款的任何风险，不成立挪用公款罪。

（五）认定

1. 数额的计算。多次挪用公款不还，挪用公款数额累计计算；多次挪用公款，并以后次挪用的公款归还前次挪用的公款，挪用公款数额以案发时未还的数额认定。

2. 挪用公款罪与贪污罪的区分：是否具有非法占有目的。

（1）客观上不能归还的，仍定挪用公款罪；如果是主观上不想还的，以贪污罪论处。

（2）贪污是"偷"钱，是平账；挪用公款是"借"钱，是挂账。

（3）如果事先没有非法占有目的，事后"不能"归还的，也仅成立挪用公款罪。当然，事后如果产生了"非法占有目的"，应转化为贪污罪，如挪用后携款潜逃的。

3. 罪数问题。因挪用公款索取、收受贿赂构成犯罪的，依照数罪并罚的规定处罚；挪用公款进行非法活动构成其他犯罪的，依照数罪并罚的规定处罚。

4. 共犯。公款的使用人，原则上不成立挪用公款罪。

（1）使用者参与了"挪"的，成立挪用公款罪的共犯。是指使用者实施了指使或者参与策划取得挪用款的行为，即参与了将公款"挪出"的行为。

（2）使用者仅仅"用"，未参与"挪"，不成立挪用公款罪。例如，2003 年卷二 48C. 丙发现李四挪用公款所取得的款项放在家中，尚未使用，就"借用"李四的公款 50 万元购买毒品，丙不属于挪用公款罪共犯。

›› 历年真题

1. 甲恳求国有公司财务主管乙，从单位挪用 10 万元供他炒股，并将一块名表送给乙。乙做假账将 10 万元交与甲，甲表示尽快归还。20 日后，乙用个人财产归还单位 10 万元。关于本案，下列哪一选项是错误的？[①]（2012 年·卷二·20 题）

A. 甲、乙勾结私自动用公款，构成挪用公款罪的共犯

B. 乙虽 20 日后主动归还 10 万元，甲、乙仍属于挪用公款罪既遂

C. 乙非法收受名表，构成受贿罪

D. 对乙不能以挪用公款罪与受贿罪进行数罪并罚

2. 甲是 A 公司（国有房地产公司）领导，因私人事务欠蔡某 600 万元。蔡某让甲还钱，甲提议以 A 公司在售的商品房偿还债务，蔡某同意。甲遂将公司一套价值 600 万元的商品房过户给蔡某，并在公司财务账目上记下自己欠公司 600 万元。三个月后，甲将账作平，至案发时亦未归还欠款。（事实一）

关于事实一的分析下列选项正确的是？[②]（2016 年·卷二·89 题）

A. 甲将商品房过户给蔡某的行为构成贪污罪

B. 甲将商品房过户给蔡某的行为构成挪用公款罪

C. 甲虚假平账，不再归还 600 万元，构成贪污罪

D. 甲侵占公司 600 万元，应与挪用公款罪数罪并罚

◉ ［主观案例］无锡市旺庄医院系事业单位法人，杨某为医院副院长，分管行政、财务

① 答案：D。
② 答案：C。

工作。万兆公司系尤某（杨某丈夫）、浦某出资设立的有限公司，长江公司系尤某与杨某出资设立的有限公司。2006 年 4 月至 2007 年 6 月间，杨某利用其担任副院长、分管财务的职务便利，在征得旺庄医院药品供应商东方药业有限公司同意后，先后 4 次用万兆公司或长江公司收到的未到期的银行承兑汇票支付药款给供货单位，用于结付旺庄医院的药款。与此同时将旺庄医院等额的公款合计人民币 700386 元通过转账的方式转入万兆公司和长江公司。这些承兑汇票后已均由承兑银行兑付。

[主观题考点解读] 该案中，旺庄医院本来就应该支付药品供应商东方药业有限公司的药款，但旺庄医院没有直接支付，而是先将药款支付给万兆公司、长江公司，再由万兆公司、长江公司支付未到期的银行承兑汇票给东方药业有限公司。旺庄医院不会有任何风险、损失，而真正可能面临风险的是东方药业有限公司，其可能面临汇票不能承兑的风险。但这种风险是东方药业公司自愿接受的。故旺庄医院的副院长杨某不构成挪用公款罪。[①]

三、受贿罪

《刑法》第 385 条：国家工作人员利用职务上的便利，索取他人财物的，或者非法收受他人财物，为他人谋取利益的，是受贿罪。

国家工作人员在经济往来中，违反国家规定，收受各种名义的回扣、手续费，归个人所有的，以受贿论处。

《刑法》第 386 条：对犯受贿罪的，根据受贿所得数额及情节，依照本法第三百八十三条（贪污罪）的规定处罚。索贿的从重处罚。

《刑法》第 388 条：国家工作人员利用本人职权或者地位形成的便利条件，通过其他国家工作人员职务上的行为，为请托人谋取不正当利益，索取请托人财物或者收受请托人财物的，以受贿论处。

（一）主体：国家工作人员

1. 不同身份类型的受贿犯罪。

（1）我国刑法中，收受他人贿赂的行为，基于主体身份的不同，规定了受贿罪、利用影响力受贿罪、非国家工作人员受贿罪等。

（2）不同身份的主体共同受贿的，以高身份者定罪。国家工作人员这一身份是"高"（重）身份，其他身份的人如果与国家工作人员共同收受他人贿赂的，应以"高"身份者的犯罪即受贿罪的共犯论处。

2012 年卷四：副县长赵某带队前来开展拆迁、评估工作的验收。李某给赵某的父亲（原县民政局局长，已退休）送去 1 万元现金，请其帮忙说话。赵某得知父亲收钱后答应关照李某，令人将邻近山坡的树苗都算到李某名下——赵某和他的父亲成立受贿罪的共同犯罪。

2. 特定关系人（有影响力的人）索取、收受他人财物，国家工作人员知道后未退还或者上交的，应当认定国家工作人员具有受贿故意。

（1）理由：国家工作人员的近亲属、特定关系人收受他人财物，国家工作人员事后知

---

① 《刑事审判参考》第 574 号指导案例。

情如果不反对，说明其认可该财物，会给行贿人传递出"权钱交易"的信号，应认定为受贿罪。实质上看，行贿者之所以会给予国家工作人员的近亲属、特定关系人以财物，也是有求于国家工作人员的职权，国家工作人员对此不予反对的，就是认可"权钱交易"，构成受贿罪。

典型的如薄熙来案，该案的判决书指出：2001年7月9日，薄谷开来用其收受徐明给予的购房资金2318608欧元购买了位于法国尼斯地区戛纳市松树大道7号的枫丹圣乔治别墅。2002年8月，薄谷开来在沈阳家中将徐明出资在法国购买别墅事宜告知了被告人薄熙来。"该案中，薄熙来的行为被认定为受贿罪。

（2）如果国家工作人员知道其近亲属、特定关系人收受他人财物后，明确反对，并要求退回的，国家工作人员不构成受贿罪。

例如，2018年真金题：张某为谋取不正当利益，给李某（国家机关工作人员）的妻子钱某10万元，后李某知道后，让妻子退还给张某，钱某假装同意，后并未将10万元退还给张某，并将10万元用于家庭生活。——该案中，国家工作人员李某的行为不构成犯罪，钱某的行为构成侵占罪。

（二）对象：财物

1. 包括财产性的利益。是指可以折算为货币的物质利益如房屋装修、债务免除、土地使用权等，以及需要支付货币的其他利益如会员服务、旅游等。

2. 不包括非财产性的利益，如性贿赂、提供招工指标、安置亲属就业、升学、提供职务、迁移户口。理由：这些"利益"无法用数额衡量，且难以确定是否是国家工作人员职务行为的对价。

⊙ ［案例］请托人直接为国家工作人员提供性服务的，不能认定国家工作人员的行为构成受贿罪。国家工作人员在色情场所嫖宿或者接受其他性服务，由请托人支付费用的，或者请托人支付费用雇请卖淫者为国家工作人员提供性服务的，属于受贿，受贿的对象是"嫖资"。例如，原广州市政府原副秘书长晏某，接受郭某为其安排嫖娼"200多次"，每名卖淫女的嫖资为"3000元或5000元"，故嫖资共计60万元，被认定为受贿罪。

2015年卷二89. 黄某动用关系，帮朱某升任民政局局长。——朱某事后虽获得了利益（升任局长）这一"非财产性利益"，但不构成受贿罪。

3. 非法的财物仍然成立受贿罪。受贿罪的保护法益是职务行为的不可收买性，即便是收受非法财物，也侵犯了职务行为的不可收买性。

≫ 历年真题

关于受贿相关犯罪的认定，下列哪些选项是正确的？[①]（2013年·卷二·63题）

A. 甲知道城建局长张某吸毒，以提供海洛因为条件请其关照工程招标，张某同意。甲中标后，送给张某50克海洛因。张某构成受贿罪

B. 乙系人社局副局长，乙父让乙将不符合社保条件的几名亲戚纳入社保范围后，收受亲戚送来的3万元。乙父构成利用影响力受贿罪

C. 国企退休厂长王某（正处级）利用其影响，让现任厂长帮忙，在本厂推销保险产

---

① 答案：ABCD。

品后，王某收受保险公司 3 万元。王某不构成受贿罪

D. 法院院长告知某企业经理赵某"如给法院捐赠 500 万元办公经费，你们那个案件可以胜诉"。该企业胜诉后，给法院单位账户打入 500 万元。应认定法院构成单位受贿罪

（三）表现形式

受贿罪的主体是国家工作人员，刑法对其惩罚是最严格的，该罪的表现形式有如下 5 种。其他受贿类型的犯罪，如单位受贿罪、非国家工作人员受贿罪、利用影响力受贿罪，其表现形式最多只有如下 5 种中的前 3 种：

1. 利用职务上的便利，索取他人财物——主动索贿型；

2. 利用职务上的便利，非法收受他人财物，为他人谋取利益——被动收受型；

3. 在经济往来中受贿，即在经济往来中违法收受各种名义的回扣、手续费——商业受贿；

4. 斡旋受贿。利用工作而非职务上的便利，为请托人谋取不正当利益，索取或收受请托人财物；

（1）介绍贿赂罪的行为人在行贿人与受贿人之间进行沟通、撮合使受贿与行贿得以实现，行为人自己并不能利用职权为行贿人办事，也不收取行贿的财物。即，介绍者只是"撮合"行贿人与受贿人。

（2）受贿罪（斡旋受贿），行为人并不是利用其本人的职权，而是利用本人职权或地位形成的便利条件，通过其他国家工作人员职务上的行为，为请托人谋取不正当利益。即，斡旋者积极协调，行贿人仅与斡旋者沟通、接触。

5. 事（退休）后受贿。要求事先（在职时）有约定，即受贿意图必须在在职时形成。（"先发货，后收钱"型的权钱交易）

（1）理由：之所以要求事先有约定，是因为受贿罪的本质是权钱交易，国家工作人员在职的时候才有"权力"，约定好了退休后受贿，就相当于用"权力"锁住了未来的"钱"，仍属权钱交易。即"赊账型"受贿。

（2）事先（在职时）无约定的，不构成受贿罪。如果在职时虽然有"权"，并且用权力帮他人办事，但没有约定收受礼物，就没有进行权钱交易，退休后已经无"权"了，索取或收受他人财物，就不能认定为是"权钱交易"，不能认定为受贿罪。

⊙ [应试技巧] 从应对考试的角度看，国家工作人员，只要收受了礼物，原则上就成立受贿罪。法考真题不大可能出现某一国家工作人员收受礼物不构成受贿罪，因为这样传递的价值观并不正确。

（四）客观方面的几个问题

1. "利用职务上的便利"。

（1）利用本人职务范围内的权力，即自己职务上主管、分管、负责某项公共事务的职权所形成的便利条件；

（2）利用有隶属关系的其他国家工作人员的职权；

（3）利用有制约关系的人员的职权。

如果仅仅是利用因工作关系熟悉作案的环境等与职务无关的便利，不属于利用职务上的便利。有一般的职务权限，但具体权限的行使要依靠"将来的条件"才能确定，将来可

能实施的职务行为也认为是与职务有关的权限。例如，任期马上届满的公安局长，与赌博团伙约定，如其连任公安局长，就应当给予该犯罪团伙以特别保护，从而收受贿赂款 10 万元，公安局长构成受贿罪。

2. "为他人谋取利益"，包括：承诺、实施、实现为他人谋取利益。

（1）推定的承诺，也属于承诺为他人谋取利益。即，明知他人有具体的请托事项而收受他人财物，视为承诺为他人谋取利益（推定的承诺）。

（2）虚假许诺也属于"承诺"①。一般认为，即便是虚假承诺，之所以相对方会送礼，更多地是基于国家工作人员的职权。退一步讲，即便相对方识破了国家工作人员的"虚假"，基于国家工作人员的职权压力，也会交付财物，仍然认为是权钱交易，成立受贿罪。

（3）利用未来的职权实现权钱交易，也认为是"为他人谋取利益"（"先收钱，后发货"型的权钱交易）。

司法解释规定，国家工作人员索取、收受具有上下级关系的下属或者具有行政管理关系的被管理人员的财物价值 3 万元以上，可能影响职权行使的，视为承诺为他人谋取利益。

（4）国家工作人员利用职务上的便利，受请托之前收受的财物数额在 1 万元以上的，应当一并计入受贿数额。参见 2016 年最高人民法院、最高人民检察院《关于办理贪污贿赂刑事案件适用法律若干问题的解释》第 15 条。该条规定的主要理由在于：行贿人长期给予受贿人财物，且超出正常人情往来，其间只要发生过具体请托事项，则可以把这些连续收受财物的行为视为一个整体行为，全额认定受贿数额。

>> 历年真题

关于受贿罪，下列哪些选项是正确的？②（2017 年·卷二·62 题）

A. 国家工作人员明知其近亲属利用自己的职务行为受贿的，构成受贿罪

B. 国家工作人员虚假承诺利用职务之便为他人谋利，收取他人财物的，构成受贿罪

C. 国家机关工作人员实施渎职犯罪并收受贿赂，同时构成渎职罪和受贿罪的，除《刑法》有特别规定外，以渎职罪和受贿罪数罪并罚

D. 国家工作人员明知他人有请托事项而收受其财物，视为具备"为他人谋取利益"的构成要件，是否已实际为他人谋取利益，不影响受贿的认定

（五）认定中的问题

1. 受贿的方式。

（参见 2007 年最高人民法院、最高人民检察院《关于办理受贿刑事案件适用法律若干问题的意见》）如下各种类型的受贿方式，其本质在于，通过你的职权，拿了别人给你的本不该属于你的财物。

---

① 案例：2006 年至 2013 年期间，被告人吴某担任湖南省高速公路管理局养护工程公司副经理、湖南省洞新高速公路建设开发有限公司经理期间，其公司股东徐某某多次找吴某，要求承接高速所需钢绞线全部供应业务。吴某虚构为了让徐某某顺利承接到业务，需要给"领导的朋友"100 万好处费，让"领导的朋友"退出竞争。后徐某某给了吴某 100 万元。有观点认为吴某采取虚构事实的方式，也符合诈骗罪的构成。但总体而言，吴某是利用了职务上的便利，徐某某也是基于对吴某职权的信任交付财物的，因此认定索贿更为准确。（参见《吴六徕受贿案——以欺骗方式让行贿人主动交付财物的，应认定为索贿》，《刑事审判参考》第 1147 号指导案例）

② 答案：ABCD。

（1）以交易形式收受贿赂——以高价卖或者低价买；

（2）收受干股的；

（3）以开办公司等合作投资名义收受贿赂的；

（4）以委托请托人投资证券、期货或者其他委托理财的名义收受贿赂的；

（5）以赌博形式收受贿赂的；

（6）特定关系人"挂名"领取薪酬；

（7）由特定关系人收受贿赂；

（8）闻风退赃。国家工作人员收受请托人财物后"及时"退还或者上交的，不是受贿。国家工作人员受贿后，因自身或者与其受贿有关联的人、事被查处，为掩饰犯罪而退还或者上交的，构成受贿罪。

2014年卷四：戊为了使乙长期关照原料公司，让乙的妻子丁未出资却享有原料公司10%的股份（乙、丁均知情），虽未进行股权转让登记，但已分给红利58万元，每次分红都是丁去原料公司领取现金——本案中，戊构成行贿罪，乙、丁构成受贿罪。

2. 罪数。

收受贿赂后又实施了其他犯罪行为的，原则上应当数罪并罚。但存在如下例外情况：

（1）《刑法》第399条规定，司法工作人员受贿后又构成徇私枉法罪，民事、行政枉法裁判罪，执行判决、裁定失职罪，执行判决、裁定滥用职权罪，从一重罪处罚。

特别注意，其他人员，如有影响力的人收受贿赂后又指使他人徇私枉法的，应以利用影响力受贿罪与徇私枉法罪数罪并罚。

（2）国家机关工作人员收受贿赂或者滥用职权，实施了"被执行人、担保人、协助执行义务人与国家机关工作人员通谋，利用国家机关工作人员的职权妨害执行，致使判决、裁定无法执行的"（拒不执行判决、裁定罪）行为的，同时构成受贿罪、滥用职权罪（玩忽职守罪）的，从一重罪处罚。

（3）提供虚假证明文件，并非法收受他人财物的，应以提供虚假证明文件罪与非国家工作人员受贿罪（受贿罪），择一重罪处罚。

3. 既遂的标准：收受（控制）财物。如下几个问题需要特别掌握。

（1）司法解释规定，（出于无奈，即无受贿故意）受贿后及时（案发前）退还或者上交的，无罪。

（2）收受银行卡的，卡内金额全额认定为受贿金额。理由：虽然银行卡的"名义人"是行贿人，但受贿人（国家工作人员）的职权决定了其对银行卡有实质上的掌握权。

（3）关于索贿型受贿罪的犯罪既遂标准，存在争议。

一种观点认为，只要实施了"索取"行为，就认为是受贿罪既遂。

另一种观点认为，只有"索取"并实际取得财物，才认定为受贿罪既遂。后一种观点更具有合理性，审判实践也采这种观点。

（4）收受请托人房屋、汽车等物品，未变更权属登记或者借用他人名义办理权属变更登记的，只要有收受财物的故意，成立受贿罪既遂。

理由：不动产的权属原则上应以过户登记为准。但是，在行贿受贿案件中，受贿人为了规避法律的制裁，会选择实际占有房产而不办理过户手续，行贿者也有将房产交付受贿者的意思。在此意义上而言，行贿人与受贿人让渡房产的"合意"、受贿者实际占有房产，实际上已经对抗了行贿人还是房屋的"法律上的名义人"，即受贿人在实际控制房产，故应认定为是受贿罪既遂。其实质还在于，"合意"＋"实际占有"已经实际上优于行贿人"法律名义上的占有"，可以认定为受贿罪既遂。

但是，其他犯罪中，例如盗窃、抢劫他人的房产，如果没有实现房屋过户登记，即便住进了他人的房子，也不可能认定为是犯罪既遂，因为房主并没有让渡房产的意思。行为人单纯的现实占有，还不能对抗房主的"法律上的名义人"，故不能认定为犯罪既遂。审判实践中，国家工作人员收受行贿人交付的需要支付按揭贷款的房产的行为，没有办理过户手续的，也构成受贿罪，受贿的金额应该以房屋的价格计算。其理由在于：行贿人已经将房屋的所有权让渡给了国家工作人员，行贿人已经事实上背负了银行的贷款，已经与受贿者事实上达成了承担债务（贷款按揭）的共识，并且，受贿人事实上控制了该房屋，应将房屋整体认定为受贿所得。

（5）收受财物的数额认定：以收受时的受贿金额为准，即以"权钱交易"当时的金额为准。审判实践中，受贿方收受的财物的价值可能并非一成不变，例如，收受黄金、股票等，收受后，其价格一直处于变动中，可能上涨或下跌。如果以事后上涨或下跌的价格作为受贿的数额，将存在很大的不确定性，没有标准可言，并且，这样的计算方法也会导致对行贿方的行贿数额的认定存在不确定性。犯罪故意仅仅存在于行为当时，收受贿赂当时的数额标准，应认定为受贿、行贿的数额。

例如，甲设立 A 公司，注册资本为 1000 万元，甲提出将 10% 股权给国家工作人员乙，乙同意并办理了注册登记，后该部分股价增值上涨为 200 万元。甲以 600 万元的价格回购该部分股权——本案中，甲的前行为应认定为受贿罪，金额为 100 万元。后来，乙将价值 200 万元的股份卖给甲 600 万元，应认定为受贿 400 万元。故甲的受贿金额共为 500 万元。（2020 年真金题）

又如，甲向国家工作人员乙行贿，甲带了 100 万元现金去乙的办公室，乙对甲说："钱先放你那里吧。"甲遂将现金带回并放进自己的保险箱里，直至案发时也没有移动——甲行贿 100 万元既遂，乙受贿 100 万元既遂。（2020 年真金题）

又如，甲向国家工作人员乙行贿，给了乙一张空白支票，支票可填写的最高额为 999 万元，甲账户上也有千万余额，直至案发时，乙也没有填写支票上的数字——甲行贿 999 万元既遂，乙受贿 999 万元既遂。（2020 年真金题）

再如，甲向国家工作人员乙行贿，给了乙一张 500 万元的银行卡，并告知其卡内余额，乙收下后，没有查看余额，也没有使用，直至案发时，卡上余额连本带息共 600 万元——甲行贿金额为 500 万元，乙受贿金额 500 万元。（2020 年真金题）

◉ ［主观案例］《刑事审判参考》第 1250 号指导案例，张帆受贿案——利用职务便利为自己与他人合作的项目谋取利益，后明显超出出资比例获取分红行为的定性。

该案中，张帆与其他人共同入股投资成立公司，张帆实际出资 15%，占股 15%。后张帆利用其职务便利为该公司谋利，在该公司年终分红时，张帆虽然占的股份为 15%，但实际分红都是 20% 股份的份额。法院认定为受贿罪。裁判理由指出：张帆虽然占股 15%，但其他股东考虑到需要张帆的职务帮助，同意其按约定比例 20% 获得分红，而其多获得的分红款正是本属于其他股东的，是由其他股东让渡的利润。在张帆通过职务行为为该公司实际谋取到利益的情况下，各股东同意给张帆多分红，既有对其前期行为的感谢，也有对其后续行为的期待。张帆显然明知利益的获取与其职务行为有关，而其他股东也显然不是基于平等自愿的意思自治同意多给张帆股份，而正是看中张帆职务所能带来的便利和利益，把自己应得的利润让渡给了张帆。故权钱交易特征明显。张帆所获分红款中，既有自己的投资所得，亦有其他股东投资应得但考虑到张帆的职务帮助而让渡给张帆的部分，应认定张帆超出出资股份比例获分红款是其非法收受的他人的财物，系受贿。

◉ [主观案例]《刑事审判参考》第1144号指导案例，孙昆明受贿案——如何区分合法的债权债务关系与非法收受他人财物的情形。

2012年2月至2013年3月，孙昆明假称与刘某某买卖房屋，签订购房协议，陆续收取刘某某给予的"房款"130万元，其间还以租金的名义向刘某某返还43000元。后因孙昆明调动工作到北京，刘某某向孙昆明索要100万元，并称将剩余30万元作为孙昆明之前帮忙的好处费，孙昆明同意并返还刘某某100万元。后孙昆明因得知有人因类似问题被查处，于2014年2月25日找到刘某某补写了一张30万元的欠条以应付检查。通过上述手段，孙昆明共收取刘某某给予的好处费人民币257000元。本案中，孙昆明提议刘某某用房屋买卖合同加高倍违约金的方式支付贿赂款。孙昆明起草了房屋买卖协议，协议约定刘宗友同意自协议签订之日起7个工作日内支付孙昆明首付款100万元，每延迟1天付款，刘宗友需支付房屋出售价的1%的违约金。孙昆明办理好有关房屋产权手续后7个工作日内通知刘宗友支付尾款并协助刘宗友办理过户手续。刘宗友接到孙昆明支付尾款通知之日起7个工作日内支付尾款，每延迟1天付款，刘宗友需支付房屋出售价的1%的违约金，若刘宗友在一个月内未足额付清尾款，则孙昆明不再将本房屋出售给刘宗友，且已经收取的房屋首付款100万元不退还。如果孙昆明未能在2013年6月底前办理好本房屋产权手续，孙昆明须将所收刘宗友100万首付扣掉刘宗友首付违约金后退还。事实上，孙昆明的房子是单位集体盖的，无法过户，合同实质上无法履行。其行为应认定为受贿。

◉ [主观案例] 最高人民法院指导案例第3号，潘玉梅、陈宁受贿案。2003年8、9月间，被告人潘玉梅、陈宁分别利用担任江苏省南京市栖霞区迈皋桥街道工委书记、迈皋桥办事处主任的职务便利，为南京某房地产开发有限公司总经理陈某在迈皋桥创业园区低价获取100亩土地等提供帮助，并于9月3日分别以其亲属名义与陈某共同注册成立南京多贺工贸有限责任公司（简称多贺公司），以"开发"上述土地。潘玉梅、陈宁既未实际出资，也未参与该公司经营管理。2004年6月，陈某以多贺公司的名义将该公司及其土地转让给南京某体育用品有限公司，潘玉梅、陈宁以参与利润分配名义，分别收受陈某给予的480万元。2007年3月，陈宁因潘玉梅被调查，在美国出差期间安排其驾驶员退给陈某80万元。案发后，潘玉梅、陈宁所得赃款及赃款收益均被依法追缴。2004年2月至10月，被告人潘玉梅、陈宁分别利用担任迈皋桥街道工委书记、迈皋桥办事处主任的职务之便，为南京某置业发展有限公司在迈皋桥创业园购买土地提供帮助，并先后4次各收受该公司总经理吴某某给予的50万元。2004年上半年，被告人潘玉梅利用担任迈皋桥街道工委书记的职务便利，为南京某发展有限公司受让金桥大厦项目减免100万元费用提供帮助，并在购买对方开发的一处房产时接受该公司总经理许某某为其支付的房屋差价款和相关税费61万余元（房价含税费121.0817万元，潘支付60万元）。2006年4月，潘玉梅因检察机关从许某某的公司账上已掌握其购房仅支付部分款项的情况而补还给许某某55万元。此外，2000年春节前至2006年12月，被告人潘玉梅利用职务便利，先后收受迈皋桥办事处一党支部书记兼南京某商贸有限责任公司总经理高某某人民币201万元和美元49万元、浙江某房地产集团南京置业有限公司范某某美元1万元。2002年至2005年间，被告人陈宁利用职务便利，先后收受迈皋桥办事处一党支部书记高某某21万元、迈皋桥办事处副主任刘某8万元。综上，被告人潘玉梅收受贿赂人民币792万余元、美元50万元（折合人民币398.1234万元），共计收受贿赂1190.2万余元；被告人陈宁收受贿赂559万元。

[主观题考点解读] 法院认定其上述行为构成受贿罪，裁判要点：（1）国家工作人员利用职务上的便利为请托人谋取利益，并与请托人以"合办"公司的名义获取"利润"，没有实际出资和参与经营管理的，以受贿论处。（2）国家工作人员明知他人有请托事项而收受其财物，视为承诺"为他人谋取利益"，是否已实际为他人谋取利益或谋取到利益，不影响受贿的认定。（3）国家工作人员利用职务上的便利为请托人谋取利益，以明显低于市场的价格向请托人购买房屋等物品的，以受贿论处，受贿数额按照交易时当地市场价格与实际支付价格的差额计算。（4）国家工作人员收受财物后，因与其受贿有关联的人、事被查处，为掩饰犯罪而退还的，不影响认定受贿罪。

四、利用影响力受贿罪

《刑法》第388条之一：国家工作人员的近亲属或者其他与该国家工作人员关系密切的人，通过该国家工作人员职务上的行为，或者利用该国家工作人员职权或者地位形成的便利条件，通过其他国家工作人员职务上的行为，为请托人谋取不正当利益，索取请托人财物或者收受请托人财物，数额较大或者有其他较重情节的，处三年以下有期徒刑或者拘役，并处罚金；数额巨大或者有其他严重情节的，处三年以上七年以下有期徒刑，并处罚金；数额特别巨大或者有其他特别严重情节的，处七年以上有期徒刑，并处罚金或者没收财产。

离职的国家工作人员或者其近亲属以及其他与其关系密切的人，利用该离职的国家工作人员原职权或者地位形成的便利条件实施前款行为的，依照前款的规定定罪处罚。

1. 利用影响力受贿罪与受贿罪的差异。

（1）无论是索取他人财物，还是收受他人财物，利用影响力受贿罪都要求为请托人谋取"不正当利益"。

而受贿罪中，索取他人财物的，不需要"为他人谋取利益"这一要件；受贿罪中，非法收受他人财物的，要求"为他人谋取利益"，并非限定为"不正当利益"，包括"正当利益"。

（2）离职的国家工作人员成立利用影响力受贿罪，必须"为他人谋取不正当利益"及"索取或者收受他人财物"均在离职后。

而受贿罪中的"事后受贿"，要求"为他人谋取利益"必须是在职时。

2. 如何理解"关系密切的人"（有影响力的人）——不看形式，要看实质。

通常是指与国家工作人员或者离职的国家工作人员具有共同利益关系的人，其中的利益关系不仅包括物质利益，而且包括其他方面的利益，如情人关系、密切的上下级关系（如秘书、司机等）、密切的姻亲或血亲关系。

没有必要将关系密切限定解释为事实上非常熟悉、关系紧密，因为客观上能够通过国家工作人员职务上的行为为请托人谋取不正当利益的人，基本上都是与国家工作人员有密切关系的人。历年国家法律职业资格考试真题中，将"关系密切的人"解释得非常宽泛。①

3. 利用影响力受贿罪，同样要求"权钱交易"，即通过影响力实现国家工作人员的职务行为与金钱的交易。

利用影响力受贿罪是"贿赂型"犯罪，其实质在于，通过有影响力的人，实现金钱与国家工作人员的权力的"间接"交易，间接腐蚀了权力。如果根本不可能实现权钱交易，或者国家工作人员（权力）明确反对权钱交易，那么，即便有影响力的人收受了他人财物，也不构成利用影响力受贿罪。

例如，张某为谋取不正当利益，给李某（国家机关工作人员）的妻子钱某 10 万元，后李某知道后，让妻子退还给张某，钱某假装同意，后并未将 10 万元退还给张某，并将 10 万元用于家庭生活——该案中，钱某并没有促进"权钱交易"，国家工作人员李某的行为不构成犯罪，钱某亦不构成利用影响力受贿罪，钱某构成侵占罪。

》》历年真题

1. 根据《刑法》有关规定，下列哪些说法是正确的？②（2009 年·卷二·64 题）

A. 甲系某国企总经理之妻，甲让其夫借故辞退企业财务主管，而以好友陈某取而代之，陈某赠甲一辆价值 12 万元的轿车。甲构成犯罪③

B. 乙系已离职的国家工作人员，请接任处长为缺少资质条件的李某办理了公司登记，收取李某 10 万元。乙构成犯罪

C. 丙系某国家机关官员之子，利用其父管理之便，请其父下属将不合条件的某企业列入政府采购范围，收受该企业 5 万元。丙构成犯罪

D. 丁系国家工作人员，在主管土地拍卖工作时向一家房地产公司通报了重要情况，使其如愿获得黄金地块。丁退休后，该公司为表示感谢，自作主张送与丁价值 5 万元的按摩床。丁构成犯罪

2. 乙的孙子丙因涉嫌抢劫被刑拘。乙托甲设法使丙脱罪，并承诺事成后付其 10 万元。甲与公安局副局长丁早年认识，但多年未见面。甲托丁对丙作无罪处理，丁不同意，甲便以揭发隐私要挟，丁被迫按甲的要求处理案件。后甲收到乙 10 万元现金。关于本案，下列哪一选项是错误的？④（2013 年·卷二·21 题）

A. 对于"关系密切"应根据利用影响力受贿罪的实质进行解释，不能仅从形式上限

---

① 审判实践中，利用影响力受贿罪的主体"关系密切的人"（有影响力的人）并不是特别宽泛。一般限定为是亲友、同学关系，而不是泛指一切有影响力的人。笔者查阅了中国裁判文书网 2010 年至今的判决 400 余个，基本上都是如此。有个别案件，适度扩张了。

例如，周某利用影响力受贿案中，2015 年 12 月至 2016 年 2 月，被告人周某在筠连县食品药品监督管理局工作期间（担任司机），在筠连县学生营养餐检测过程中，给营养餐供应商黄某牵线搭桥，请求筠连县食品药品监督管理局安全总监被告人蔡某在学生营养餐检测工作中给予关照和帮助，先后五次收受黄某送的现金 10 万元。周某的行为最终被认定为利用影响力受贿罪。[参见四川省筠连县人民法院刑事判决书，（2017）川 1527 刑初 36 号]

② 答案：ABC。

③ 甲如果是与她丈夫共谋这件事情的，或者说她的丈夫如果知道她收受别人财物的，二人成立受贿罪的共同犯罪。如果甲的丈夫并不知甲收受了他人财物，她丈夫不定罪，甲成立利用影响力受贿罪。总之，甲构成犯罪。故 A 正确。B、C 选项亦如此。一般认为，题目没有特别交代，就认为丈夫（国企总经理）不知道收受财物这一事实。

④ 答案：D。

定为亲朋好友

B. 根据 A 选项的观点，"关系密切"包括具有制约关系的情形，甲构成利用影响力受贿罪

C. 丁构成徇私枉法罪，甲构成徇私枉法罪的教唆犯

D. 甲的行为同时触犯利用影响力受贿罪与徇私枉法罪，应从一重罪论处

五、对有影响力的人行贿罪

《刑法》第 390 条之一：为谋取不正当利益，向国家工作人员的近亲属或者其他与该国家工作人员关系密切的人，或者向离职的国家工作人员或者其近亲属以及其他与其关系密切的人行贿的，处三年以下有期徒刑或者拘役，并处罚金；情节严重的，或者使国家利益遭受重大损失的，处三年以上七年以下有期徒刑，并处罚金；情节特别严重的，或者使国家利益遭受特别重大损失的，处七年以上十年以下有期徒刑，并处罚金。

单位犯前款罪的，对单位判处罚金，并对其直接负责的主管人员和其他直接责任人员，处三年以下有期徒刑或者拘役，并处罚金。

具体而言：

第一，行为人将财物交给特定关系人（有影响力的人），特定关系人仅成立利用影响力受贿罪，国家工作人员不成立受贿罪时，行为人成立对有影响力的人行贿罪。

例如，甲将财物送给市长乙的妻子丙，要求丙在乙面前美言几句，但同时甲亦明确告知丙不要让市长乙知道送礼的事宜。丙要求乙帮助甲，为甲谋取了利益，但是，乙并不知道甲给丙送了礼。甲的行为成立对有影响力的人行贿罪，丙成立利用影响力受贿罪，乙不构成犯罪。

第二，行为人将财物交给特定关系人，特定关系人虽然与国家工作人员构成受贿的共犯，但行为人没有认识到该受贿共犯事实时，行为人仍然成立对有影响力的人行贿罪。

例如，甲将财物送给市长乙的妻子丙，要求丙在乙面前美言几句，但同时甲亦明确告知丙不要让市长乙知道送礼的事宜。丙向乙告知了甲的请托事项，要求乙帮助甲，同时，丙亦将甲送礼物的事情告诉了乙，乙没有反对。本案中，乙、丙的行为构成受贿罪的共犯，甲成立对有影响力的人行贿罪。

第三，行为人将财物交付给特定关系人，特定关系人与国家工作人员构成受贿罪的共犯，行为人也明知该受贿共犯事实时，不管财物最终是否由国家工作人员占有，行为人均成立行贿罪。

例如，甲将财物送给市长乙的妻子丙，要求丙在乙面前美言几句，并要求丙转告乙关于自己所送的礼物。丙将甲的请托事项以及收受甲财物的情况告知了乙，乙没有反对。甲的行为构成行贿罪，乙、丙的行为构成受贿罪（共犯）

[总结]

（1）行贿人"只想"将财物交给特定关系人（有影响力的人），原则上成立对有影响力的人行贿罪。

（2）只有行贿人明知，该特定关系人与国家工作人员有共同受贿的故意，则行贿人构成行贿罪。

2019 年真金题：陈某欲得到一工程，送给非国家工作人员的刘甲 100 万元，希望其能够向管理工程的副市长刘乙（刘甲胞弟）说情。刘甲将 100 万元现金以及陈某的请求告诉刘乙，刘乙说："钱你留着，工程我会帮助的"遂陈某获得工程。刘甲和刘乙构成受贿罪的共同犯罪，陈某构成对有影响力的人行贿罪。

六、行贿罪

《刑法》第 389 条：为谋取不正当利益，给予国家工作人员以财物的，是行贿罪。

在经济往来中，违反国家规定，给予国家工作人员以财物，数额较大的，或者违反国家规定，给予国家工作人员以各种名义的回扣、手续费的，以行贿论处。

因被勒索给予国家工作人员以财物，没有获得不正当利益的，不是行贿。

《刑法》第 390 条：对犯行贿罪的，处五年以下有期徒刑或者拘役，并处罚金；因行贿谋取不正当利益，情节严重的，或者使国家利益遭受重大损失的，处五年以上十年以下有期徒刑，并处罚金；情节特别严重的，或者使国家利益遭受特别重大损失的，处十年以上有期徒刑或者无期徒刑，并处罚金或者没收财产。

行贿人在被追诉前主动交代行贿行为的，可以从轻或者减轻处罚。其中，犯罪较轻的，对侦破重大案件起关键作用的，或者有重大立功表现的，可以减轻或者免除处罚。

1. 目的要求：行贿人主观上必须具有"为谋取不正当利益"之目的。"为谋取不正当利益"是主观的构成要件要素，行贿人主观上具有该目的即可，并不需要客观上有相应的行为，更不要求行贿人实际上得到了不正当利益。

所有的"行贿类"犯罪都要求行为人主观上"为谋取不正当利益"。如果行为人为了谋取"正当利益"而行贿，这实属现实的无奈，这种情形下将其作为犯罪处理明显不合理，因此不以犯罪论处。但收受该贿赂的国家工作人员，即便是为请托人谋取"正当利益"，也应成立受贿罪。不正当利益的范围，可以分为两大类：

第一，内容上不正当：是从法律、法规、规章、政策、行业规范的规定中能够找到不正当依据的利益；

第二，程序上不正当：是发生在竞争性活动中的不公平利益。

结论：不正当利益不仅指获得的利益本身不正当，而且包括国家工作人员违反法律、法规、规章规定而谋取的不确定利益，也属于不正当利益。这里所谓的不确定利益，是指需要通过竞争获得的利益。在这种情况下，利益是否正当取决于程序是否正当。因此，要求国家工作人员违反程序获取这种利益，就是一种不正当利益。从根本上来说，就是看该利益是否符合法律、法规、规章、政策、行业性规范的规定和公平原则，违反上述规定的利益，以及可能破坏公平竞争的因素，都是不正当利益。

2. "不正当利益"的实务考察。

审判实践中，可以认定"正当利益"的情况极为罕见。查中国裁判文书网，可以看到大量的以涉案利益属于"正当利益"为出罪辩护理由的行贿、斡旋受贿和利用影响力受贿案件。可是辩护意见被法院采纳的案例寥寥无几。在办理贿赂犯罪案件时，如果将某种利益认定为"正当利益"，则必须要求该种利益既不违背各种成文或者不成文的社会行为规则，也要求其不是处于竞争性活动中的不确定利益。若非如此，则该种利益就是"不正当利益"。因此，只要是向司法机关、行政执法机关工作人员行贿的，都属于"谋取不正当利益"；几乎所有商业活动、人事任免活动中发生的利益都可以评价为"不正当利益"；只有那种依据正当程序必然获得的确定利益，才有可能成为"正当利益"。试想，面对一种必然获得的确定利益，谁又愿意向国家工作人员行贿呢？通常情况下，人们只愿意在不确定利益的竞争上支付对价。看来，只有国家工作人员履职不作为而怠于兑现相对人的确定利益时，才可能出现相对人基于谋取正当利益的心理而贿送财物的情形。而这种情形下，人们宁可选择向纪检部门举报，甚至提起行政诉讼，也不愿意行贿。

审判实务中，如下情形均被认定为"谋取不正当利益"：

（1）为保障建设工程顺利施工，请国家工作人员协调纠纷而行贿；

（2）为公司办理一般纳税人资格而行贿；

（3）为工作调动、岗位安排而行贿；

（4）为降低监督力度而向环保工作人员行贿；

（5）科技公司为获取政府追加的扶持资金而行贿；

（6）为顺利及时结算工程款而行贿。[①]

其中，第（6）种情形中，判决指出：任鲁才通过胡某打招呼催要东阿交通局欠李某的修路款，虽然催要修路款本身是合法的，任鲁才也未获得任何利益，但是任鲁才找到时任聊城市政府副秘书长的胡某给相关人员打招呼，在同样索要修路款的平等主体中谋取了竞争优势（"插队"）；任鲁才通过胡某催要修路款，违背了公平、公正原则，构成行贿罪。

>> 历年真题

下列行为人所谋取的利益，哪些是行贿罪中的"不正当利益"？[②]（2005 年·卷二·65 题）

A. 甲向某国有公司负责人米某送 2 万元，希望能承包该公司正在发包的一项建筑工程

B. 乙向某高校招生人员刘某送 2 万元，希望刘某在招生时对其已经进入该高校投档线的女儿优先录取

C. 丙向某法院国家赔偿委员会委员高某送 2 万元，希望高某按照国家赔偿法的规定处理自己的赔偿申请

D. 丁向某医院药剂科长程某送 2 万元，希望程某在质量、价格相同的条件下优先采购丁所在单位生产的药品

3. 排除犯罪的事由（消极的构成要件要素）：因被勒索给予国家工作人员以财物，没有获得不正当利益的，不是行贿。（《刑法》第 389 条第 3 款）

4. 《刑法》第 390 条第 2 款减免处罚的规定：

（1）行贿人在被追诉前（立案侦查前）主动交代行贿行为的，可以从轻或者减轻处罚。其中，"立案侦查前"不仅仅是形式上立案侦查，而包括实质上司法机关已经发现了行贿事实，并展开相关调查。

---

① 苗有水：《解读刑法上的"谋取不正当利益"》，载《人民法院报》2018 年 4 月 11 日。

② 答案：ABD。

例如，司法机关发现，刘某曾给领导王某行贿 20 万元。刘某所在地的监察委接到上级部门指定管辖决定书后，当日上午对刘某依法询问，刘某如实供述其行贿犯罪事实，当地监察委于当日下午对其行贿立案。法院认为：在监察委已经掌握刘某行贿并指定管辖的情况下，刘某接受调查时供述上述事实，不属于"在被追诉前主动交待行贿行为"。对此种情形下的行贿人予以从宽处罚，有违立法本意。（参见《刑事审判参考》第 1282 号指导案例）

（2）其中，犯罪较轻的，对侦破重大案件起关键作用的，或者有重大立功表现的，可以减轻或者免除处罚。

5. 行贿罪与受贿罪并非一一对应关系。有人构成受贿罪，未必有人成立行贿罪，反之亦然。

例如，因被勒索给予国家工作人员以财物，没有获得不正当利益的，不是行贿，但国家工作人员的行为仍然是受贿；

又如，为谋取正当利益给予国家工作人员以财物的，不是行贿，但国家工作人员接受该财物的行为成立受贿罪；

再如，为了谋取不正当利益而给予国家工作人员以财物的，构成行贿罪，但国家工作人员没有接受贿赂的故意，立即将财物送交有关部门处理的，不构成受贿罪。[①]

2019 年主观题：公安机关以洪某犯诈骗罪为由在网上通缉洪某。洪某看到通缉后，得知公安机关并没有掌握自己 1995 年的犯罪事实，便找到甲市环保局副局长白某，请白某向公安局领导说情，并给白某 5 万元现金，白某向公安局副局长李某说情时，李某假装答应大事化小，同时从白某处打听到洪某的藏身之地——本案中，洪某构成行贿罪，白某构成受贿罪（斡旋受贿），李某不构成犯罪。

七、巨额财产来源不明罪

《刑法》第 395 条第 1 款：国家工作人员的财产、支出明显超过合法收入，差额巨大的，可以责令该国家工作人员说明来源，不能说明来源的，差额部分以非法所得论，处五年以下有期徒刑或者拘役；差额特别巨大的，处五年以上十年以下有期徒刑。财产的差额部分予以追缴。

1. 性质：堵截性罪名。明知财产或者支出明显超过合法收入，拒不"说明"其来源，无法查清是贪污、受贿等犯罪所得。

（1）本罪的实行行为是"拒不说明"。国家工作人员的财产、支出明显超出合法收入，并不必然构成本罪，只有"拒不说明"财产来源的，才构成本罪。

（2）"拒不说明"来源而构成本罪，事后即便说明来源，或者司法机关查清来源，已

[①] 2015 年卷二 5. C. 为谋取不正当利益，将价值 5 万元的财物送给国家工作人员，但第二天被退回——行贿人的行为构成犯罪既遂，收受财物者无罪。

2016 年卷二 21. 国家工作人员甲听到有人敲门，开门后有人扔进一个包就跑。甲发现包内有 20 万元现金，推测是有求于自己职务行为的乙送的。甲打电话问乙时被告知"不要问是谁送的，收下就是了"（事实上是乙安排丙送的），并重复了前几天的请托事项。甲虽不能确定是乙送的，但还是允诺为乙谋取利益。D. 即使认为甲不构成受贿罪，乙与丙也构成行贿罪。该题 D 选项的内容是正确的，意即，行贿罪与受贿罪并非一一对应关系。当然，本案中甲的行为成立受贿罪（间接故意）。

经作出的巨额财产来源不明罪判决，也不需要撤销。

例如，国家工作人员甲家中有 2000 万元财产，甲拒绝说明来源，法院判处其巨额财产来源不明罪。刑罚执行期间，司法机关查明其中 1000 万元是甲贪污所得，另 1000 万元是受贿所得，甲的行为另成立贪污罪、受贿罪，与先前的巨额财产来源不明罪并罚。之前给甲判处的巨额财产来源不明罪，不需要撤销，因为甲确实实施了"拒不说明来源"的行为。

又如，司法机关发现国家工作人员乙家中有 2000 万元存款，乙当即告诉司法机关，其中 1000 万元是贪污所得，1000 万元是受贿所得，乙的行为仅构成贪污罪、受贿罪。

2. 说明来源的时间要求：一审判决前。

如果一审判决后，行为人再说明巨额财产来源的，已经判决的巨额财产来源不明罪，不需要被撤销。因为行为人毕竟已经实施了"拒不说明来源"的行为，并且，法院曾经认定巨额财产来源不明罪是没有错误的。

2015 年卷二 90. 检察院在调查朱某时发现，朱某有 100 万元财产明显超过合法收入，但其拒绝说明来源。在审查起诉阶段，朱某交代 100 万元系在澳门赌场所赢，经查证属实。关于朱某 100 万元财产的来源，下列分析正确的是：A. 其财产、支出明显超过合法收入，这是巨额财产来源不明罪的实行行为（错误）；B. 在审查起诉阶段已说明 100 万元的来源，故不能以巨额财产来源不明罪提起公诉（正确）。

八、单位受贿罪

《刑法》第 387 条：国家机关、国有公司、企业、事业单位、人民团体，索取、非法收受他人财物，为他人谋取利益，情节严重的，对单位判处罚金，并对其直接负责的主管人员和其他直接责任人员，处五年以下有期徒刑或者拘役。

前款所列单位，在经济往来中，在帐外暗中收受各种名义的回扣、手续费的，以受贿论，依照前款的规定处罚。

九、介绍贿赂罪

《刑法》第 392 条：向国家工作人员介绍贿赂，情节严重的，处三年以下有期徒刑或者拘役，并处罚金。

介绍贿赂人在被追诉前主动交待介绍贿赂行为的，可以减轻处罚或者免除处罚。

1. 行为性质：介绍、撮合行贿人、受贿人，不直接参与行贿、受贿。

如果行为人超出了在行贿人与受贿人之间"居间撮合"的限度，替他人行贿或与受贿人共同收受贿赂，应当以受贿罪或者行贿罪共同犯罪论处。①

介绍贿赂必须要有积极的引见、沟通、撮合的行为，实践中通常是提供相应的行贿、受贿信息。从刑法理论与实践的通行观点来看，学说上对介绍贿赂罪作限制的理解，甚至主张取消该罪，因此，不是积极的撮合行为的，不宜认定为是介绍贿赂罪。再者，介绍贿赂罪的刑罚较低，因此，原则上尽量不认定为介绍贿赂罪。

---

① 由于介绍贿赂罪的法定刑太低，因此，在行贿人与受贿人之间起介绍作用的，国家法律职业资格考试真题都将介绍者认定为行贿罪或者受贿罪的共同犯罪。从历年真题反馈的信息来看，无成立介绍贿赂罪的可能。

2. 对象：向国家工作人员介绍贿赂。向公司、企业或者其他单位的工作人员（非国家工作人员）介绍贿赂的行为，没有被刑法规定为犯罪，所以，对这种行为只能以无罪论处。

3. 介绍贿赂罪与受贿罪（斡旋受贿）的区别。

（1）是否利用了本人职权或地位形成的便利条件。前者：没有；后者：有。

（2）自己是否得到了财物。前者：无所谓；后者：是。

（3）是否直接参与了行贿、受贿。前者：没有，后者：有。

例如，商人甲欲求国家工作人员乙办事，丙如果仅仅是牵线、搭桥，介绍甲、乙，行贿、受贿行为由甲、乙完成，丙的行为构成介绍贿赂罪。（类似于婚姻介绍所，仅起介绍作用，不参与男、女双方的恋爱）

上一案件中，如果甲要求丙斡旋，丙收受甲的财物之后，利用工作上的便利，找到乙，要求乙为甲谋取利益，甲、乙并不直接接触，丙的行为属于受贿罪（斡旋受贿）。

十、私分国有资产罪

《刑法》第396条：（私分国有资产罪）国家机关、国有公司、企业、事业单位、人民团体，违反国家规定，以单位名义将国有资产集体私分给个人，数额较大的，对其直接负责的主管人员和其他直接责任人员，处三年以下有期徒刑或者拘役，并处或者单处罚金；数额巨大的，处三年以上七年以下有期徒刑，并处罚金。

（私分罚没财物罪）司法机关、行政执法机关违反国家规定，将应当上缴国家的罚没财物，以单位名义集体私分给个人的，依照前款的规定处罚。

1. 性质：是一种集体、公开贪污行为。属于单位犯罪，但仅处罚自然人。

2. 贪污罪与私分国有资产罪的区分。

	贪污罪（账面看不出来）	私分国有资产罪（账面看得出来）
主体	自然人犯罪	单位犯罪
获取财物的人员范围	通常情形下只在少数人之间对公共财物进行瓜分，但也可能在多数人中分配	通常是在单位内部全体职工或者绝大多数职工中进行集体私分，也可能在少数人中进行分配
获取财物的方式、手段、程序（本质区分）	采取隐蔽手段将公共财物非法地予以占有，将账做平了	采取公开的手段、经集体研究决定将国有资产以各种名义私分给个人，公开记账了

上述两种犯罪在使国有资产受到损失上是相同的，但在行为方式上还是存在区分：贪污由于采取隐蔽方式更难以发现，私分国有资产由于采取公开的方式，往往是账上有记载，相比较而言后者更容易发现。

《刑事审判参考》第122号指导案例，刘忠伟私分国有资产案的"裁判要旨"：以单位名义集体私分给个人，是私分国有资产罪最本质的特征。但是不能机械地将此处的"单位"理解为本单位的全体或者大多数职工。他们也可以是一个单位内部某一层次的所有人或者大多数人。由于单位的领导层、管理层的意志、行为所起的决定作用，单位领导集体作出决定或者由负责人决定，违反国家规定给本单位集体或者一定层次以上的领导、管理层"发奖金"、"发红包"与共同贪污犯罪在犯意的形成、行为特征上有明显不同，并且决策者不仅仅是为了个人的利益，因此，符合单位犯罪的特征。应以私分国有资产罪定罪处罚

第四部分

案例专题

⊙ 简要说明：

本部分的案例，由于部分知识点有一定的难度，为了给考生更为全面的解析，部分考点的答案较为详细，以便使考生更好地掌握相关知识点。但考生在正式考试作答时，可以简单回答，即只要回答结论（构成何罪、处于何种犯罪停止形态等）、简要阐述理由即可。

⊙ 案例一：不作为犯、因果关系、客观归责

甲是一名出租车司机，游泳技术非常好。某夜，散步时分见熊某（路人）一人赶路，便心生歹意。当熊某行至河边时，甲将熊某抱住摸其胸部欲实施奸淫，熊某反抗并称要告发甲。慌逃中，熊某掉入2米深左右的河中，甲等待其沉水后离开。后熊某因溺水死亡。（事实一）

甲逃逸至外地，与朋友乙在江面上驾驶渔船打鱼。不料其渔船的螺旋桨被江面上航标船（系国家交通部门为保障过往船只的航行安全而设置的交通设施）的钢缆绳缠住，甲登上航标船将钢缆绳解开后驾驶渔船离开现场，致使脱离钢缆绳的航标船顺江漂流至下游，造成直接经济损失5000元。（事实二）

寒冬夜晚，甲入室抢劫，叫乙帮忙望风，乙碍于情面不好推辞。甲在翻入被害人李某家里后，发现李某及其妻子王某均在家里，甲在主卧室压制被害人李某的反抗，到处搜寻财物时，遇到王某反抗并大声呼救，遂对王某实施暴力并将其杀死。事后，甲、乙二人携带赃物仓皇逃离，甲对乙隐瞒杀人的事实。（事实三）

乙回到家中，觉得不能与甲沆瀣一气，与甲发生争吵。后乙趁甲不注意，多次用洗面盆殴打甲的头部，致使其颅内出血陷入无意识状态后，便将甲遗弃在一建材仓库，时至寒冬凌晨时分。之后，甲又被在逃的章某用角材对其头部数次殴打，最终因颅内出血死亡。经鉴定，第二个暴行的作用只是使已经引起的颅内出血的范围进一步扩大，甲的死亡时间稍微提前而已。（事实四）

一个月后，乙驾车免费搭载两位女青年吴某和曲某经高速公路去某地。车辆行驶中，乙对二人进行语言挑逗，并抚摸坐在副驾驶席位上的吴某的手和大腿，遭到吴某和坐在后排的曲某呵斥，二人要求乙停车，否则就跳车。乙不予理睬，继续对吴某搂抱，曲某随即从高速行驶的车上跳下，摔成重伤。（事实五）

上述情形中，因吴某一直大喊大叫，乙遂驾驶轿车驶出高速公路，至一城市街道。时

至凌晨 3 点，乙将吴某捆绑之后塞进汽车的后备箱里，开行了 10 分钟之后，在街道上停了下来。停车地点属于狭小的直道，且当时视野较差。5 分钟后，刘某驾驶车辆经过此地，由于没有注意到前方，也没有留意到乙的轿车，以时速 60 公里的速度追尾撞上了乙的轿车，致使车后箱的吴某重伤，乙自己也受轻伤。（事实六）

乙因轻伤住院，和吴某住在同一病房。某日，金某前来看望吴某。乙发现金某正是其仇人，遂杀金某，但金某仅受轻伤。金某因为迷信鬼神，而以香灰涂抹伤口，致毒菌侵入体内死亡。（事实七）

乙伤愈后，在农村亲戚家居住，因琐事与邻居丙多次发生口角并相互谩骂。乙怀恨在心，决意报复。某日，乙用注射器将农药射入邻居家种的丝瓜中。丙吃了含有农药的丝瓜，出现上吐下泻等一般中毒症状，被送往当地镇医院（医疗条件有限）。因农药引发了丙糖尿病高渗性昏迷低钾血症（特殊体质），医院对此诊断不当，仅以糖尿病和高血压症进行救治。最后，丙因抢救无效死亡。（事实八）

后乙私自违规对农用三轮车进行改装，增加车辆高度。一日，乙驾驶改装过的农用三轮车载客行驶至某路口，发现交警正在检查过往车辆。乙担心被查受到处罚，遂驾车左拐，驶离路口并在某村祁家住宅附近停车让乘客下车。因车顶过高，触碰到该村柏某从祁某家所接电线接头的裸露处，车身带电，致使下车的乘客张某触电而亡。（事实九）

乙见自己的私改的三轮车电死人，遂准备跑路，便将停靠在路旁看热闹的丁的私家轿车（未上锁）开走。在行驶过程中，乙违章驾驶机动车与相向而来的轿车相撞，汽车的猛烈撞击声把路旁的行人周某吓死。（事实十）

问题：

1. 事实一中，甲的不救助行为如何定性，请说明理由。

2. 事实二中，甲解开钢缆绳的行为如何定性，请说明理由。

3. 事实三中，乙对王某的死亡是否承担刑事责任，请说明理由。

4. 事实四中，乙的行为是否与甲的死亡之间具有刑法上的因果关系，请说明理由。

5. 事实五中，乙的猥亵行为与曲某的重伤结果之间是否具有刑法上的因果关系，请说明理由。

6. 事实六中，乙限制吴某人身自由的行为与吴某的重伤结果之间是否具有刑法意义上的因果关系，请说明理由。

7. 事实七中，乙的杀害行为与金某的死亡之间是否具有刑法上的因果关系，请说明理由。

8. 事实八中，乙的行为与丙的死亡结果之间是否具有刑法上的因果关系，请说明理由。

9. 事实九中，乙私自改装三轮车的行为与乘客张某死亡结果之间是否具有刑法上的因果关系，请说明理由。

10. 事实十中，乙是否需要对行人周某的死亡结果负责，请说明理由。

参考答案：

1. 甲的不救助行为构成不作为的故意杀人罪。理由：其一，甲的先行行为制造了可能侵害法益的现实危险，甲为强奸而实施了暴力手段，这一先行行为客观上引发了被害人熊某落水的危险。正是由于甲制造了熊某落水的危险，故甲应承担随之产生的救助义务。

基于此，甲不实施救助的行为与普通路人对于无关的人见死不救的行为本质上存在差异，甲应当承担相关刑事法律后果。其二，甲的不作为具有独立的主观罪过形式，熊某落水正值夜晚，河边行人罕至，甲应当知道不及时救助熊某，就会产生熊某溺水死亡的后果，在此情况下，甲既不亲自实施救助，也不寻求他人帮助，坐视熊某溺亡后转身离去，属于刑法上典型的不作为行为。这种不作为的行为表明，甲对熊某死亡的结果持无所谓的态度，熊某死亡并不违背甲的本意，故甲在主观上符合杀人（间接故意）的特征。其三，甲的不作为行为与其先行行为在行为方式上可以作出明确区分，具有相对独立性。其四，甲的不作为行为直接导致了死亡结果的发生，在危害结果上与作为型的故意杀人行为并无二致。其五，甲的先行行为所构成的强奸罪，在犯罪构成方面难以涵盖不作为行为，仅定强奸罪一罪将导致遗漏评价。故综合分析，应该认定甲的不救助行为构成独立的（不作为）故意杀人罪。（此题选自《刑事审判参考》第 982 号指导案例——王某强奸案）

2. 甲构成不作为的破坏交通设施罪。理由：虽然甲解开钢缆绳是为了避免渔船发生危险，符合紧急避险的条件，属于紧急避险行为。但是该事实中的解开钢缆绳的行为亦属于先行行为，该先行行为在消除其自身危险的同时又造成了对交通安全设施的破坏，从而使其他船舶航行处于危险状态，此时该先行行为就引起了甲在正当权益得以保全的情况下，负有采取积极救济措施消除危险状态的义务。甲在排除的自己船只的危险后，有能力将钢缆绳重新系上，在此情况下不履行义务，应该构成不作为的破坏交通设施罪。该事实属于实务部门的真实案例，一审法院认为被告人构成破坏交通设施罪，判处有期徒刑 3 年。被告人不服。以其行为属于紧急避险，不负刑事责任为由，提出上诉。二审依然认为其构成破坏交通设施罪，判处有期徒刑 3 年，缓刑 3 年。（此题选自《刑事审判参考》第 295 号指导案例——王仁兴破坏交通设施罪）

3. 乙需要对王某的死亡承担刑事责任。理由：乙的帮助行为和死亡结果之间具有因果关系，乙即使没有亲手杀死王某，也需要对王某的死亡承担刑事责任。因为抢劫是暴力程度很高的行为，帮助犯乙为了使甲的抢劫进行得更为顺利而望风，是帮助甲实施重罪。在共同抢劫的场合，实行犯遇到被害人反抗时，对被害人使用极端暴力，并不是异常的情况，而是经验上通常会出现的结果。所以，乙为甲抢劫实施的帮助行为，对于死亡结果的出现而言，存在相当因果关系，乙需要对死亡结果负责。另外需知，从主观上看，乙对甲实施抢劫这种重罪过程中可能实施暴力程度最高的杀害行为，是具有预见可能性的。所以，乙对王某的死亡至少具有过失。甲事后故意对乙隐瞒杀人的事实，对于乙成立抢劫罪的结果加重犯没有任何影响。（此题选自周光权著《刑法总论》，第 131 页）

4. 乙的行为与甲的死亡之间具有刑法上的因果关系。该题的原型为日本"大阪南港事件"，其一，乙用洗脸盆殴打甲的头部，致使其颅内出血陷入无意识状态后，时至寒冬凌晨时分，又将其遗弃在一建材仓库，乙的行为对甲的死亡具有很大的危险性，创制了法律不允许的危险。其二，即使介入第三人的行为，但该行为并没有中断前行为与死亡结果之间的因果关系，正如题中所说，第二个暴力行为只是使被害人的死亡时间稍微提前而已，甲的死因最终还是乙用洗脸盆反复殴打甲的头部引起的颅内出血，乙的实行行为当中包含有导致甲死亡结果的危险。即使没有第三人的行为，甲在寒冬夜晚也会死亡。因此乙的行为与甲的死亡之间具有刑法上的因果关系。（此题选自黎宏著《刑法学总论》，第 101 页）

5. 乙的猥亵行为与曲某的重伤结果之间没有刑法上的因果关系。理由：在该事实中，乙对前排的吴某的强制猥亵行为并不足以让坐在后排的曲某面临被伤害的危险，乙的行为并未达到致使被害人曲某迫不得已跳车的程度。曲某跳车所导致的伤害结果，并非乙强制猥亵吴某行为中所包含的危险的现实化，二者之间不具有刑法意义上的因果关系。当然，就该事实而言，在被害人曲某要求下车之后，乙依然不减速，在高速公路上疾驶，导致跳车的曲某身受重伤，乙至少需要承担过失重伤罪的刑事责任。（此题选自黎宏著《刑法学总论》，第104页）

6. 乙限制吴某人身自由的行为与吴某的重伤结果之间具有刑法意义上的因果关系。理由：首先，乙为避免吴某大喊大叫，将其捆绑后塞进轿车的后备箱之中属于限制其人身自由的行为。其次，轿车后备箱不是为了装人而设计的，因此在追尾之际属于高危场所，而且，深夜的马路上追尾的危险性很高，这样说来，在将后备箱中有人的轿车停靠在马路上的行为，本身就含有一旦追尾，就难逃死劫的危险。最后，虽然介入了第三人的行为，但并不异常，乙的行为是引起结果发生的直接原因，依然可以肯定其行为和结果之间的因果关系。（此题选自黎宏著《刑法学总论》，第105页）

7. 乙的杀害行为与金某的死亡之间不具有刑法上的因果关系。该事实中介入了被害人自身的行为，而且该行为属于对结果起决定性作用的异常行为，不能将结果归属于乙的行为。[此题选自张明楷著，《刑法学》（上）第191页]

8. 乙的行为与丙的死亡结果之间具有刑法上的因果关系。该事实中，被害人丙存在特殊体质，并且医院也存在诊治失误，这两个因素对于因果关系的认定都具有影响。首先，关于特殊体质问题，无论是根据条件说还是相当因果关系的通说（客观说）都应该肯定存在因果关系，乙虽然没有认识到被害人的特殊体质，但对投放农药的行为在一般情况下会引起被害人死亡的结果，是所有认识的。其次，医院诊治失误属于介入因素，但该介入因素并不异常。其一，题中交代被害人丙在食用有毒丝瓜后，并未出现非常强烈的中毒症状，这就加大了医院准确诊断其病因的难度；其二，由于该医院是当地乡镇医院，医疗条件和医疗水平有限，在遇到这种罕见病状时，容易出现诊治失误。综上，出现医院诊治失误这一介入因素并非异常，该介入因素对死亡结果发生的作用力较小，乙本身的行为具有导致丙死亡的较大可能性。故乙的行为与丙的死亡结果之间具有刑法上的因果关系。[此题选自陈兴良主编，《刑法总论精释》（上）第218页]

9. 乙私自改装三轮车的行为与乘客张某死亡结果之间并无刑法上的因果关系。理由：该事实中，乙虽然对车辆进行改装，致使车辆高度违反了交通管理法规，但这一行为本身并不能直接引发乘客张某死亡的后果，不是导致张某死亡的直接原因。张某死亡的直接原因是触电，引起触电的直接原因是所接电线接头处无绝缘措施，使电线接头裸露处放电。乙改装的三轮车高度过高，恰巧又接触裸露在外的接线头，正是这两方面因素的偶合才致乘客张某触电身亡。因此，应该说乙的违规行为与张某的死亡结果没有必然、直接的内在联系，故其行为与张某的死亡结果之间无刑法上的因果关系。（此题选自《刑事审判参考》第201号指导案例——穆志祥过失致人死亡案）

10. 乙不需要对行人周某的死亡结果负责。理由：运用客观归责理论，对行为人进行归责需要满足以下3个条件：创制了不被法律允许的风险；实现了不被法律允许的风险；结果没有超过构成要件保护范围，三者缺一不可。该事实不符合第3个要件，即结果没有超过构成要件保护范围。所谓结果没有超过构成要件保护范围是指，结果的发生包括在构成要件的保护范围之内或法规范保护目的之内。制定交通法规的目的，是确保汽车正常通行，不至于在行驶过程中撞向行人或其他车辆，避免发生交通事故。第三人因汽车故障或撞击死亡的，应当运用交通法规追究驾驶者的过失责任。但是，被害人不是因为交通事故本身死亡的，不在交通法规的保护目的之内。因此，该事实中行人周某的死亡结果不是交通法规意欲避免的结果，也不是行为人需要避免的结果，因此不能对乙进行客观归责。（此题选自周光权著，《刑法总论》第 134 页）

⊙ 案例二：故意犯罪的停止形态、共同犯罪

甲为暖气安装工，在某军事基地安装暖气设施期间，看到库房墙壁上悬挂着大幅军用地图，心想如果搞到军用地图定能卖个好价格，便对执勤战士楚某说，如果能帮我弄到这张地图，我给你二十万，还可以去台湾旅游，战士楚某不以为然。事后查明，甲并无任何关系和间谍背景。（事实一）

甲回到家中，与邻居叶某产生口角，但又打不过叶某。为报复叶某，甲基于杀害的意思，唆使叶某的儿子（3岁）用手去抓从墙上电源插座中伸出的裸露电线，及时赶来的叶某将电线从儿子的手中夺下，将儿子抱走。事后查明该房间的5个插座都有电，但就是该电线外露的插座无电。（事实二）

过了一个礼拜，因为没钱花，甲持刀到银行抢劫，在告知银行职员自己要抢劫之后，银行职员完全不理会他。甲在柜台前站了5分钟以后只好自行离去。（事实三）

某日深夜，甲欲与老婆罗某发生关系，但老婆不肯，其内心闷闷不乐，在自己的家中与老婆罗某发生矛盾。甲用菜刀砍杀罗某之后，放火焚烧了自己的房屋，也企图自杀。不久，甲听到罗某发出奇怪的声音，突然心生怜悯，想救助罗某，便将罗某拖到房屋的外面。之后，由于甲自己也身负重伤而昏倒在地。不久，偶然经过的路人发现了罗某，将罗某送到了医院，罗某因此保得一命。（事实四）

甲身体恢复后，一日，在散步的时候看到一家仓库，欲实施盗窃。甲用工具撬开仓库门后，在往外搬运财物时突遇狂风暴雨。甲便停止搬运，打算第二天完成犯罪计划。（事实五）

甲觉得自己运气太背，想要干票大的。某日夜晚，甲便尾随被害人陈某（女）回家，陈某走到五楼家门口，进屋准备关门，甲误以为陈某家中无人，强行挤入房内，并随手锁上房门，陈某被吓得惊叫一声，其丈夫管某闻声起床，见到甲站在门口，便问："你是干什么的？"甲答："我找水喝"。丈夫管某质问其找水为什么找到五楼。后在邻居协助下，将甲扭送到派出所。（事实六）

在被关押一段时间后，甲被释放。之后其死性不改，又实施了下列强奸行为：

（1）甲强奸黎某（女），在知道黎某刚刚失恋后出于同情停止了强奸。

（2）甲强奸劳某（女），在实施恐吓时，见到附近的河中有个落水的小孩快被淹死，觉得小孩可怜，为了帮助小孩而停止实施强奸。

（3）甲企图强奸王某（女）而将王某的男友梁某推开，梁某趁甲不注意跳入附近河中试图游往对岸，但中途溺水，甲恐怕梁某死亡而承担更大责任，心生恐惧，为了救助梁某而放弃对王某的奸淫。

（4）甲以强奸故意从后面扑向冯女士，将其拽倒在地，并造成轻微伤。冯女士看出甲的意图后，由于害怕受到更严重的伤害，就佯称自己很长时间没有性行为，愿意与甲性

交。甲信以为真，认为先前使用的暴力不再起作用，而是冯女士自愿与自己性交，后来在与冯女士性交的过程中，冯女士没有任何反抗。

（5）甲以强奸的故意对被害人黄某（女）使用暴力，黄某为了避免强奸，提出将自己的3000元现金给甲。甲拿走3000元现金后，放弃了强奸行为。（事实七）

甲因作案多起，遂逃往外地，在外地实施了下列行为：甲用刀刺杀被害人曾某后，心生悔悟之心，分别向110、120报警救助，并等候在现场，警察与医生及时赶到采取措施将曾某救活。（事实八）

甲后来又实施下列杀人行为：

（1）甲向刘某的食物投毒，刘某吃后呕吐不止，甲心生怜悯，开车将刘某送往医院，但车速过快发生交通事故致刘某死亡。实际上刘某在送医后可能得到救治。

（2）甲刺杀郭某，但看见郭某大量流血，甲心生怜悯，于是报警由警察开车将郭某送往医院，但警察车速过快发生交通事故致郭某死亡。实际上无此车祸，按照郭某的伤情，在送医后可能得到救治。（事实九）

一个月后，甲的好朋友乙找到甲，乙对甲说了欲实施犯罪的想法，甲同意。甲、乙实施了下列行为：

（1）乙在了解到甲准备杀害邹某之后，借给了甲一把匕首，虽然甲在此之前已经向毛某借来了猎枪，并最终使用该猎枪杀死了邹某，但是甲在杀害邹某时身上亦带了这把匕首。

（2）甲独自入户盗窃，该户主人邱某回家，正要进门的时候，乙赶紧将其拉住聊天，直到看见甲拿着财物离开了邱宅，才让邱某回家。（事实十）

甲、乙又实施了下列行为：

（1）甲、乙共谋杀害殷某，在甲拿着斧头冲入殷某的房间后，乙将房门紧锁，不让殷某出来，殷某最终被甲砍死。

（2）甲、乙共谋去抢劫赌资。二人骑自行车到某单位宿舍院外，此时甲巧遇友人范某，遂下车与之交谈。乙没有等甲，放下自行车持刀闯入宿舍楼某房间，用暴力抢走正在参与赌博的人的赌资共计5000元。乙抢到钱后匆忙下楼推车，甲见状即与范某道别，并推车与乙一同回自己家分赃。

（3）甲为盗窃蒋某的财物而委托乙望风，在甲入室之后的第五分钟，乙因心脏病发作陷入昏厥。不知情的甲在三十分钟后盗窃既遂。

（4）甲在被害人江某家里安装空调时，按照盗窃犯乙事前的安排观察并绘制了江某家别墅的房间分布图、标明财物的所在位置，然后将图纸交给乙。在乙着手盗窃前，甲后悔，并试图索回图纸。但在乙谎称已经撕毁图纸时，甲便不再深究，后乙一人独自盗窃既遂。（事实十一）

甲、乙还实施了下列行为：

（1）甲将一把装有子弹的手枪交给乙，并谎称枪中没有子弹只是用手枪吓唬方某，乙在利用手枪吓唬方某时打中了方某，方某死亡。

（2）甲教唆乙杀害高某，乙在寻找高某的过程中遇见了自己的仇人段某，进而杀害段某。

（3）甲乘坐乙的出租车回家，途中发现前方齐某（女）手中提着包，就让乙靠近齐某行驶，乙知道甲的用意，依然靠近齐某行驶。甲夺得齐某的提包后，让乙加速行驶，乙立即提速并将甲送到家中。

(4) 甲、乙共谋杀害栗某，都开枪向栗射击。甲打中了栗某身边的狗（狗的价值数额较大），乙什么也没有打中。(事实十二)

甲、乙又实施了下列行为：

(1) 甲、乙受龚某的雇聘，驾驶东风牌货车运送苹果。途中货车歪倒造成部分经济损失。到达目的地后，龚某要求甲、乙赔偿，同时将车扣押在当地果品批发市场院内作抵押。甲、乙偷偷溜进批发市场院内，启动车辆逃跑，刚出大门时，龚某发现极力阻拦。甲用木棒将龚某击倒后，对乙说："快跑！快跑！"龚某从地上爬去来再次拦车时，被乙驾驶的汽车撞成重伤。

(2) 甲为第二天盗窃姚某的汽车而邀请乙前往现场用铁丝捅开门。乙在同意之后很快反悔，并表示自己不敢去。甲无可奈何只得同意。第二天，甲自己带着铁丝捅开姚某的车门将汽车开走。

(3) 甲、乙两人在堤边漫步，偶遇往日朋友艾某与其同伙前往堤边准备抢劫，艾某邀请其加入，甲、乙先是答应，并商量了具体作案事宜。后同伙中有一人提出堤边只有一作案对象，参加的人太多则分赃太少，甲与乙遂自动提出不参加。艾某与其同伙在前一路段抢劫作案后，重回原地，用摩托车载着甲与乙二人离开堤边，后甲与乙没有分得赃款。(事实十三)

甲、乙最后实施了下列行为：

(1) 甲、乙、白某预谋强奸甘某（女），甲提出可将甘某骗至某"砂锅店"，灌醉后，由三人对甘某进行奸淫，其他两人表示同意，并确定了强奸甘某的先后顺序。此后，甲联系甘某前来吃饭，乙、白某乘车到附近购买了避孕套并将甘某接到砂锅店。三人在和甘某吃饭时，轮流对甘某敬酒。后甘某醉酒，甲先强行与甘某发生了关系，随后乙欲强行与甘某发生性关系时，甘某反抗并报警，三人逃跑。

(2) 甲在瑞声电子公司附近张贴"回收电子元件"的广告。乙据此联系到甲，并问："果真什么电子元件都收么。"甲答道："什么电子元件都收，哪怕是赃物也可以，干一行爱一行。"甲先从乙提供的扬声器、受话器样品（系瑞声电子公司生产的产品）中指定专门型号进行收购。确定女子收购型号后，乙在该电子公司实施盗窃，窃得扬声器、受话器共计价值10万元，均由甲收购。事后查明，乙为甲提供瑞声公司的产品时，甲明知乙不可能合法拥有，依然向乙指定专门的型号并承诺收购。(事实十四)

问题：

1. 事实一中，甲的行为如何定性，请说明理由。
2. 事实二中，甲的行为如何认定，请说明理由。
3. 事实三中，甲的行为是否成立犯罪中止，请说明理由。
4. 事实四中，甲的行为是否成立犯罪中止，请说明理由。
5. 事实五中，甲的行为该如何定性，请说明理由。
6. 事实六中，甲的行为该如何定性，请说明理由。
7. 事实七中，甲的五次犯罪行为如何定性，请说明理由。
8. 事实八中，甲的行为如何定性，请说明理由。

9. 事实九中，甲的两项行为是否成立犯罪未遂，请说明理由。

10. 事实十中，甲、乙的两项行为该如何定性，请说明理由。

11. 事实十一中，各行为如何定性，请说明理由。

12. 事实十二中，甲、乙的行为如何定性，请说明理由。

13. 事实十三中，甲、乙的行为如何定性，请说明理由。

14. 事实十四中，甲、乙的行为如何定性，请说明理由。

参考答案：

1. 甲的行为无罪。理由：甲是一名暖气安装工，并没有任何关系和间谍背景，在该事实中，甲只是具有获取军事机密的言语表示，而没有实际付诸行动，最多只是犯意流露，而不构成犯罪预备。（此题选自黎宏著《刑法学总论》，第 227 页）

2. 甲的行为构成故意杀人罪的未遂。理由：未遂危险的判断应该要评估行为再次重演的危险性。也就是说，某次具有一定危险性的行为，虽然并未导致结果发生，仅仅从事后返回去看，结果发生的危险性也极小，但是，这次结果没有发生纯属偶然，该行为如果再次重演，结果发生的概率是极高的，就有必要认定该行为违反法规范，具有危险性，从而禁止该行为，维护规范的有效性，防止法益在未来受到侵害。该事实中，甲叫孩子去抓墙上的裸露电线，即使事后查明该电线外露的插座无电，此类行为也具有高度危险性。如果类似行为再次重演，就不会有运气这么好的被害人。因此，甲应该构成故意杀人罪未遂。（此题选自周光权著《刑法总论》，第 273 页）

3. 甲的行为成立犯罪中止。理由：认定犯罪中止，应该提倡"规范主观说"，以确定值得奖励的责任减少是否存在，从而肯定自动性。要肯定中止自动性，就必须同时满足以下两个条件：一方面，行为人在内心作出放弃犯罪或防止结果发生的自由选择，其主观意思足以被评价为一定程度上的责任减少，这是中止判断的心理学尺度；另一方面，将这种意思认定为"基于己意"有助于实现预防目的，这是中止自动性判断的规范维度。该事实中甲持刀告知银行职员欲抢劫，但银行职员不予理睬。甲在此种情况下，停留 5 分钟之久，最后在内心作出放弃犯罪的决定，是自己基于主观意思的选择，其主观意思能够被评价为一定程度上的责任减少，可以认为停止犯罪的决断与最初的犯罪计划相比，有利于被告人甲自身利益且具有反常性、自律性；同时，将这种行为认定为"基于己意"有利于实现犯罪预防效果。综上甲的行为成立犯罪中止。（此题选自周光权著《刑法总论》，第 301 页）

4. 甲的行为不成立犯罪中止。理由：如果行为人的行为已经实施终了，法定犯罪结果尚未发生，成立犯罪中止还需要考察有效性，其中如果行为在防止结果发生方面，客观上看做得并不足够，谈不上实施了与防止结果发生相匹配的适当行为时，不能认定为中止。

本题为真实案件，判决指出，该事实中，甲将被害人罗某置于房屋外面，时至深夜时分，几乎无人通行，因此这一行为难以被认定为实施了足以积极防止结果发生的行为，罗某得到救助，是偶然经过的路人将其送往医院的结果，从而应该否定中止的成立。周光权教授也认可这一判决的妥当性。他认为，在甲重伤被害人之后，还有力气将被害人罗某拖到室外的场合，其当然还应该实施呼救或电话报警等其他行为，其中止行为对防止构成要件结果而言才可以被认定为是适当的、足够的。因此，甲的行为不成立犯罪中止。（此题

选自周光权著《刑法总论》，第 310 页）

5. 甲构成盗窃罪的未遂。理由：成立犯罪中止，通说认为，要求行为人最终放弃犯意，如果只是暂时放弃犯行，等待时机再完成犯罪计划，应该认定为犯罪未遂。甲实施盗窃的过程中，突遇狂风暴雨，在此种情况下甲停止盗窃行为，打算第二天完成犯罪计划，应该认为甲并没有最终放弃犯意，因此甲构成盗窃罪的未遂。[此题选自张明楷著《刑法学》（上），第 368 页]

6. 甲构成抢劫罪预备。理由：甲尾随被害人陈某，强行入室，尚不属于抢劫罪的实行行为，依然属于预备行为，虽然他进入现场，逼近被害对象，但由于受到他人制止，而没有对犯罪对象实施暴力、胁迫或其他方法劫取财物，也没有对被害人产生现实紧迫的危险，被尾随的陈某受到惊吓，是被告人甲的预备行为造成的，并非其实行行为所致，因此其行为应当构成抢劫罪预备而非未遂。[此题选自陈兴良主编《刑法总论精释》（上），第 430 页]

7. （1）甲对黎某的行为成立强奸罪的中止犯。理由：被害人黎某失恋并不是行为人继续实施强奸犯罪的障碍，甲在能够继续实施犯罪的前提下作出停止强奸的决定，是基于己意，具有自律性。因此，甲对黎某的行为构成强奸罪的中止犯。

（2）甲对劳某的行为成立强奸罪的中止犯。理由：甲对附近落水的小孩没有救助义务，即使不救助也不构成犯罪，小孩落水并非甲继续实施强奸行为的障碍。为了救助小孩而放弃强奸行为，是在能够继续实施强奸行为的情况下所作出的决定，具有自动性，自律性。因此，能够认定为强奸罪的中止犯。

（3）甲对王某的行为成立强奸罪的中止犯。理由：本题中，甲为强奸王某而将其男朋友梁某推开的行为并非创制不被法律允许的危险。梁某跳入河中完全是自陷风险，属于被害人自我答责，因此，当梁某溺水时，甲并没有救助义务，梁某溺水并不是行为人继续实施强奸犯罪的障碍。在此种情况下，甲为了救助梁某而自动放弃犯罪，应该属于强奸罪的中止犯。（以上题目均选自陈兴良主编《刑法总论精释》（上），第 458 页）

（4）甲对冯某的行为构成强奸罪的未遂犯。理由：本题中，表面上看，被告人甲已经得逞，但是，在强奸罪中，只有当奸淫行为违反被害人意志，且行为人也明知奸淫行为违反被害人意志时，才能成立强奸罪既遂。甲在性交时缺乏强奸的故意，所以只能认定为强奸罪的未遂犯。[此题选自张明楷著《刑法学》（上），第 346 页）

（5）甲对黄某的行为成立强奸罪的中止犯。该情形中，甲在能够继续实施强奸行为的情况下，基于己意放弃犯罪，属于强奸罪的中止犯。同时需要注意，在这种情况下，甲的行为应该属于没有造成损害，强奸行为本身并没有造成损害。[此题选自张明楷著《刑法学》（上），第 377 页]

8. 甲对曾某的行为构成故意杀人罪的中止。理由：虽然行为人甲仅采取了求救措施，自己也并未参与抢救，但是考虑到这样的场合，对于并无医疗救助知识与能力的行为人而言，其采取的报警、求助行为已经属于防止结果发生的充分行为，因此，应当认定为成立中止犯。（此题选自陈兴良主编《刑法总论精释》（上），第 463 页）

9. （1）甲对刘某的行为成立故意杀人罪的中止犯。理由：行为人的中止行为并不需要与防止结果发生之间具有因果关系。该项中甲心生怜悯，基于己意为防止死亡结果的发生，开车将刘某送往医院抢救，完全符合中止犯的特征。虽然最后刘某死亡，但需知刘某的死亡是因为车速过快发生交通事故而死亡，可以对其认定为交通肇事罪，对构成故意杀人罪的中止丝毫没有影响。

（2）甲对郭某的行为成立故意杀人罪的中止犯。理由：一方面，甲采取了求救措施，虽然自己并未参与抢救，但考虑到这样的场合，对于并无医疗救助知识与能力的行为人而言，其采取报警行为求助，让警察开车将郭某送往医院，已经属于防止结果发生的充分行为，因此，应当认定为成立中止犯。另一方面，甲将郭某交付给警察，郭某的健康安全已经由警察控制，警察车速过快发生交通事故致使郭某死亡，对甲来说完全是异常的介入因素，因此郭某的死亡并不能归责于甲的原先犯罪行为。甲对郭某的行为成立故意杀人罪的中止犯。（以上题目均选自陈兴良主编《刑法总论精释》，第467页）

10.（1）甲构成故意杀人罪的既遂，乙构成故意杀人罪的帮助犯，属于帮助犯未遂，两人是共同犯罪。理由：首先，能够肯定乙构成帮助犯，因为甲将匕首拿到犯罪现场，带在身上，就表明行为人甲有用猎枪杀不了被害人邹某的话，就使用匕首将其杀害的计划，乙提供匕首给甲的行为，对于甲而言，就是为其提供精神力量，起到了维持或强化甲杀人意图的作用。其次，乙属于帮助犯未遂，因为甲最后是用猎枪杀害被害人邹某，乙的帮助行为并没有使其达到既遂。

（2）甲、乙属于共同犯罪，甲构成盗窃罪的既遂，乙成立盗窃罪的帮助犯（片面帮助犯）。理由：乙将户主邱某拉住聊天，直到看见甲拿着财物离开邱宅才让邱某回家的行为，确实为甲的盗窃行为在客观上提供了方便，即使甲并不知道乙在暗中帮助他，但就帮助者乙而言，其行为起到了帮助犯的效果，具备帮助犯的本质，应当作为盗窃罪的帮助犯（片面共犯）处理。只不过，这时候，乙所提供的帮助不是心理上的帮助，而是物理上的帮助而已。（以上题目均选自黎宏著《刑法学总论》）

11.事实十一中，各行为如何定性，请说明理由。

（1）甲、乙构成故意杀人罪的共同犯罪，均属于正犯。理由：乙的行为是对甲杀人行为的分担，是对犯罪进行功能性支配的行为，而非帮助行为。

（2）甲、乙均成立抢劫罪的共同犯罪，均属于正犯。理由：对于共谋共同正犯的处罚，也应当适用部分行为全部责任的法理，即单纯共谋者虽然没有实施实行行为，不是形式上的实行者，但是，由于其实质上对于实行行为的实施、犯罪的完成发挥了重要的作用，应当与实行者"同视"，因而其应当同实行者一样对实行行为及其危害后果承担全部责任。甲参与事前的抢劫共谋，并一同前去抢劫现场，而后在楼下等候，待乙抢劫得手后便主动一起分赃，应视为实施了"一定的"抢劫行为，应当构成抢劫罪，且为正犯。

（3）甲、乙成立盗窃罪的共同犯罪，乙属于盗窃罪既遂的帮助犯。理由：乙虽然因为身体的原因，事实上无法为甲望风，但其帮助行为对甲的心理影响依然存在，盗窃既遂和其望风行为之间存在关联性，乙应当成立盗窃罪既遂的帮助犯。

（4）甲、乙成立盗窃罪的共同犯罪，均需要对盗窃罪既遂负责。理由：仅仅有脱离共犯关系的意思，但并没有消除对实行行为的积极影响，他人的着手因为帮助犯在预备阶段的行为更容易，帮助行为的加功效果并未消除的，即使放弃犯罪的意思被对方接受，也不能成立中止。该事实中，由于甲并未切断帮助行为和危害结果之间的物理性因果联系，依然成立盗窃罪既遂。（以上题目均选自周光权著《刑法总论》）

12. 事实十二中，甲、乙的行为如何定性，请说明理由。

（1）甲成立故意杀人罪的间接正犯，乙无罪。理由：被利用者对任何一个构成要素缺乏认识时，利用者都可能成立间接正犯。该事实中，甲谎称枪中没有子弹叫乙用该枪吓唬被害人，乙因此对枪中有子弹并无认识，利用枪吓唬被害人时打死被害人，无论乙是否有过失，甲都成立故意杀人罪的间接正犯，属于利用不知情者的间接正犯，乙无罪。

（2）甲成立故意杀人罪的预备，乙成立故意杀人罪的既遂。理由：教唆犯只对与自己的教唆行为具有心理因果性的结果承担责任。该事实中，甲不对段某的死亡承担故意杀人既遂的责任，乙承担故意杀人既遂的责任。因为甲的教唆行为与段某的死亡结果并没有因果性。由于乙已经开始了杀害高某的预备行为，故甲仅负杀人预备的责任。

（3）甲、乙成立抢夺罪的共同犯罪，甲为正犯，乙属于帮助犯。理由：该事实中，乙的行为已经不是日常的载客行为，甲欲抢夺被害人的提包，叫乙靠近行驶，此时，甲抢夺行为具有紧迫性，而乙对此也有认识。乙依然实施上述行为，抢夺完毕后将甲送到目的地，足以表明乙的行为给甲抢夺既遂提供了物理上和心理上的帮助。因此，对乙应以抢夺罪的帮助犯论处。

（4）甲、乙成立故意杀人罪（未遂）的共同正犯。理由：甲、乙均有杀害被害人的主观故意，但是甲打中了被害人身边的狗，由于过失毁坏财物不可罚，因而不成立毁坏财物犯罪，成立故意杀人罪未遂。而乙什么也没有打中，也理应以故意杀人罪（未遂）评价。综上甲、乙成立故意杀人罪（未遂）的共同正犯。［以上题目均选自张明楷著《刑法学》（上）］

13. （1）甲、乙成立故意伤害致人重伤罪的共同犯罪。理由：甲与乙虽然在事前没有共谋，但是，该事实中二人的语言、行为已经形成了犯意联络，甲对乙有指使的行为，即"甲为驾车离开置上前拦车的龚某的生死于不顾，指使乙驾车快跑，将龚某撞成重伤。"而且，在被害人龚某爬起来再次拦车时，二人对龚某被车撞伤的后果均可以预见，且均持放任态度，应该成立共同犯罪。

（2）甲成立盗窃罪既遂，乙成立盗窃罪的中止犯。理由：此题考查帮助犯的中止。在着手实行之前为他人的犯罪准备工具或制造条件的人要成立中止，如果告知对方自己要脱离共犯关系，就能够消除自己对未来的实行行为的积极影响，他人的着手实行就会遇到困难，同时放弃犯罪的意思得到对方同意的，就可以成立中止。该事实中，乙告知对方（甲）自己的脱离意思并得到甲的同意，消除了自己对甲的实行行为的影响，甲自己带着铁丝捅开被害人的车门盗窃既遂。因此，乙成立犯罪的中止。

（3）甲、乙成立抢劫罪的中止犯。理由：共谋共同正犯着手前要成立预备阶段的中止，一般来说，需要满足两个条件：其一，有脱离共犯关系的意思，并向对方明确表示；其二，中止意思被对方接受。该事实中，甲、乙在堤边漫步，艾某及其同伙邀请其入伙实施抢劫，甲、乙最开始答应，并商量了具体作案事宜，表明有共谋共同犯罪的意思。而后，因同伙提出人太多不好分赃，甲、乙提出不予参加，完全符合共谋共同正犯成立预备阶段中止的两个条件，即有明确的放弃犯罪的意思，而且被对方所接受。因此，甲、乙成立抢劫罪的中止犯。［以上题目均选自陈兴良主编《刑法总论精释》（下）］

14. （1）甲、乙构成强奸罪的共同犯罪，属于强奸罪既遂。理由：在该事实中，甲、乙、白某3人预谋由甲将被害人甘某骗出，通过灌酒的方式达到对其奸淫的目的，3人具有强奸的共同故意。此后，3 人按照原计划实施犯罪，甲强行与被害人甘某发生了关系，而乙、白某因甘某报警未能与甘某发生性关系。可见，乙和白某虽然最终没有按照计划与甘某强行发生性关系，但在整个犯罪中 2 人都积极参与，比如买避孕套和轮流对甘某敬酒使其醉酒，起到了帮助和辅助作用。因此两人也构成强奸罪，属于共同犯罪。既然构成共同犯罪，因为共同犯罪人之一的甲实施了强奸行为，成立强奸既遂。那么，即使乙、白某没有实施强奸行为，也应该构成强奸罪既遂，而不是未遂或中止。另外，需要注意该案不属于轮奸。轮奸和其他共同强奸犯罪的区别在于：轮奸共同犯罪应当具有 2 个或 2 个以上亲自实施完成了奸淫的行为人，而一般共同强奸犯罪并没有这种要求。该事实中，只有甲一人亲自强制实施完成了奸淫行为，其他两人并没有得逞。因此不符合轮奸的条件。

（2）甲、乙构成盗窃罪的共同犯罪，甲为从犯，乙为正犯。理由：甲事先明知扬声器、受话器系乙犯罪所得，并与乙事先通谋，在该被害公司附近进行收购，主观上具有鼓励、强化乙犯罪的作用，客观上直接帮助乙完成了盗窃犯罪活动，其行为性质属于事前预谋，事后辅助，在共同犯罪中处于负责收赃环节。因此，可以认定甲为乙盗窃罪的共犯。因为甲非实行犯，在共同犯罪中所起作用并非最主要的，应认定为从犯。（以上题目分别选自《人民法院案例选》2009 年第 4 辑和《刑事审判参考》第 1100 号指导案例——孙善凯、刘军盗窃案）

⊙ 案例三：自首、立功

甲（19 岁）、乙、丙、丁与赫某一起打牌，因发生口角，甲、乙、丙、丁在 A 市共谋共同杀害了赫某，后赫某的家人报案，四人分散潜逃。公安机关因为对侦破案件的思路存在分歧，迟迟未予通缉。甲回到自己家中，心中很是懊悔，觉得杀害赫某会遭天谴。便打电话报警称自己杀害了赫某，随后自己便喝了农药自杀，但因为农药药性不高，甲被救活。警察随即赶到，将其抓获。（事实一）

甲被救活后，被带到公安机关讯问室，实施了下列行为：

（1）如实交代了上述与同伴的犯罪事实，但是在交代自己个人情况时候，谎称自己只有 13 周岁。

（2）在公安机关问及是否知道一场入室抢劫案件时，甲心中想到自己曾经也参与过一场抢劫行为（非公安机关问及的入室抢劫案），与其被公安机关顺藤摸瓜问出，还不如主动交代。之后，甲主动交代了自己一年前与好朋友汪某一起抢劫静某 10000 元的事实。

（3）甲的父亲以为甲要被判处死刑，为了让自己犯罪的儿子不判死刑，通过行贿从公安局当警察的任某那里弄到一个在逃犯的线索，然后通过甲的辩护律师告知甲。甲将该线索告诉狱警，后经查证属实。（事实二）

乙逃到 A 市亲戚家，听人说甲已经投案自首，再加上亲戚规劝，乙萌生投案和立功的想法，实施了下列行为：

（1）在到案前向贫困山区捐款 500 万元。

（2）自动到案后，在看守所中又委托亲戚向江西革命老区捐款 500 万元。

（3）自动到案后，揭发隔壁邻居褚某侵占他人之物的事实，但被害人自始至终未告诉司法机关。（事实三）

事实一中的丙故意杀人后潜逃到 B 市，化名"谢某"实施了下列行为：

（1）丙因酒后与葛某发生争执，继而厮打。丙用钢管朝葛某头部猛击数下，将葛某打倒在地，然后指使女朋友帅某打电话报警，自己携带钢管离开现场来到同村好友夏某家，与夏某商量对策。夏某劝其自首，丙接受劝告，便回家准备与家人道别。刚到家，便被赶到的警察抓获，后如实供述此罪的犯罪事实。

（2）丙在被采取强制措施期间，供述了自己五年前因琐事用菜刀猛砍张小杰颈部一刀，致使其重伤。但辩称："是被害人张小杰到厨房拿菜刀砍我时，我才夺刀防卫将其砍成重伤。"但是目击者证实，被害人张小杰自始至终未携带凶器，并未杀害被告人。

（3）丙在接受讯问时，主动供述了自己的真实姓名及在A市与同伙甲、乙、丁杀害赫某的犯罪事实。B市公安机关通过网上查询及与A市公安机关联系，确认丙供述内容属实。

（4）丙在接受讯问时，还主动供述了自己曾经由于驾车不慎，将被害人柯某轧死的事实。实际上，丙隐瞒了是自己开车向柯某进货，但不付钱，将拦车的柯某撞死的情节。（事实四）

丙在看守所中接受教育，心中悔悟，觉得愧对于党和政府的教育，遂交代了涉及他人的犯罪事实：

（1）杜某曾经欲出售10万元假币，找丙帮忙。丙答应，两人进行商议。之后两人拿出10万元假币来到某商场门口物色买主，并完成交易。

（2）秦某是出售淫秽物品的卖家，丙曾经向秦某购买过淫秽物品。

（3）丙曾经教唆孔某入室盗窃，孔某在盗窃过程中被主人发现，为了抗拒抓捕，将主人打成重伤。

（4）丙曾经教唆兰某入室盗窃，兰某入室盗窃后看到女主人睡在床上便强奸了女主人。（事实五）

丁觉得最危险的地方就是最安全的地方，没有潜逃到外地，依然在A市活动。公安机关在侦查赫某死亡案件中，通过调查了解死者生前与丁一起打牌，遂通知丁到公安机关接受询问。丁坚称自己不知情，后公安机关无奈之下准备放丁回家，但从犯罪现场提取到一枚指纹，与丁比对一致。公安机关认为丁有重大作案嫌疑，遂继续询问丁。终于，公安人员在丁家中搜出来作案的工具。公安人员声称最后一次"询问"丁是否作案，丁才交代罪行，并带领公安人员找到赫某的尸体。（事实六）

丁被采取强制措施之后，实施了下列行为：

（1）丁主动供述自己曾经一次入户盗窃，但是隐瞒了自己的工作单位和工作地点。

（2）丁主动供述了自己曾经抢夺被害人财物的事实，但是隐瞒了自己的真实身份，而是冒用了他人的身份，并且隐瞒了自己十年前曾犯诈骗罪被判处三年有期徒刑并已执行完毕的事实。

（3）在审讯第（2）项中的抢夺罪时，丁因为无法对其身份情况自圆其说，公安人员开始核实其身份。后丁主动交代了其实施抢夺罪的真实身份及五年前的强奸犯罪。但事实上，五年前丁因涉嫌强奸犯罪，公安机关早已签发逮捕证对其进行网上通缉，网上资料中附有丁的基本情况及照片等详细信息。（事实七）

后丁继续实施了下列行为：

（1）在看守所期间，揭发三年前与涂某合租时，发现涂某将一个女生灌醉并对其实施了奸淫行为，后查证属实。

（2）丁在监狱服刑期间，发现同监狱的谢某正准备越狱，便一同与其他狱友将谢某抓住，并告知监狱负责人。

（3）后丁因身体健康原因，被取保候审，在取保候审期间，新冠疫情突然暴发。丁主动向当地居委会请战，要求奋斗在抗疫一线。后因为丁抗疫有功，被中宣传部评为"抗疫积极分子"。（事实八）

问题：

1. 事实一中，甲的行为是否构成自首，请说明理由。

2. 关于事实二，请运用刑罚裁量的相关知识点分析甲的三项行为如何定性，并说明理由。

3. 关于事实三，乙的三项行为该如何定性，请说明理由。（请用刑罚的裁量相关知识解答）

4. 关于事实四，丙的四项行为如何定性，请说明理由。（请运用刑罚的裁量相关知识解答）

5. 关于事实五，丙的四项行为该如何定性，请说明理由。（请用刑罚的裁量相关知识点解答）

6. 事实六中，丁的行为是否成立自首，请说明理由。

7. 事实七中，丁的三项行为如何定性，请说明理由。（请用刑罚的裁量相关知识点解答）

8. 事实八中，丁的三项行为如何定性，请说明理由。（请用刑罚的裁量相关知识点解答）

参考答案：

1. 甲的行为不构成自首。理由：虽然甲打电话报警称自己杀害了赫某，但是由于甲并没有将自身置于司法机关的控制之下，没有接受国家审查和裁判的诚意，因而不能视为自首。

2. （1）甲的行为不构成自首。理由：因为自首表示行为人愿意接受国家机关的审判，接受国家审判的前提是行为人交代自己的犯罪事实和行为人承担责任有关的情况，年龄和承担责任有关，因此，该事实中甲实际为 19 岁，已经达到刑事责任年龄，但却谎称只有 13 周岁属于不如实交代自己的"罪行"的表现，不成立自首。

（2）甲的行为属于特别自首。理由：该事实中，甲属于交代司法机关尚未掌握的本人其他罪行，同时也交代了同案犯，符合特别自首的成立条件。注意：这不属于立功的"揭发他人犯罪事实"，如果是在共同犯罪中，"他人"必须是"共同犯罪之外的人员"。

（3）甲的行为不能认定为立功。理由：通过非法手段或非法途径获取他人犯罪信息，如从国家工作人员处贿买他人犯罪信息，通过律师、看守人员等非法途径获取他人犯罪信息，由被告人检举揭发的，不能认定为立功。而且，该事实中的线索来自公安机关，公安机关对该线索已经有所掌握，因此，甲提供该线索对侦破其他案件并没有帮助。所以，甲的行为不能认定为立功。

3. （1）乙的行为不属于立功。理由：立功限定为"到案后"的表现，该事实中的乙并没有到案。

（2）乙的行为不属于立功。理由：虽然该事实中的乙已经到案，但委托亲属向革命老区捐款 500 万元并不能表明他对犯罪行为的痛恨和再犯罪可能性减少，更不是利于司法机关发现、侦破其他犯罪案件的行为。

（3）乙的行为不属于立功。理由：侵占罪属于告诉才处理的犯罪，在他人没有告诉司法机关之前，意味着不能对该行为人进行追责。即使他人揭发此罪，查证属实，只要被害人没有告诉也不能予以追诉。该事实中，乙揭发此类犯罪的，意味着想要司法机关追诉他人的刑事责任，但这并不符合侵占罪的立法原意。因此，乙的行为不属于立功。

4.（1）丙成立一般自首。理由：丙在案发后，委托其女朋友帅某报警，自己也没有逃离藏匿，而是回到家中，表明其准备投案，此时被捕如实供述，成立一般自首。

（2）丙不成立自首。理由：如果犯罪人隐瞒主要犯罪事实或关键事实，并以此为借口为自己开脱罪责，则不属于合理辩解，也不属于如实供述，不成立自首。该事实中虽然交代了司法机关未掌握的其他犯罪行为，但未如实供述案件的主要事实，不成立自首。

（3）丙成立特别自首。理由：丙杀害赫某的事实，A 市公安机关并未通缉，B 市公安机关不知道。丙在被采取强制措施期间，主动供述 B 市司法机关尚未掌握的其他犯罪行为及同案犯，符合特别自首的条件。

（4）丙不成立自首。理由：丙隐瞒了抢劫杀人的重要情节，而谎称实施了交通肇事行为，属于未如实供述自己的罪行，不成立自首。

5.（1）丙属于特别自首。理由：丙在被采取强制措施期间，主动交代司法机关尚未掌握的本人其他罪行和同案犯的罪行，符合特别自首的成立条件。

（2）丙属于立功。理由：因为刑法不处罚购买淫秽物品者，只处罚贩卖淫秽物品者，丙的行为不属于供述自己的罪行，而属于揭发他人的罪行，构成立功。

（3）丙属于特别自首。理由：丙在被采取强制措施期间，主动供述司法机关尚未掌握的本人和同案犯的罪行，符合特别自首的成立条件。注意：这里不属于立功，虽然孔某在盗窃时使用暴力抗拒抓捕，转化为抢劫罪。但超出共同故意的犯罪（抢劫罪）与共同犯罪（盗窃罪）在性质上具有相似性，在发展上具有因果性，揭发超出共同故意的犯罪，不成立立功。

（4）丙对盗窃罪成立特别自首，对兰某的强奸罪成立立功。理由：其一，丙在被采取强制措施期间，主动供述司法机关尚未掌握的本人和同案犯的罪行，符合特别自首的成立条件；其二，兰某的强奸罪属于超出共同故意的犯罪，与丙教唆其实施的盗窃罪并没有因果性和发展性，超出共同故意的犯罪不是共同犯罪，所以丙揭发兰某犯强奸罪可以成立立功。

6.丁的行为不成立自首。理由：该事实中，因为公安机关已经掌握了足以合理怀疑丁犯罪的证据，丁已经属于犯罪嫌疑人。即使公安机关并未对丁采取强制措施，其如实供述罪行，已不构成自首。

7.（1）丁构成特别自首。理由：丁主动交代了司法机关尚未掌握的本人其他罪行，虽然隐瞒自己的工作单位和地位，但这并不属于主要的案件事实，对公安机关侦破案件并无影响。

（2）丁成立特别自首。理由：隐瞒真实身份及前科情况并不影响自首的成立。因为，犯罪分子的自首，往往只是启动司法程序的前提，自首者的行为是否符合犯罪构成，证实犯罪的相应证据是否充分，需要司法机关在接受自首以后开展大量的调查核实工作。

（3）丁不成立特别自首。理由：

其一，该案，司法机关已经发现犯罪事实，并已经确定犯罪嫌疑人。

其二，网上通缉丁的资料很详细，只要稍微对比，便可以发现丁的身份。

其三，丁在接受审讯时，对自己身份不能自圆其说，已经引起公安机关的注意，并开始核实其身份。即使丁不主动交代自己的身份，公安机关也会很快查实其身份。

8.（1）丁属于立功。理由：揭发他人犯罪事实，经查证属实，属于立功。

（2）丁属于立功。理由：阻止"他人"的犯罪活动，属于立功。

（3）丁属于立功。理由：具有其他有利于国家和社会的突出表现，属于立功。

⊙ 案例四：盗窃与诈骗

李某在餐馆用餐时，趁邻桌的武某上卫生间之际，将武某放在餐桌上的手机拿走，去往前台，通过微信支付，支付了自己的用餐费用5000元。并用武某的手机微信加自己为微信好友，通过微信转账的方式，从武某手机中转账5000元给自己。后将手机放回武某的餐桌。（事实一）

李某分别于一周内实施了三次盗窃行为，盗窃金额分别为600、700、800元，当地盗窃罪的立案标准（数额较大）为1500元。另外，李某还实施了三次抢劫行为，每次都在预备阶段就被吃瓜群众制止。（事实二）

李某通过虚假的身份信息，注册了一个实名认证的微博"正义的化身"。购买大量粉丝，一个月期间，其微博粉丝数量达到100多万。某日，李某发布微博并附上链接，要求大家成为其VIP粉丝，就要填链接所附的表格，内含银行卡信息。一些不明真相的"疯狂粉丝"，点击该链接，并填入自己的银行卡相关信息。但该链接中含有木马病毒，累计扣除"疯狂粉丝"10余万元。此外，随着其微博影响力增大，李某还在其微博橱窗销售当红港台明星曾经使用过的水杯、手表、皮带等，并附上了付款链接。粉丝们支付了巨额款项购买上述物品（如将成本价仅为500元的水杯，冒充明星使用过的，价格变为5万元），但上述物品并不是明星使用过的，是李某通过淘宝网店低价购买所得。（事实三）

李某在某写字楼办事时，看到门口值班的小桌上有一个女式背包（该包为高端奢侈品牌，但在我国知名度并不高），该包价值40万元，但李某误以为该包仅值几千元，事后李某也不知道该包的实际价格。李某看了近20分钟，也未见包的主人（邓某，在校某大学学生）出现，就将该包拿走。李某回家后打开包，发现里面有价值近100万元的黄金及手机一部。李某持该手机，通过网上银行，转账给自己10万元。（事实四）

两天后，包的主人（在校大学生邓某）打电话要回自己手机，要求李某归还自己的财物，并告诉了李某自己所在的学校及所住的寝室。李某假意答应返还财物，某日，李某来到邓某所在的寝室楼栋，欺骗宿舍管理人员杨某说："我是邓某的好朋友，她叫我来的寝室拿电脑及电动车钥匙。"杨某信以为真，打开邓某寝室的门，李某进去将邓某的笔记本电脑拿走，并取走了其桌上的电动车钥匙。李某拿到电动车钥匙后，找到邓某的电动车准备骑走时，发现旁边停了另一辆没有上锁的电动车，车前篓放了一部手机，遂取走了该手机，该电动车及手机是大学生魏某的。（事实五）

李某随后进入一大型购物超市，在选购茅台酒时，将包装箱内的6瓶茅台酒装入了8瓶，收银员按每箱6瓶的价格收取了钱款之后，李某携带该箱（实为8瓶）茅台酒离开了购物超市。在超市消费买单结账时，李某看前一顾客孙某掏出付款二维码，便偷偷地拿出

自己的手机，趁孙某不注意，扫描了孙某的付款二维码，使孙某信用卡被支付了 2 万元，孙某对此毫不知情。（事实六）

问题：（不考虑数额大小对犯罪的影响）

1. 事实一中，李某的行为应如何认定？请说明理由。

2. 事实二中，李某的行为能否认定为多次盗窃、多次抢劫？请说明理由。

3. 事实三中，李某的行为应如何认定？请说明理由。

4. 事实四中，李某的行为应如何认定，犯罪金额应如何计算？请说明理由。

5. 事实五中，李某的各行为应如何认定？请说明理由。

6. 事实六中，李某的各行为应如何认定？请说明理由。

参考答案：

1. 事实一中，李某的行为属于盗窃信用卡并使用，根据《刑法》第 196 条第 3 款的规定，成立盗窃罪。随着支付方式的变革，手机微信、支付宝都捆绑了信用卡，盗窃他人手机，也就是盗窃了信用卡。盗窃信用卡并使用的，成立盗窃罪。

2. 事实二中，李某的行为能认定为多次盗窃，但不能认定为多次抢劫。

第一，李某的行为能认定为多次盗窃。刑法对于"多次盗窃"的规定，仅认定为是盗窃罪的基本犯，法定刑为 3 年以下有期徒刑、拘役或管制。多次盗窃，仅仅是成立盗窃罪的标准，强调的是次数，只要达到了 3 次，就可以认为是多次，不要求每次盗窃行为都达到犯罪既遂。换言之，只要一次盗窃金额达到 1500 元就可以成立盗窃罪，如果是多次的话，就没有必要要求每次都达到 1500 元。

第二，李某的行为不能认定为多次抢劫。"多次抢劫"应判处 10 年以上有期徒刑、无期徒刑或者死刑。对于多次抢劫应限制解释，应以每次抢劫既遂为标准。审判实践中亦认可这一观点，《刑事审判参考》第 1226 号指导案例指出：对于多次抢劫预备行为，由于行为人尚未着手实施犯罪，惯犯特征并不明显，况且"多次抢劫"的起点刑为十年有期徒刑以上的重刑，故不宜将社会危害性并不十分严重的多次抢劫预备行为纳入其中。

3. 事实三中，李某的行为分为两个部分：

第一，通过设置木马病毒，扣除"疯狂粉丝"10 万余元的行为，成立盗窃罪。理由：李某获取被害人即"疯狂粉丝"的财物，并没有与被害人沟通过，被害人对自己财物的转移毫不知情，李某仍然可以认为是通过"秘密窃取"的方式取走了被害人的财物，应成立盗窃罪。

第二，李某销售假冒的"港台明星曾经使用过的水杯、手表、皮带"的行为，构成诈骗罪。理由：被害人对于自己将财产交付给李某，是知情的。李某虚构了事实，使被害人产生错误认识而交付财产，应以诈骗罪论处。

4. 事实四中，李某的行为可分为如下部分：

第一，李某拿走该包的行为应认定为盗窃罪，该包仍然认为是处于他人占有的状态。李某主观上没有认识到包的数额特别巨大，也没有认知的可能性，事后也确实没有认知到，对于该行为，仅应认定为盗窃数额较大。理由：即便主人不在包的旁边，从社会一般观念也应推知，该包处于一个较为安全的状态，应以盗窃罪论处。其次，行为人的盗窃数额的认定，应遵循主客观相统一原则，行为人主观上完全没有认识到财物的实际价格，不应以被盗财物的实际价格作为认定其犯罪数额的依据。

第二，李某对于包内的价值近 100 万元的黄金，存在概括的故意，应认定为盗窃数额特别巨大。理由：在盗窃案件中，通常情形下，行为人对于包内的财物并不能进行直观、清楚的认知，主观上一般认为存在概括的故意。李某事后发现包内的价值近 100 万元黄金，也是默认了这一事实，该数额应作为其犯罪数额来认定。

第三，李某持包内的手机转账给自己的行为，应成立盗窃罪。理由：此种情形下，可以认为，李某是盗窃他人的信用卡（手机中捆绑了信用卡）并使用的，应以盗窃罪论处。《刑法》第 196 条第 3 款规定，盗窃信用卡并使用的，成立盗窃罪。

5. 事实五中，李某的行为可以分为如下：

第一，李某从邓某寝室取走笔记本电脑的行为，成立盗窃罪，而非诈骗罪。理由：李某欺骗了楼栋管理员杨某，但杨某对邓某寝室的财物并没有处分权，因此，谈不上"处分财产"，李某取走邓某笔记本电脑的行为，成立盗窃罪。杨某是否具有处分权，是认定李某能否构成诈骗罪的关键。被害人是否具有处分权，前提是被害人对财物是否实际占有或所有，而杨某并非邓某财产的实际占有人，对邓某的财产没有处分权。

第二，李某从邓某寝室取走电动车钥匙，并骑走邓某电动车的行为，成立盗窃罪。理由：李某虽然欺骗了楼栋管理员杨某，但杨某对邓某的电动车并没有处分权。退一步讲，即使是杨某将邓某的电动车骑走，也成立盗窃罪。从这一意义上看，电动车处于邓某的占有之下，李某骑走邓某占有的电动车，没有和邓某"沟通"，邓某并不知情，李某的行为成立盗窃罪。

第三，李某拿走其他电动车内的手机的行为，仍然成立盗窃罪。理由：他人电动车篓内的财物，一般认为是有人占有的财物，这种财产秩序必须得到维持，李某取走该财物的行为，应成立盗窃罪。审判实践中亦认可这一观点，田阳县人民法院（2017）桂 1021 刑初 159 号指出：2017 年 7 月 20 日 15 时许，被告人黄国恩路过"民乐网吧"门前时，见到蒙某 1 放置的一部 OPPO 牌 R9SK 型手机（价值 2300 元）在电动车头下的储物槽里，即趁四周无人注意之机，将该手机盗走后逃离现场。法院认定为盗窃罪。

6. 事实六中，李某的行为分为如下：

第一，对于在包装箱内多装 2 瓶茅台酒，的行为。被害人客观上确实交付了 8 瓶茅台酒，主观上也知道自己交付的是茅台酒。但对于交付的茅台酒的数量，没有更为清晰的认识。

一种观点认为，诈骗罪所要求的处分意识是概括的处分意识，只要被害人对自己交付的财物的种类有大致的认识即可。如果按这种观点，李某的行为成立诈骗罪。

另一种观点认为，诈骗罪所要求的处分意识是具体的处分意识，要求被害人对自己交付的财物的数量、外形、质量等有充分的认识。本案中，被害人对自己交付的茅台酒的数量认识不清，可以认为没有处分意识，李某的行为成立盗窃罪。

第二，李某偷扫孙某的付款二维码的行为，应成立盗窃罪。理由：孙某对自己信用卡支付了 2 万元钱毫不知情，李某的行为应以盗窃罪论处。认定诈骗罪强调被害人要处分财产，而本案中，孙某对自己财产的转移毫不知情，李某的行为成立盗窃罪。

◉ **案例五：其他财产犯罪（敲诈勒索罪、绑架罪、其他犯罪）**

赵某、孙某持刀，欲绑架李某，并向其丈夫钱某非法索要财物 100 万元。赵某主观上是非法索财物，但欺骗孙某说是索要赌债。二人将李某捆绑后，赵某走出门外给李某的丈夫钱某打电话，要其送 100 万元过来，否则将杀害他的妻子李某。此时，钱某突然出现在赵某的身边，赵某赶紧将钱某抓住，将钱某、李某夫妻二人捆绑在一起。钱某迫于无奈，通过手机银行给赵某的银行卡转入 100 万元。后赵某、孙某将李某、钱某夫妻二人释放。（事实一）

赵某、孙某尝到犯罪的甜头后，欲进一步实施犯罪行为。赵某对孙某说："你去童某的单位警告一下童某，要他现在就支付 10 万元，如果不给钱的话，我们下周将会对其采取行动。但别把动作搞得太大了。"孙某按赵某的意思进入被害人童某的单位，但起初童某对孙某的威胁完全不予理会，孙某恼羞成怒，将童某打成重伤，并以当场实施进一步侵害为要挟，要求童某当场支付 10 万元。童某出于无奈，将 10 万元通过手机银行转入孙某的账户。孙某得款后离去。孙某将该事实真相告知赵某，赵某非常气愤地说："你做得太过分了，怎么能打得这么严重呢？"但赵某、孙某均分了这 10 万元。（事实二）

赵某后来找到一份正当职业——"快递小哥"，其在顺风快递担任传送带（流水线）上的捡货员，负责货物的分拣。在传送带运行过程中，赵某发现某一快递盒中可能有一个手机（实为 iPhone XS，价值 10000 元），便私下放入自己的包中，躲过了公司的重重视频监控，将该手机带出了快递公司。在出公司大门时，公司保安徐某发现了赵某的行为（保安的工作职责还包括对出公司大门的员工进行检查，以防私自带快递出公司），但考虑到自己上个月的奖金被扣而对公司颇有怨言，就没有进行严格检查，让赵某走出了公司大门。（事实三）

赵某因涉嫌上述犯罪而被公安机关立案调查，在公安机关对其取保候审期间，其妻子熊某感到绝望，认为这么多年的感情可能白废了，自己不可能再和一个犯罪分子共度余生。熊某向赵某提出分手，并跑回娘家。赵某为了使熊某能回家，绑架了熊某的弟弟熊二（5 岁），并给其妻熊某打电话说："如果你不回来，我就不放你弟弟。"三天后，熊某被迫回家，赵某因此也将熊二送回家中。（事实四）

上一事实中，赵某接熊某回家的路上，赵某被方某的摩托车撞倒，仅受皮外伤，并无大碍。但赵某却向方某索要 10000 元，否则将此事交由公安机关处理，方某考虑到自己没有驾照，如果被公安机关处理的话就更麻烦了，于是赔偿了赵某 10000 元。（事实五）

赵某后来骑摩托车和熊某一起回家，在回家的路上，因为超速等违章行为而被交警扣押，并被交警告知第二天来交 500 元罚款才可以将车领回。赵某当天晚上来到摩托车被扣的停车场，将该摩托车（价值 1 万元）偷走，被值班的人员武某发现，为了抗拒抓捕，将值班人员武某打成重伤后骑摩托车逃跑。（事实六）

问题：

1. 事实一中，赵某、孙某的行为分别构成何罪，是否成立共同犯罪？对于赵某的行为，如何定罪，是否存在不同的观点？如果赵某外出打电话给李某的丈夫钱某期间，被捆绑的李某欲挣脱绳子逃跑，孙某为了防止李某逃跑，将绳子拉得更紧以进一步控制李某而过失造成李某重伤，赵某是否需要对该重伤结果承担责任？请说明理由。

2. 事实一中，如果赵某外出打电话给李某的丈夫钱某期间，被捆绑的李某已经挣脱绳子逃跑，孙某为了阻止李某逃跑，故意使用暴力将李某打成重伤，能否认定为非法拘禁罪的结果加重犯？如果被害人在拘禁期间，长期受到虐待，不堪忍受而跳楼自杀的，能否认定为非法拘禁罪的结果加重犯，并请对比抢劫致人死亡这一结果加重犯进行说明。

3. 事实二中，赵某、孙某的行为构成何罪，是否成立共同犯罪？赵某是否需要对该重伤结果承担责任？如果存在不同观点，请阐述不同观点及其理由。

4. 事实三中，赵某取走该快递的行为是否属于利用了职务上的便利，应以何罪论处，是否存在不同的观点？公司保安徐某的行为是否应以共同犯罪论处？请说明理由。

5. 事实四中，赵某绑架熊二的行为能否以绑架罪论处？对于绑架罪的"绑架目的"应如何理解？请说明理由。

6. 事实五中，赵某的行为如何认定？请说明理由。

7. 事实六中，赵某的行为如何认定，可能存在几种不同的观点？请说明理由。

参考答案：

1. 赵某是基于非法索要财物而绑架他人，成立绑架罪。孙某是基于"索债"的目的而绑架他人，没有侵犯财产的故意，仅成立非法拘禁罪。二人在非法拘禁罪的范围内成立共同犯罪。成立共同犯罪，并不需要各共犯人的罪名完全一致，当今刑法理论的多数观点持因果共犯论，认为只要各行为人的行为对共同的结果有因果联系，有原因力，而且各行为人的行为彼此"依靠"，就可以认为行为人之间成立共同犯罪。从这一意义上看，部分犯罪共同说是认定成立共同犯罪的多数观点，即只要各行为人的行为部分是共同的即可，行为之间存在重合。

赵某的行为还可能涉嫌抢劫罪。一般认为绑架罪是三面关系：犯罪行为人、被绑架的人质（被控制）、人质的亲友（未被控制的第三人）；抢劫罪是两面关系：犯罪行为人、被害人（被犯罪行为人控制）。本案中，起初赵某是控制了李某，欲向李某的丈夫钱某（未被控制）索要财物，应构成绑架罪，这是三面关系。但是，后来赵某还控制了钱某，李某、钱某都被赵某控制了，应成立抢劫罪。从这一意义上看，该案存在两种观点：一种观点认为，即便未控制钱某都应该成立绑架罪，那控制了钱某，更应该成立绑架罪，与抢劫罪存在竞合关系。这种观点的理论基础是强调不同犯罪之间的竞合。有学者指出，抢劫罪与绑架罪不是一种对立关系，事实上不排除在绑架的过程中同时触犯抢劫罪的情形。例如，甲以勒索财物为目的绑架乙后，当场威胁乙的亲属丙说，"如果不交付赎金便杀害乙"。甲的行为不仅对乙成立绑架罪，而且对丙成立抢劫罪[1]。另一种观点认为，该案仅成立抢劫罪，因为抢劫罪是两面关系，犯罪行为人——被控制的人，本案即是如此。该案认为绑架罪与抢劫罪是对立关系，既然成立抢劫罪，就不可能成立绑架罪。

如果赵某外出打电话给李某的丈夫钱某期间，被捆绑的李某欲挣脱绳子逃跑，孙某为了防止李某逃跑，将绳子拉得更紧以进一步控制李某而过失造成李某重伤，赵某需要对该重伤结果承担责任。理由在于，无论认为赵某的行为是构成绑架罪，还是抢劫罪，都要求对人质进行了实质的控制。孙某控制人质的行为并不违反赵某的主观意愿，赵某应对该重伤结果承担责任。如果认为赵某的行为成立绑架罪，那么，赵某成立绑架罪与过失致人重伤罪的想象竞合犯[2]。如果认为赵某的行为成立抢劫罪，那么，赵某成立抢劫致人重伤的结果加重犯。

---

① 张明楷：《刑法学》，法律出版社2016年版，第986页。

② 注意：《刑法》第239条规定为，绑架过程中，杀害被绑架人的，或者故意伤害被绑架人，致人重伤、死亡的，处无期徒刑或者死刑，并处没收财产。根据这一规定，绑架罪本身并没有包容过失致人重伤，绑架行为过失造成被害人重伤的，成立绑架罪与过失致人重伤罪的想象竞合犯。

2. 孙某的行为不成立非法拘禁罪的结果加重犯。《刑法》第 238 条第 2 款的规定，犯前款罪（非法拘禁罪），致人重伤的，处 3 年以上 10 年以下有期徒刑；致人死亡的，处 10 年以上有期徒刑。使用暴力致人伤残、死亡的，依照《刑法》第 234 条（故意杀人罪）、第 232 条（故意伤害罪）的规定定罪处罚。根据该条规定，非法拘禁罪的结果加重犯的法定刑偏低，故应对非法拘禁致人重伤、死亡这一结果加重犯所要求的"重伤、死亡"进行限制解释，应理解为是拘禁行为本身导致了被害人重伤、死亡，并且，行为人主观上是基于过失。本案中，孙某故意使用暴力将李某打成重伤，应单独评价为故意伤害罪，不应认定为非法拘禁罪的结果加重犯。

如果被害人在被拘禁期间，长期受到虐待，不堪忍受而跳楼自杀的，可以认定为非法拘禁罪的结果加重犯。根据我国《刑法》第 238 条的规定，非法拘禁罪的基本论的法定刑为 3 年以下有期徒刑，而这种被害人"长期受到虐待，不堪忍受而跳楼自杀"的行为，仅认定为非法拘禁罪的基本犯，将会导致量刑畸轻。当然，笔者并非认为非法拘禁过程中，被害人"自杀"的行为都应认定为非法拘禁致人死亡的结果加重犯，而是认为，如果拘禁行为与被害人自杀的关联性较为紧密的话，可以认定为非法拘禁罪致人死亡的结果加重犯，以期实现罪刑相适应。从这一意义上看，适度扩大"非法拘禁致人死亡"这一结果加重犯，有限度地承认被害人自杀也属于结果加重犯的范围，其目的是为了实现量刑合理，有其合理性。当然，对比抢劫罪及其抢劫致人死亡这一结果加重犯，可以发现，抢劫罪的基本犯法定刑为"3 年以上 10 年以下有期徒刑"，抢劫致人死亡这一加重犯的法定刑为"十年以上有期徒刑、无期徒刑或者死刑"。抢劫案件中，被害人自杀，即便不认定为抢劫罪的结果加重犯而认定为基本犯，也可以判处 10 年有期徒刑，也能实现罪刑相当而不至于导致量刑畸轻。

3. 赵某的行为构成敲诈勒索罪，孙某的行为成立抢劫罪。如果认为敲诈勒索罪与抢劫罪是竞合关系，二者在敲诈勒索罪的范围内成立共同犯罪（多数观点）；如果认为敲诈勒索罪与抢劫罪是对立关系，孙某的行为已经超出了赵某的故意内容，二者不成立共同犯罪（少数观点）。对于孙某殴打童某致人重伤的行为，赵某不需要对该重伤结果承担责任。

该案中，赵某主观上没有当场对被害人童某实施侵害的想法，只是如果被害人不交付财物的话，未来将对其实施不利的行为。也就是说，赵某给了被害人寻求救助、回旋的空间。故赵某的行为仅成立敲诈勒索罪。而孙某当场对被害人使用暴力、当场取走被害人的财物，应成立抢劫罪。现多数观点认为，抢劫罪与敲诈勒索罪都是侵害被害人的财产，但二者的区别在于对被害人的影响不同：抢劫罪使被害人不知、不敢、不能反抗，其对被害人人身的控制程度是 100%；敲诈勒索罪对被害人人身的控制度没有达到 100%，给了被害人回旋的空间。也就是说，敲诈勒索罪中的处分自由，是一种不充分的、有瑕疵的自由：面对行为人的压迫，被害人仍有保卫财产的可能。相对于抢劫罪是反抗无用且不敢反抗，敲诈勒索罪就是反抗有用且应能反抗①。既然未 100% 控制被害人的都成立敲诈勒索罪，那么 100% 控制被害人的，更应该成立敲诈勒索罪，同时亦触犯了抢劫罪，抢劫罪与敲诈勒索罪之间存在竞合，抢劫罪是性质更为严重的敲诈勒索罪。当然，也有学者认为，抢劫罪与敲诈勒索罪之间是对立关系，二者之间不存在竞合。如果持这种观点，那么，赵某和孙

---

① 车浩：《抢劫罪与敲诈勒索罪之界分：基于被害人的处分自由》，载《中国法学》2017 年第 6 期。

某之间就不成立共同犯罪。

对于孙某殴打被害人致重伤的行为，赵某不需要承担责任。因为赵某仅仅具有犯敲诈勒索罪的故意，敲诈勒索罪是不包括对人使用严重暴力的。因此，对于孙某实施的严重暴力行为，已经超出了赵、孙二人之前共谋的共同故意之外，赵某对此不需要承担责任。

4. 赵某取走该快递的行为不属于利用了职务上的便利，应成立盗窃罪（多数观点）；也有观点认为，赵某利用了职务上的便利，应成立职务侵占罪。对于快递员私下拿走单位快递的行为，究竟以盗窃罪还是职务侵占罪论处，审判实务的做法较为混乱。盗窃罪的立案标准最低为 1000 元，职务侵占罪为 60000 元，不同的处理将会带来重大差异。笔者认为，"利用职务上的便利"应适度进行缩小解释，否则容易放纵犯罪。如果这类案件认定为职务侵占罪的话，那么，低于 60000 元的行为将无从定罪，显然不利于保障私营企业的财产权。单位员工只有拿走了完全属于其经营、保管、控制之下的财产，才可以认为是利用了职务上的便利，认定为职务侵占罪。本案中，行为人赵某仅仅是快递运输流程中的一员，而且并没有独自控制该快递包裹。从案情的表述来看，行为人即便手中握有快递，要离开单位，还要摆脱层层监控（如视频摄像、保安等）。因此，可以认为赵某没有利用职务上的便利，而是利用了工作上的便利，赵某的行为应以盗窃罪论处。当然，也有学者主张对"利用职务上的便利"作扩大解释，认为只要是有一定的管理权限，甚至经手权限的，都认为是利用职务上的便利，进而认定为职务侵占罪。

公司保安徐某的行为属于盗窃罪的片面共犯，属于片面的帮助犯，应以盗窃罪的共犯论处（帮助犯）。徐某明知赵某盗窃快递，仍然暗中帮助赵某，但赵某对此帮助毫不知情，属于片面的帮助犯。对于片面的帮助犯是否成立共犯，刑法理论上的多数观点持肯定态度，因为这种帮助行为对赵某的犯罪确实起到了帮助作用，如果不承认共犯的话，徐某自己的单独行为将无从定罪，这显然是不合理的。

5. 赵某绑架熊二的行为，审判实务的多数观点认为不构成绑架罪，也有少数学者认为成立绑架罪。从形式上看，赵某为了实现特定的目的（让老婆回家）而绑架了熊二，似乎应以绑架罪论处。但从实质上看，我国《刑法》对绑架罪规定了较重的法定刑，我国《刑法》中的绑架罪的法定刑甚至重于故意杀人罪，过度地扩张绑架罪的适用会导致部分案件量刑畸重。也正基于此，刑法理论与审判实务中都主张对绑架罪进行限制解释，以限制绑架罪的适用，包括：将绑架罪的目的限制解释为重大不法目的，将行为方式限制解释为对人质实施重大不法侵害或威胁。本案中，行为人主观上并没有重大不法目的，也未对人质实施重大不法侵害或威胁，不以绑架罪论处是合适的。[①]

审判实践中，将绑架罪的目的限制解释为重大不法目的，因此实现其他诸如恢复婚恋关系、索要少量财物、要求见特定人等目的的不认定为绑架罪。有论者指出，如果罪犯绑架人质仅仅是索要少量财物或者其他微不足道的不法要求，对被勒索人而言，因为很容易满足其不法要求，被绑架人人身安全所承受的风险就大大降低，不宜认定为绑架罪[②]。最高人民法院的指导案例亦认可这一观点："绑架罪应是勒索巨额赎金或者其他重大不法要

---

① 参见徐光华：《"以刑制罪"视阈下绑架罪的定性与量刑——以大样本绑架释放人质案件为例》，载《政法论坛》2018 年第 5 期。

② 阮齐林：《绑架罪的法定刑对绑架罪认定的制约》，载《法学研究》2002 年第 2 期，第 37 页。

求的绑架类型。因为被害人拖欠工资、债务，而索要少量超出工资、债务范围的钱财的，或者由于冲动、无知、愚昧扣押人质索取少量钱财的，或者扣住岳母要求媳妇回家的，等等，显然不具有与绑架罪的严厉评价相当的不法程度，完全可以按照非法拘禁罪或者敲诈勒索罪论处。"① 没有对人质实施重大侵害或威胁，适用其他轻罪。有学者指出："从法定刑评价的相称性来讲，应当对绑架罪的绑架手段作严格解释，将其解释为行为人主观上企图以杀害、伤害被绑架者相威胁的可能危及被绑架者生命、健康安全的行为，不宜包括单纯的剥夺他人人身自由的行为"②。最高人民法院对相关案件的评述也指出："在绑架案中，行为人一般都采取超强度的暴力等手段，给被害人的心理造成极大恐慌。而非法拘禁罪一般表现为低强度限制被害人的人身自由"③。

6. 一种观点认为，赵某的行为无罪（多数）；另一种观点认为，赵某的行为成立敲诈勒索罪（少数）。

虽然赵某仅受皮外伤，但仍有理由向方某索要赔偿。当然，具体应索赔多少，并无一个确定的数额。实务中，索赔金额是双方讨价还价的结果，要价过高本身不是犯罪，最终支付多少赔偿仍然更多地取决于他人的自愿，不应以犯罪论处。"权利受到侵犯，被害人维权时，究竟应该向侵权方索赔多少才应以犯罪论处，这是一个很不确定的概念，因此，哪怕要价过高，也需要经过双方讨价还价，而且国民的观念中，漫天要价已经成为一种较为普遍的现象，在目前的维权法律渠道并不畅通的情况下，这种漫天要价维权的行为具有一定的普遍性，不宜以犯罪论处"④。当然，也有观点认为，赵某的行为应以敲诈勒索罪论处，赵某虽然有理由索要赔偿，但要价过高，且利用了方某没有驾照要将该事故交由警方处理相要挟。

7. 一种观点认为，赵某的行为没有侵犯他人的财产所有权，仅构成故意伤害罪（多数观点）。另一种观点认为，赵某的行为应成立抢劫罪，其行为既侵犯了被害人的财产权，也侵害了人身权（少数观点）。

刑法理论的多数观点认为，财产犯罪的保护法益是财产所有权，盗窃、抢劫本人所有而被他人合法占有的财产，不应以财产犯罪论处。少数观点主张，盗窃罪的保护法益是占有权，即便是自己所有的财物，只要处于他人的合法占有之下，盗窃、抢劫该财物的，也应以财产犯罪论处。两种观点均有其合理性，但在中国当前立法及社会现状背景下，前者更具有合理性。我国财产犯罪量刑的主要参考标准是被盗财物的数额，如果盗窃自己所有的财物也成立盗窃罪，一旦财物价值数额特别巨大（如盗窃自己所有但被公务机关扣押的货车），以盗窃罪论处可能会判处无期徒刑，导致量刑畸重。审判实践中，对于盗窃自己所有的财物，尽量排斥财产犯罪的适用，转而适用其他轻罪。

近年来，我国刑法理论对财产罪的保护法益，围绕着所有权说、占有说、形形色色的折衷说展开了激烈争论。不同学说的主要分歧在于，行为人"非法取回本人所有而被他人合法占有的财物"能否以财产罪论处。虽然占有说逐渐成为有力学说，并对所有权说进行了批判，主张该类案件应以财产罪论处⑤。但审判实践似乎并不认可，财产罪的保护法益

① 《刑事审判参考》第 435 号指导案例。
② 黄丽勤：《索债型非法拘禁案件的定性分析》，载《法学》2012 年第 4 期，第 145 页。
③ 广西壮族自治区巴马瑶族自治县人民法院刑事判决书，（2014）巴刑初字第 92 号。
④ 徐光华：《典型案件的同案异判看过度维权与敲诈勒索罪》，载《法学杂志》2013 年第 4 期。
⑤ 张明楷：《刑法学》，法律出版社 2016 年版，第 941 页。

如果坚持占有说，易扩大处罚范围且导致量刑畸重，审判实践中对仅侵犯占有的案件，排斥财产罪的适用，转而适用轻罪（非财产罪）以实现罪刑均衡。例如，刘洪江妨害公务案中，其抢回自己所有但被交管部门扣押的汽车（24300元），法院判处妨害公务罪，有期徒刑7个月。判决指出，若以抢劫罪论处，不符合罪刑相适应原则①。《刑事审判参考》第205、339、404、428、856号指导案例等相似案例也持此意见，审判实践在"以刑制罪"理念下优先考虑适当的刑罚再选择罪名的现象具有一定的典型性。虽然理论上有学者持反对意见，认为"如果某种行为明显符合某种犯罪的构成要件，则不能以法定刑过重为由，将某种行为认定为其他轻罪或者宣告无罪"②。但审判实践中对样本案例的定罪却仍然贯彻着"以刑制罪"，重视量刑合理而忽略了定罪③。

⊙ **案例六：侵犯人身法益的犯罪**

传销组织的领导者甲、乙，长期拘禁多名传销组织成员，并经常辱骂、殴打这些成员，长达三个月之久。成员孟某不堪忍受折磨，从关押处打开窗户跳楼自杀。成员徐某不堪忍受折磨，为了逃离该关押地点，将看守者毛某杀害后，离开现场。（事实一）

甲在对传销组织成员实施拘禁行为时，某日，因为马某不听管教，甲遂基于伤害的故意使用暴力殴打马某，但造成了马某死亡的结果。（事实二）

甲、乙二人共谋去教训其共同的仇人贺某，甲基于杀人的故意，乙基于伤害的故意，但甲没有告诉乙自己有杀人的故意。甲、乙二人来到贺某家的小区，在小区内共同对贺某实施暴力。乙先使用木棍殴打贺某的小腿，因为贺某身体有严重疾病（患有血友病），当场流血过多而死。甲还没有来得及使用暴力对贺某实施殴打行为。（事实三）

甲临时起意，欲拿走死者贺某身上的金项链，乙见甲拿该项链，对甲说："你拿你的，跟我没有什么关系。"甲从贺某身上取走该项链后，又进入贺某家，发现贺某的情妇王某在家中睡觉，便强奸了贺某的情妇王某。乙实在看不下去了，先行离开贺某家中，甲在强奸后亦离开了贺某家。（事实四）

甲、乙合伙经营了一个餐饮店，两人各投资50万元。在经营期间，甲中途想退出共同经营行为，要求乙将其出资款50万元先行支付给自己，乙说："近期餐饮店没有多少现金，并且，盈利状况并不是特别好。"甲将乙拘禁后，给乙的妻子打电话说："如果不支付50万元，就不释放乙。"乙妻四处筹钱后，给予甲50万元，甲得款后释放了乙。（事实五）

甲闯入银行营业厅挟持客户王某，以杀害王某相要挟，迫使银行职员朱某交给自己20万元。（事实六）

问题：

1. 事实一中，甲、乙的行为应如何认定，与孟某的自杀是否存在刑法上的因果关系？徐某杀害毛某的行为应如何评价？请说明理由。

2. 事实二中，甲殴打马某致其死亡的行为应如何认定，可能存在几种观点？请说明理由。

3. 事实三中，甲、乙的行为应如何认定？请说明理由。

① 北京市第一中级人民法院（2009）一中刑终字第3502号刑事裁定书。
② 张明楷：《骗取自己所有但由他人合法占有的财物构成诈骗罪》，载《人民检察》2004年第10期。
③ 徐光华：《"以刑制罪"视阈下财产罪保护法益的再认识》，载《中国法学》2016年第6期。

4. 事实四中，乙是否需要对甲的盗窃和强奸行为承担责任？请说明理由。

5. 事实五中，甲的行为应以绑架罪还是非法拘禁罪论处？请说明理由。

6. 事实六中，甲的行为应如何认定，可能存在几种观点？请说明理由。

参考答案：

1. 甲、乙的行为成立非法拘禁致人死亡的结果加重犯，与孟某的自杀存在刑法上的因果关系。理由：一般认为，自杀者的自杀行为是其本人自由选择的结果，他人不对其自杀行为承担责任。但如果他人的行为对自杀者的影响非常大，使自杀者几乎别无选择而必须自杀时，他人亦应对自杀者的自杀承担责任。本案中，甲、乙的长期拘禁、辱骂等，使被害人孟某不堪忍受折磨而跳楼自杀，需要对该结果承担责任。甲、乙的行为成立非法拘禁致人死亡的结果加重犯。

徐某杀害毛某的行为，应认定为正当防卫。防卫行为是否过当，不能唯结果论，不能因为造成了死亡结果，就认定为防卫过当。本案中，徐某面临持续性的侵害，承受了很大的精神压力，即便造成不法侵害人死亡而逃跑的，仍然成立正当防卫。

2. 甲基于伤害的故意导致马某死亡，这种行为不是拘禁行为本身导致被害人死亡，不能认定为非法拘禁罪的结果加重犯。《刑法》第 238 条第 2 款规定，非法拘禁过程中，使用暴力致人死亡的，应以故意杀人罪论处。如何理解这一规定，对甲的这一行为会得出不同的结论：一种观点认为，刑法这一规定属于法律注意规定，甲主观上仅有伤害的故意，应认定为故意伤害（致人死亡）罪；另一种观点认为，刑法的这一规定属于法律拟制规定，只要在非法拘禁过程中使用暴力致人死亡，无论行为人主观上是故意还是过失，都成立故意杀人罪。本案中，甲的行为应以故意杀人罪论处。

［延伸阅读］审判实务中持第一种观点。《刑事审判参考》第 1276 号指导案例判决指出：被告人宋某胜、李某英等人，在得知其未成年女儿与成年男子王某发生性关系之后，基于气愤将被害人王某长时间非法控制，之后对王某进行殴打，向王某及其家人索取赔偿款。后多次殴打王某，致王某创伤性休克死亡，根据《刑法》规定，应以故意杀人罪或故意伤害罪定罪处罚。根据本案事实，在王某生命于危险状态时，有被告人给王某服药，并找来村医给王某治疗。各被告人当然不希望王某死亡，不具有非法剥夺他人生命的故意，依法应当认定各被告人的行为由非法拘禁化为故意伤害（致人死亡）罪。根据《刑法》第 238 条规定，非法拘禁过程中，使用暴力致人死亡的，应以故意杀人罪论处。审判实践强调这一规定是法律注意规定，只有使用暴力故意致人死亡的，才以故意杀人罪论处，如果对死亡结果没有故意的，不能认定为故意杀人罪。

3. （1）乙基于伤害的故意导致了被害人的死亡结果，仅成立故意伤害罪（可能与过失致人死亡罪之间存在竞合），但不成立故意伤害罪（致人死亡）的结果加重犯。

第一，乙的行为与被害人的死亡结果之间存在刑法上的因果关系，被害人的特异体质并不中断行为与结果之间的因果关系。

第二，乙的行为不能认定为故意伤害罪（致人死亡）的结果加重犯。结果加重犯强调基本犯罪行为具有造成加重结果的高度可能性，是基本犯罪行为内在危险的现实化。本案中，乙的伤害行为本身（殴打小腿）并不具有致人死亡的高度危险性，不宜认定为是结果加重犯。

第三，如果乙主观上对被害人的死亡结果有过失，乙的行为成立故意伤害罪与过失致人死亡罪的想象竞合。如果没有过失，则仅成立故意伤害罪一罪。

（2）甲基于杀人的故意，与乙共同实施了犯罪行为，乙仅有伤害的故意，甲的行为应以故意杀人罪既遂论处。

第一，甲主观上有杀人的故意，乙主观上有伤害的故意，二者在故意伤害的范围内成立共同犯罪。

第二，因为甲、乙二人是共同犯罪，故甲需要对乙所实施的行为负责。甲主观上想杀人，客观上造成了被害人死亡结果，行为与死亡结果之间存在刑法上的因果关系，甲应认定为是故意杀人罪既遂。

第三，需要说明的是，成立结果加重犯，要求基本犯罪行为与加重结果之间存在高度盖然性。而成立故意杀人罪，则不需要行为与死亡结果之间存在高度盖然性。

4. （1）乙需要对甲的盗窃行为承担责任。理由：甲之所以能够顺利实施盗窃行为，是因为甲、乙先前的共同行为导致被害人贺某处于无法反抗（死亡）的状态，甲事后利用了这一状态取走被害人身上的财物，乙需要对这一盗窃行为承担责任。

（2）乙不需要对甲的强奸行为承担责任。理由：甲、乙先前对贺某实施的杀人、伤害行为，并没有使贺某的情妇王某处于更加危难的境地。甲强奸王某的行为并没有利用甲、乙先前的行为。

5. 甲的行为应以非法拘禁罪论处。《刑法》第238条第3款规定，为索取债务而非法扣押、拘禁他人的，以非法拘禁罪论处。可以认为甲是基于"索债"，应认定为非法拘禁罪。

（1）对于"索债"中债务的性质：不仅仅限于合法债务，还包括非法债务。2000年最高人民法院《关于对为索取法律不予保护的债务非法拘禁他人行为如何定罪问题的解释》规定：行为人为索取高利贷、赌债等法律不予保护的债务，非法扣押、拘禁他人的，依照非法拘禁罪定罪处罚。

（2）审判实务中，对于"债务"的性质作了进一步扩大化的解释。只要找到一定的理由拘禁他人，哪怕这个理由具有不合理性（如索取非法债务），也应该以非法拘禁罪论处。本案中，甲在经营期间（未散伙期间）拘禁、扣押他人，索要出资款的，虽然没有充分的依据，但确实是"事出有因"，可以认为等同于"索债"。

（3）绑架罪的法定刑远重于非法拘禁罪，二者的实质区别在于是否严重侵犯被害人的人身权利，或者是否有严重侵犯被害人的人身权利的可能性。本案中，甲并没有严重侵犯被害人的人身权利，以非法拘禁罪论处更妥当。

6. 通说认为，抢劫罪是两面关系，绑架罪是三面关系。

一种观点认为，抢劫罪与绑架罪是对立关系，本案中，犯罪行为人、被害人都在犯罪现场，是两面关系，甲的行为仅成立抢劫罪，不构成绑架罪。

另一种观点认为，抢劫罪与绑架罪是竞合关系，而非对立关系。既然交付财物的人不在犯罪现场（三面关系），都能成立绑架罪，那么，本案中，交付财物的银行职员在现场，更应该成立绑架罪，也与抢劫罪存在竞合。甲的行为是抢劫罪与绑架罪的竞合。可以这样认为，抢劫是现场型的绑架。

◎ 案例七：贪污贿赂罪（受贿罪）

国家工作人员甲明知毛某有求于自己，但甲确实难以为毛某谋取不正当利益。甲仍然主动向毛某索取 5 万元，虚假承诺为毛某谋取利益。此外，甲的情妇陆某还向毛某借款 200 万元，借期两年，没有支付利息，两年后还款 200 万元给毛某，甲对此亦知情，没有提出反对意见。（事实一）

开发商陈某为了在土地开发过程中谋取不正当利益，送给甲的情妇周某 100 万元，要求周某在甲面前说说自己的好话。周某将上述事情告诉甲，甲明确表示反对，但是，对于周某收受的 100 万元，甲对周某说："你要是不退回去，与我没有关系。"周某将上述 100 万元用于挥霍。甲的下属李某，在端午节期间，给甲送去 5 万元，希望甲在适当的时候下能够关照自己，但没有提出具体的利益诉求。（事实二）

商人马某对甲进行感情投资，连续给甲送礼多次，金额分别为 1 万元、2 万元、5 万元。事后，马某为了谋取某一不正当利益，向甲提出利益诉求，请求甲帮忙关照。并同时给甲送去房产一套，但没有办理过户手续。该房产还有贷款需要按揭偿还，马某每月偿还房屋贷款。（事实三）

甲因为事实三中的受贿（1 万元、2 万元、5 万元）被群众举报，司法机关将甲抓获后，但并不知道行贿人是谁。甲在被关押期间，主动交代了行贿人是商人马某。并主动交代了自己的另外一起收受马某房产的事实，还交代了自己收受马某的房产后，为马某滥用职权的事实。（事实四）

甲的妻子乙是某高校法学院副院长，同时担任多个班级的班主任。在担任该班主任期间，收受某旅游景点推销员孟某的好处费 10 万元，向学生推销了该旅游景点的门票。同时，在研究生招生过程中，该院刑法学研究生仅招收 5 名学生，巫某初试排名第 5，复试人员有 6 名。巫某送给乙 10 万元，乙利用自己的职权，安排自己熟悉的老师参加复试、面试，通过各种努力，使巫某被顺利录取。（事实五）

王某因为其母亲在某国有医院出现医疗事故而死亡，王某找到乙，希望乙给医院院长徐某打招呼，按照法律规定，进行相关赔偿。乙收受了王某的 10 万元，并将其中的 5 万元送给了医院院长徐某。后徐某要求医院相关部门，依照法律规定处理了王某的赔偿申请。（事实六）

医院院长徐某退休后，因涉嫌巨额财产来源不明罪被司法机关立案调查，徐某的妻子郭某（非国家工作人员）明知其家庭巨额财产 2000 万元来源不明，拒不向司法机关说明来源。法院一审开庭时，徐某仍然拒不说明财产来源，其妻子郭某主动向司法机关说明了财产来源。其中：1000 万元是贪污所得，另外 1000 万元是受贿所得。1000 万元受贿所得中，有 40 万元是在职时为陶某谋取不正当利益，徐某退休后，陶某主动赠送的。（事实七）

问题：

1. 事实一中，甲、陆某的行为应如何认定？请说明理由。
2. 事实二中，甲、陈某、周某、李某的行为应如何认定？请说明理由。
3. 事实三中，甲的受贿金额如何认定？请说明理由。
4. 事实四中，甲的如实交代行为应如何认定？请说明理由。
5. 事实五中，乙、孟某、巫某的行为应如何认定？请说明理由。
6. 事实六中，王某、乙、徐某的行为应如何认定？请说明理由。
7. 事实七中，徐某、郭某的行为应如何认定？请说明理由。

参考答案：

1. 甲的职权虽然不能帮毛某事实上谋取利益，但其索取毛某的 5 万元，仍然可以认为是其职权行为的对价，其本质是"权钱交易"，破坏了国家工作人员职务行为的廉洁性，构成受贿罪。甲虽然不愿意为毛某谋取利益，但明知他人有求于己，仍然索取或收受他人财物，应当认为已经向请托人传递了"为其谋取利益"的信号，应构成受贿罪。2016 年最高人民法院、最高人民检察院《关于办理贪污贿赂刑事案件适用法律若干问题的解释》第 13 条规定，明知他人有具体请托事项，进而收受他人财物的，应认定为"为他人谋取利益"，成立受贿罪。

陆某向毛某借款 200 万元，并没有支付利息，该利息可以认为是甲职权行为的对价，实质上仍然是"权钱交易"，故，甲、陆某构成受贿罪的共同犯罪。受贿罪的对象不限于财物，还包括财产性的利益。财产性利益包括可以折算为货币的物质利益，如房屋装修、债务免除等，以及需要支付货币的其他利益如会员服务、旅游等。

2.（1）陈某为了谋取不正当利益，通过甲的情妇向甲行贿，其本质上还是为了实现"权钱交易"，构成行贿罪。

（2）甲与情妇周某收受陈某的 100 万元，构成受贿罪的共犯。甲虽然对周某收受该 100 万元提出了反对意见，但其主观上亦知道 100 万元是其职权行为的对价，是权钱交易，应构成受贿罪。

虽然甲内心反对周某收受他人 100 万元，但是，甲主观上明知这 100 万元是其职权行为的对价，不予退还就说明其主观上认可了权钱交易，应以受贿罪论处。

2016 年最高人民法院、最高人民检察院《关于办理贪污贿赂刑事案件适用法律若干问题的解释》第 16 条规定，特定关系人索取、收受他人财物，国家工作人员知道后未退还或者上交的，应当认定国家工作人员具有受贿故意。根据这一规定，可以认为甲有受贿的故意，应以受贿罪的共犯论处。司法解释之所以作出这一规定，其理由在于，国家工作人员明知其特定关系人（如情妇）收受他人财物而不退还，就视同其本人认可了这一事实，会用未来的权力帮助行贿者，行贿者行贿的目的也是看中了国家工作人员这一权力。国家工作人员明知特定关系人收受了他人财物而不退还，给行贿人传递的信号是认可权钱交易，推定为是为他人谋取利益。

（3）甲收受下属李某提供的 5 万元构成受贿罪，但李某不构成行贿罪。

甲实际上是用未来的权力和他人的金钱进行交易，也可以认为是"权钱交易"，构成受贿罪。2016 年最高人民法院、最高人民检察院《关于办理贪污贿赂刑事案件适用法律若干问题的解释》第 13 条规定，国家工作人员索取、收受具有上下级关系的下属或者具有行政管理关系的被管理人员的财物价值 3 万元以上，可能影响职权行使的，视为承诺为他人谋取利益。

李某不构成行贿罪。刑法对行贿罪的认定较为宽容，要求行为人主观上是为了谋取不正当利益才构成。本案中，李某并没有提出具体的利益诉求，不宜以行贿罪论处。

3.（1）甲收受商人马某的现金应认定为受贿罪。虽然商人马某给甲送现金时仅是为了感情投资，但也是基于甲的权力的对价。感情投资的实质在于，用金钱锁住未来的权力、谋取未来的利益，也可以认为是权钱交易，应认定为受贿罪。

2016 年最高人民法院、最高人民检察院《关于办理贪污贿赂刑事案件适用法律若干问题的解释》第 15 条规定，对多次受贿未经处理的，累计计算受贿数额。国家工作人员利用职务上的便利为请托人谋取利益，前后多次收受请托人财物，受请托之前收受的财物数额在 1 万元以上的，应当一并计入受贿数额。

（2）甲收受商人马某赠送的，需要支付按揭贷款的房产的行为，构成受贿罪，受贿的金额应该以房屋的价格计算。其理由在于：马某已经将房屋的所有权让渡给了甲，马某自己已经事实上背负了银行的贷款，已经与甲在事实上达成了承担债务（贷款按揭）的共识，并且，甲事实上控制了该房屋，应将房屋整体认定为受贿所得。

4.（1）甲交代马某对其行贿（1 万元、2 万元、5 万元）的事实，即交代了行贿人，不属于立功，属于如实交代了自己的犯罪事实。理由：行贿与受贿属于对合型犯罪，意即共同犯罪。甲属于交代自己参与的犯罪事实，甲没有自动投案，故不成立自首。

（2）甲交代收受马某房产的事实，属于交代同种罪行，不成立特别自首。根据《刑法》第 67 条的规定，成立特别自首，必须交代异种罪行。

（3）甲交代为马某滥用职权的事实，不成立特别自首。根据司法解释规定，成立特别自首，要求所交代的罪行，与司法机关已经掌握的罪行之间，必须没有事实上、法律上的密切联系。换言之，司法机关如果根据现已掌握的罪行，可以"顺藤摸瓜"找到其他罪行，则可以认为前后罪行之间存在密切联系，行为人对其他罪行的交代对司法机关没有意义，不成立特别自首。

5.（1）乙收受孟某好处费 10 万元，构成非国家工作人员受贿罪，孟某构成对非国家工作人员行贿罪。理由：乙虽然是法学院副院长，但是，收受该 10 万元与其副院长的职权并没有关系，应认定为非国家工作人员受贿罪。

2008 年 11 月 20 日最高人民法院、最高人民检察院《关于办理商业贿赂刑事案件适用法律若干问题的意见》第 5 条规定："学校及其他教育机构中的国家工作人员，在教材、教具、校服或者其他物品的采购等活动中，利用职务上的便利，索取销售方财物，或者非法收受销售方财物，为销售方谋取利益，构成犯罪的，依照刑法第三百八十五条的规定，以受贿罪定罪处罚。学校及其他教育机构中的非国家工作人员，有前款行为，数额较大的，依照刑法第一百六十三条的规定，以非国家工作人员受贿罪定罪处罚。学校及其他教育机构中的教师，利用教学活动的职务便利，以各种名义非法收受教材、教具、校服或者其他物品销售方财物，为教材、教具、校服或者其他物品销售方谋取利益，数额较大的，依照刑法第一百六十三条的规定，以非国家工作人员受贿罪定罪处罚。"根据上述规定，无论是国有还是非国有学校中的教师，仅利用"教学活动"之便，收受校服销售方等财物的，不应认为国家工作人员身份的职务行为，即此种职务行为与国家工作人员身份并不相关，仅成立非国家工作人员受贿罪。

（2）乙在研究生招生过程中，收受巫某的 10 万元，构成受贿罪。理由：乙利用了其副院长这一职权上的便利，应认定为受贿罪。

（3）巫某的行为构成行贿罪，巫某是为了谋取不正当利益。理由：根据《刑法》规定，行贿罪要求行为人主观上是为了谋取不正当利益，本案中，虽然巫某排名靠前，但既然是差额复试，巫某就可能被淘汰。巫某通过给乙行贿，以保证自己被录取，对其他参加复试的同学而言，是不公平的，应认定为是为了谋取不正当利益，构成行贿罪。

6.（1）王某给乙送去 10 万元的行为，不构成行贿罪。理由：根据《刑法》第 389 条规定，行贿罪要求行为人主观上是为了谋取不正当利益，而本案中，王某是为了谋取正当、合法、应得的利益，不构成行贿罪。

（2）乙的行为不构成受贿罪，乙的"斡旋"受贿行为并不是为了谋取不正当利益，不应以受贿罪论处。理由：乙在本案中起"斡旋"的作用，但斡旋受贿要成立受贿罪，要求行为人主观上是为请托人谋取不正当利益。《刑法》第388条规定："国家工作人员利用本人职权或者地位形成的便利条件，通过其他国家工作人员职务上的行为，为请托人谋取不正当利益，索取请托人财物或者收受请托人财物的，以受贿论处。"之所以对斡旋受贿行为入罪规定为"为请托人谋取不正当利益"，主要是考虑到斡旋受贿人本人并没有利用其职务上的便利，而是利用了工作上的便利。

（3）徐某的行为构成受贿罪，受贿罪仅要求非法收受他人财物，为他人谋取利益。无论徐某是为他人谋取正当利益，还是谋取不正当利益，都构成受贿罪。

7.（1）郭某不构成巨额财产来源不明罪，郭某并非国家工作人员，没有说明财产来源的义务。

（2）徐某的行为不构成巨额财产来源不明罪。理由：即便徐某本人拒不说明财产来源，但其妻子郭某已经说明了财产来源，司法机关已经知悉财产的来源。司法机关既然已经查明了财产来源，就不应认定徐某构成巨额财产来源不明罪。

（3）徐某构成贪污罪（犯罪数额1000万元）、受贿罪。其中，受贿罪的金额1000万元中，应扣减40万元。理由：事先（在职时）无约定，退休后收受财物的，不构成受贿罪。如果在职时虽然有权，并且用权力帮他人办事，但没有约定收受礼物，就没有进行权钱交易，退休后已经无"权"了，索取或收受他人财物，就不能认定为是"权钱交易"，不能认定为受贿罪。

2000年最高人民法院《关于国家工作人员利用职务上的便利为他人谋取利益离退休后收受财物行为如何处理问题的批复》中规定："国家工作人员利用职务上的便利为请托人谋取利益，并与请托人事先约定，在其离退休后收受请托人财物，构成犯罪的，以受贿罪定罪处罚"。

◎ 案例八：自首与立功

甲盗窃了乔某价值5万元的手表一块，后甲内心感到后悔，第二天前往乔某家"投案"，详细交代了自己的盗窃事实，并与乔某达成"和解协议"：甲每月分期偿还乔某5000元。（事实一）

后甲不能按期分期偿还乔某，便驾车逃离。在开车的过程中，甲交通肇事造成孟某重伤，另一乘客死亡，甲立即开车在高速公路上超速逃跑。高速公路警察丙发现甲车速过快，便及时拦截甲，同时，发现甲的车子上存在严重碰撞痕迹。甲如实交代了自己交通肇事的事实，并被刑事拘留。（事实二）

甲在看守所期间，如实交代了，在上述交通肇事中造成孟某重伤，另一乘客死亡后，趁孟某昏迷，还从孟某身上拿走了一块27500元欧米茄手表的盗窃事实。此外，甲在看守所期间，同监室的乐某在与甲聊天期间，告诉甲自己曾经强奸过余某。甲后来偷偷地将乐某强奸余某的这一犯罪事实，告诉了值班民警。（事实三）

甲、乙两人曾共同贩卖毒品给丙，后乙主动前往公安机关投案自首，如实交代了甲、乙共同贩卖毒品的犯罪事实，但谎称甲是毒品的所有者。事实上，乙是毒品所有者。（事实四）

吸毒者丙在吸毒后，情绪不稳定，对吃瓜群众巫某实施了杀害行为，造成巫某死亡。后在情绪稳定之后，得知诸多路人已经报警，警察即将赶到，遂逃跑。后在外地，身无分文，流落街头，为了解决混饭问题，前往司法机关投案，并要求司法机关给他一碗面吃，才交代自己的犯罪事实。司法机关满足了丙的要求之后，丙如实交代了自己故意杀害巫某的犯罪事实。（事实五）

上述事实五中，丙自动投案，如实交代了犯罪事实。但是，如果：（1）丙仅承认自己砍了被害人巫某3刀，而事实上是砍了8刀；（2）丙是吸毒后产生幻觉，进而实施了上述杀人行为，但没有向司法机关交代自己吸毒这一事实；（3）承认了自己砍杀巫某的事实，但欺骗司法机关，是巫某先对其实施伤害行为，自己是由于防卫过当才造成了巫某的死亡结果；（4）丙在5年前（不满18周岁）曾经实施过盗窃行为，被判有期徒刑2年，3年前从监狱释放，但丙没有将自己的前科情况告诉司法机关。（事实六）

在看守所期间，丙还交代了自己长期吸食毒品的事实。并带领司法机关前往家中，将其购买的1公斤毒品交给了司法机关。但在司法机关问及丙毒品的来源的，丙拒不交代贩毒者李某。（事实七）

丙的情妇丁，在丙被抓获后，没有更多的经济来源，便实施了盗窃行为。丁邀请周某一起前往杨某家盗窃，二人前往杨某家盗窃时，杨某正在睡觉。二人盗窃后离开现场，后周某返回被害人杨某家中将其杀害。三个月后，丁在赃物销售市场销售从杨某家盗窃来的赃物的时候，司法机关发现其销售的物品（限量版的欧米茄手表一块，价值27500元）没有合法的凭证，丁如实交代了该赃物是其与周某共同盗窃所得，并如实交代了其与周某在杨某家盗窃的所有物品（约20万元），但拒不退赃。同时又交代了周某杀死被害人杨某的事实。（事实八）

问题：

1. 事实一中，甲的行为是否成立自首？请说明理由。
2. 事实二中，甲对交通肇事罪是否成立自首？请说明理由。
3. 事实三中，甲交代自己盗窃的事实，是否成立自首？请说明理由。
4. 事实三中，甲检举揭发乐某强奸的事实，是否成立立功？请说明理由。
5. 事实四中，乙对贩卖毒品罪，是否成立自首？请说明理由。
6. 事实五中，丙对于故意杀人事实，是否成立自首？请说明理由。
7. 事实六中，丙对部分情况的虚假供述，是否影响自首的成立？请说明理由。
8. 事实七中，丙的行为是否成立自首，对何罪成立自首？如果丙还交代了是从李某处购买毒品，后经司法机关查证属实，这一行为应如何认定？请说明理由。
9. 事实七中，如果丙交代贩毒者是李某，并带领公安机关前往李某的出租屋内寻找李某，但未找到李某，却在该出租屋内查获了10公斤毒品，丙的行为是否构成立功？请说明理由。
10. 事实八中，丁的行为如何定性？请说明理由。
11. 事实八中，如果丁主动前往司法机关投案，交代与周某共同盗窃的事实，并拒不退赃，能否认定为自首？请说明理由。

参考答案

1. 甲的行为不成立自首。自首所要求的自动投案，是将自己置于司法机关的控制之下，而本案中，甲仅有"私了"的想法，没有自动投案以接受法律制裁的想法，故不成立自首。"自动投案"强调的是投案的主动性和时限性，即行为人在有自由选择的情形下，主动将人身置于司法机关控制。该案来源于《刑事审判参考》第 437 号指导案例，周建龙盗窃案中，被告人周建龙到邻居家盗窃 4 次，后在受害人家里承认了盗窃的事实，并写了 1 张借条和承诺以工资还款的保证书。几日后案件被人举报，公安机关审讯时其交代犯罪事实。一、二审法院均否定被告人有自首情节，理由就是被告人承认盗窃的事实、出具借条还款保证书、归还部分赃款的行为，反映出被告人与被害人"私了"的心态，不愿意接受国家的审查和裁判。

2. 甲对于交通肇事罪，不成立自首。甲属于有"犯罪嫌疑"，而非"形迹可疑"，不能认定为是自首。甲的车子上存在严重碰撞痕迹，司法人员不仅仅是觉得其形迹可疑，而是会认为其有犯罪嫌疑。质言之，甲逃不掉了。

司法机关将行为人确定为"犯罪嫌疑人"的情况下，即使不交代，有关部门仍可据此掌握犯罪证据，故此类情形下的交代对确定犯罪嫌疑人不具有实质意义，一般不能认定为自动投案。"犯罪嫌疑"，是指司法机关能够将行为人与某一或某种具体的犯罪联系在一起的物品，如来路不明的财物、毒品等违禁品、沾有血迹的物品等。需要指出的是，这种联系不需要具有明确的针对性，只要足以令人合理怀疑行为人实施了与该物品有关的犯罪即可，不需要明确指向某一具体、特定的犯罪事实。

2010 年 12 月 22 日最高人民法院《关于处理自首和立功若干具体问题的意见》中规定，罪行未被有关部门、司法机关发觉，仅因形迹可疑被盘问、教育后，主动交代了犯罪事实的，应当视为自动投案，但有关部门、司法机关在其身上、随身携带的物品、驾乘的交通工具等处发现与犯罪有关的物品的，不能认定为自动投案。

3. 甲交代盗窃的事实，不成立自首。理由在于：甲交代的盗窃事实，与其之前已经被抓获的交通肇事罪，存在事实上的密切联系，不成立特别自首。质言之，甲的交代对司法机关的意义非常有限，司法机关既然已经因为交通肇事罪把甲抓起来了，与该罪密切联系的盗窃罪，完全可能被"顺藤摸瓜"摸出来，甲并没有从实质上节约司法资源。

4. 甲检举揭发乐某强奸的犯罪事实，成立立功。虽然该事实是乐某告诉甲的，但检举揭发者是甲，换言之，如果不是因为甲的检举揭发，这一事实不会被司法机关知悉。从这一意义上看，甲"节约"了国家司法资源，故甲的行为成立立功。

立功的本质在于节约国家司法资源，至于立功的线索来源，可以是本人直接获取的，也可能是通过其他渠道间接知悉的，只要检举揭发了，对司法机关有意义，就能认定为是立功。再者，甲也没有通过非法手段去检举揭发，当然应认定为是立功。

5. 乙的行为成立自首。对于贩卖毒品罪而言，毒品的所有者是谁，对认定行为是否构成犯罪，没有任何影响。也就是说，毒品的所有者是谁，对行为的定罪、量刑，没有任何影响。

6. 丙的行为成立自首。丙的自动归案仍然可以认为是节约了司法资源，在还有路可逃，而不是必然被司法机关抓获的情况下。丙自动投案，如实交代了自己的犯罪事实，仍然可以认为是自首。

7. 丙没有完全如实交代相关事实，能否认定为是自首，关键看其隐瞒的事实是否会影响定罪与量刑。

第（1）种情形，成立自首。丙承认了自己砍死人这一事实，即承认了主动犯罪的事实——杀人，但对于砍杀的具体方式进行了隐瞒，不会影响定罪、量刑，故不影响自首的成立。

第（2）种情形，成立自首。原则上，是否由于吸毒后产生幻觉而实施杀人行为，不影响对行为的定罪与量刑。丙不交代吸毒行为，不影响自首的成立。

第（3）种情形，不成立自首。丙隐瞒了案件事实本身，虚构了对方先对丙实施了伤害行为，这可能导致司法机关对行为的性质判断错误，进而影响定罪量刑，不应认定为是自首。注意：这种情形下，丙不仅仅是对行为性质的辩解，而是因为虚构事实，可能导致对行为的性质（定性）判断错误。

第（4）种情形，成立自首。丙虽然隐瞒了自己的前科，但本案中，其实施前罪时未满 18 周岁，这一事实的隐瞒，不影响对后续行为的定性，即不会影响对后续行为的定罪与量刑。根据《刑法》规定，犯罪时不满 18 周岁的，不构成累犯，未成年人犯罪的前科是不允许作为后续犯罪从重处罚的依据的。丙不交代前科，不影响定罪与量刑。

8. 丙交代自己持有毒品的犯罪事实，对于非法持有毒品罪成立自首。非法持有毒品罪这一犯罪事实的认定，并不需要交代贩毒者是谁，对于这一事实的隐瞒，不影响丙非法持有毒品罪的定罪与量刑，故不影响自首的成立。

丙交代毒贩李某将毒品卖给自己的行为，成立立功，检举揭发了李某贩卖毒品这一犯罪事实。对于李某贩卖毒品给自己（丙）这一事实，丙作为购买者是无罪的，属于揭发了他人的犯罪事实，故构成立功。

9. 丙的行为成立立功，因为丙交代了犯罪事实本身。虽然本案中，没有抓获具体的犯罪人李某，但至少丙检举揭发了犯罪事实，10 公斤毒品的存在，虽然还无法证明相关人员实施了哪种毒品犯罪，但能够肯定的是，这一定是犯罪行为，如贩卖毒品、走私毒品、运输毒品等。从这一意义上看，丙是检举揭发了他人的犯罪行为，应成立立功。（该案来源于《刑事审判参考》指导案例）

10. 第一，丁交代的盗窃事实，不成立自首。理由：其在赃物销售市场销售没有合法凭证的财物，司法机关不仅仅是觉得其形迹可疑，而是有犯罪嫌疑。这种情形下，其交代自己的盗窃事实，不属于自首。换言之，这种情形下，他根本跑不掉。

第二，丁交代周某杀害杨某的事实，不成立立功，因为丁的交代对司法机关意义不大，难以认定为是节约了司法资源。本案中，行为人盗窃后再杀人，盗窃与杀人具有密切关联，属于交代自己盗窃行为的关联行为，对司法机关的意义有限，不成立立功。

11. 丁的行为成立自首。自首只需要交代犯罪事实即可，是否退赃，不影响自首的成立。

⊙ **案例九：财产犯罪**（盗窃、侵占、诈骗、抢劫）

甲、乙二人驾驶货车至某服务区休息时，甲开车去服务区的加油站加油，乙去上厕所。甲在加油时，发现自助加油机卡槽内有一张加油卡（记名但无密码的可挂失加油卡），于是甲将该卡退出后，又重新插进去查询余额，发现卡内有余额 6197.09 元，遂将加油卡藏于自己身上。后甲告诉上厕所回来的乙，乙建议将卡内余额刷掉。甲、乙二人先后多次在不同的加油站将该卡内的余额用掉。（事实一）

甲、乙二人在用自己的加油卡在加油站自助加油时，见旁边的司机徐某也在加油。

甲、乙二人合谋欺骗徐某，欲以假的加油卡骗取徐某的钱财。甲欺骗徐某说："我的这张加油卡有 5000 元，现在我急需现金，能否将这张加油卡卖给你，你只需支付我 4000 元现金即可。"并叫徐某看了一下加油机上显示的余额确实为 5000 元。徐某信以为真，便将 4000 元现金给了甲。甲叫乙将一张作废的加油卡交给徐某，徐某并不知情。（事实二）

甲、乙二人拿到该 4000 元后即将准备开车离开加油站，徐某使用该卡加油时发现该卡是作废的卡，才反应过来自己上当受骗。便抓住甲的手不放，要求甲退回 4000 元。同时拿起加油站内的消防栓，对甲、乙二人说："谁也不能走，否则就对你们不客气了。"甲为了抗拒抓捕，使用暴力将徐某打成重伤，乙趁机逃走，甲后来也逃走。（事实三）

上述事实三中，若甲为了抗拒抓捕对徐某使用暴力，此时甲的好友孟某正好看到，甲便将事实情况如实向孟某说明，孟某也加入进来，共同对徐某使用暴力。造成徐某重伤后，甲和孟某便逃离现场。事后查明，徐某的身体只有一次打击造成了重伤结果，但无法查明受重伤的这次打击是孟某加入进来之前甲已经造成的，还是孟某加入进来之后造成的。（事实四）

两天之后，甲、乙、孟某三人，一起商量赚钱的方法，于是三人决定，专门寻找销售过期食品的知名商场、超市，购买过期食品后，以该商场销售过期食品为由，向该商场索要巨额赔偿。如果商场不予以巨额赔偿，就以在新闻媒体、网络上揭发其相关的犯罪事实为要挟，迫使商家交付钱财。三人累计实施十余起该类案件，共获得"赔偿"20 余万元。（事实五）

甲、乙二人进入某酒店用餐，准备吃"霸王餐"，不打算支付费用。甲、乙二人在该酒店消费共计 2 万元，后二人在服务员不知情的情况下，均换了一身衣服，离开了该酒店。不久服务员马某进入甲、乙用餐的包房才发现包房内无人。（事实六）

甲、乙二人离开酒店后不到 50 米，酒店服务员马某发现甲、乙二人离去，遂追赶二人，要求二人支付相应的餐费，并抓住甲的手腕不让其离开。甲为了抗拒抓捕，猛地甩了一下手，造成马某轻微伤后开车逃离现场。乙因为身体较胖，无法逃离现场，被 10 分钟后来闻讯赶来的另一个服务员郭某抓获，此时甲已经驱车逃离至 10 公里之外。乙为了抗拒抓捕，使用拳头猛地朝郭某打了十多拳。但郭某非常坚强，死死地抱住乙的身体不放，在吃瓜群众的共同努力下，将乙送往派出所。（事实七）

三天后，甲独自一人在某小区散步时，见某居民小区外停放着一辆摩托车，甲知道这辆摩托车是小区一楼住户乐某的，便潜入乐某家中，偷走该摩托车的钥匙，后用钥匙将该辆摩托车开走。此外，乙得知乐某是有钱人，趁乐某家中无人之际，独自一人前往乐某家中实施盗窃行为，盗窃了一部苹果手机。乙刚从乐某家出来，便遇上下班回来的乐某，乐某看到乙拿的手机是自己的手机，意识到乙进入其家中实施了盗窃行为，乐某追逐乙至小区外。在小区外，乙将乐某殴打至轻伤后逃离。（事实八）

上述事实八中，甲盗窃摩托车驶离小区后，被小区保安人员吴某发现。甲开着摩托车飞奔而逃，吴某在追赶甲的过程中，撞上电线杆而当场身亡。见义勇为的路人梁某见状便驾驶自己的汽车追赶甲，甲进一步加速驾驶摩托车而逃，撞上电线杆而身受重伤。奄奄一息的甲向梁某求助，梁某说："你该死。"遂扬长而去。此时，正好有一辆救护车经过此处，将甲送往医院治疗，但甲终因伤势过重而亡。（事实九）

问题：

1. 事实一中，甲、乙二人的行为应如何定性，请说明理由。

2. 事实二中，甲、乙二人的行为应如何定性，请说明理由。

3. 事实三中，甲、乙二人的行为应如何定性，请说明理由。

4. 事实四中，甲和孟某的行为如何认定，谁应对重伤结果负责，请说明理由。

5. 事实五中，甲、乙、孟某的行为构成何罪，请说明理由？如认为不构成犯罪，亦可说明理由。

6. 事实六中，甲、乙二人的行为应如何定性，请说明理由。如果甲、乙二人刚进入酒店吃饭时并没有欺骗的故意，在用餐结束后，发现自己所带的钱不够，便欺骗服务员，谎称先出去挪一下车，晚点回来付款。后趁机逃走，甲、乙的行为应如何定性，请说明理由。

7. 事实七中，甲、乙二人的行为应如何定性，请说明理由。

8. 事实八中，甲、乙二人的行为应如何定性，请说明理由。

9. 事实九中，如果甲未死，甲是否需要对吴某的死亡结果负责，请说明理由？对于甲的死亡结果，梁某是否需要承担责任，请说明理由。

参考答案：

1. 甲、乙的行为都构成盗窃罪。本案中的加油卡是处于加油站保管、占有、控制之下的占有物。甲窃取该记名加油卡后，与乙共同实施了盗刷卡内余额的行为，因该记名加油卡具备可挂失的身份属性，在加油卡内余额未被盗刷前，被害人可通过挂失来避免自己的损失。只有在盗刷卡内余额后、被害人才遭受损失，财产才转移占有，盗窃罪才既遂。因此，乙在盗窃既遂前以共同实行的意思参与到该行为中，并共同实施了盗刷卡内余额的客观行为，属于事前无通谋的承继共犯，甲、乙二人成立盗窃罪的共犯。（案例来源："捡拾"他人遗忘在加油机上的加油卡并使用构成何罪？载《案例刑法》公众号）

2. 该案中，虽然被害人对于乙交付作废的加油卡并不知情，但被害人徐某处分的财产是4000元现金，徐某对该4000元现金的处分（放弃占有）是知情的，是自愿处分财产，故甲、乙2人的行为成立诈骗罪。

3. 甲成立转化型抢劫（《刑法》第269条），系抢劫致人重伤。乙不对后续甲实施的伤害行为负责，仅成立之前的诈骗罪。其理由在于：乙并没有使用暴力的故意，亦没有与甲共同使用暴力的故意，只是利用被害人被甲制服的状态逃跑，故乙不需要对甲的伤害行为负责。

共同盗窃、诈骗、抢夺后，部分人使用暴力抗拒抓捕的，其余人基于一定意思联络，对实施暴力或者以暴力相威胁的行为人提供帮助或实际成为帮凶的，可以抢劫共犯论处。如果没有为实施暴力或者以暴力相威胁的行为人提供帮助或实际成为帮凶的，不应以抢劫罪的共犯论处。

4.（1）甲和孟某构成抢劫罪（转化型抢劫，《刑法》第269条）的共犯，孟某在甲抢劫的中途加入进来，可以成立共犯。理由：由于甲的抢劫行为还没有结束，孟某中途加入进来，可以成立抢劫罪的共犯。

（2）对于造成被害人徐某的重伤结果，应由甲负责，甲是抢劫致人重伤；孟某不需要对该重伤结果负责，仅构成普通抢劫罪。理由：由于无法查清该重伤结果是孟某加入前还是加入后造成的，但如果是孟某加入进来之前，甲已经造成了被害人重伤结果，甲对该重伤结果负责，孟某不需要对该重伤结果负责；如果是孟某加入进来之后造成了被害人重伤结果，甲和孟某均需要对该重伤结果负责。故，无论如何甲均需要对该重伤结果负责，但是对于孟某的行为而言，由于查不清楚，所以按照存疑有利于被告原则，孟某不需要对该重伤结果负责。质言之，甲参与了整个犯罪的全程，甲应该对自己及孟某的全部行为负责，甲成立抢劫致人重伤；孟某仅参与了抢劫的半程，不需要对其加入之前的重伤结果承担责任，现有证据无法证实该重伤结果是其加入之前还是加入之后造成的，故孟某不需要对该重伤结果承担责任。

5. 3人的行为构成敲诈勒索罪。理由：3人并不是真正的消费者，其多次故意制造事端索要财物，属于"恶意"的消费者，没有理由索要赔偿，应以敲诈勒索罪论处。随着社会法治进程的不断推进，对公民权利的行使提出了更加规范化的要求，即便是维权行为，也应强调维权依据、索赔数额应尽量合理，甲、乙、孟某的行为完全是故意制造事端索要财物，应以敲诈勒索罪论处。

亦有观点认为，3人的行为是正当维权，不应以犯罪论处。理由：3人是有理由向商家索赔的，而非无中生有，故不应以犯罪论处。

6. （1）甲、乙二人的行为构成诈骗罪。理由：甲、乙二人进入酒店开始，主观上已经具有诈骗的故意，骗取的对象就是酒店提供的餐饮及服务。

（2）甲、乙二人的行为不构成犯罪，是民事纠纷（逃单）。理由：甲、乙二人消费后，与酒店之间形成了债权债务关系，酒店服务人员即便同意甲、乙二人出去挪车，但主观上并没有放弃债权的意思，即没有处分财产。换言之，无论甲、乙二人逃去哪里，甲、乙和酒店之间的债权债务关系都是存在的，甲、乙二人没有改变该债权债务关系的存在，故不构成犯罪。

7. （1）甲的行为仅成立诈骗罪，不成立转化型抢劫。理由：甲以摆脱方式抗拒抓捕，仅造成了被害人轻微伤，不成立转化型抢劫。2016年最高人民法院《关于审理抢劫刑事案件适用法律若干问题的指导意见》指出：以"摆脱"方式逃避抓捕，即以"被动"的"摆脱"方式使用暴力，必须造成"轻伤"以上，才能转化成抢劫。（亦可参见《刑事审判参考》第1186号指导案例）

（2）乙的行为成立转化型抢劫（《刑法》第269条）。理由：成立转化型抢劫，对行为人使用暴力的要求，尤其是以相对主动方式使用暴力的，没有要求必须造成伤害结果。因此，即便乙的行为没有造成任何伤害结果，亦应构成抢劫罪。

（3）甲、乙二人不构成抢劫罪的共犯。理由：因为甲、乙二人并无共同使用暴力的故意，不成立转化型抢劫罪的共同犯罪。

8. （1）甲的行为构成盗窃罪，系入户盗窃。理由：入户盗窃作为盗窃罪的情形之一，根据《刑法》第264条规定，其法定刑为3年以下有期徒刑、拘役或者管制，并处或者单处罚金。法定刑不重，不必对"入户盗窃"作过度限制解释。并且，该案中，盗窃摩托车的主要犯罪行为是"获取钥匙"，而这一行为是在"户内"完成的，应认定为是入户盗窃。

（2）乙的行为构成抢劫罪，不是入户抢劫，仅能认定为是一般抢劫。理由：我国《刑法》对抢劫罪（入户抢劫）规定了较重的法定刑，刑法理论与审判实务均主张对"入户抢劫"作缩小解释。如果要转化为"入户抢劫"（非普通抢劫），则要求全程发生在户内。即前行为（盗窃、诈骗、抢夺）与后行为（使用暴力抗拒抓捕）必须全程发生在户内。本案中，乙的盗窃行为发生在户内，但暴力行为发生在户外，故不能认定为是入户抢劫，仅能认定为是一般抢劫。

9.（1）如果甲未死，甲不需要对吴某的死亡结果负责。理由：谁支配风险，谁对结果承担责任。吴某在追逐甲的过程中，吴某自己支配了风险，吴某是追赶者，吴某对自己的死亡结果承担责任。

（2）梁某不需要对甲的死亡结果承担责任。理由：梁某的追赶行为本身是值得鼓励的行为，对该追赶行为不宜进行刑法上的否定性评价。此外，甲撞成重伤后，梁某虽然有救助的义务，但即便予以救助，甲也仍然会死。也就是说，梁某的不救助行为与甲的死亡结果之间并没有刑法上的因果关系，因此不需要进行刑法上的归责。

◉ 案例十：人身犯罪

甲、乙二人在路上散步时，偶遇其共同的仇人孟某，二人遂决定共同教训孟某。二人拿起路边某商铺的消防栓朝孟某砸去。孟某在逃跑的过程中，跳入旁边的河中。甲、乙二人见孟某在水中挣扎，看似会游泳又感觉不太会游泳，在未确认孟某是否会游泳的情况下逃离现场。后孟某因不胜水力，溺死在湖中。（事实一）

后甲、乙二人以做"道士"替他人驱鬼为名，帮助单身女性马某"驱鬼"。马某是一个极度迷信之人，一直以为自己有"鬼上身"。受到甲、乙二人的唆使之后，马某更坚信地认为其家中有鬼。甲遂对马某说："要驱逐你家中的鬼，必须通过采阳补阴的方式。你必须与我们二人在做'法事'时发生性关系。否则你将会在几个月之内被鬼缠死"马某害怕，就同意了甲、乙二人的要求，遂于当天晚上在马某家中，甲、乙二人分别与马某发生了性关系。一个月之后，马某还是感觉精神恍惚，甲、乙又欺骗马某说："你必须采用上吊的方式，将身体内的蛇精、蜘蛛精等杀去，方可彻底将鬼驱赶。"马某认为甲、乙二人说得有道理，遂同意了甲、乙二人的方案，并收受了甲、乙二人提供的用于上吊的绳子。在甲、乙二人的指导下，马某上吊，后身亡。（事实二）

甲、乙实施上述行为后各自回到家中。甲在家中与妻子邹某发生争吵，夫妻二人感情一直不是太好。当天，甲、邹某二人因给予甲的父母的生活费问题发生争吵，甲打了邹某十多个耳光之后，邹某当场出现呕吐现象。甲发现邹某躺在地上，误以为其已经睡着，便独自回房间睡觉。直到第二天早上，甲发现邹某身体表现异常，遂积极联系他人将邹某送往医院，邹某被送往医院后经抢救无效死亡。后查明：邹某是特异体质，因为头部受外力作用致颅脑损伤后继发脑水肿、脑梗死、脑疝致呼吸循环衰竭经医治无效死亡。（事实三）

乙来到一个按摩店从事按摩工作。张某（农村女孩、15周岁、生活经历简单、无性经历）是该按摩店新来的员工，乙是张某的师傅，负责指导其按摩技术。某日晚上9点多，乙教张某做足疗，便带张某到三楼的一个房间内，乙见张某穿牛仔裤，以衣服太紧、无法教其做足疗为由让其换上宽松的睡衣，然后让张某躺在按摩床上。乙抚摸张某腿部、腹部、背部并按摩，张某昏昏然、产生性欲。之后，乙趁机脱去张某衣服，抚摸、亲吻张某乳房。张某感觉晕乎乎的，继而两人发生性关系。几分钟后，张某恍然醒悟，大骂乙是色狼。又有一天中午，妇女陶某（39周岁）来到该店接受正规按摩服务，乙在按摩过程中，逐步对陶某身体的敏感部位慢慢按摩，让陶某感觉到了身心的愉悦，使陶某产生了性

欲。于是乙与陶某发生了性关系，事后陶某懊恼，大骂乙是色狼。（事实四）

甲、乙二人欲进一步绑架他人以索取财物，二人得知刘某家非常有钱，欲绑架刘某的儿子刘小二以索要财物。甲、乙二人欺骗丙说："刘某欠我们100万元，我们一起去把他的儿子抓过来，向其索要财物如何？"丙信以为真，三人共同把刘某的儿子抓过来关押在某宾馆房间。甲、乙二人叫丙看住刘某的儿子刘小二，二人离开宾馆向刘某打电话索要100万元，并明确表示，如果刘某不交付100万元，将对其子实施不利行为。甲、乙二人得到刘某转来的100万元后，来到宾馆房间。发现丙已经将刘某的儿子打成重伤。事实上，丙是在看管刘小二的过程中，发现其不停地哭闹，并准备逃离，丙为了制止其哭闹及逃跑，拿起宾馆房间的花瓶朝刘小二的头上砸去，造成刘小二重伤。甲、乙见状，对丙说："你搞得太过分了，不应该伤害刘小二。"后甲、乙、丙三人离开宾馆房间。（事实五）

甲回家之后，发现其女儿在哭泣，询问情况后得知：女儿（15周岁）找了一个男朋友巫某（36周岁），二人多次自愿发生性关系，现在巫某另寻新欢。甲知道该情况后非常生气，甲、乙二人共同将巫某拘禁，并要求巫某的母亲朱某支付50万元"青春损失费"，否则对巫某实施不利行为。朱某与甲、乙约定好收钱的地点，甲独自一人前往指定地点收取该50万元。乙在看管巫某时，出于伤害的故意对巫某使用暴力，造成巫某死亡。甲来到现场，见此状，与乙一起离开现场。（事实六）

甲回家之后，发现其女友徐某与王某曾经（甲与徐某恋爱之前）存在不正当男女关系。甲便强行将王某带至某旅馆内，剥夺其人身自由长达10余天，并对王某进行殴打、辱骂，致王某鼻部轻伤、双眼及头面部软组织轻微伤。拘禁过程中（第10天），甲还对王某实施威胁、恐吓，向王某索取钱财5万元。王某被迫向家人打电话，谎称自己开车撞了人，要求家人汇款5万元至甲的账户。甲收到钱之后，将王某释放。（事实七）

后甲、乙二人经常一起游玩。在2020年2月新冠疫情期间，甲、乙二人感觉身体不适，遂前往医院进行检测，医院检测后当天，甲、乙二人回到家中，等待医院的检测报告。第二天，医院电话告知甲是确诊患者、乙是疑似患者，要求甲、乙二人分别前往指定的隔离地点接受隔离。甲、乙二人并没有前往指定隔离地点，甲购买了一张机票，从南昌飞往重庆，刚下飞机就被公安机关抓获。乙购买了一张火车票，从南昌前往上海，在火车上被民警抓获，但未造成病毒传播。甲、乙的共同朋友袁某，在甲被确诊新冠病毒前，几乎每天与甲形影不离。袁某在得知甲已经被确诊新冠后，没有主动向所在社区及相关部门报告自己与确诊患者甲在最近14天的接触史，并且多次出入公共场所、参与朋友聚会。后袁某被司法机关抓获，经检测，新冠病毒呈阳性，并造成多名与其接触者感染。（事实八）

问题：

1. 事实一中，甲、乙二人的行为应如何认定，请说明理由。

2. 事实二中，甲、乙二人的行为应如何认定，请说明理由。

3. 事实三中，甲的行为与邹某的死亡结果之间是否具有刑法上的因果有关系，甲的行为应如何认定，请说明理由。

4. 事实四中，乙的行为应如何认定，请说明理由。

5. 事实五中，甲、乙、丙三人的行为应如何认定，请说明理由。

6. 事实六中，甲、乙二人的行为应如何认定，请说明理由。

7. 事实七中，甲的行为应如何认定，请说明理由。

8. 事实八中，甲、乙、袁某的行为应如何认定，请说明理由。

参考答案：

1. 甲、乙二人的行为成立故意伤害（致死）罪的共同犯罪，二人均需要对死亡结果负责，是故意伤害罪的结果加重犯。理由：

（1）甲、乙二人的追杀行为导致被害人孟某跳入水中，应对孟某跳水的行为负责，意即，被害人孟某在当时的情形下跳入水中是正常的因素。

（2）甲、乙二人虽然不确定被害人孟某是否会游泳，但至少主观上对被害人当时溺水有预见的可能性，应对孟某的溺水结果负责。

2.（1）甲、乙的行为构成强奸罪，是二人以上轮奸。理由：虽然形式上马某是"自愿"与甲、乙二人发生性关系，但是，甲、乙二人的欺骗行为导致马某产生了重大认识错误，使被害人马某在生命与性权利之间，选择了放弃性权利。故马某的承诺属于受欺骗的承诺，该承诺无效，甲、乙的行为构成强奸罪。

（2）甲、乙指导马某上吊的行为构成故意杀人罪。理由：甲、乙不仅仅是提供上吊的工具供马某自杀，而且是使得马某对生命的状态、意义产生了严重的错误认识，使马某误以为有鬼上身，才决定上吊。故甲、乙的行为构成故意杀人罪的共犯。

3.（1）甲的行为与邹某的死亡结果之间存在刑法上的因果关系。理由：被害人邹某的特异体质不中断甲的行为与死亡结果之间的因果关系，因果关系是客观层面的判断。

（2）甲的行为成立过失致人死亡罪。理由：甲对被害人邹某打了十余个耳光的行为，不宜认定为是刑法上的"伤害"，其主观上并无伤害的故意，亦无杀人的故意，但确实存在一定的过失，应认定为过失致人死亡罪。

4.（1）乙对张某的行为构成强奸罪。理由：乙违背了张某的意志与其发生性关系，应认定为强奸罪。乙抚摸张某身体的敏感部位，使其产生性欲，继而与其发生性关系，应认定为是使用了《刑法》第236条对强奸罪所规定的"其他方法"，应认定为强奸罪。张某仅仅15周岁，属于未成年人，其性防卫意识较弱，在乙实施所谓的足疗行为后，张某基于自然的生理原因，产生性冲动，完全丧失性防卫能力，乙趁机与张某发生了性关系，乙先前实施的行为可以认定为强奸罪中的"其他手段"，其违背了张某的意志。

（2）乙对陶某的行为不构成犯罪。理由：陶某作为一个成年女性，有性识别、防护能力，在受到乙的诱导之后，与乙发生了性关系。乙的行为并不属于违背妇女陶某的意志，不构成强奸罪。陶某虽然经过乙的抚摸等行为后也同样可能基于生理原因进入不知反抗的状况，但其对乙实施的先前行为的性质是有正确的认识的，因而，乙先前实施的行为不能认定为强奸罪中的"其他手段"，乙不构成犯罪。

5.（1）甲、乙二人的行为成立绑架罪。理由：二人基于勒索财物的目的绑架他人，客观上具有剥夺他人人身自由的行为，主观上具有勒索财物的目的，即手段行为、目的行为均存在不法，应成立绑架罪。

（2）丙的行为成立非法拘禁罪。理由：丙在主观上并没有勒索财物的目的，而是基于索债的目的。根据《刑法》第238条第3款规定，为了索债而拘禁、扣押他人的，成立非法拘禁罪。

（3）甲、乙、丙三人在非法拘禁罪的范围内成立共犯。理由：非法拘禁罪与绑架罪之间存在重合（竞合），绑架罪是手段不法（非法拘禁）与目的不法的结合，是程度更为严重的非法拘禁罪，故甲、乙、丙三人在非法拘禁罪的范围内成立共同犯罪。

（4）丙将被害人打成重伤的行为，应单独成立故意伤害罪，与非法拘禁罪并罚。理由：《刑法》第238条规定了非法拘禁罪（致人重伤）这一结果加重犯，但该结果加重犯的法定刑较低，为"三年以上十年以下有期徒"。刑法理论与审判实务均认为，对于非法拘禁罪（致人重伤）这一结果加重犯所要求的"重伤"应限制解释为：拘禁行为本身过失导致了被害人重伤，才能认定为结果加重犯。丙是拘禁之外的暴力故意造成了被害人重伤，应单独评价为故意伤害罪。

（5）甲、乙二人不需要对丙实施的故意伤害行为负责。理由：甲、乙并没有实施伤害的故意，并且，甲、乙、丙虽然有非法拘禁罪的共同故意，但非法拘禁罪的共同故意本身并不包容伤害的故意。故甲、乙二人不需要对重伤结果承担责任。

6.（1）甲、乙二人共同将巫某拘禁，并要求巫某的母亲朱某支付50万元"青春损失费"，这一行为成立非法拘禁罪。理由：根据《刑法》第238条第3款的规定，为了索债而拘禁、扣押他人的，成立非法拘禁罪。

该案来源于《刑事审判参考》第1276号指导案例，该案的裁判要旨指出：被告人宋某胜、李某英等人，在得知其未成年女儿与成年男子王某发生性关系之后，基于气愤将被害人王某长时间非法控制之后，对王某进行殴打，向王某及其家人索取赔偿款，虽然上述赔偿款是法律上所不予保护的非法债务，但基于有关司法解释的规定，宋某胜等人的行为应构成非法拘禁罪。

（2）乙伤害巫某，导致其死亡的行为，应认定为故意伤害（致死）罪。理由：《刑法》第238条第3款后半段规定，非法拘禁过程中，使用暴力致人伤残、死亡的，以故意伤害罪、故意杀人罪论处。这一规定，刑法理论上的多数观点认为，是法律注意规定。只有行为人有杀人的故意，导致被害人死亡的，才以故意杀人罪论处。本案中，乙是基于伤害的故意而导致被害人死亡，应认定为故意伤害（致死）罪这一结果加重犯。

深度解析：审判实践中，对于在非法拘禁过程中致人死亡，如果对死亡结果没有故意的，不能拟制为故意杀人罪。《刑事审判参考》第1276号指导案例。判决指出：被告人宋某胜、李某英等人，在得知其未成年女儿与成年男子王某发生性关系，之后基于气愤将被害人王某长时间非法控制并对王某进行殴打，向王某及其家人索取赔偿款。后多次殴打王某，致王某创伤性休克死亡。根据本案事实，在王某生命处于危险状态时，有被告人给王某服药，并找来村医给王某治疗。推定各被告人当然不希望王某死亡，不具有非法剥夺他人生命的故意，依法应当认定各被告人的行为构成故意伤害（致人死亡）罪。判决认为，只有使用暴力故意致人死亡的，才以故意杀人罪论处，如果对死亡结果没有故意的，不能认定为故意杀人罪。

（3）对于乙的故意伤害行为，甲不需要承担责任。理由：乙实施的故意伤害行为，甲并不存在罪过，甲与乙没有共同的故意。并且，非法拘禁行为本身并不必然包容故意伤害行为，乙实施的故意伤害行为属于过限行为。

7.（1）甲的行为构成非法拘禁罪，同时有殴打、侮辱情节，应从重处罚。理由：甲剥夺了被害人的人身自由，成立非法拘禁罪。同时，根据《刑法》第238条第1款的规定，在非法拘禁过程中具有殴打、侮辱情节的，应从重处罚。

（2）甲向王某索要钱财的行为应认定为抢劫罪。理由：其利用被害人被拘禁的状态，进一步控制、拘禁被害人，并取走被害人的财物，应认定为抢劫罪。甲并没有要挟被害人王某家属的想法，故不构成绑架罪。

（3）甲的行为应以非法拘禁罪与抢劫罪并罚。理由：甲的非法拘禁行为与抢劫行为分别侵犯了两个法益，是两个不同的行为，应数罪并罚。

8.（1）甲的行为成立以危险方法危害公共安全罪。理由：已经确诊的新型冠状病毒感染肺炎病人、病原携带者，拒绝隔离治疗或者隔离期未满擅自脱离隔离治疗，并进入公共场所或者公共交通工具的，以以危险方法危害公共安全罪定罪处罚。

（2）乙的行为不构成犯罪。理由：新型冠状病毒感染肺炎疑似病人拒绝隔离治疗或者隔离期未满擅自脱离隔离治疗，并进入公共场所或者公共交通工具，造成新型冠状病毒传播的，以以危险方法危害公共安全罪定罪处罚。由于乙是疑似而非确诊患者，其是否携带新冠病毒是不确定的，其进入公共场所，对病毒的扩散是存在不确定性的，主观上对新冠病毒的扩散、传播是放任的心态（间接故意）。间接故意犯罪，必须造成结果才能定罪处罚。本案并没有造成结果，不能定罪处罚，故乙无罪。

（3）袁某的行为构成妨害传染病防治罪。理由：确诊患者、疑似患者以外的人，拒绝执行卫生防疫机构依照《传染病防治法》提出的防控措施，引起新型冠状病毒传播或者有传播严重危险的，依照《刑法》第330条的规定，以妨害传染病防治罪定罪处罚。

◉ 案例十一：贪污贿赂罪

县政府征用 A 村的集体土地用于建设公共事业，转移支付了 50 万元给该村的账户。该款由该村自由支配，可用于村务支出，也可以用于补偿村民。村委会成员甲等 5 人，私自将该笔款项到账后 3 个月私分，每人得到 10 万元。后甲主动前往司法机关自首，如实交代了上述犯罪事实。司法机关内部存在两种处理意见，一种观点认为成立职务侵占罪，一种观点认为成立贪污罪。甲辩称其行为仅构成私分国有资产罪。（事实一）

村长乙明知本村的村民张某的爱人黄某（残疾人）已经去世多年，仍然出具相关虚假证明，协助张某向县民政局领取相关的残疾补助。并在某一次协助政府履行公务活动中，将出差的差旅费多报账 5 万元。（事实二）

该村所在地有一国有企业 B，丙是该国有企业的董事长，系国家工作人员。丙让其妻丁注册成立了 C 公司（私营公司），该公司的业务类型与 B 公司相同。丙将诸多与业务有关的客户介绍给其妻子丁认识，C 公司基于此迅速地获得了广泛的人脉资源，一年期间就盈利高达 500 万元。后来，某单位招标，虽然很多企业都有资格去竞标，B 企业也符合资格，但丙考虑到要使 C 企业更有把握竞标成功，主动放弃了竞标的机会，C 企业在参与竞标的 20 家企业中脱颖而出，成功竞标。C 企业因该竞标项目获利 100 万元。此外，B 企业与 D 企业签订了买卖合同，B 企业购进该合同约定的货物后，转手出卖就可以获利 100 万元。丙强行解除 B、D 企业的合同，将合同的主体变更为 C 企业与 D 企业，C 企业又因此获利 100 万元。（事实三）

丙在担任 B 国有公司董事长期间，因为 B 公司要采购一批空调。该批空调市场价为 100 万元。丙与该空调企业 E 总经理牛某商量，由 B 公司打入 150 万元给空调企业 E，并由 E 企业向 B 公司出具 150 万元的发票，并将多余的 50 万元返还至丙的情妇徐某账户中。E 公司研究决定，为了维持好与 B 公司的关系，另给予了 5 万元的回扣给丙个人，希望丙多多关照 E 企业。此外，其他销售企业与 B 公司的业务往来中，给予 B 公司的正当业务

回扣共计 8 万元，丙也一并据为己有。(事实四)

因国家现阶段对国有公司的财务制度、经费管理较为严格，B 公司设立了小金库，用于公司超标的开支 (如餐费等)。丙担任 B 公司董事长期间，命令公司会计周某虚报了诸多打印费、会议费等发票共计 100 万元。其中 50 万元存入单位的小金库，用于单位超标的公务接待等支出，另外 50 万元存入丙个人的银行账户而据为己有。后来 B 公司公务接待费用超标，小金库也所剩无几了，丙将自己个人银行账户的这 50 万又转入 B 公司的小金库，用于 B 公司超标的公务支出。(事实五)

丙的好友文某向丙提议，让丙帮其挪用公款 50 万元用于炒股，赚到钱之后就及时归还，但文某挪用该款后用于孩子出国留学，丙对此并不知情，一个月后文某返还了丙 50 万元。后丙通过修改账本的方式，使得该笔挪用的款项在公司账上看不出来。此外，丙还长期挪用单位的奔驰 S400 汽车一辆，公车私用；并将单位另外一车公车奔驰 GLC 过户到自己情妇名下；违规占用单位两套公租房长达一年之久，没有支付租金；非法收受他人给予的一辆奥迪汽车，没有办理过户手续，但独自使用长达 10 年。(事实六)

问题：

1. 事实一中，甲的行为构成何罪？甲辩称其行为仅构成私分国有资产罪，是否影响自首的认定？请说明理由。

2. 事实二中，乙协助骗取残疾补助的行为，多报出差费的行为构成何罪，可能存在几种观点？请说明理由。

3. 事实三中，丙的各行为应如何认定，犯罪金额如何计算？请说明理由。

4. 事实四中，丙的行为应如何认定？E 企业、牛某的行为如何认定？请说明理由。

5. 事实五中，丙的行为应如何认定，犯罪金额如何计算？请说明理由。

6. 事实六中，丙的行为应如何认定，丙与文某的行为是否成立挪用公款罪的共犯？请说明理由。

参考答案

1. 甲的行为构成职务侵占罪。贪污罪的对象是公共财产，而本案中的财产已经是国家下拨给该村，由该村自由支配的财产。可以认为，该财产属于该村管理的财产，系该村集体所有的财产。甲等村委会成员将该财产据为己有的行为，应成立职务侵占罪。该案来源于《刑事审判参考》第 1138 号指导案例——赵玉生、张书安职务侵占案：南水北调工程永久用地补偿费系因新郑市城关乡沟张村集体土地被国家征用而支付的补偿费用，该款进入新郑市城关乡"三资"委托代理服务中心账户后即为该中心代为管理的村组财产，上诉人赵玉生、张书安在分配该财产过程中，私自将本组扣发的集体财产以张书安的名义套取后私分，其行为符合职务侵占罪的构成要件。判决理由指出，如果村民委员会等村基层组织人员协助人民政府从事的土地征收、征用补偿费用管理等行政管理工作已经结束，土地补偿费已经拨付给村集体，那么，村民小组组长在管理村集体事务过程中侵吞集体财产的，因其行为不属于协助政府从事特定公务，故不构成贪污罪，而应构成职务侵占罪。

甲辩称其行为仅构成私分国有资产罪，不影响自首的认定。甲如实交代了自己的客观事实行为，至于其行为究竟构成何罪，属于法律问题。自首只要求犯罪行为人如实交代自己的犯罪事实，对于行为性质的辩解属于法律问题的争议，不影响自首的成立。再说，犯罪分子也不可能知道该行为究竟定何罪，犯罪分子本身清楚的应该是事实问题。故对行为性质的辩解不影响自首的成立。

2. 村长乙协助骗取残疾补助的行为构成诈骗罪。该行为不构成贪污罪的理由在于：首先，村长在本案中并不属于协助上级政府从事公务行为，故不能认定为是国家工作人员；其次，该残疾补助也并非处于村长的管理之下，故不能认为村长乙利用了其职务上的便利。

村长多报出差费的行为构成何罪存在两种观点：

一种观点认为成立贪污罪，审判实务持这种观点。这种观点认为，报销出差的差旅费，也是依据一定的职务便利，应成立贪污罪。实践中的案例：云南昆明红十字会副会长贪污案。检察机关查明，2006 年到 2007 年之间，阮姐利用职务之便，多次到昆明某四星级酒店消费，其购买物品包括价值数千元的衣物、鞋子和价值上百元的内裤、袜子、香烟和酒水等。消费完毕，阮姐让下属打报告，通过公务消费的方式报销购物款项。此外，阮姐邀请朋友打网球的费用，也由公款报销。检方认为，阮姐的行为已经涉嫌贪污罪，其贪污款项达 5.6 万余元。又如，贾智在担任白城市保平乡农业经营管理站站长期间，采取伪造领导签字将虚假票据入账核销、多开多报及个人差旅费入账核销之手段，侵吞公款人民币 6403.52 元，其行为已构成贪污罪。(参见吉林省高级人民法院刑事判决书，(2013) 吉刑再终字第 11 号)

另一种观点认为成立诈骗罪。黎宏教授指出，国家工作人员没有出差，却谎称出差，将其配偶的外出旅游费用单据拿到单位报销的，不构成贪污，而构成诈骗。因为，出差报销并不是国家工作人员的职务行为。①

3. 丙的前两笔：500 万元、100 万元，不属于贪污的对象，是其经营行为本身获利，并没有侵吞公共财产，不成立贪污罪。但构成非法经营同类营业罪。最后一笔 100 万元，实际上是将 B 企业的利益转给其妻的 C 企业，属于变相侵吞公共财产，成立贪污罪。

需要说明的是，贪污罪与非法经营同类营业罪，虽然都利用职务获取了一定的利益，但二者的区别在于，前者是国家工作人员利用职务上的便利，侵吞了公共财产。后者是，国家工作人员利用其职务上的便利，经营同类营业，利用了国家工作人员、国有公司的关系、资源，最终还是通过市场经营行为获利。或者说，贪污罪中，行为人是直接或者变相拿走了公共财产，是必然获利的。而在非法经营同类营业罪中，行为人经营与其所任职的国有单位同类的公司、企业，会有更便利的资源、人脉关系，最终是否能够获利，还是取决于市场，或者说行为人并不必然获利。该案的原型是《刑事审判参考》第 1087 号指导案例——祝贵财等贪污案。该案的裁判要旨指出：一言以蔽之，区分获取购销差价的非法经营同类营业行为与增设中间环节截留国有财产的贪污行为的关键，在于行为人是采取何种方式取得非法利益的。如果行为人直接通过非法手段将国有公司、企业的财产转移到兼营公司、企业中，属于截留国有财产的贪污行为，构成贪污罪。如果行为人没有直接转移财产，而是利用职务便利将任职国有公司、企业的盈利性商业机会交由兼营公司、企业经营，获取数额巨大的非法利益的，则构成非法经营同类营业罪。因为国有公司、企业让渡给兼营公司、企业的是商业机会，商业机会本身并非财物，不能成为贪污罪的对象。而且兼营公司、企业所获取的非法利益，系利用让渡的商业机会所进行的经营所得，这种经营

---

① 黎宏：《刑法学》，法律出版社 2012 年版，第 929 页。

行为本身就存在一定的风险,并不意味着百分之百地获利,与采取非法手段将国有公司、企业的财产直接转移到兼营公司、企业中的贪污行为方式不同。

4. 丙购买空调实际应支付 100 万元,却让国有公司支出 150 万元,变相侵吞了该公司的 50 万元,成立贪污罪。该 50 万元属于公共财产,丙也是利用职务上的便利变相侵吞该财产,故成立贪污罪。E 企业牛某对该贪污行为起了帮助作用,成立贪污罪的共犯。

E 企业为了讨好丙而给予 5 万元,属于行贿,是为了单位利益而行贿,构成对单位行贿罪,应对单位判处罚金。同时,牛某应构成单位行贿罪。丙收受该 5 万元,构成受贿罪。

丙将其所在的 B 公司在正常业务活动中收受的销售方给予的正当回扣 8 万元据为己有,成立贪污罪。因为该 8 万元本该属于公司的财产。

需要说明的是,对于回扣问题,要区别对待。如果该回扣是给予国家工作人员个人的,那说明该国家工作人员在从事单位的公务活动中取得了报酬,破坏了国家工作人员职务行为的不可收买性,应成立受贿罪。但在企业的正常经营过程中,购买大量的商品,销售方会给予一定的回扣或折扣,这些回扣属于购买方的财产,国家工作人员将该财产据为己有的,属于侵吞了单位的财产,成立贪污罪。

5. 第一笔 50 万元,丙并没有非法占有目的,而是用于公务支出,丙的行为不构成犯罪。第二笔 50 万元,构成贪污罪,即便事后用于公务支出,也不影响贪污罪的成立。

超标准使用公款的行为并不构成犯罪,属于违反财经纪律的行为。当然,也不构成贪污罪,行为人主观上并没有非法占有目的,客观上也没有将该笔公款据为己有。此外,需要说明的是,行为人主观上是否具有非法占有目的是认定贪污罪的关键,而如何认定行为人的非法占有目的,应取决于行为当时,而不取决于事后的态度。本案中,丙虚报了诸多打印费、会议费等发票共计 100 万元,行为当时,就对其中的 50 万元有非法占有目的,并将该 50 万元存入了个人账户,就成立贪污罪。即便事后返还用于公务支出,也不影响贪污罪的成立。(该案的原型是《刑事审判参考》第 1149 号指导案例:毋保良受贿案)

6. 丙与文某均不构成挪用公款罪。根据刑法规定,挪用公款从事一般用途的,需要达到 3 个月未还;挪用公款从事营利活动,则仅有数额而没有时间要求。本案中,文某挪用公款用于孩子出国留学,并没有达到 3 个月时间,故不成立挪用公款罪。丙主观上虽然有挪用公款从事营利活动(炒股)的想法,但由于客观上该款并没有用于营利活动,基于客观主义的立场,不能认定为挪用公款从事营利活动,故丙的行为亦无罪。

丙通过修改账本的方式,使得该笔挪用的款项在公司账上看不出来,是侵吞了该公款,应以贪污罪论处。贪污与挪用公款的区别在于:前者是平账,即使得公款在账上看不出来;后者是挂账,账上仍然记载着行为人支出了该笔款项。

丙还长期挪用单位的奔驰 S400 汽车一辆,公车私用。这种挪用公车的行为不应该认定为是犯罪,挪用公款罪的"对象"原则上不包括公车。

丙将单位另外一车公车奔驰 GLC 过户到自己情妇名下。该行为构成贪污罪,贪污罪的对象是公共财产,既包括公款,也包括公物,也包括财产性利益,其范围要远广于挪用公款罪的对象。

违规占用单位两套公租房长达一年之外,没有支付租金。这实际上是属于挪用"公房",并没有非法占有目的,仅具有使用目的,不构成挪用公款罪,也不成立贪污罪。

非法收受他人给予的一辆奥迪汽车，没有办理过户手续，但独自使用长达 10 年。该行为构成受贿罪，虽然没有办理过户手续，但实际上已经享用了该车的价值，并且长达 10 年，这在一定程度上说明该车的价值已经在丙的手上耗尽，可以认为其实际拥有了该车，成立受贿罪。2007 年最高人民法院、最高人民检察院《关于办理受贿刑事案件适用法律若干问题的意见》规定，国家工作人员利用职务上的便利为请托人谋取利益，收受请托人房屋、汽车等物品，未变更权属登记或者借用他人名义办理权属变更登记的，不影响受贿的认定。

众合法考 2021 年 "客观题学习包" 免费课堂课程安排

理论先修阶段 (理论筑基——简明扼要地讲授部门法纲领性内容，培养法学逻辑思维能力)	教学内容	各科主讲老师简明扼要地讲授部门法纲领性内容，搭建知识框架				
	教学目标	使考生初步形成对法考的认知，培养法学逻辑				
	课程安排	部门法	授课老师	课时	配套图书	上传时间
		民法	孟献贵	2 天	专题讲座· 先修卷	已上传
		刑法	徐光华	2 天		
		行政法	李 佳	2 天		
		民诉法	戴 鹏	2 天		
		刑诉法	左 宁	2 天		
		商经知	郄鹏恩	2 天		
		理论法	马 峰	2 天		
		三国法	李曰龙	2 天		
专题强化阶段 (夯实基础——全面系统地讲授部门法知识点，构建各学科知识体系)	教学内容	各科主讲老师全面系统地讲授部门法内容，构建各学科知识体系，深入学习法学理论				
	教学目标	让考生树立体系思维，掌握重点难点内容				
	课程安排	部门法	授课老师	课时	配套图书	上传时间
		民法	孟献贵	8 天	专题讲座· 精讲卷	2021 年 1 月中旬 开始陆续上传
		刑法	徐光华	8 天		
		行政法	李 佳	6 天		
		民诉法	戴 鹏	4 天		
		刑诉法	左 宁	7 天		
		商经知	郄鹏恩	7 天		
		理论法	马 峰	7 天		
		三国法	李曰龙	4 天		
题库破译阶段 (真题为王——透视命题规律，做到举一反三，真正把题做"透")	教学内容	通过对 10 年真题的全面讲解，归纳考试重点和规律，掌握考试方向，学会一道题，做对一类题				
	教学目标	让考生了解考试规律，知道学习的重点，培养解题思路，学会解题技巧				
	课程安排	部门法	授课老师	课时	配套图书	上传时间
		民法	孟献贵	3 天	专题讲座· 真金题卷	2021 年 3 月中旬 开始陆续上传
		刑法	徐光华	3 天		
		行政法	李 佳	3 天		
		民诉法	戴 鹏	2 天		
		刑诉法	左 宁	3 天		
		商经知	郄鹏恩	3 天		
		理论法	马 峰	2 天		
		三国法	李曰龙	2 天		
背诵突破阶段 (精华背诵——系统化梳理考点，总结归纳规律性知识内容)	教学内容	对比梳理考点，总结归纳规律性知识内容，深化拔高				
	教学目标	帮助考生在复习后期，全面快速地回顾考点，提高应试能力				
	课程安排	部门法	授课老师	课时	配套图书	上传时间
		民法	孟献贵	4 天	专题讲座· 背诵卷	2021 年 6 月 下旬开始 陆续上传
		刑法	徐光华	4 天		
		行政法	李 佳	3.5 天		
		民诉法	戴 鹏	3 天		
		刑诉法	左 宁	4 天		
		商经知	郄鹏恩	4 天		
		理论法	马 峰	4 天		
		三国法	李曰龙	3 天		

注：课程上传时间如有变动，请以官网实际上传时间为准

听课方式

①电脑听课 众合官网（www.zhongheschool.com）-选择众合法考-选择公开课；B 站：UP 主-众合教育

②手机听课 下载竹马法考 APP -选择学习-选择公开课；下载众合在线 APP -选择众合法考-选择公开课

官网咨询热线 400-6116-858

——众合全国分校咨询电话——

序号	分校名称	咨询电话
01	北京众合	15511383383
02	上海众合	13818894921
03	广州众合	15992401274
04	天津众合	13752327078
05	济南众合	18663708655
06	保定众合	18101073995
07	唐山众合	18630507911
08	石家庄众合	0311-8926 5308
09	青岛众合	18669705081
10	太原众合	18835102114
11	沈阳众合	024-8100 2199
12	哈尔滨众合	17611039099
13	大连众合	15842658825
14	长春众合	18604303152
15	杭州众合	0571-8826 7517
16	南京众合	025-8479 8105
17	福州众合	18905011890
18	合肥众合	0551-6261 7728
19	徐州众合	18626007405
20	深圳众合	13717089464
21	南宁众合	13377183019
22	海口众合	15289735847
23	武汉众合	027-8769 0826
24	郑州众合	15670623227
25	长沙众合	13677369057
26	南昌众合	0791-86426021
27	西安众合	18691896468
28	兰州众合	18691819574
29	呼和浩特众合	15147157978
30	成都众合	15208448426
31	重庆众合	15825932808
32	贵阳众合	0851-8582 0974
33	昆明众合	18687506473
34	银川众合	18709605353
35	西宁众合	18997222862
36	乌鲁木齐众合	18999939621
37	华东市场拓展部	13851436246
38	加盟事业部	13701200741